CURSO DE DIREITO EMPRESARIAL

Volume I
DIREITO EMPRESARIAL
– CONCEITO DE EMPRESÁRIO
– PROPRIEDADE INTELECTUAL OU IMATERIAL
– SOCIEDADES EMPRESARIAIS

ARTHUR MIGLIARI JÚNIOR

CURSO DE DIREITO EMPRESARIAL

Volume I
DIREITO EMPRESARIAL
– CONCEITO DE EMPRESÁRIO
– PROPRIEDADE INTELECTUAL
OU IMATERIAL
– SOCIEDADES EMPRESARIAIS

CURSO DE DIREITO EMPRESARIAL
*Volume I – Direito Empresarial – Conceito de Empresário
– Propriedade Intelectual ou Imaterial – Sociedades Empresariais*
© Arthur Migliari Júnior

Direitos reservados desta edição por
MALHEIROS EDITORES LTDA.
Rua Paes de Araújo, 29, conjunto 171
CEP 04531-940 – São Paulo – SP
Tel.: (11) 3078-7205 – Fax: (11) 3168-5495
URL: www.malheiroseditores.com.br
e-mail: malheiroseditores@terra.com.br

Composição: PC Editorial Ltda.
Capa:
Criação: Vânia Amato
Arte: PC Editorial Ltda.

Impresso no Brasil
Printed in Brazil
02.2018

Dados Internacionais de Catalogação na Publicação (CIP)

M634c Migliari Júnior, Arthur.
Curso de direito empresarial : volume I : direito empresarial, conceito de empresário, propriedade intelectual ou imaterial : sociedades empresariais / Arthur Migliari Júnior. – São Paulo : Malheiros, 2018.
320 p. ; 21 cm.

Inclui bibliografia.
ISBN 978-85-392-0414-4

1. Direito empresarial - Brasil. 2. Empresários. 3. Propriedade intelectual. 4. Sociedades empresariais. I. Título.

CDU 347.7(81)
CDD 346.8107

Índice para catálogo sistemático:
1. Direito empresarial : Brasil   347.7(81)

(Bibliotecária responsável: Sabrina Leal Araujo – CRB 10/1507)

SUMÁRIO

Capítulo I – **DIREITO EMPRESARIAL**
1. Advertência ao estudioso do direito empresarial 9
2. Conceito de direito empresarial 11
3. Princípios que regem a atividade econômica 15
4. Fontes do direito empresarial 19
5. Dos usos e costumes comerciais 22
   5.1 Espécies de costumes 23
   5.2 Usos e costumes internacionais ("Incoterms") 23
   5.3 Prova dos usos e costumes mercantis 28

Capítulo II – **O EMPRESÁRIO**
1. Conceito de empresário 30
2. Da atividade empresarial 31
3. Da capacidade para ser empresário 37
4. Proibidos de comerciar (proibidos de serem empresários) 41
5. O registro do empresário 47
6. Registro de sucursal, filial ou agência 58
7. Atividades econômicas civis (não comerciais) 58
8. Empresário individual 60
9. A definição de micro e pequena empresa e o microempreendedor individual 62
10. Macroempreendedor ou empresa de grande porte 67
11. Empresário rural 68
12. Empresa individual de responsabilidade limitada/EIRELI 68
13. Do estabelecimento comercial 71
14. Do ponto comercial (ou ponto empresarial) 75
    14.1 A proteção ao ponto comercial 77
15. Transferência do estabelecimento comercial (trespasse, ou trespasso ou traspasso do estabelecimento empresarial) 84
16. Do nome empresarial 90

6 CURSO DE DIREITO EMPRESARIAL – I

17. **Dos auxiliares (prepostos) do empresário** 99
   17.1 Do gerente 101
   17.2 Do contador 103
      17.2.1 Da escrituração contábil 105
   17.3 O corretor 114
   17.4 Dos comissários mercantis (comissários empresariais) 119
   17.5 Do representante comercial autônomo 121
   17.6 Dos despachantes 122
   17.7 Do leiloeiro 123
   17.8 Tradutores e intérpretes empresariais 127
   17.9 Auditores independentes 129
   17.10 Agentes de informação 130

Capítulo III – DA PROPRIEDADE INTELECTUAL OU IMATERIAL 132

1. **Normas internacionais de propriedade intelectual** 133
2. **A propriedade industrial brasileira** 136
   2.1 Do processo de obtenção da patente de invenção 142
   2.2 Formas de extinção da patente 150
   2.3 Dos desenhos industriais 153
   2.4 Das marcas 155
   2.5 Indicações geográficas 159
   2.6 Concorrência desleal 161

Capítulo IV – SOCIEDADES EMPRESARIAIS 164

1. **Das sociedades** 165
2. **Classificação das sociedades não empresárias** 168
   2.1 Em comum 168
   2.2 Simples 169
   2.3 Cooperativa 169
3. **Classificação das sociedades empresárias** 170
   3.1 Da sociedade em conta de participação 171
   3.2 Sociedade em nome coletivo 173
   3.3 As sociedades em comandita 174
      3.3.1 Sociedade em comandita simples 175
      3.3.2 Sociedade em comandita por ações 176
   3.4 Sociedade por quotas de responsabilidade limitada 177
      3.4.1 Do aumento e da redução do capital social 181
      3.4.2 Da administração da sociedade por quotas limitadas 182
      3.4.3 Do Conselho Fiscal 185
      3.4.4 Da deliberação dos sócios 186
      3.4.5 Da resolução da sociedade em relação aos sócios minoritários 189

SUMÁRIO

3.5 Sociedade anônima ou companhia 196
   3.5.1 Sociedades anônimas: noções gerais 197
   3.5.2 Espécies de sociedades anônimas ou companhias ... 199
   3.5.3 Forma de constituição da sociedade por ações 200
   3.5.4 Da estrutura administrativa das companhias 205
   3.5.5 Conselho de Administração e Diretoria 206
   3.5.6 Do acionista controlador 209
   3.5.7 Do Conselho Fiscal 210
   3.5.8 Das Assembleias 211
      3.5.8.1 Da Assembleia-Geral 212
      3.5.8.2 Da Assembleia-Geral Extraordinária 222
   3.5.9 Dos livros das companhias 225
   3.5.10 Da auditoria externa das companhias 227
   3.5.11 Dos valores mobiliários das sociedades anônimas .. 228
   3.5.12 Do capital social das sociedades anônimas 229
      3.5.12.1 Das ações 229
          (a) Natureza jurídica das ações 232
          (b) Divisões das ações 232
          (c) Siglas das ações 236
          (d) Certificado de ações e agente emissor 236
          (e) Negociabilidade das ações 240
          (f) Da indivisibilidade das ações 241
          (g) Da constituição de direitos reais e outros ônus 242
          (h) Resgate, amortização e reembolso de ações 242
      3.5.12.2 Das partes beneficiárias 244
      3.5.12.3 Das debêntures 248
          (a) Dos requisitos da emissão de debêntures 252
          (b) Da conversibilidade das debêntures ... 252
          (c) Dos direitos dos debenturistas 253
          (d) Assembleia dos debenturistas 254
          (e) Vencimento, amortização e resgate das debêntures 255
          (f) Da documentação das debêntures 255
          (g) Certificados de debêntures e sua circulação 256
          (h) Do agente fiduciário dos debenturistas 258
          (i) Cédula de debêntures 260
          (j) Emissão de debêntures no Estrangeiro 260
          (k) Extinção das debêntures 261

8 CURSO DE DIREITO EMPRESARIAL – I

   3.5.12.4 Dos bônus de subscrição 262
   3.5.12.5 Dos papéis comerciais ("commercial papers") 263
   3.5.12.6 "Brazilian Depositary Receipts"/BDRs 264
  3.5.13 Da modificação do modelo societário 265
   3.5.13.1 Da "due diligence" 267
4. **Grupo econômico empresarial** 269
 4.1 *Dos grupos econômicos de direito* 270
  4.1.1 Da administração do grupo econômico de direito ... 272
  4.1.2 As demonstrações financeiras dos grupos econômicos de direito 272
  4.1.3 Do Conselho Fiscal das filiadas nos grupos econômicos de direito 273
 4.2 *Dos grupos econômicos de fato* 273
 4.3 *Do consórcio de empresas* 274
5. **Da "offshore"** 275
 5.1 *Características principais da "offshore"* 277
 5.2 *Constituição em "paraísos fiscais"* 278
 5.3 *A "offshore" e a escolha do "paraíso fiscal"* 279
6. **"Trust"** 282
 6.1 *A operacionalização do "trust"* 285
7. **A desconsideração da personalidade jurídica da empresa** 286
 7.1 *A desconsideração direta e a desconsideração inversa* 295
 7.2 *Extensão da desconsideração* 296
 7.3 *A desconsideração da personalidade jurídica no Código de Defesa do Consumidor* 301
 7.4 *O procedimento de desconsideração da personalidade jurídica no Código de Processo Civil* 305
8. **Da penhora em relação à sociedade empresária** 308

Bibliografia 315

Capítulo I
DIREITO EMPRESARIAL

1. Advertência ao estudioso do direito empresarial. 2. Conceito de direito empresarial. 3. Princípios que regem a atividade econômica. 4. Fontes do direito empresarial. 5. Dos usos e costumes comerciais: 5.1 Espécies de costumes – 5.2 Usos e costumes internacionais ("Incoterms") – 5.3 Prova dos usos e costumes mercantis.

1. Advertência ao estudioso do direito empresarial

Regra geral, o estudante de Direito faz uma coleta de dados em diversos livros e apostilas, buscando equacionar uma forma harmoniosa de estudar o Direito em si. Fica mais fácil essa tarefa quando se fala em direito penal, ou direito civil, ou processo civil, processo penal, direito do trabalho, direito constitucional, todos esses ramos praticamente colocados e organizados em compêndios com começo, meio e fim, sendo que as legislações esparsas são facilmente inteligíveis, eis que seguem dinâmica própria, contendo conceitos, parte geral e parte especial.

Quando o estudante do direito empresarial procura essa mesma harmonia neste campo ele enfrenta diversas dificuldades próprias do início do estudo em matéria totalmente díspar e entrelaçada com os diversos ramos do Direito, a começar pelo direito constitucional, passando pelos direitos tributário, trabalhista, civil, penal, internacional etc.

Outro fator agravante da situação é que o direito empresarial é ramo muito sujeito aos "solavancos" do grupo dominante de poder, afeto aos dissabores da sociedade quer internacional, quer nacional, sofrendo enorme influência do mercado de ações, do bom ou do mau "humor" de outras sociedades, sendo que o aprendizado do direito empresarial requer também grande dose de observação dos sistemas comercial, bancário, político, governamental etc.

Posso afiançar que o direito empresarial não está só, mas é um dos ramos do Direito mais interligados com mecanismos sociais, governamentais, internacionais, existindo plena coligação com todos os ramos do Direito em geral – o que torna a tarefa do estudante e até mesmo do profissional do Direito uma das mais estafantes matérias dentro do Direito.

Grande problema que enfrentará aquele que inicia o estudo do direito empresarial é poder se situar no próprio mecanismo da sociedade, eis que, ao reger o "direito dos empresários" em geral, significará também estar intimamente ligado amplamente ao desenvolvimento da sociedade, sendo sempre admoestado por outros profissionais, como contadores, auditores, advogados, tributaristas, fiscais do Governo – além, é claro, dos próprios empresários, que detêm todo o poder decisório sobre os inúmeros problemas que estão intimamente ligados ao seu negócio empresarial.

Daí surgem diversas vertentes sobre o mesmo assunto, eis que vários profissionais do direito empresarial, por se encontrarem engajados nos seus misteres, tendem a estudar com maior afinco este ou aquele problema específico, desprezando outros, que reputam de menor interesse – não de menor importância, gize-se, mas que não são o alvo de seu estudo.

Portanto, o estudante do direito empresarial encontrará vários autores tratando de assuntos díspares sob a epígrafe "Direito Empresarial", que não corresponderão teoricamente ao mesmo assunto, nem mesmo a matéria se esgotará num programa universitário, que – repito – tende a seguir os mecanismos e os problemas localizados, diferentemente tratados nas diversas regiões deste País-Continente. Logo, não se poderá afirmar que um ou outro autor foi negligente na sua perseguição ao melhor para o direito empresarial, mas que, diante das situações próprias que lhe surgiram em determinado tempo e lugares, teve que optar pelo estudo deste ou daquele conjunto de problemas, acabando sua obra por restar focada em uma situação diferente daquela de outro autor – sendo aconselhável que aquele que se propõe ao presente estudo, quando iniciar seu trabalho investigativo, observe aquilo que o autor teve em mente.

Da nossa parte, em face dos anos de convivência com o Direito e em especial com o direito empresarial, notadamente na Promotoria de Justiça de Falências, por certo procuraremos focar o estudo no maior número possível de situações, principalmente porque a prática diária nos obrigou a refletir sobre os mais variados assuntos empresariais, e quem sabe nos fará demonstrar ao leitor aquilo que melhor se produziu sobre o assunto até o momento. Sem falsa modéstia, procuraremos dividir o assunto "direito empresarial" dentro de um contexto mais próximo da realidade, e invariavelmente teremos que colocar em comento a experiência vivida com os maiores profissionais do direito empresarial do País – aqui incluídos promotores de justiça, juízes, advogados, peritos, contadores, leiloeiros, cartorários, empresas e empresários etc. –, além, é óbvio, do contato com a melhor doutrina sobre o assunto, tudo isso aliado aos mais de 20 anos de magistério superior, que nos auxiliam a partir para este ramo do Direito.

Nesse diapasão, encontrará o estudante do Direito várias matérias não encontradas amiúde em outros compêndios de direito empresarial e/ou comercial, exatamente porque o foco de atuação daquele que estudou a matéria anteriormente não se debruçou sobre alguns assuntos que comentamos porque jamais teve a oportunidade de enfrentar tal tema diretamente.

Ao revés, focamos os mais variados assuntos relacionados ao direito empresarial exatamente porque nossa profissão exigiu o enfoque dessas matérias díspares entre si mas todas interligadas e inter-relacionadas ao direito empresarial. Esperamos sinceramente que possamos dar ao estudante do direito empresarial uma ampla visão do que acontece na vida empresarial.

2. Conceito de direito empresarial

O direito empresarial brasileiro é um ramo do direito privado que procura estabelecer os princípios gerais do chamado grupamento empresarial brasileiro.

Em verdade, não pode ser considerado como um direito estanque e díspar dos demais ramos do próprio direito privado, e muito menos se pode isolá-lo do direito público, de onde provêm diversas fontes da existência do direito empresarial.

Ele é fruto de uma série de modificações legislativas principiadas pelas mudanças de comportamentos sociais que acabaram por eclodir numa tentativa de uniformizar os diversos diplomas legislativos existentes sobre os mais variados assuntos envolvendo os empresários e suas composições societárias.

Em realidade, o Brasil sempre dividiu o chamado direito privado em duas grandes vertentes: o direito civil – que se incumbiria de cuidar das questões envolvendo as pessoas, físicas e jurídicas, e suas obrigações

– e o Direito Comercial – que seria responsável pela edição de normas e conceitos próprios dos comerciantes e suas sociedades empresariais –, sendo ambos considerados em compartimentos estanques.

No entanto, tal divisão mostrou-se desastrosa ao longo dos anos, eis que os institutos de direito civil eram aplicados ao próprio direito comercial, desde que não houvesse incompatibilidades de conceitos, sendo que diversos institutos próprios do direito comercial eram plenamente utilizados por quaisquer pessoas, de que são exemplos o cheque, a nota promissória, a letra de câmbio etc.

Cesare Vivante chegou a sentenciar que o direito comercial (célula *mater* do direito empresarial) era uma parte do direito privado tendente a regular as relações jurídicas decorrentes do exercício do comércio. Porém, acabou por sucumbir à possibilidade de divisão cômoda entre as matérias civis e comerciais, nesta passagem: "É difícil uma separação nítida entre a matéria regulada pelo Código Civil e a regulada pelo Código Comercial".[1]

Aliás, a visão englobante era prevista no próprio CComercial brasileiro, onde, no art. 121, mandava aplicar aos contratos comerciais aquilo que era estabelecido nas leis civis, demonstrando que a divisão era totalmente indevida.

De outro lado, Waldemar Ferreira antevia a possibilidade de divisão dos institutos, ao dizer que:

> O direito comercial é o sistema de normas reguladoras das relações entre os homens, constituintes do comércio, ou dele emergentes. Abrange, em seu âmbito, a ordenança daquela atividade profissional, medianeira na circulação dos bens entre produtores e consumidores. Como tal, é ele, na essência e no objetivo, direito econômico.[2]

A evolução dos institutos em compartimentos autônomos mostrou-se inadequada, notadamente com a promulgação da Constituição Federal/1988, que tratou de consolidar um espaço específico para a "ordem econômica", em compartimento unificado. Alie-se a tal condensação constitucional o surgimento de novos institutos jurídicos, como o Código de Defesa do Consumidor, que engloba os dois ramos do direito privado, além de criar regras específicas; podemos trazer à luz uma centena de situações novas dentro do direito privado e sua verdadeira

---

1. Cesare Vivante, *Instituições de Direito Comercial*, 3ª ed., p. 7.
2. Waldemar Ferreira, *Instituições de Direito Comercial*, vol. 1, São Paulo: Max Limonad, 1954, vol. 1, p. 5.

unificação prática entre os diversos ramos do Direito para demonstrar que a divisão entre os dois grandes ramos do direito privado se mostrou inócua e supérflua.

Interessante é notar que a própria Constituição Federal de 1988, pouca afeita às discussões do Projeto do Código Civil, que redundou em sua aprovação em 2002, estabeleceu a dicotomia no art. 22, I, dizendo que competiria à União legislar sobre direito civil, comercial, penal, processual etc. demonstrando sua vocação para a separação.

No entanto, mister estabelecer desde já que o direito empresarial do Código Civil/2002 não fulminou e jogou para as calendas o antigo e vetusto Código Comercial/1850, mas apenas consagrou o chamado "direito empresarial", eis que continua em vigor, ainda, o Código Comercial, em sua Segunda Parte, que cuida do chamado "Direito Marítimo". De outro lado, ao unificar vários institutos que estavam perdidos em compartimentos separados, como o chamado direito das obrigações (Parte Especial, Livro I), e consagrar a "teoria da empresa", o Código Civil/2002 procurou conceituar tais normas, que já mereciam um estudo adequado.

Além de procurar estabelecer normas mais precisas sobre diversos ramos do Direito que estavam defasadas na sociedade moderna, o Código Civil brasileiro de 2002 não eliminou os conceitos comerciais previstos em legislações extravagantes, como a Lei das Sociedades Anônimas/LSA (Lei 6.404/1976), a Lei Uniforme de Genebra sobre Letras de Câmbio e Notas Promissórias (adotada pelo Decreto 57.663/1966), as duplicatas e notas fiscais-fatura (Lei 5.474/1968) etc., continuando em vigor tais institutos.

Certo ainda, por outro lado, que o chamado direito empresarial não se prende exclusivamente às normas estabelecidas no Código Civil –, mesmo porque o legislador civil não teria a menor condição de estabelecer num único instituto jurídico as centenas de situações envolvendo todos os empresários brasileiros –, mas, ao contrário, procurou estabelecer os pontos principais do direito empresarial e, ainda, manter os chamados sistemas-satélites empresariais, ou polissistema empresarial, em legislações especiais.

De outro lado, o Brasil estabeleceu como princípios fundamentais da sociedade os valores sociais do trabalho e da livre iniciativa (art. 1º, IV, da CF), e como objetivos fundamentais da República Federativa do Brasil garantir o desenvolvimento nacional, e isto se faz por meio de "n" maneiras, e no direito empresarial gerando riquezas, empregos, recolhendo tributos etc. como forma de erradicar a pobreza e a marginalização e reduzir as desigualdades sociais e regionais (art. 3º, II e III, da CF).

Assim, vê-se que o Código Civil brasileiro seguiu os ditames prioritários dos princípios fundamentais da sociedade brasileira, motivo pelo qual procurou estabelecer normas gerais, sem prejuízo de normas específicas sobre matérias que procurou excepcionar, como se vê, por exemplo, no art. 903, que faz a ressalva "salvo disposição diversa em lei especial", ou no art. 1.089, quando trata da sociedade anônima, dizendo "a sociedade anônima rege-se por lei especial" – deixando bastante claro que há outros sistemas jurídicos envolvendo as mesmas matérias tratadas no direito empresarial do Código Civil.

A chamada "unificação do direito privado", baseada em grande parte na doutrina e na jurisprudência que influenciaram o jurista Miguel Reale, autor do Projeto do Código Civil, calcou-se também no Código Civil italiano e sua moderna concepção das obrigações mercantis, não mais fazendo distinção entre vida civil ou mercantil. Porém não chegou à consolidação esperada, eis que vários ramos do próprio direito empresarial ficaram de fora da reforma possível. Mas o mérito principal da definição de empresário é a fixação do critério de sua conceituação por parte do próprio Código Civil.

O direito empresarial não mais se define pelo seu objeto – atos de comércio –, mas se define, agora, pelo conceito de empresário e sua operacionalidade – o que nos faz aplaudir a real intenção do legislador de 2002, que foi a definição do que seja empresário e seu alvo de atuação, contrariamente ao que existia anteriormente, onde o objeto de trabalho é que dava margem à sua existência e à sua conceituação.

Agora, o empresário é definido e bem conceituado, principalmente porque o art. 966 do CC[3] bem define o que deve ser entendido por "empresário" – como veremos mais adiante –, merecendo loas a atual visão legislativa, em sintonia com aquilo que existe de mais moderno nos cenários nacional e internacional, avançando sobre o antigo conceito de comerciante.

O empresário é algo mais avançado, moderno, dentro de um sistema mais adequado ao homem globalizado, conhecedor de suas virtudes e de suas fraquezas, existindo dentro de um sistema que eleva a atividade produtiva, o conhecimento generalizado e também o específico de sua área de atuação, vivendo dentro de um Estado Democrático de respeito

---

3. CC: "Art. 966. Considera-se empresário quem exerce profissionalmente atividade econômica organizada para a produção ou a circulação de bens ou de serviços.

"Parágrafo único. Não se considera empresário quem exerce profissão intelectual, de natureza científica, literária ou artística, ainda com o concurso de auxiliares ou colaboradores, salvo se o exercício da profissão constituir elemento de empresa."

às liberdades e produzido para o bem comum, dentro de políticas econômicas e financeiras amparadas pelas bases de uma sociedade que procura ser justa.

O direito empresarial é, portanto, um ramo do direito privado que cuida e estuda o empresário em sua relação com o meio em que vive e produz, gerando trabalho, riqueza, preservando os princípios básicos de uma sociedade – como determina a Constituição Federal de 1988.

3. Princípios que regem a atividade econômica

Não seria possível iniciar um estudo sobre a empresa e o empresário sem estabelecer os princípios informadores de toda a atividade econômica do Brasil, que se encontram prescritos no art. 170 da CF brasileira, valendo observar que quaisquer atividades estão intimamente ligadas e são provenientes dessas limitações e imposições constitucionais.

Assim, a simples leitura do art. 170 da CF já nos leva a observar que há um sistema pairando acima da atividade empresarial, que fornece as bases para a constituição de uma sociedade que se pretende justa e séria.

Mas para a perfeita intelecção desse conceito primário, que rege todo o sistema econômico nacional, no qual o direito empresarial é seu tentáculo, devemos reparti-lo em pequenos pedaços e analisá-lo amiúde.

Assim, temos presente que estabeleceu o legislador constitucional:

> Art. 170. A ordem econômica, fundada na valorização do trabalho humano e na livre iniciativa, tem por fim assegurar a todos existência digna, conforme os ditames da justiça social, observados os seguintes princípios: (...).

Ora, antes de adentrarmos o estudo dos princípios, precisamos nos focar nas primeiras palavras que estabelecem as bases para o empresariado.

A *ordem econômica* – significa que o empresário não exerce uma função social equidistante dos interesses dos demais integrantes da sociedade, mas que possui uma organização, uma forma de viver e conviver com os demais elementos da sociedade.

Essa ordem é *fundada na valorização do trabalho humano e na livre iniciativa* – o que requer que o empresário se preocupe e venha a estabelecer dentro de sua atividade uma ampla e completa relação com seus funcionários, providenciando para que o trabalho seja desenvolvido por seres humanos, eis que o trabalho, agora, servirá para a valorização interior, tornando-os úteis à sociedade. O homem trabalhando espantará seus possíveis males, suas mazelas, seus desconfortos. Aliás, o ditado popular "o ócio é o arquiteto do demônio" tem plena aplicação agora. Pode o empresário procurar modernizar e otimizar os meios de produção, mas não pode simplesmente desprezar o ser humano – ao contrário, deverá dotá-lo de capacidade operacional para a modernização.

Essa ordem econômica e o trabalho são calcados *na livre iniciativa*, que é o desejo ínsito no direito de liberdade individual, no direito de se associar ou dissociar a qualquer momento, na liberdade de trabalho – valores básicos de uma sociedade moderna, sem procurar impedir essas liberdades.

Tudo isso visa a *assegurar a todos existência digna*, pois o trabalho, a liberdade, o poder de compra e o poder de se estabelecer é que garantem ao homem uma vida mais confortável e mais completa. Mesmo aqueles que não recebem muito, ainda assim, o trabalho e a possibilidade de alcançar degraus mais acima os tornam mais ávidos de viver e trabalhar, procurando se afastar dos males da sociedade.

Além disso, *os ditames da justiça social* impõem a todos procurar estabelecer metas de erradicação da pobreza, do analfabetismo, da ignorância e do preconceito, procurando distribuir a riqueza de forma harmônica e coesa.

Esses princípios básicos são complementados por aquilo que a própria Constituição Federal estabeleceu:

(a) *Soberania nacional* – Procura-se preservar o território nacional, suas águas, terras, solo e subsolo, estabelecendo regras específicas para a constituição de sociedades no Brasil, limitando a atuação dentro de determinados segmentos, principalmente quando estabelece o monopólio da União (art. 177 e seus incisos e §§ da CF, c/c arts. 1.123-1.133 do CC).

(b) *Propriedade privada* – Trata-se de verdadeira garantia constitucional, garantindo a qualquer pessoa o direito de trabalhar livremente, se estabelecer, se associar, enfim, de poder construir sua própria empresa e dela dispor (art. 5º, XIII, XVI, XVII, XX etc.), dentro dos limites legais e constitucionais existentes.

(c) *Função social da propriedade* – Qualquer um pode exercer a atividade empresarial que bem lhe aprouver, mas atualmente o princípio sofre restrições constitucionais (art. 5º, XXIII, XXIV e XXV) e legais, pois a propriedade deve ser geradora de renda e de riquezas, pagadora de tributos, empregadora, preservando a integridade física e moral das pessoas que com ela convivem e mantêm contato; não basta mais ser o proprietário da empresa, pois dela se exige uma contraprestação social ampla.

(d) *Livre concorrência* – No sistema empresarial há a possibilidade de se estabelecer dezenas ou centenas de empresas do mesmo ramo (bares) ao derredor de uma universidade, por exemplo, todas elas legalmente protegidas *lato sensu* tanto pelo Código da Propriedade Industrial (Lei 9.279/1996) como por outros ramos do Direito, permitindo que os melhores empresários busquem mais clientes do que outros, dentro do critério de discricionariedade dos clientes, sem que os demais concorrentes venham a ser perturbados nesse direito de se estabelecer e concorrer com os demais.

(e) *Defesa do consumidor* – O Código de Defesa do Consumidor foi um marco consagrador do chamado direito consumerista no Brasil, elevando ao grau de dogma constitucional a proteção ao consumidor. Mas o princípio informador da defesa do consumidor é muito maior que a defesa pura e simples da parte hipossuficiente numa relação, pois procura exigir que os bens produzidos e colocados à disposição dos consumidores sejam de excelente qualidade, garantindo a segurança e a higidez física do consumidor, etc.

(f) *Defesa do (meio) ambiente*[4] – Assim como o inciso anterior, o ambiente veio a ser considerado como dogma constitucional, estabelecendo um direito de *terceira geração* (art. 225, *caput*, da CF), sendo que as leis protecionistas ambientais não se limitam a cuidar do ecossistema, mas também de um sadio ambiente laboral, educacional etc., punidas

---

4. A expressão "meio ambiente" é de uma redundância latente, eis que se utilizam duas palavras para definir a mesma coisa. *Ambiente* tem por significado definir tudo aquilo que está ao derredor, próximo, envolvendo as pessoas e suas coisas. *Meio* também tem a mesma conotação envolvendo o ambiente. No *Novo Dicionário Aurélio* há essa própria definição, nestes termos: *"Ambiente* [do Latim *ambiente*]. Adj. 2 g. *1.* Que cerca ou envolve os seres vivos ou as coisas, por todos os lados; envolvente; *meio ambiente*; 'Agitam as palmeiras no ar ambiente/Os grandes leques que encontrados soam' (Alberto de Oliveira, *Poesias*, 2ª Série, p. 341) * S.m. *2. Aquilo que cerca ou envolve os seres vivos ou as coisas; meio ambiente. *3.* Lugar, sítio, espaço, recinto: *ambiente mal ventilado. 4.* Meio (6 e 7). *5.* Arquit.: Ambiência (2)". Quanto à palavra "meio", entre suas dezenas de definições aparece nas sexta e sétima definições: "*6.* Lugar onde se vive, com suas características e condicionamentos geofísicos; ambiente. *No século XX o homem saiu de seu meio, lançando-se ao espaço sideral. 7.* Esfera social onde se vive; ambiente, círculo, roda; *Habituado à simplicidade, não se adaptou ao meio grã-fino".* Como se vê, são duas palavras que têm a mesma significação e a mesma conotação, unidas para formar uma expressão só. Porém, nosso País abraçou a definição, inclusive quando da edição da Lei 6.938/1981, que criou o programa de política nacional de proteção ao "meio ambiente", como veremos mais adiante, marco divisor da proteção ambiental brasileira.

várias condutas como infrações penais pela Lei dos Crimes Ambientais (Lei 9.605/1998).

(g) *Redução das desigualdades regionais e sociais* – Outro dogma constitucional previsto no art. 23, IX e X, da CF, a ideia central é procurar redistribuir no território nacional a renda dos brasileiros, evitando a concentração que outrora tomou conta das regiões Sul e Sudeste, evitando a migração interna, procurando estabelecer novos polos empresariais em locais que ajudem a evitar o abandono do local em que vivem determinados grupamentos familiares e a invasão desordenada de outras áreas.

(h) *Busca do pleno emprego* – Esta é uma finalidade ímpar insculpida na Constituição Federal, pois, havendo emprego para todos, evidentemente haverá uma gradual e progressiva diminuição da marginalidade. Mesmo porque a própria estrutura organizacional vai eliminando aqueles que não se dispõem a crescer dentro da estrutura empresarial, valorizando os melhores profissionais. E *buscar o pleno emprego* é buscar qualidade para a vida, a saúde, a habitação, a alimentação, o transporte, a segurança pública e privada etc. Não foi com outro intuito que a Lei de Recuperação de Empresas e Falências/LREF buscou valorizar o emprego e otimizar a cadeia produtiva, estabelecendo que entre seus princípios estava "a manutenção da fonte produtora, do emprego dos trabalhadores e dos interesses dos credores" (art. 47 da Lei 11.101/2005) e "preservar e otimizar a utilização produtiva dos bens, ativos e recursos produtivos, inclusive os intangíveis, da empresa" (art. 75 da Lei 11.101/2005) – o que mostra a nova concepção da empresa dentro de um sistema moderno e forte.

(i) *Tratamento favorecido para as empresas de pequeno porte constituídas sob as leis brasileiras e que tenham sua sede e administração no País* – Outra característica do moderno sistema brasileiro, reconhecendo a ampla maioria das micro e pequenas empresas no Brasil, detentoras da esmagadora maioria de empresas constituídas no País, geradoras de milhares e milhares de empregos diretos e indiretos, motivo pelo qual a Constituição Federal faculta a esse tipo societário simplicidade de tratamento, inclusive com a edição da Lei Complementar 123/2006, visando à melhor qualidade de vida para os pequenos produtores. Do mesmo modo, no art. 179 da CF há a obrigatoriedade de Estados, Distrito Federal, União e Municípios darem tratamento diferenciado às microempresas e empresas de pequeno porte. Além disso, a própria Lei de Recuperação de Empresas e Falências (n. 11.101/2005) tratou de estabelecer tratamento especial para a recuperação desse tipo societário (arts. 70-72).

Diante do que foi exposto, o legislador constitucional veio reforçar o benefício para qualquer empresário aqui se estabelecer, dizendo claramente o seguinte:

É assegurado a todos o livre exercício de qualquer atividade econômica, independentemente de autorização dos órgãos públicos, salvo nos casos previstos em lei (art. 170, parágrafo único, da CF)

Isso confirma que a regra é a permissão para ser empresário, sendo que a exceção deve ser demonstrada pelo Poder Público encarregado de se manifestar sobre a criação de determinados tipos societários ou empresas.

Além desses principais princípios de natureza constitucional, a Constituição Federal estabelece outros regramentos para a preservação da unidade federativa, da soberania nacional, do território nacional etc., dizendo que em várias situações o monopólio estatal deve ser observado (art. 173, *caput*), mas também faculta a criação de empresas para a exploração dos monopólios, permitindo também a punição dos culpados nos casos de atos praticados contra a ordem econômica e financeira e contra a economia popular.

O direito empresarial também sofre diversas limitações constitucionais, colocando-se o Estado como verdadeiro juiz das atividades empresariais e em posição de regulador das atividades, conforme se vê do art. 174 da CF; ou, ainda, permitindo a concessão de serviços públicos para quem esteja em condições de explorá-los (arts. 175 e 176 da CF).

4. Fontes do direito empresarial

As *fontes* que regem o direito empresarial, notadamente no momento atual, emergem de várias frentes, pautadas na vida comum da sociedade como um todo e na vida empresarial isoladamente; são as bases de um sistema que o regulamenta e o condiciona.

Para alguns estudiosos do Direito a fundamentação do direito empresarial baseia-se exclusivamente nas normas jurídicas que dão conteúdo ao complexo de leis e regulamentos que servem para alicerçar o Direito.

No entanto, não é bem assim, como veremos adiante.

Podemos estabelecer, sem sombra de dúvidas, que as fontes que regulamentaram o direito empresarial se pautaram inicialmente pelos estudos históricos – daí chamarmos de *fontes históricas* do direito empresarial, como, por exemplo, o Código de Hamurabi, o *Digesto*, o Direito Canônico, o Direito Romano, o Direito Germânico – os quais sempre foram considerados como instrumentos iniciais de todo o complexo chamado de direito empresarial.

De outro lado, temos dois outros ramos bem díspares para equacionar as questões de onde vicejou o direito empresarial.

De um lado podemos mencionar que há as *fontes formais*, que são as leis e regulamentos, conhecidas como *normas jurídicas*. E, de outro lado, temos as chamadas *fontes reais* ou *fontes materiais* do direito empresarial, que são os próprios elementos ou fatores que serviram de base para o desenvolvimento deste ramo do direito privado, contribuindo para sua determinação e sua existência. São, efetivamente, os fatos que marcaram a existência do direito empresarial.

Na atualidade a lei maior que regulamenta as normas empresariais está no Código Civil brasileiro de 2002, que cuida do direito da empresa nos arts. 966 a 1.195. Não obstante, outras matérias estão reguladas nas legislações esparsas, chamadas de "extravagantes", como a Lei de Registro da Empresa (Lei 8.934/1994), a Lei das Sociedades por Ações (Lei 6.404/1976), a Lei de Concessão Comercial (Lei 6.729/1979), a Lei de Franquias ou *Franchising* (Lei 8.955/1994), a Lei do Arrendamento Mercantil (Lei 6.099/1974), a Lei do Cheque (Lei 7.357/1985), a Lei de Recuperação de Empresas e Falência (Lei 11.101/2005) – entre outras ordenações.

Por conta disso é que dissemos que o direito empresarial não se baseia exclusivamente nas normas jurídicas, mas também no chamado direito consuetudinário, como os usos e costumes comerciais que se perpetuaram até os dias atuais, sendo perfeitamente possível, até o presente momento, o registro de usos e costumes de determinadas situações factuais no Registro de Comércio, como forma de assentar sua existência e sua obrigatoriedade dentro de determinada praça.

Destarte, poderíamos asseverar que são fontes do Direito, na atualidade, tanto a lei como os costumes e usos comerciais, tomados ambos os termos no sentido mais amplo possível.

Assim, a primeira fonte formal do direito empresarial é a Constituição Federal, de onde brota um número considerável de direitos e deveres que ocorrerão na atividade empresarial.

As leis e seus regulamentos são normas regulamentadoras da Constituição, ou podem constituir meios próprios de sua existência.

Ainda poderíamos incluir como fonte do direito empresarial a *analogia*, que é uma operação lógica que o intérprete profere em situações que façam parecer idênticos dois casos próximos. Trata-se, em verdade, de aplicação indireta de uma norma legal, ou apenas uma interpretação do segundo caso em comparação com outro, anteriormente decidido.

De maneira suplementar, temos os *princípios gerais de Direito*, aqueles em que se pode basear a formulação de hipóteses, a partir de um direito positivo, dando conta de que situações próximas permitiram a aplicação das mesmas razões para chegar a uma conclusão sobre determinado fato mercantil.

Porém, tanto a *analogia* como os *princípios gerais de Direito* são combatidos por parte da doutrina, pois não seriam, necessariamente, fontes do direito empresarial, no sentido mais puro do termo, mas apenas complementações na ausência de legislação aplicável a determinados casos.

Por sinal, o art. 4º da Lei de Introdução às Normas do Direito Brasileiro (Decreto-lei 4.657/1942) determina que o juiz, ao não encontrar normas legais próprias para aplicar ao caso concreto, deve se valer dos costumes e dos princípios gerais de Direito – além, é claro, de contar com sua experiência para poder decidir casos valendo-se da vivência comum.

A *jurisprudência*, que é o conjunto de decisões reiteradas dos tribunais a respeito de uma matéria, também deve ser considerada como *fonte* do direito empresarial, mesmo porque não tem o legislador condição de estabelecer todas as situações factuais possíveis no momento da elaboração da legislação, ficando ao Poder Judiciário a função de analisar e decidir caso a caso. Desse conjunto de decisões idênticas forma-se uma *jurisprudência* sobre o assunto, e os demais julgadores e profissionais do Direito acabam por se posicionar de acordo com essas decisões.

No passado, até o advento da Lei da Correção Monetária (n. 6.899/1981) não se cobrava correção monetária nos débitos judiciais, passando a valer a partir dessa legislação. Porém, nos processos falenciais havia grande discussão sobre se a correção monetária era ou não devida para ilisão da quebra, sendo que inicialmente os tribunais a entenderam indevida, eis que se tratava de lei especial. No entanto, com o tempo a jurisprudência inverteu-se, passando a integrar a *jurisprudência dominante*, e atualmente, na Lei 11.101/2005, é parte integrante obrigatória do pagamento do débito integral visando à ilisão da falência (art. 98, parágrafo único, da Lei 11.101/2005).

De outro lado, os costumes e usos comerciais sempre foram considerados como fontes reais do direito empresarial, ganhando notória aceitação principalmente a partir do Regulamento 737, que entrou em vigor juntamente com nosso Código Comercial, em 1850 (Lei 556/1850). Inclusive algumas práticas comerciais do tempo do Império ainda permanecem vivas no cenário nacional, nomeadamente o comércio marítimo, que até o presente momento não foi revogado, não obstante haja inúmeras outras regulamentações.

A comprovação de um uso ou costume de uma prova dava-se com seu registro nos Tribunais do Comércio, valendo como condição suficiente para a demonstração de sua existência e obrigatoriedade de conduta de todos os demais. A simples certidão de sua existência demonstrava sua aceitação geral e a necessidade de sua observância perante todos.

5. Dos usos e costumes comerciais

Embora exista certa tentativa de estabelecer uma distinção entre uso e costume por parte da doutrina, o fato é que no direito empresarial tal dicotomia jamais existiu; ao revés, sempre foram confundidos e utilizados indistintamente, sendo que nosso Código Comercial ora falava em costume, ora em prática comercial usual, nos arts. 169, 188 e 207, II.

Porém, o uso é sempre *supletivo* da norma vigente, podendo ser interpretado para suprir ou interpretar a vontade das partes de acordo com a prática usual de determinada localidade. De outro lado, o costume é uma situação mais abrangente, permitindo sua invocação desde que seja constante e uniforme, dentro de determinado segmento ou agrupamento social, fazendo com que o comportamento adotado nesse setor seja aprovado pela vontade coletiva.

Pode-se dizer, ainda, que o não uso revoga esse uso, ao passo que o costume é irrevogável, ou somente poderá deixar de ser aceito quando outro costume, dentro da evolução da sociedade, passar a ser aceito pela vontade coletiva.

Por vezes o costume passa a ser aceito pela própria legislação, incorporando-o definitivamente na norma escrita.

Há determinados usos e costumes que são normalmente aceitos pela vontade coletiva, podendo ser supletivos da própria legislação, de acordo com a prática e a forma como atua determinado segmento social.

Assim, ganham outros contornos, principalmente quando são chamados de *usos* ou *costumes interpretativos*, que são aqueles que servem para dar explicações às práticas anteriormente efetivadas entre empresários, ou entre empresários e instituições financeiras – como, por exemplo, quando se entregam mercadorias dentro de um prazo, seguidamente, após a primeira entrega, sem mexer nas cláusulas contratuais. O seguimento das práticas comerciais faz presumir que houve a intenção de prosseguir da mesma maneira, até que alguma das partes pleiteie a extinção da entrega daquela maneira.

De outro lado, há os chamados *usos* e *costumes gerais*, isto é, aqueles que são aceitos em todos os segmentos do mercado – como, por exemplo, o uso do cheque pós-datado (chamado indevidamente de "pré--datado") ou o parcelamento das vendas no varejo etc. E na atualidade o pagamento por meio de cartões de crédito e de débito. É prática comercial adequada aos tempos atuais. Por seu turno, há a contrapartida, que são os chamados *usos* e *costumes locais* ou *especiais*, aqueles restritos a determinada localidade ou região geográfica, onde são conhecidos e reiteradamente praticados, passando a ser aceitos com o passar do tempo como verdadeira norma não escrita.

5.1 Espécies de costumes

Os costumes dividem-se em três grandes espécies:

(a) *Praeter legem* – Quando a própria legislação permite que o juiz decida uma questão a ele submetida de acordo com os princípios gerais do Direito e os costumes da localidade. É o que acontece com a Lei de Introdução às Normas do Direito Brasileiro, que autoriza tal situação; aqui o costume desempenha mera função supletiva.

(b) *Secundum legem* – Quando a lei declaradamente manda observar os costumes para a decisão de uma causa ou de uma contenda; aqui o costume é aplicado, pois tem eficácia obrigatória, legal, e é reconhecida sua existência.

(c) *Contra legem* – Ao contrário dos demais, não pode ser reconhecido, eis que é contra a existência de uma lei em vigor, não tendo o condão de revogar a norma expressa; há um costume, mas este é contra as regras legais.

5.2 Usos e costumes internacionais ("Incoterms")

Estes usos e costumes internacionais são atualizados com certa frequência, sendo certo que a Câmara do Comércio Internacional, ou *International Chamber of Commerce*, com sede em Paris, periodicamente divulga e explica os termos utilizados no comércio internacional, como forma de tornar possível a utilização desses assentamentos em todas as partes do mundo, sem necessidade de explicação para cada caso em separado.

Estes usos e costumes internacionais passaram a ser conhecidos a partir de 1936, sob a sigla *Incoterms* (*International Commercial Terms*), divididos pelas letras iniciais dos dados, para salvaguarda dos direitos daqueles que participam da relação comercial, nascidos originariamente no comércio marítimo internacional.

Os usos e costumes do comércio marítimo internacional espalharam-se pelo mundo de maneira ampla, estendendo-se gradualmente para o comércio terrestre e posteriormente para o tráfego aéreo.

Foram objeto de assentamento diversas cláusulas inseridas em contratos internacionais, que são plenamente aceitas, principalmente por terem sido adotadas no Brasil.

Elas são divididas em quatro grandes grupos, previamente acordados e aceitos, sendo que a letra inicial da sigla determina o que se convencionou de acordo com a responsabilidade.

Assim, a letra "F" trata da franquia na entrega do bem, oriundo da palavra inglesa *free*; a letra "E" sobre a responsabilidade do vendedor até a expedição (*exit*); a letra "D", de *delivery*, ou seja, a responsabilidade se dá até a entrega ao comprador; e a letra "C" denota custo (da palavra inglesa *cost*).

Segundo Roberto Caparroz, os *Incoterms* podem ser definidos como

> cláusulas contratuais inseridas nos contratos de compra e venda de mercadorias, que determinam a condição de entrega do bem e o momento em que se dará a transferência da responsabilidade jurídica entre comprador e vendedor, denominado *ponto crítico*.[5]

Para Eliane M. Octaviano Martins:

> As ICC *Incoterms Rules* normatizam as obrigações primárias do vendedor e do comprador sob a égide de um contrato de venda de mercadorias, no que se refere, restritivamente, a riscos, custos e responsabilidades assumidas pelas partes; entrega da mercadoria; contratação de transporte e seguro, documentos e formalidades, e demais aspectos e

---

5. Roberto Caparroz, in: Pedro Lenza (coord.), *Comércio Internacional Esquematizado*, pp. 566-567.

trâmites relativos à exportação e importação de mercadorias. As demais questões e especificidades obrigacionais não contempladas pelas *Incoterms Rules* serão tratadas por meio de disposição expressa no contrato de venda ou se submetem à lei de regência do contrato. Evidencia-se, portanto, que as *Incoterms Rules* são elementos integrantes do preço e basilares dos riscos. Da escolha do termo e respectiva regra da ICC evidencia-se o impacto direto nos custos e nos riscos, e na formação dos contratos internacionais de compra e venda, de transporte e de seguros.[6]

De outro lado, a transferência da responsabilidade importa eventual indenização por perdas e danos, sendo que o *ponto crítico* estabelece exatamente quem tem a obrigação de indenizar.

Por isso, os *Incoterms* são frequentemente alterados, atualizados. Na versão de 2010, com vigência a partir de 1.1.2011, a Câmara Internacional de Comércio reduziu o número de 13 para apenas 11, extinguindo as siglas DAF, DES, DEQ e DDU, introduzindo as figuras DAT e DAP. Mas para fins de estudos estas serão mantidas, mesmo porque há processos judiciais que se eternizam no tempo, motivo pelo qual sempre é necessário consultar tais siglas.

Tais cláusulas possuem as seguintes definições:[7]

(a) *FAZ (Free Alongside Ship; Posta no Costado do Navio)* – Significando que o vendedor se compromete a entregar uma mercadoria ao lado do navio, no porto de embarque, correndo por sua conta o custo da mercadoria e o transporte. Até o porto de embarque é responsabilidade do vendedor qualquer avaria com as mercadorias, desincumbindo-se da sua obrigação no momento em que acondiciona a mercadoria ao lado do navio.

(b) *FOB (Free on Board; Posta Franco* ou *Posta Livre a Bordo)* – Ao contrário da anterior, o vendedor compromete-se a colocar a mercadoria acondicionada dentro do navio indicado pelo comprador, quando não é o vendedor quem oferece o transporte da mercadoria, correndo por conta do vendedor todas as despesas até então. A partir do momento do embarque corre por conta do comprador todo o risco do transporte.

(c) *FB (Free Board)* ou *FCA (Free Carrier)* – É uma variante do FOB e do FAS, significando que também a mercadoria será entregue ao lado do navio, no porto de embarque. A responsabilidade do vendedor é

---

6. Eliane M. Octaviano Martins, *Curso de Direito Marítimo*, 2ª ed., vol. II (*Vendas Marítimas*), p. 11.

7. Junta Comercial do Estado de São Paulo, de 1943: arts. 54 e 55 dos *Assentamentos dos Usos e Costumes das Praças de São Paulo*.

até o cais, somente. O embarque, o frete e seguro são todos de responsabilidade do comprador.

(d) *FPA (Free of Particular Average; Livre de Avaria Particular)* – Quando há a inserção de tal cláusula significa que o vendedor cobre todas as avarias decorrentes da movimentação das mercadorias, inclusive as decorrentes de particulares, até o porto de destino.

(e) *FFA (Free from Alongside; Posta no Costado do Navio)* Significa que o frete é pago pelo vendedor até o costado do navio, no porto do destino, ou seja, além de todo o transporte pago pelo vendedor, ainda paga pelo desembarque da mercadoria, acondicionada do lado de fora do navio. Geralmente se utiliza a presente sigla com as cláusulas CAF e CIF.

(f) *FOR (Free on Rail; Posto no vagão)* – Com tal cláusula se considera que o vendedor se compromete a entregar a mercadoria até um vagão de trem, para que o comprador a receba.

(g) *FOT (Free on Truck; Posto no Caminhão)* – Do mesmo modo que o anterior, esta cláusula considera que o vendedor se compromete a entregar a mercadoria até um meio de transporte terrestre (ou por caminhão, como sói acontecer), para que o comprador a receba.

(h) *Freight or Carriage Paid to (Frete ou Transporte Pago Até)* – Significa que o pagamento do transporte será pago até um determinado local, sendo que a partir daí corre por conta e risco do interessado o restante do transporte, até a chegada ao destino. Supondo-se que uma mercadoria seja embarcada em São Paulo para ser levada até Santiago no Chile: a inclusão da frase *Freigth Paid to Buenos Aires* quer significar que o pagamento do frete se faz até Buenos Aires somente, sendo que o comprador deverá arcar com os débitos do frete de Buenos Aires até Santiago.

(i) *CAF ou CFR (Cost and Freight; Custo e Frete)* – Significa que o vendedor se compromete a embarcar a mercadoria e pagar todas as despesas até o porto de destino, no cais. Todas as despesas decorrentes de quaisquer infortúnios, menos o frete, correm por conta do comprador. Trata-se de sigla exclusiva do transporte marítimo ou fluvial doméstico.

(j) *CIF (Cost, Insurance and Freight; Custo, Seguro e Frete)* – A inserção desta cláusula no contrato significa que o vendedor se compromete a remeter a mercadoria até o destino, mas as despesas e os riscos posteriores à entrega da mercadoria a bordo do navio correm por conta do comprador. A tradição dos bens comprados se dá quando do embarque no navio.

(k) *CPT (Carriage Paid to)* – O vendedor é obrigado ao frete até um local do destino previamente ajustado e o comprador assume os ônus dos riscos a partir desse momento. Assim, se uma mercadoria é adquirida na Zona Franca de Manaus e o vendedor se compromete a trazer até o Aeroporto de São Paulo apenas mas o comprador é de Sorocaba, por exemplo, o frete é da atribuição do vendedor somente até São Paulo. Dali para frente compete ao comprador transportar a mercadoria para Sorocaba.

(l) *CIP (Carriage and Insurance Paid to)* – É uma variante do CPT, mas com o valor do seguro incluído, por conta do vendedor.

(m) *EXW (Ex Works – Ex Factory, Ex Mill, Ex Plantations, Ex Warehouse)* – Tais cláusulas demonstram exatamente o local de onde proveio o bem ou produto, como forma de atestar sua origem. No Brasil chama-se FOB-Fábrica. Além disso, demonstra que as mercadorias foram retiradas no estabelecimento do vendedor, correndo a partir daí todos os riscos por conta do comprador, com as seguintes variantes:

(m.1) *DES (Delivered ex Ship = No Navio)* – Significa que a mercadoria será entregue dentro do navio, no porto indicado. O pagamento das demais cláusulas depende de negociação. Tal cláusula é utilizada para o transporte marítimo.

(m.2) *DEQ (Delivered ex Quay – Duty Paid = No Cais; Impostos Pagos)* – A inclusão de tal cláusula quer dizer que a mercadoria deverá ser entregue no cais do porto onde ela será embarcada, sendo que os impostos e taxas devidos pelo embarque também já estão quitados, ficando à disposição do comprador.

(m.3) *DAF (Delivered at Frontier)* – A entrega é feita num ponto anterior à alfândega e desembaraçada para exportação. Após o desembaraço alfandegário correm por conta do comprador os riscos e o transporte da entrega. Assim, se "A" adquire um produto na China, com a inclusão de tal cláusula internacional (DAF), o vendedor se compromete a entregar a coisa até um ponto próximo à alfândega, providenciar todos os papéis para a embarcação, correndo por conta do comprador a contratação do transporte para o Brasil.

(m.4) *DDU (Delivered Duty Unpaid)* – Aqui, a mercadoria adquirida é entregue no País do comprador, obrigando-se o vendedor pelas despesas até a chegada ao País, menos os encargos e impostos de importação. Assim, se uma empresa brasileira adquire produtos nos Estados Unidos e é grafada tal cláusula, significa que o *yankee* se compromete a colocar o bem no Brasil mas as taxas e os tributos ficam por conta do importador brasileiro.

(m.5) *DDP (Delivered Duty Paid)* – Neste caso o comprador está isento de pagamento de quaisquer taxas e tributos de importação, tudo correndo por conta do vendedor, que se compromete a entregar a coisa adquirida diretamente ao comprador no País indicado.

(m.6) *DAP (Delivered at Place)* – Esta sigla substituiu as antigas DES, DAF e DDU, sendo que, neste caso, o comprador está isento de pagamento de quaisquer taxas e tributos de importação, tudo correndo por conta do vendedor, que se compromete a entregar a coisa adquirida diretamente ao comprador no País indicado.

(m.7) *DAT (Delivered at Terminal)* – Esta sigla substituiu o antigo DEQ, porém o comprador está isento de pagamento de quaisquer taxas e tributos de importação, tudo correndo por conta do vendedor, que se compromete a entregar a coisa adquirida diretamente ao comprador no terminal designado, no País indicado.

5.3 Prova dos usos e costumes mercantis

O ideal seria que todas as Juntas Comerciais do Brasil fizessem uma síntese dos usos e costumes assentados em seus anais e que periodicamente os atualizassem, para que ficassem plenamente conhecidos de todos os interessados, inclusive para que pudessem fazer valer seus direitos.

Mas não é isso que costumeiramente acontece, como já afirmava Darcy Arruda Miranda Jr.:

> Poucas são as Juntas Comerciais do País que se dão ao trabalho de assentar os usos e práticas mercantis, e muito menos ainda as que dispõem, por esta ou aquela razão, de recursos para publicar uma coleção de seus assentamentos.[8]

Em que pese a essa deficiência, há Juntas Comerciais no Brasil que fazem periodicamente esses assentamentos, o que facilita a prova de sua existência – motivo pelo qual basta obter a certidão diretamente na Junta Comercial que fez tal assentamento e demonstrar em juízo essa prova.

Certo é que a parte não está obrigada a demonstrar as normas jurídicas aplicadas ao seu direito, mas em determinadas situações o juiz pode valer-se do costume para aplicá-lo ao caso concreto, nos termos do art. 140 do CPC e do art. 4º da Lei de Introdução às Normas do Direito Brasileiro.[9]

---

8. Darcy Arruda Miranda Jr., *Curso de Direito Comercial*, 5ª ed., vol. I, p. 72.

9. CPC: "Art. 140. O juiz não se exime de decidir sob a alegação de lacuna ou obscuridade do ordenamento jurídico".

Como não existe um assentamento ordinário de todos os usos e costumes no sistema mercantil brasileiro, como já afirmado anteriormente, o fato é que muitas vezes deve a parte provar esse direito consuetudinário, desde que tenha alegado anteriormente, nos termos do art. 376 do CPC.[10]

LINDB: "Art. 4º. Quando a lei for omissa, o juiz decidirá o caso de acordo com a analogia, os costumes e os princípios gerais de direito".

10. CPC: "Art. 376. A parte que alegar direito municipal, estadual, estrangeiro ou consuetudinário provar-lhe-á o teor e a vigência, se assim o juiz determinar".

Capítulo II
O EMPRESÁRIO

1. Conceito de empresário. 2. Da atividade empresarial. 3. Da capacidade para ser empresário. 4. Proibidos de comerciar (proibidos de serem empresários). 5. O registro do empresário. 6. Registro de sucursal, filial ou agência. 7. Atividades econômicas civis (não comerciais). 8. Empresário individual. 9. A definição de micro e pequena empresa e o microempreendedor individual. 10. Macroempreendedor ou empresa de grande porte. 11. Empresário rural. 12. Empresa individual de responsabilidade limitada/ EIRELI. 13. Do estabelecimento comercial. 14. Do ponto comercial (ou ponto empresarial): 14.1 A proteção ao ponto comercial. 15. Transferência do estabelecimento comercial (trespasse, ou trespasso ou traspasso do estabelecimento empresarial). 16. Do nome empresarial. 17. Dos auxiliares (prepostos) do empresário: 17.1 Do gerente – 17.2 Do contador – 17.3 O corretor – 17.4 Dos comissários mercantis (comissários empresariais) – 17.5 Do representante comercial autônomo – 17.6 Dos despachantes – 17.7 Do leiloeiro – 17.8 Tradutores e intérpretes empresariais – 17.9 Auditores independentes – 17.10 Agentes de informação.

1. Conceito de empresário

Sem a menor sombra de dúvidas, um dos conceitos que mais se aperfeiçoaram ao derredor do mundo com a evolução da espécie humana sobre a Terra foi este: o de empresário.

No passado um simples mercadejador, e muitas vezes sem a menor habilidade para números ou para entender o complexo de atividades que se desenvolviam ao seu lado, o antigo varejeiro passou por enorme transformação, eis que os chamados "golpes de sorte" nos negócios passaram a se tornar cada vez mais frutos de mero acaso, pois se exige do empresário atual vasto conhecimento de seus negócios, para que não possa ser "sugado" pela concorrência feroz, que está cada vez mais profissionalizada.

Do antigo mercador para o sistema atual há um passo enorme, onde o empresário é uma pessoa que deve estar constantemente observando o que acontece à sua volta, as movimentações das idas e vindas da sua atividade, do seu cabedal para se manter nos negócios, na vivência do mercado, sendo que isto é impostergável para o novel empresário.

Por tal razão se diz que o empresário é o detentor da atividade economicamente organizada, visando ao aferimento de lucro por meio de circulação de bens ou de serviços, como veremos em seguida.

2. Da atividade empresarial

Praticamente todos os grandes autores do passado e do presente tenderam a fornecer uma definição específica sobre o que lhes parece ser *empresário*, fazendo uma confrontação com a antiga definição da "teoria do comércio", na qual se definia, ainda, o que e quem seria o "comerciante". No Brasil inicialmente não havia que se definir a atividade empresarial, mas, sim, a atividade comercial, caracterizada que estava pelos chamados *atos de comércio*, ou *mercancia*, consoante se explanou no Regulamento Imperial 737/1850, no seu art. 19.[1]

Com o passar dos tempos a chamada *teoria do comerciante* acabou por se modernizar, eis que o comerciante mesmo passou a necessitar de prepostos e auxiliares na execução de seus misteres, não mais podendo cuidar de todos os assuntos atinentes à sua atividade – motivo pelo qual passou a criar novas e substanciosas equipes de trabalho, as quais evoluíram consideravelmente, tendo estas se sobrepondo ao próprio comerciante, agigantando as atividades acima da capacidade individual do comerciante.

Porém, foi apenas na década de 1960 que os estudiosos deitaram olhares sobre o comerciante e viram que se tratava de figura antagônica ao setor empresarial, e sua evolução era questão de pouquíssimo tempo, sendo substituído pela teorização da empresa, muito mais completa e muito mais complexa que o simples e medieval comerciante, retratado no seio nacional apenas pelo seu modo de agir (atos de comércio), como se viu no extinto Decreto Imperial de 1850 (n. 556/1850).

1. Regulamento 737/1850:
"Art. 19. Considera-se mercancia: § 1º. A compra e venda ou troca de efeitos imóveis ou semoventes, para os vender por grosso ou a retalho, na mesma espécie ou manufaturados, ou para alugar o seu uso. § 2º. As operações de câmbio, banco e corretagem. § 3º. As empresas de fábricas; de comissões; de depósitos; de expedição, consignação e transporte de mercadorias, de espetáculos públicos. § 4º. Os seguros, fretamentos, riscos e quaisquer contratos relativos ao comércio marítimo. § 5º. A armação e expedição de navios".

Porém, com a dicotomia até então existente no chamado "direito privado", havia necessidade de estabelecer as bases do exercício do comércio, para que não se confundisse com a teorização elaborada pelo direito civil, a fim de se manter distante do direito comercial.

No entanto, parece-nos que tal distinção caiu por terra diante da revogação da parte inicial do Código Comercial/1850 pelo advento, no Brasil, do Código Civil/2002, que promoveu unificação parcial dos institutos do direito privado, tanto assim que passou a denominar pomposamente de "teoria da empresa".

Por conta disso, o Código Civil/2002 passou a regulamentar o que seja empresário. E, por via de consequência, necessita-se estabelecer o que se deve entender por *empresário*, para posteriormente seguirmos com a teorização da empresa. Ao contrário do Código Comercial de 1850, que definia o que era ato de comércio para, posteriormente, chegar ao comerciante, hoje se define corretamente quem é o empresário, e posteriormente chega-se à sua atividade.

Há ainda uma Comissão no Congresso Nacional para a elaboração de um novo Código Comercial, e que tem a pretensão de rever grande parte do nosso comércio marítimo, eis que ainda permanecem em vigor as disposições de 1850 sobre esse tipo de mercantilização, embora haja centenas ou milhares de novos atos comerciais marítimos tornando absolutamente necessária nova legislação sobre o assunto.

Assim, o CC estabeleceu, no art. 966, o seguinte;

> Considera-se empresário aquele que exerce profissionalmente atividade econômica organizada para a produção ou circulação de bens ou de serviços.

Em que pese ao fato de o art. 966 estar praticamente completo, ainda faltaram alguns elementos caracterizadores e diferenciadores do empresário: a habitualidade e a detenção do monopólio das informações.

Em seu *Tratado de Direito Comercial*, Cesare Vivante, com muita propriedade, estabeleceu que o empresário advém da empresa e acabou por defini-la da seguinte maneira:

> L'impresa è un organismo economico che raccoglie e pone in opera sistematicamente i fattori necessari per ottenere un prodotto destinato allo scambio, a rischio dell'imprenditore.[2]

---

2. Cesare Vivante, *Trattato di Diritto Commerciale*, vol. I, p. 100.

A partir de tal definição, outros autores não discreparam dessa conceituação básica sobre empresa, nascendo o conceito que hoje é praticamente universal.

Assim, podemos aceitar que são elementos da definição de empresário:

Profissionalismo – Eis que o empresário não é mais o simples biscateiro ou mascate ("B") que comprava de "A" para revender a "C", colocando-se como intermediário para a obtenção de lucros. O empresário conhece todo o sistema, tem conhecimento suficiente dos seus negócios, fazendo disso uma profissão, vivendo (ou sobrevivendo) dela, conhecendo todos os percalços que tem que percorrer para atingir seu fim último.

Daí decorrem outros elementos integrantes do profissionalismo, quais sejam: a *habitualidade*, a *pessoalidade* e o *monopólio das informações*. Vejamos.

(a) *Habitualidade*: é elemento extrínseco da relação profissional, onde o empresário permanece à frente de seus negócios, conhece seu dia a dia. Não pode ser considerado empresário aquele que executa compra e venda esporádica, mesmo tendo lucro, pois o ingrediente essencial inato ao empresário é a *continuidade* desses negócios, sem dispersão, permanecendo ligado ao negócio, fazendo dele sua profissão habitual; é a habitualidade uma característica dos negócios do empresário e sua marca indelével.

(b) *Pessoalidade*: outro elemento extrínseco da relação profissional, pois o empresário se *mostra* à frente de seus negócios, respondendo por eles, tratando diretamente com fornecedores e compradores, vivenciando o dia a dia da empresa e operando com essa qualidade. Daí por que a pessoalidade é marca incontrastável do empresário, exigindo sua pronta intervenção, quando necessário, e o ponto principal de apoio dos negócios, notadamente no Brasil, que valoriza a atividade empresarial na pessoa do seu mandatário.

(c) *Monopólio das informações*: trata-se de elemento intrínseco da relação empresarial. Em verdade, o fato de o empresário vivenciar seu dia a dia, conhecer os negócios e de se exigir dele pronta intervenção em determinações relações negociais faz com que seja detentor de conhecimento do mercado. Assim, o empresário possui *know-how* da vida da sociedade. Ele sabe quem é o bom e quem é o mau pagador. A vida empresarial o torna sabedor de quem é o fornecedor que entrega a mercadoria corretamente e quem assim não o faz. Sabe que pode confiar na entrega das mercadorias que possui para determinados empresários, que honram seus compromissos, e que outros assim não o fazem. Deter tais informações ajuda-o a crescer profissionalmente, evitando os maus empresários e os maus negócios. Daí a importância desse elemento intrínseco para a vida empresarial, pois o empresário conhece os negócios e sabem bem aquilatar os melhores caminhos a percorrer.

Atividade – É o ramo que o empresário explora. No caso da atividade, definida no Código Civil, quer dizer aquela que serve para a produção e/ou circulação de bens ou serviços, considerados todos eles genericamente. A atividade é o tipo de empresa, podendo ser uma confecção de sapatos, uma indústria, um comércio, uma atividade exploradora de petróleo, uma panificadora, uma produtora de vídeo, de computadores, ou qualquer outra atividade que preste serviço – como, por exemplo, uma empresa que faça limpeza em vidros de edifícios ou limpeza pública, ou uma empresa que tenha por objetivo a confecção de declarações de imposto, ou uma empresa de *valet parking* etc. Enfim, a atividade é aquilo que é explorado pelo empresário, gerando sua profissão.

Econômica – É a busca do lucro como fim de qualquer empresa. A atividade exercida pelo empresário é o meio pelo qual busca o lucro. Já, nas outras atividades o lucro é o meio, enquanto o fim é a atividade. No sistema empresarial a atividade é o meio para se alcançar o lucro. Dentro de um sistema capitalista como o brasileiro não há espaço para alguém manter uma empresa exclusivamente para fins filantrópicos, eis que qualquer empresa, por menor que seja, gera débitos, obrigando o empresário a fazer com que a atividade econômica gere créditos para suportar os débitos. Além disso, qualquer empresa necessita de investimento de capital para poder crescer, o que mostra a necessidade de se compensar com a busca do lucro, eis que se trata de atividade onerosa por excelência.

Organizada – Este é outro elemento, ao mesmo tempo intrínseco e extrínseco, que caracteriza a empresa. É necessário que o empresário tenha um mínimo de organização para fazer com que a empresa tenha êxito, pois, sendo ele o detentor do *know-how* da empresa, necessita empreender um dinamismo para que ela obtenha os lucros almejados. Assim, a organização empresarial passa por uma série de situações físicas e fáticas, de acordo com o ramo de atividade exercido pela empresa, mas basicamente o empresário necessita organizar os seguintes fatores (ou elementos): *capital, mão de obra, insumos* e *tecnologia*:

(a) *Capital*: é exatamente o mais importante de todos os elementos que devem ser organizados, pois um empresário perdulário é fadado ao insucesso. O empresário tem que saber quando e onde gastar, mesmo porque "dinheiro não aceita desaforo" – diz o provérbio popular. Aquele econômico demais também não tem grande possibilidade de êxito, pois pode perder a capacidade de negociação quando tem boas condições de conseguir grandes negócios mas, por amor à economia, deixa passar as oportunidades. O bom direcionamento do capital ajuda a capacidade da empresa de crescer.

(b) *Mão de obra*: a organização empresarial tem que saber exatamente o número de pessoas necessárias para o exercício da profissão, não podendo nem ser um número excessivo de funcionários, de modo a permitir que pessoas fiquem ociosas, nem, ao contrário, sobrecarregando vários colaboradores, em detrimento da boa organização. Além disso, profissionais qualificados para determinadas funções são sempre necessários; de outro lado, não pode o empresário procurar preservar os empregos daqueles que não possuem qualificações adequadas ou não correspondam aos ensejos da empresa. Por sinal, outro adágio é sempre bem vindo: "O empresário só deve contratar quem pode mandar embora". Ter o cunhado ou o sogro na empresa não é bom negócio, com certeza, na grande maioria das vezes.

(c) *Insumos*: são os materiais utilizados pela empresa para o desenvolvimento dos negócios. Determinadas empresas consomem grande quantidade de material. O empresário deve conhecer os fornecedores que entregam os melhores produtos, os melhores preços, as melhores condições etc., para que possa organizar a empresa tendo o menor dispêndio possível. Cada empresa tem os insumos que acha necessários. Logo, uma empresa que faz bolos por encomenda deve adquirir o material de acordo com a expectativa dos pedidos. Se compra demais, é fadada ao insucesso; assim como aquela que compra de menos e tem que sair correndo, de última hora, para suprir as deficiências das compras tende a pagar mais caro e nem sempre com a mesma qualidade.

(d) *Tecnologia*: trata-se da logística da empresa. Tal elemento é considerado essencial para as empresas. Não apenas no setor de informatização, mas também no gerenciamento da própria atividade empresarial, é a tecnologia um dos fatores de propulsão da organização da empresa. O empresário deve conhecer toda a logística de sua empresa, deve possuir um *layout* que permita uma produção célere e um escoamento da produção na mesma proporção. Se não possuir um esquema de logística adequado, corre o risco de se perder no dia a dia das coisas dentro da empresa, ficando à mercê dos negócios, verdadeiramente atrapalhando a produção e o escoamento. A tecnologia envolve todo o complexo de atos da empresa.

Lembremos que a logística é uma parte da mercadologia, sendo que toda a *logística* de uma empresa é tendenciosa para a obtenção de uma vantagem no mercado (*goodwill of trade*), mesmo porque a essência do empresário é a obtenção de lucro em seu negócio e, assim, prosperar. E só consegue êxito em seu empreendimento se souber exatamente como coordenar todos os meios que estão à sua disposição para essa finalidade. Daí por que se diz que o empresário é o senhor e detentor do conhecimento.

Desse modo, procuramos estabelecer que o empresário sempre detém conhecimento sobre sua atividade, não se podendo falar em mero "biscateiro", ou seja, aquele que compra aqui para vender ali, com um pequeno lucro, pois isto não o diferencia como empresário, já que qualquer um pode comprar e vender qualquer coisa sem que seja considerado empresário.

Na definição do grande Spencer Vampré,

> a empresa é a organização econômica que se propõe a obter. mediante a combinação da natureza, do trabalho e do capital, produtos destinados a troca, correndo os riscos por conta de uma pessoa, que reúne e dirige esses elementos sob sua responsabilidade.[3]

Na definição acima nos parece faltar um dos elementos mais importantes da conceituação de empresa – e, por conseguinte, de empresário –, que é o conhecimento suficiente sobre o ambiente em que se trabalha (*know-how*), a vivência, a experiência, a bagagem, os caminhos para a segurança do empreendimento; somente com o tempo é que as pessoas acabam conhecendo o mercado e os membros de determinado círculo de conhecimento que podem definir o sucesso empresarial.

No mesmo sentido é o posicionamento de Fran Martins sobre a definição de empresário, pois é ele quem detém

> certos conhecimentos ou processos, secretos e originais, que uma pessoa tem e que, devidamente aplicados, dão como resultado um benefício a favor daquele que os emprega.[4]

Daí se caracteriza o risco do empreendimento como sendo um dos ingredientes marcantes da atividade empresarial.

O lucro decorrente do empreendimento é o que todas as pessoas almejam. Mas no caso do empresário há que se contar também com fato-

---

3. Spencer Vampré, *Tratado Elementar de Direito Comercial*, p. 70.
4. Fran Martins, *Contratos e Obrigações Comerciais*, pp. 498-499.

res externos à sua atividade, que fazem com que o lucro seja incluído na cotação do produto com que trabalha, vez que pode contar com situações inesperadas em sua atividade econômica, e, portanto, sofrer prejuízo, ou até mesmo pode sofrer uma quebra.

No entanto, mesmo na adversidade não se pode tolher da empresa sua tendência natural, que é alcançar o lucro. Este é uma esperança, não uma certeza.

3. Da capacidade para ser empresário

A capacidade para se tornar empresário não é estabelecida a qualquer um com o simples nascimento, nem se está exigindo que o mesmo seja apto ao comércio que escolheu. É preciso o preenchimento de determinados requisitos legais ou não ostentar impedimentos para esse exercício.

Pela intelecção do art. 972 do CC:

Art. 972. Podem exercer a atividade de empresário os que estivem em pleno gozo da capacidade civil e não foram legalmente impedidos.

Dessa maneira, somente poderão exercer o comércio, gozando do privilégio de serem empresários, aqueles que tenham capacidade – que se adquire com a maioridade civil, em regra – ou que não estejam impedidos para o exercício do comércio. Por exemplo, o falido ou o empresário que tenha um plano de recuperação de empresa em que se aprove seu afastamento do exercício da administração da mesma estão automaticamente impedidos para o exercício do comércio, até que venham a conseguir sua reabilitação penal, quando condenados criminalmente, ou quando extintas suas obrigações.

Isto porque na própria lei falencial (n. 11.101/2005) é previsto, no art. 64 dessa *lex specialis*, que o empresário continuará no exercício de sua administração, a menos que seja condenado em crimes, pratique atos contrários aos interesses da massa etc. – o que será analisado no capítulo apropriado (arts. 64 e 65, 103 e 181 da Lei 11.101/2005).

A incapacidade do empresário não se confunde com o impedimento. A incapacidade diz respeito aos atos da vida civil, a perda da consciência, a problemas existentes fisicamente com o empresário; já o impedimento é diverso: decorre de ato por ele praticado/cometido que leva à cassação do exercício do comércio, tornando-o impedido.

O estrangeiro deve comprovar sua condição de legalmente estabelecido no Brasil, nos termos do Decreto-lei 341/1938, assim como pelo Estatuto do Estrangeiro (Lei 6.815, de 19.8.1980, arts. 16, 17, 18, 21, § 1º, 99 e 106).

Pode ocorrer que uma pessoa tenha sido condenada por concorrência desleal ao seu empregador, tendo sido demitida por justa causa, motivo pelo qual não poderá exercer atividade econômica empresarial enquanto não vier a se reabilitar criminalmente, conforme disposto no art. 482, "c", da Consolidação das Leis do Trabalho/CLT, c/c o art. 195 do Código da Propriedade Industrial (Lei 9.279/1996).

O Código Penal Militar (Decreto-lei 1.001/1969) dispõe, no art. 204, que é crime militar o oficial prestar-se a tomar parte na administração ou gerência de sociedade comercial, estando, pois, legalmente impedido para o exercício do comércio.

Pelo art. 973 do CC, não é possível que a pessoa que esteja impedida de exercer o comércio mantenha atividade empresarial, posto que se o fizer responderá pessoalmente pelas obrigações assumidas. Esta disposição é nova no sistema jurídico nacional, não obstante a responsabilidade civil genérica sempre tenha sido utilizada.

Pelo art. 974 do CC, o incapaz poderá continuar atividade econômica que era desenvolvida por seu genitor ou doador desde que devidamente assistido ou representado por pessoa maior e capaz, responsável pelo mesmo. É que no passado havia grande discussão sobre a transmissão da herança e/ou doação para incapaz e sua possibilidade de receber diretamente as quotas-partes das sociedades comerciais, que foi dissipada pela vigente disposição.

Porém, conforme os §§ 1º e 2º do dispositivo, é preciso que tenha havido intervenção judicial para que o petiz e/ou incapaz exerça o comércio – representado e/ou assistido, gize-se, mesmo porque os riscos inerentes ao comércio são grandes, e eventuais perigos empresariais poderão levar aqueles à bancarrota, perdendo todo o patrimônio deixado por herança ou doação.

Dessa maneira, poderá deixar de exercer o comércio o incapaz que recebeu a empresa e não se mostrou apto ao empresariado, sem prejuízo dos eventuais direitos adquiridos por terceiros.

Ainda, a fim de proteger o patrimônio do incapaz que se tornou empresário por força de herança e/ou doação, os bens que o mesmo já possuía não ficam sujeitos ao resultado da empresa, devendo tais fatos constar expressamente do alvará que conceder a autorização judicial para o exercício do comércio.

De outro lado, como o incapaz deve ter representação ou assistência, esta poderá recair sobre pessoas que estejam impedidas para o exercício do comércio, motivo pelo qual, nos termos do art. 975 do CC, haverá a nomeação de um ou mais gerentes, sendo que tal disposição coloca que a indicação seria dada pelo impedido – o que, *data venia*, seria o absurdo dos absurdos, eis que o próprio § 1º do art. 975 diz que o juiz poderá nomear um gerente em todos os casos que entender conveniente.

É claro, o juiz não está adstrito ao que o impedido determinou, sendo que o § 2º do art. 975 dispõe que eventuais prejuízos serão suportados por aquele quando exercer a empresa e vier a causar danos ao patrimônio dos representados/assistidos. Pode acontecer – o que é apenas uma ligeira suposição – que o impedido exerça o comércio ilegalmente em nome do incapaz mas consiga auferir lucros e aumente o patrimônio deste. Logo, não havendo dano, não há o que indenizar. Porém, pelo que temos visto em quase 40 anos de experiência, é exatamente o contrário: prejuízo ao incapaz e necessidade de reparação dos danos.

Por isso, embora a lei não diga, é sempre necessário que o juiz, ao se deparar com tal situação, exija caução para o exercício da atividade empresarial em nome de incapaz, sendo essa uma maneira de espantar os maus elementos do exercício do comércio, principalmente porque, sendo eles impedidos, o foram por razões sérias, após um processo legal, com direito à ampla defesa, mostrando-se, ao final, merecedores do impedimento.

Pelo art. 976 do CC, é obrigatória a prova da averbação da emancipação ou da autorização no Registro do Comércio antes do exercício do empresariado, bem como de sua extinção ou revogação, sendo que o uso da nova firma caberá ao incapaz, desde que autorizado judicialmente, ao emancipado, ou ao representante e/ou assistente em conjunto.

Com relação ao casamento, na atualidade, em face da equiparação dos cônjuges em direitos e deveres, houve uma evolução do Direito, permitindo que estes possam realizar contrato de sociedade entre si ou com terceiros, sendo que não lhes é permitido assim fazer, conforme disposto no art. 977 do CC, "desde que não tenham casado no regime da comunhão universal de bens, ou no da separação obrigatória".

Se o bem da empresa constituir seu patrimônio exclusivo, o empresário poderá aliená-lo ou gravá-lo de ônus real sem necessidade de autorização ou anuência do outro cônjuge, conforme disposto no art. 978 do

CC, que diz expressamente "qualquer que seja o regime de bens".[5] Isto porque no passado havia verdadeiro entrave ao exercício do comércio quando um dos cônjuges não concordava com tal situação, muitas vezes por mero capricho ou valor sentimental, prejudicando o andamento dos negócios da empresa.

É preciso lembrar que o empresário, no dia a dia, necessita de rapidez para resolver determinadas situações, sendo que, por ser casado (ou casada, a empresária), necessariamente teria que ter o aval de sua mulher (ou marido) para exercer o comércio na sua plenitude, prejudicando demasiadamente o andamento dos negócios.

Evidentemente, quando o empresário utilizar a empresa para fins de esvaziar o patrimônio do casal, prestes a se separar, é claro que poderá ser utilizada a teoria da desconsideração da personalidade jurídica, visando a recompor os prejuízos causados ao outro cônjuge (art. 50 do CC).

Necessariamente, deverão ser averbadas no Registro Público Mercantil as restrições particulares do empresário, como o pacto antenupcial, a declaração antenupcial, os títulos de doação, herança ou legado, de bens clausulados de incomunicabilidade ou inalienabilidade, nos termos do art. 979 do CC.[6] Tudo isso para que terceiros que com ele negociem tenham ciência exata da situação patrimonial do empresário, mesmo porque eventuais demandas contra a empresa poderão vir a atingir o patrimônio pessoal do mesmo, e antes das negociações é preciso que estes terceiros saibam com quem estão negociando.

Da mesma forma, o art. 980 do CC determina que a sentença de separação judicial (assim como o divórcio) do empresário seja arquivada no Registro do Comércio, assim como a reconciliação, não podendo ser opostas a terceiros se assim não foi feito. E isto por uma clara razão: somente com a averbação é que terceiros passam a conhecer exatamente a situação econômica do empresário.[7]

5. CC: "Art. 978. O empresário casado pode, sem necessidade de outorga conjugal, qualquer que seja o regime de bens, alienar os imóveis que integrem o patrimônio da empresa ou gravá-los de ônus real".

6. CC: "Art. 979. Além de no Registro Civil, serão arquivados e averbados, no Registro Público de Empresas Mercantis, os pactos e declarações antenupciais do empresário, o título de doação, herança, ou legado, de bens clausulados de incomunicabilidade ou inalienabilidade".

7. CC: "Art. 980. A sentença que decretar ou homologar a separação judicial do empresário e o ato de reconciliação não podem ser opostos a terceiros, antes de arquivados e averbados no Registro Público de Empresas Mercantis".

4. Proibidos de comerciar (proibidos de serem empresários)

Ao falarmos que qualquer pessoa, em regra, pode ser empresário (comerciante) fizemos a ressalva do próprio Código Civil/2002, da mesma forma que já existia no Código Comercial.

Assim, estão impedidos de ser empresários:

(a) O *falido não condenado criminalmente* que não tenha extintas suas obrigações, nos termos dos arts. 135 e 195 a 197 do antigo Decreto-lei 7.661/1945 – que ainda rege várias falências no Brasil – e arts. 156 a 160 da atual Lei de Recuperação de Empresas e de Falências (n. 11.101/2005).

(b) O *falido condenado criminalmente* que não tenha sido reabilitado, eis que há duas situações distintas quando se trata de falido. Aquele que não foi condenado criminalmente poderá conseguir sua volta ao comércio por meio de *extinção das obrigações*, ao passo que o condenado criminalmente somente poderá fazê-lo por meio de reabilitação penal.

(c) O *condenado criminalmente*. Pelo art. 1.011, § 1º, do CC, há a impossibilidade legal de serem administradores da empresa aqueles que sofreram condenações criminais, como se vê da disposição, *in verbis*:

> Não podem ser administradores, além das pessoas impedidas por lei especial, os condenados a pena que vede, ainda que temporariamente, o acesso a cargos públicos; ou por crime falimentar, de prevaricação, peita ou suborno, concussão, peculato; ou contra a economia popular, contra o Sistema Financeiro Nacional, contra as normas de defesa da concorrência, contra as relações de consumo, a fé pública ou a propriedade, enquanto perdurarem os efeitos da condenação.

Em diversas legislações penais há crimes contra o comércio e há leis extravagantes que não permitem o exercício do comércio próprio, como, *v.g.*: o art. 35 da Lei 8.934/1994 (Lei de Registro de Empresas); a Lei 8.884/1994 (abuso econômico); arts. 1º-11 da Lei 1.521/1951 (crimes contra a economia popular); a Lei 8.666/1993 (Lei de Licitações); a Lei 9.279/1996 (propriedade industrial); o art. 1.066, § 1º, do CC, que veda a participação no Conselho Fiscal da sociedade limitada; os arts. 2º -24 da Lei dos Crimes Contra o Sistema Financeiro Nacional (Lei 7.492/1986; os arts. 4º -23 da Lei dos Crimes Contra a Ordem Tributária, Econômica e as Relações de Consumo (Lei 8.137/1990); além da própria Lei de Recuperação de Empresas e Falências (n. 11.101/2005), nos arts. 21-34, 171 (indução a erro) e 177 (violação de impedimento); os arts. 61 a 80 do Código de Defesa do Consumidor (Lei 8.078/1990), além dos crimes previstos no Código Penal (contra o patrimônio – arts. 155-183; contra a fé pública – arts. 289-311; contra a Administração Pública em geral – arts. 312-327; corrupção ativa – art. 333; etc.) além de outros contra a Administração Pública previstos em leis extravagantes.

(d) O *leiloeiro*, por estar proibido de comerciar, nos termos do art. 3º, VI, da Instrução Normativa 113/2010 do antigo Departamento Nacional do Registro do Comércio-DNRC.

(e) O *funcionário público*, conforme o Estatuto dos Funcionários Públicos (Lei 8.112, de 11.12.1990), exceto na qualidade de acionista, cotista ou comanditário.

(f) Os *militares*, diante da situação específica de guardiães da ordem social e política, aliada ainda ao fato de que têm obrigações com suas respectivas corporações (Exército, Marinha, Aeronáutica, Polícias Militares dos Estados), permanecendo à disposição das Forças Armadas o tempo todo, não podendo se ausentar sem autorização para tanto, ficam impedidos para o exercício do comércio.

(g) Os *juízes de direito e os promotores de Justiça*, diante das relevantes funções que exercem, pelas mesmas razões acima expostas quanto aos militares, não podem exercer funções mercantilistas; e, ainda mais, a própria Constituição Federal veda-lhes o exercício de quaisquer outras profissões que não as da Magistratura e do Ministério Público, sendo autorizado somente o exercício do magistério, como sempre o foi, dado o caráter da profissão. Quanto aos *defensores públicos*, profissão mais recente que se apresenta na carreira jurídica, dois motivos os impedem do exercício do comércio: o primeiro, por serem eles funcionários públicos concursados, e o segundo, assim como os promotores de justiça e os juízes, devem se abster desse exercício de comércio.

(h) Os *estrangeiros*, em determinadas situações previstas na CF, em especial nos arts. 199, § 3º, e 222, que merecem arenção, dada a forma da redação dos institutos.

Como se vê do *caput* do art. 199 da CF, a assistência à saúde é livre à iniciativa privada, sendo que no seu § 3º vem estabelecido que:

> É vedada a participação direta ou indireta de empresas ou capitais estrangeiros na assistência à saúde no País, salvo nos casos previstos em lei.

Na verdade, essa disposição de proibição aos estrangeiros *indiretamente* levaria a uma situação absurda, não desejada pelo constituinte, como no caso de uma doença necessitar de remédio cuja patente tenha sido registrada e somente uma empresa estrangeira detenha sua titularidade. A compra por um hospital brasileiro, pelo texto legal, estaria vedada. Porém, o próprio § 3º do art. 199 diz que haverá a exceção nos casos previstos em lei. Exemplo típico é o caso dos aidéticos, que precisam do "coquetel" para sobreviver, e há exceção para sua comercialização.

O que é vedado aos estrangeiros é a assistência direta à saúde e estabelecer hospitais e clínicas estrangeiras no País, sob pena de ficarmos reféns de estrangeiros que, eventualmente, poderiam até colocar sua nacionalidade acima da defesa dos interesses públicos da saúde.

A outra exceção ao estrangeiro encontra-se no art. 222 da CF:

> A propriedade de empresa jornalística e de radiodifusão sonora e de sons e imagens é privativa de brasileiros natos ou naturalizados há mais de 10 (dez) anos, ou de pessoas jurídicas constituídas sob as leis brasileiras e que tenham sede no País.

A motivação da disposição constitucional encontra-se no fato de que a imprensa é um poderosíssimo meio para levar a população a exigir a retirada de um governante, a prisão de determinada pessoa etc., sendo que sua influência, principalmente nas mãos de estrangeiros, poderia em tese levar o País a uma situação catastrófica. Motivo pelo qual preferiu o constituinte manter as empresas midiáticas nas mãos dos brasileiros natos e/ou naturalizados há mais de 10 anos. Os §§ 1º-5º do dispositivo referem-se a disposições internas das empresas que cuidam da mídia, estabelecendo situações específicas sobre a responsabilidade das mesmas, inclusive sobre editorial, direção, programação etc.[8]

(i) O *devedor do INSS*, nos termos da Lei 8.212/1991, art. 95, § 2º, "d", embora não se justifique apenas o devedor de uma autarquia nacional quando a própria União poderia ser credora. Hoje, porém, como é

---

8. CF, §§ 1º-5º do art. 222: "§ 1º. Em qualquer caso, pelo menos 70% (setenta por cento) do capital total e do capital votante das empresas jornalísticas e de radiodifusão sonora e de sons e imagens deverá pertencer, direta ou indiretamente, a brasileiros natos ou naturalizados há mais de 10 (dez) anos, que exercerão obrigatoriamente a gestão das atividades e estabelecerão o conteúdo da programação. § 2º. A responsabilidade editorial e as atividades de seleção e direção da programação veiculada são privativas de brasileiros natos ou naturalizados há mais de 10 (dez) anos, em qualquer meio de comunicação social. § 3º. Os meios de comunicação social eletrônica, independentemente da tecnologia utilizada para a prestação do serviço, deverão observar os princípios enunciados no art. 221, na forma de lei específica, que também garantirá a prioridade de profissionais brasileiros na execução de produções nacionais. § 4º. Lei disciplinará a participação de capital estrangeiro nas empresas de que trata o § 1º. § 5º. As alterações de controle societário das empresas de que trata o § 1º serão comunicadas ao Congresso Nacional".

a União quem faz as cobranças judiciais dos débitos previdenciários e devido à unificação dos sistemas de cobrança, fica claro que, havendo comunicação das instituições, fica fácil saber se o devedor do INSS tenta se habilitar como empresário, o que é vedado.

(j) O *menor de 16 anos*, mesmo que seja pessoa habilitada para o exercício do comércio, com grande tirocínio e perspicácia, em face de sua própria condição, não está apto ainda para o exercício do comércio.

Por sinal, é dessa forma que se estabeleceu nos incisos I-V do art. 5º do CC que a incapacidade do menor cessa nos seguintes casos:

I – pela concessão dos pais, ou de um deles na falta do outro, mediante instrumento público, independentemente de homologação judicial, ou por sentença do juiz, ouvido o tutor, se o menor tiver 16 (dezesseis) anos completos; II – pelo casamento; III – pelo exercício de emprego público efetivo; IV – pela colação de grau em curso de ensino superior; V – pelo estabelecimento civil ou comercial, ou pela existência de relação de emprego, desde que, em função deles, o menor com 16 (dezesseis) anos completos tenha economia própria.

(k) O *menor de 18 anos não emancipado*. A capacidade civil da pessoa, de acordo com o Código Civil/2002, começa aos 18 anos – antes se dava aos 21 anos de idade. Quem dá a emancipação inicialmente são os pais, em conjunto, sendo que na falta de um deles somente por meio de sentença judicial. Quando o menor casar, independentemente de sua idade núbil, também cessará a incapacidade para ser empresário. Aliás, nem teria cabimento ser casado e não poder trabalhar como empresário.

Com relação ao emprego público efetivo não nos parece que atualmente tenhamos condições de ter uma pessoa menor de idade no serviço público, eis que os concursos exigem a maioridade civil, tanto assim como a penal, em face da relevância das funções públicas a serem exercidas. Apenas para anotar, quando tinha 18 anos de idade tive que ser emancipado por minha mãe para poder ser habilitado para o cargo de escrevente de cartório em Sorocaba. Talvez, de tudo que a minha mãe me proporcionou, tenha sido esta uma das muitas provas de amor materno, pois visava – como efetivamente ocorreu – a um melhor futuro para a minha pessoa. Sou-lhe eternamente grato.

Quanto à *colação de grau em curso de ensino superior* para a aquisição da capacidade civil, também não vejo como atualmente seja isso possível, embora possamos vir a ter, no futuro, pessoas que demonstrem grande capacidade intelectual para não cursar aulas como os demais alunos, podendo suprir as lacunas com ensino complementar e pular etapas.

Oxalá isto se faça rapidamente, eis que uma pessoa com curso superior sempre tem algo a mais a fornecer para um País.

Finalmente, temos que os menores adquirem a capacidade para o exercício do comércio e serão considerados empresários quando se estabeleçam, civil ou comercialmente, por suas próprias forças econômicas. Hoje não é muito difícil imaginar a situação de um jovem rebento que possa desenvolver um *software* ou *hardware* no interior de seu quarto ou numa garagem que depois seja comercializado com o mundo, através dos mecanismos à sua disposição nesses locais. Nada impede, ainda, que o menor instale e faça funcionar uma organização não governamental/ ONG ou uma instituição filantrópica, sendo que essas situações se encaixam no conceito de *estabelecimento civil*.

A outra hipótese é a *existência de relação de emprego, desde que, em função dele, o menor com 16 anos completos tenha economia própria* – ou seja: o menor tem que ter mais de 16 anos e condições de se sustentar com suas próprias forças econômicas.

(l) Os *ébrios habituais, enfermos e viciados em tóxicos*, também estão impedidos para o exercício do comércio, por não possuírem real capacidade de discernimento, o que poderia levá-los rapidamente à falência como, também, gerar problemas para terceiros. Por tais razões, existindo prova de que as pessoas se encontram nessas condições, poderá lhes ser negado registro no comércio, por meio de ato administrativo da Junta Comercial. Quanto aos antigos *deficientes mentais ou com desenvolvimento mental retardado* é preciso observar que houve alteração do art. 4º do Código Civil Brasileiro pela Lei 13.146/2015, deixando de existir qualquer discriminação sobre os mesmos. No entanto, o exercício das atividades empresariais devem ser verificadas com muita atenção, mesmo porque tal atividade requer sempre tirocínio apurado, a fim de evitar perecimento de direitos. Logo, se uma pessoa se mostra incapacitada para o exercício empresarial deve ter sua interdição decretada por um juiz, mediante processo em que se assegure o direito amplo de defesa. Ao julgar procedente a ação, deve o juiz fixar o limite da interdição da pessoa, ou seja, qual é a incapacidade do interditado, isto é, 50%, 75%, 100%, de acordo com o que foi estabelecido no processo e na perícia realizada.

(m) O *pródigo*, também, é outra categoria de pessoas com discernimento limitado, em razão de sua condição pessoal, que não possui capacidade intelectual suficiente para exercer o comércio, por ser uma pessoa que gasta além da sua própria condição econômica, sem se dar conta dessa incapacidade de perceber seus gastos excessivos. Daí o impedimento para o exercício do comércio. Ao contrário dos excepcionais, o pródigo deve ser interditado, devendo o juiz determinar o limite de sua interdição, em qual grau, mesmo porque o pródigo é apenas uma pessoa limitada para determinados assuntos econômicos, sendo plenamente capaz para outros atos da vida civil. Assim, deve a família tomar providências visando à sua interdição, especificando os fatos que levam a crer que a pessoa é pródiga; e o juiz deve delimitar o alcance das medidas que o pródigo não poderá realizar sem a presença de um curador ou determinar que tais ações sejam exclusivas do curador.

(n) Os *índios não civilizados*, é óbvio, não têm condições de se registrar como empresários, notadamente pela condição do próprio empresário, que deve deter conhecimento sobre todos os seus negócios. Tratando-se de índio não civilizado, ou seja, que não esteja adaptado à civilização, não pode ser admitido como empresário em face de todo o sistema empresarial hoje existente, notadamente todo o arcabouço de situações do empresário, que deve conhecer detidamente todos os caminhos para auferir lucro com sua atividade economicamente organizada.

(o) O *incapaz, com incapacidade adquirida após seu registro como empresário*. É outra situação muito pouco debatida na doutrina e na jurisprudência, principalmente porque geralmente se substitui o empresário por terceira pessoa, mediante uma série de alternativas, como a alteração societária ou a outorga de mandato para terceiros.

O fato é que o empresário capaz, ao longo do tempo, por uma série de razões (doença, senilidade, infortúnio etc.) pode deixar de ter capacidade intelectual suficiente para exercer o comércio, e deve ser substituído. No entanto, há várias relações comerciais envolvendo o então capaz, agora incapaz, que podem e devem ser reavaliadas pelos contratantes, mesmo porque para que se tenha um contrato (e o contrato social é um deles) é preciso que se tenha uma pessoa capaz de contratar.

Ora, não sendo capaz o contratante, o contrato é anulável. Vale até que seja declarada sua nulidade. Estamos nos referindo apenas ao contrato entre os sócios da sociedade, mas podemos ter várias outras situações despercebidas pela doutrina e pela jurisprudência, entregando a questão somente ao direito civil, deixando de lado o fato de que um possível contratante pode fazer um negócio jurídico perfeito com uma pessoa que ao tempo da constituição da empresa era plenamente capaz mas ao longo do tempo, por uma doença – um acidente vascular cerebral, *v.g.* – quando da negociação com terceira pessoa, não tinha mais a mesma capacidade intelectual que possuía ao tempo da constituição da sociedade.

Evidentemente, estaremos diante de um caso de possível anulação do contrato por vício de consentimento de um dos contratantes. Se esse contratante for o representante legalmente constituído para falar em nome da sociedade, parece-nos que estaremos diante de caso típico de anulabilidade do contrato realizado pelas partes.

5. O registro do empresário

Para que alguém seja considerado *empresário* não basta exercer o comércio e ser dotado de toda a capacidade e o conhecimento de um verdadeiro empresário. É preciso estar registrado no Registro Público de Empresas Mercantis da sede de seu estabelecimento, nos termos do art. 967 do CC.[9] O *status* de empresário oferece ao mesmo diversos direitos, regalias e muitas obrigações, como a possibilidade de conseguir moratória para pagamento de suas dívidas, e somente ao empresário devidamente registrado é cabível tal situação. Somente o empresário registrado pode requerer a falência de outro empresário. Também, é com o registro que nasce a proteção ao nome empresarial.

A primeira obrigação daquele que pretende enveredar para o caminho do empresariado é se inscrever no Registro do Comércio, *antes do início de sua atividade*, posto que se trata de norma cogente. Esse registro (chamado impropriamente "inscrição" no Código Civil) é que dá o *status* de empresário.

Para tanto, deve seguir os ditames impostos pela Lei 8.934/1994, que determina seguir o Sistema Nacional de Registro de Empresas Mercantis/SINREM, composto pela Junta Comercial de cada Estado da Federação e pelo Departamento Nacional de Registro do Comércio/DNRC, este integrante da Secretaria Especial da Pequena e Micro Empresa. Pelo art. 4º da Lei 8.934/1994 ficaram estabelecidas as atribuições do DNRC, que serve para orientar e fiscalizar os processos de registros de empresas perante as Juntas Comerciais.[10]

---

9. CC: "Art. 967. É obrigatória a inscrição do empresário no Registro Público de Empresas Mercantis da respectiva sede, antes do início de sua atividade".

10. Lei 8.934/1994: "Art. 4º. O Departamento Nacional de Registro do Comércio (DNRC), criado pelos arts. 17, II, e 20 da Lei n. 4.048, de 29 de dezembro de 1961, órgão integrante do Ministério da Indústria, do Comércio e do Turismo, tem por finalidade: I – supervisionar e coordenar, no plano técnico, os órgãos incumbidos da execução dos serviços de Registro Público de Empresas Mercantis e Atividades Afins; II – estabelecer e consolidar, com exclusividade, as normas e diretrizes gerais do Registro Público de Empresas Mercantis e Atividades Afins; III – solucionar dúvidas ocorrentes na interpretação das leis, regulamentos e demais normas relacionadas com o registro de empresas mercan-

As Juntas Comerciais dos Estados estão subordinadas a cada unidade da Federação, porém são subordinadas tecnicamente ao DNRC, nos termos do art. 6º da Lei 8.934/1994.[11]

O art. 9º da Lei 8.934/1994 diz que elas são compostas *basicamente* – ou seja, poderão possuir outras estruturas a mais, não a menos – dos seguintes órgãos:

I – a Presidência, como órgão diretivo e representativo; II – o Plenário, como órgão deliberativo superior; III – as Turmas, como órgãos deliberativos inferiores; IV – a Secretaria-Geral, como órgão administrativo; V – a Procuradoria, como órgão de fiscalização e de consulta jurídica.

Dessa forma, existe uma composição básica dos principais personagens da Junta Comercial. Pelos §§ 1º e 2º do mesmo art. 9º, poderão as Juntas criar cargos de assessoria e outros locais para fácil acesso dos interessados nos atos empresariais.[12]

---

tis, baixando instruções para esse fim; IV – prestar orientação às Juntas Comerciais, com vistas à solução de consultas e à observância das normas legais e regulamentares do Registro Público de Empresas Mercantis e Atividades Afins; V – exercer ampla fiscalização jurídica sobre os órgãos incumbidos do Registro Público de Empresas Mercantis e Atividades Afins, representando para os devidos fins às autoridades administrativas contra abusos e infrações das respectivas normas, e requerendo tudo o que se afigurar necessário ao cumprimento dessas normas; VI – estabelecer normas procedimentais de arquivamento de atos de firmas mercantis individuais e sociedades mercantis de qualquer natureza; VII – promover ou providenciar, supletivamente, as medidas tendentes a suprir ou corrigir as ausências, falhas ou deficiências dos serviços de Registro Público de Empresas Mercantis e Atividades Afins; VIII – prestar colaboração técnica e financeira às Juntas Comerciais para a melhoria dos serviços pertinentes ao Registro Público de Empresas Mercantis e Atividades Afins; IX – organizar e manter atualizado o Cadastro Nacional das Empresas Mercantis em funcionamento no País, com a cooperação das Juntas Comerciais; X – instruir, examinar e encaminhar os processos e recursos a serem decididos pelo Ministro de Estado da Indústria, do Comércio e do Turismo, inclusive os pedidos de autorização para nacionalização ou instalação de filial, agência, sucursal ou estabelecimento no País, por sociedade estrangeira, sem prejuízo da competência de outros órgãos federais; XI – promover e efetuar estudos, reuniões e publicações sobre assuntos pertinentes ao Registro Público de Empresas Mercantis e Atividades Afins".

11. Lei 8.934/1994: "Art. 6º. As Juntas Comerciais subordinam-se administrativamente ao governo da unidade federativa de sua jurisdição e, tecnicamente, ao DNRC, nos termos desta Lei".

12. Lei 8.934/1994, §§ 1º e 2º do art. 9º: "§ 1º. As Juntas Comerciais poderão ter uma Assessoria Técnica, com a competência de preparar e relatar os documentos a serem submetidos à sua deliberação, cujos membros deverão ser bacharéis em Direito, economistas, contadores ou administradores. § 2º. As Juntas Comerciais, por seu Plenário, poderão resolver pela criação de Delegacias, órgãos locais do registro do comércio, nos termos da legislação estadual respectiva".

As atividades das Juntas Comerciais são bastante complexas, as empresas e empresários que pretendam se registrar como tais devem seguir diversos parâmetros legais, na forma da Lei 8.934/1994. Assim, pelo art. 32 da referida lei, devem ser objeto de registro tanto a matrícula como o cancelamento das atividades dos leiloeiros, tradutores públicos e intérpretes comerciais, trapicheiros e administradores de armazéns-gerais (inciso I), bem como o arquivamento (inciso II):

> a) dos documentos relativos à constituição, alteração, dissolução e extinção de firmas mercantis individuais, sociedades mercantis e cooperativas; b) dos atos relativos a consórcio e grupo de sociedade de que trata a Lei n. 6.404, de 15 de dezembro de 1976; c) dos atos concernentes a empresas mercantis estrangeiras autorizadas a funcionar no Brasil; d) das declarações de microempresa; e) de atos ou documentos que, por determinação legal, sejam atribuídos ao Registro Público de Empresas Mercantis e Atividades Afins ou daqueles que possam interessar ao empresário e às empresas mercantis.

Pelo inciso III do mesmo art. 32 da Lei 8.934/1994 é objeto de registro na Junta Comercial

> a autenticação dos instrumentos de escrituração das empresas mercantis registradas e dos agentes auxiliares do comércio, na forma de lei própria.

Nos termos da Lei 11.598/2007, houve alteração do art. 43, para que sejam céleres os procedimentos dentro das Juntas Comerciais, que demoravam tempo demasiado, em prejuízo dos interesses dos empresários brasileiros, eis que em outros Países o registro era muito mais fácil.[13]

A lei não exige que as alterações contratuais e os demais atos empresariais sejam obrigatoriamente públicos, nos termos do art. 53 da Lei 8.934/1994:

> Art. 53. As alterações contratuais ou estatutárias poderão ser efetivadas por escritura pública ou particular, independentemente da forma adotada no ato constitutivo.

---

13. Lei 8.934/1994: "Art. 43. Os pedidos de arquivamento constantes do art. 41 desta Lei serão decididos no prazo máximo de 5 (cinco) dias úteis, contados do seu recebimento; e os pedidos constantes do art. 42 desta Lei serão decididos no prazo máximo de 2 (dois) dias úteis, sob pena de ter-se como arquivados os atos respectivos, mediante provocação dos interessados, sem prejuízo do exame das formalidades legais pela Procuradoria".

E, uma vez registrados os atos na Junta Comercial, a prova da sua publicidade e de sua autenticidade poderá se dar pela simples cópia do registro na Junta, nos termos do art. 54 da Lei 8.934/1994.[14]

E por conta de sua força probante é que determina o art. 56 da Lei 8.934/1994 que, uma vez arquivados os documentos na Junta Comercial, não podem ser retirados de lá, *em hipótese alguma*, salvo aqueles que já foram colocados à disposição dos interessados e não retirados a tempo e a modo próprios, na forma do art. 58 da mesma lei.[15] Claro que os documentos devem ser preservados da melhor maneira possível, sendo que na atualidade são todos eles escaneados e devolvidos aos interessados, na forma do art. 57 da mesma lei, que fala em *microfilme* ou outro meio tecnológico mais avançado.[16]

A fim de evitar excesso de burocracia, que apenas procrastina o andamento dos registros e arquivamentos, ficou estabelecido que somente a procuração deveria ter sua firma reconhecida por tabelião, dispensando outras formalidades, nos termos do art. 63 e seu parágrafo único da Lei 8.934/1994.[17]

Demonstrando a veracidade dos atos registrados na Junta Comercial e a segurança que transmite a terceiros, a prova do registro é também documento hábil para a transferência patrimonial, como a integralização de capital, nos termos do art. 64 da Lei 8.934/1994.[18]

14. Lei 8.934/1994: "Art. 54. A prova da publicidade de atos societários, quando exigida em lei, será feita mediante anotação nos registros da Junta Comercial à vista da apresentação da folha do *Diário Oficial*, ou do jornal onde foi feita a publicação, dispensada a juntada da mencionada folha".

15. Lei 8.934/1994: "Art. 56. Os documentos arquivados pelas Juntas Comerciais não serão retirados, em qualquer hipótese, de suas dependências, ressalvado o previsto no art. 58 desta Lei. (...). Art. 58. Os processos em exigência e os documentos deferidos e com a imagem preservada postos à disposição dos interessados e não retirados em 60 (sessenta) dias da publicação do respectivo despacho poderão ser eliminados pelas Juntas Comerciais, exceto os contratos e suas alterações, que serão devolvidos aos interessados mediante recibo".

16. Lei 8.934/1994: "Art. 57. Os atos de empresas, após microfilmados ou preservada a sua imagem por meios tecnológicos mais avançados, poderão ser devolvidos pelas Juntas Comerciais, conforme dispuser o Regulamento".

17. Lei 8.934/1994: "Art. 63. Os atos levados a arquivamento nas Juntas Comerciais são dispensados de reconhecimento de firma, exceto quando se tratar de procuração. Parágrafo único. A cópia de documento, autenticada na forma da lei, dispensa nova conferência com o original; poderá, também, a autenticação ser feita pelo cotejo da cópia com o original por servidor a quem o documento seja apresentado".

18. Lei 8.934/1994: "Art. 64. A certidão dos atos de constituição e de alteração de sociedades mercantis, passada pelas Juntas Comerciais em que foram arquivados, será o documento hábil para a transferência, por transcrição no registro público competente,

O EMPRESÁRIO 51

Pois bem, colocadas todas essas premissas, é importante asseverar também que o nascimento da figura do empresário ou de qualquer sociedade, tomada em termos genéricos, decorre do ato mais importante para o empresário, que é seu registro.

Entretanto, importante asseverar que esse registro não é feito às pressas, sem um meticuloso trabalho dentro da Junta Comercial, mas necessita de uma série de atos para sua aprovação.

Por isso, são as Juntas Comerciais responsáveis por barrar documentos que não podem ser registrados, na forma do art. 35 da Lei 8.934/1994, devendo fazer minucioso e detalhado exame dos documentos apresentados, podendo restituí-los aos apresentantes, na forma do art. 40 da referida lei.[19]

Assim, haverá responsabilidade direta da Junta Comercial em caso de descumprimento desta disposição, que é norma cogente, podendo

dos bens com que o subscritor tiver contribuído para a formação ou aumento do capital social".

19. Lei 8.934/1994: "Art. 35. Não podem ser arquivados: I – os documentos que não obedecerem às prescrições legais ou regulamentares ou que contiverem matéria contrária aos bons costumes ou à ordem pública, bem como os que colidirem com o respectivo estatuto ou contrato não modificado anteriormente; II – os documentos de constituição ou alteração de empresas mercantis de qualquer espécie ou modalidade em que figure como titular ou administrador pessoa que esteja condenada pela prática de crime cuja pena vede o acesso à atividade mercantil; III – os atos constitutivos de empresas mercantis que, além das cláusulas exigidas em lei, não designarem o respectivo capital, bem como a declaração precisa de seu objeto, cuja indicação no nome empresarial é facultativa; IV – a prorrogação do contrato social, depois de findo o prazo nele fixado; V – os atos de empresas mercantis com nome idêntico ou semelhante a outro já existente; VI – a alteração contratual, por deliberação majoritária do capital social, quando houver cláusula restritiva; VII – os contratos sociais ou suas alterações em que haja incorporação de imóveis à sociedade, por instrumento particular, quando do instrumento não constar: a) a descrição e identificação do imóvel, sua área, dados relativos à sua titulação, bem como o número da matrícula no registro imobiliário; b) a outorga uxória ou marital, quando necessária; VIII – os contratos ou estatutos de sociedades mercantis, ainda não aprovados pelo Governo, nos casos em que for necessária essa aprovação, bem como as posteriores alterações, antes de igualmente aprovadas. Parágrafo único. A Junta não dará andamento a qualquer documento de alteração de firmas individuais ou sociedades, sem que dos respectivos requerimentos e instrumentos conste o Número de Identificação de Registro de Empresas (NIRE). (...). Art. 40. Todo ato, documento ou instrumento apresentado a arquivamento será objeto de exame do cumprimento das formalidades legais pela Junta Comercial. § 1º. Verificada a existência de vício insanável, o requerimento será indeferido; quando for sanável, o processo será colocado em exigência. § 2º. As exigências formuladas pela Junta Comercial deverão ser cumpridas em até 30 (trinta) dias, contados da data da ciência pelo interessado ou da publicação do despacho. § 3º. O processo em exigência será entregue completo ao interessado; não devolvido no prazo previsto no parágrafo anterior, será considerado como novo pedido de arquivamento, sujeito ao pagamento dos preços dos serviços correspondentes".

responder também pelo indevido arquivamento todos aqueles que participaram do ato, observando também o disposto no art. 37, § 6º, da CF.

Embora não fosse necessário esclarecer, a legislação foi clara em estipular que haverá um só registro empresarial para cada empresa, conforme dispõe o art. 38 da Lei 8.934/1994.[20]

Importante asseverar que todos os documentos confeccionados em nome da empresa ou do empresário devem ser registrados na Junta Comercial em até 30 dias contados da data de sua assinatura, sendo que, se cumprida tal formalidade, os atos do registro, nos termos do art. 36 da Lei 8.934/1994,[21] retroagirão para a data daquela assinatura.

Muito importante essa verificação, eis que da retroação da data do registro decorrem muitos direitos e obrigações que não seriam cogitados se não houvesse a possibilidade dessa retroatividade, como a transferência da propriedade da empresa, a obrigação decorrente da compra e venda, para estabelecer exatamente quem são os responsáveis pelo ato; a possibilidade de desconsideração da personalidade jurídica da empresa; etc.

A forma administrativa de registro de documentos varia da Junta Comercial de um Estado para outro, que podem exigir um ou outro documento comprobatório de regularidade, conforme as exigências da unidade federativa. Mas a Lei 8.934/1994 estabelece o *mínimo* exigível para todas as Juntas Comerciais, conforme o art. 37.[22]

Também é atribuição das Juntas Comerciais dos Estados a *autenticação* de documentos emitidos pelos empresários, a fim de valerem perante terceiros, conferindo-lhes eficácia e efeitos *erga omnes*, de-

---

20. Lei 8.934/1994: "Art. 38. Para cada empresa mercantil, a Junta Comercial organizará um prontuário com os respectivos documentos".

21. Lei 8.934/1994: "Art. 36. Os documentos referidos no inciso II do art. 32 deverão ser apresentados a arquivamento na Junta, dentro de 30 (trinta) dias contados de sua assinatura, a cuja data retroagirão os efeitos do arquivamento; fora desse prazo, o arquivamento só terá eficácia a partir do despacho que o conceder".

22. Lei 8.934/1994: "Art. 37. Instruirão obrigatoriamente os pedidos de arquivamento: I – o instrumento original de constituição, modificação ou extinção de empresas mercantis, assinado pelo titular, pelos administradores, sócios ou seus procuradores; II – declaração do titular ou administrador, firmada sob as penas da lei, de não estar impedido de exercer o comércio ou a administração de sociedade mercantil, em virtude de condenação criminal; III – a ficha cadastral segundo modelo aprovado pelo DNRC; IV – os comprovantes de pagamento dos preços dos serviços correspondentes; V – a prova de identidade dos titulares e dos administradores da empresa mercantil.

"Parágrafo único. Além dos referidos neste artigo, nenhum outro documento será exigido das firmas individuais e sociedades referidas nas alíneas 'a', 'b' e 'd' do inciso II do art. 32."

monstrando, v.g., que foram realizados determinados atos e contratos internamente, conferidas determinadas atribuições dentro da empresa, redistribuídas quotas sociais, alterada a composição da Mesa Diretora etc. A autenticação segue o procedimento-padrão do art. 39 da Lei 8.934/1994, podendo ser feito tanto na forma normal de peticionamento direto à Junta Comercial como pelos meios eletrônicos, em face da inclusão dos arts. 39-A e 39-B.[23]

Temos que salientar que as Juntas Comerciais seguem determinados procedimentos para o registro, arquivamento ou autenticação de documentos, que devem seguir um padrão técnico adequado, em face da multiplicidade de empresas, composições societárias, empresas individuais etc. Por essa razão, mister se faz observar que vários atos são decididos diretamente pelo presidente da Junta Comercial, pelos vogais que a compõem ou até mesmo por servidores designados pelo presidente da Junta para a prática de tais atos. Em verdade, estes atos decididos singularmente são aqueles que não se enquadram na esfera da *decisão colegiada* estabelecida no art. 41 da Lei 8.934/1994, conforme se vê do disposto no art. 42 da mesma lei.[24]

Destas decisões monocráticas ou até mesmo das decisões colegiadas cabem diversos recursos, ora endereçados aos próprios julgadores, ora a superiores instâncias e segmentos, mas todos devem ser endereçados no prazo de 10 dias, à exceção dos *pedidos de reconsideração*,

---

23. Lei 8.934/1994: "Art. 39. As Juntas Comerciais autenticarão: I – os instrumentos de escrituração das empresas mercantis e dos agentes auxiliares do comércio; II – as cópias dos documentos assentados. Parágrafo único. Os instrumentos autenticados, não retirados no prazo de 30 (trinta) dias, contados da sua apresentação, poderão ser eliminados. Art. 39-A. A autenticação dos documentos de empresas de qualquer porte realizada por meio de sistemas públicos eletrônicos dispensa qualquer outra. Art. 39-B. A comprovação da autenticação de documentos e da autoria de que trata esta Lei poderá ser realizada por meio eletrônico, na forma do Regulamento".

24. Lei 8.934/1994: "Art. 41. Estão sujeitos ao regime de decisão colegiada pelas Juntas Comerciais, na forma desta Lei: I – o arquivamento: a) dos atos de constituição de sociedades anônimas, bem como das atas de Assembleias-Gerais e demais atos, relativos a essas sociedades, sujeitos ao Registro Público de Empresas Mercantis e Atividades Afins; b) dos atos referentes a transformação, incorporação, fusão e cisão de empresas mercantis; c) dos atos de constituição e alterações de consórcio e de grupo de sociedades, conforme previsto na Lei n. 6.404, de 15 de dezembro de 1976; II – o julgamento do recurso previsto nesta Lei. Art. 42. Os atos próprios do Registro Público de Empresas Mercantis e Atividades Afins, não previstos no artigo anterior, serão objeto de decisão singular proferida pelo presidente da Junta Comercial, por vogal ou servidor que possua comprovados conhecimentos de direito comercial e de registro de empresas mercantis. Parágrafo único. Os vogais e servidores habilitados a proferir decisões singulares serão designados pelo presidente da Junta Comercial."

que têm os prazos diferenciados, de acordo com o prolator: se decisão singular, no prazo de 3 dias; se colegiada, no prazo de 5 dias.[25]

Além disso, outra característica dos recursos administrativos proferidos nas Juntas Comerciais é que nenhum recurso possui efeito suspensivo, expressamente consignada no art. 49 da Lei 8.934/1994.[26] Isto significa que eventual indeferimento de registro, matrícula ou autenticação na Junta Comercial não produz qualquer efeito perante terceiro e, enquanto não julgado o recurso, não possui o condão de influenciar terceiros e não vale *erga omnes*.

Dessa maneira, tratando-se de matéria que possa gerar prejuízo para o empresário que necessita do ato da Junta Comercial, nada obsta a que busque no Poder Judiciário o *efeito suspensivo* do recurso, inclusive por meio de medida cautelar satisfativa, preparatória de ação de conhecimento da situação real. Claro que o empresário necessitará demonstrar que o ato que pretende registrar é válido e a Junta não o fez por seu entendimento contrário aos interesses do empresário; e na análise da situação deverá o Poder Judiciário observar que nenhuma lesão de direito pode ser deixada de lado, conforme a cláusula pétrea do art. 5º, XXXV, da CF.[27]

Dos despachos singulares e das decisões colegiadas é possível pleitear a *reconsideração* do *decisum* que verse sobre *arquivamento* de documentos, mediante novos argumentos, a fim de convencer os julgadores de eventuais posicionamentos até então não observados ou que não foram suficientemente esclarecidos, na forma do art. 45 da Lei 8.934/1994.[28]

De qualquer outra decisão proferida pela Turma, ou presidente ou vogal ou funcionário designado, o recurso cabível é o chamado *recurso ao Plenário* da Junta Comercial.[29]

---

25. Lei 8.934/1994: "Art. 50. Todos os recursos previstos nesta Lei deverão ser interpostos no prazo de 10 (dez) dias úteis, cuja fluência começa na data da intimação da parte ou da publicação do ato no órgão oficial de publicidade da Junta Comercial".
26. Lei 8.934/1994: "Art. 49. Os recursos de que trata esta Lei não têm efeito suspensivo".
27. CF, inciso XXXV do art. 5º: "a lei não excluirá da apreciação do Poder Judiciário lesão ou ameaça a direito; (...)".
28. Lei 8.934/1994: "Art. 45. O pedido de reconsideração terá por objeto obter a revisão de despachos singulares ou de Turmas que formulem exigências para o deferimento do arquivamento e será apresentado no prazo para cumprimento da exigência para apreciação pela autoridade recorrida em 3 (três) dias úteis ou 5 (cinco) dias úteis, respectivamente".
29. Lei 8.934/1991: "Art. 46. Das decisões definitivas, singulares ou de Turmas, cabe recurso ao Plenário, que deverá ser decidido no prazo máximo de 30 (trinta) dias,

Destas decisões colhidas pelo *Plenário da Junta*

cabe recurso diretamente ao Ministro de Estado da Indústria, do Comércio e do Turismo, como última instância administrativa.[30]

Evidentemente, desejou o legislador remeter as decisões administrativas de cada Junta Comercial diretamente ao ministro de Estado, ente federal, como forma de criar uma linha de decisões que sejam usadas pelas demais Juntas Comerciais em situações análogas. Por opção legislativa, não se desejou lançar aos secretários de Estado de cada unidade federativa o poder de decisão sobre atos da Junta Comercial, eis que, a nosso ver, seria contraproducente e geraria inúmeras decisões conflitantes e contraditórias.

Dessa forma, a competência para analisar e julgar atos das juntas comerciais é da Justiça Federal, e não da Justiça Estadual, posto que, embora a Junta Comercial seja órgão organizado e gerido administrativamente pelos Estados, seus atos são subordinados ao ministro de Estado do Governo federal, sendo que as normas administrativas são aplicadas pelo DREI. Nesse sentido já decidiram o STJ (3ª Turma, REsp 678.405-RJ, j. 16.3.2006, rel. Min. Castro Filho, *DJU* 10.4.2006) e o STF (1ª Turma, RE 199.793, rel. Min. Octávio Gallotti, *DJU* 18.8.2000, p. 93).

De outro lado, esgotada a tentativa de registro, autenticação ou arquivamento de atos que digam respeito ao empresário, de maneira administrativa, perante a Junta Comercial, nada obsta a que o empresário tente obter tal *desideratum* agora por via judicial, eis que em tese houve o ferimento de direito do empresário, motivo pelo qual não poderá o mesmo ser impedido de assim fazer, conforme já expuséramos anteriormente, por força do dogma do art. 5º, XXXV, da CF.

Pela Lei 8.934/1994 houve a regulamentação das chamadas *sociedades por prazo determinado* ou *sociedades por prazos fixos*, aquelas criadas para durar por período de tempo previamente estipulado pelas partes, esvaindo-se ao cabo desse hiato. Antes da regulamentação do

---

a contar da data do recebimento da peça recursal, ouvida a Procuradoria, no prazo de 10 (dez) dias, quando a mesma não for a recorrente".

30. Lei 8.934/1997: "Art. 47. Das decisões do Plenário cabe recurso ao Ministro de Estado da Indústria, do Comércio e do Turismo, como última instância administrativa. Parágrafo único. A capacidade decisória poderá ser delegada, no todo ou em parte". Essas atribuições do Departamento de Registro Empresarial e Integração/DREI com sucessivas reformas administrativas, passaram para a Secretaria Especial da Micro e Pequena Empresa.

art. 59 da Lei 8.934 havia sentida dúvida sobre a situação jurídica da empresa que continuava a operar mesmo depois de esgotado o prazo, considerando alguns que estava prorrogado o prazo e, desta forma, ainda continuavam a ser o empresário e a sociedade protegidos pela qualificação daquela.[31]

No entanto, outro foi o entendimento jurídico do legislador, pensando que, ao fim do prazo da sociedade criada por prazo fixo, não sendo transformada a sociedade ou regularizada sua situação jurídica, considera-se a mesma como *sociedade irregular*, ou *sociedade ilegal*, não mais podendo pleitear quaisquer benefícios. Ao revés, se os pedir, não será atendida, exatamente pela situação jurídica ilegal em que se encontra.

As sociedades necessitam comunicar periodicamente como se encontram, a fim de demonstrar suas regularidades fiscais, econômicas e factuais, mesmo porque a sociedade em geral sofre inúmeras mudanças; e, sendo as sociedades verdadeiras unidades com direitos e obrigações, também devem registrar suas alterações nas Juntas Comerciais de tempos em tempos, para que terceiros possam com elas negociar livremente.

Destarte, pela ausência de comunicações à Junta Comercial por mais de 10 anos será a sociedade considerada inativa, devendo a Junta promover o *cancelamento administrativo* do registro da mesma, perdendo automaticamente o direito à proteção comercial, não sendo mais considerada como sociedade ou firma individual, deixando de existir.

Para que a Junta Comercial exerça seu poder de determinar o cancelamento administrativo é preciso dar oportunidade de defesa ao empresário ou à sociedade, dentro de um prazo razoável, a fim de que prove sua condição de atividade e comunique o registro de novos atos, tudo isso com base no art. 60 da Lei 8.934/1994.[32]

---

31. Lei 8.934/1994: "Art. 59. Expirado o prazo da sociedade celebrada por tempo determinado, esta perderá a proteção do seu nome empresarial".
32. Lei 8.934/1994: "Art. 60. A firma individual ou a sociedade que não proceder a qualquer arquivamento no período de 10 (dez) anos consecutivos deverá comunicar à Junta Comercial que deseja manter-se em funcionamento. § 1º. Na ausência dessa comunicação, a empresa mercantil será considerada inativa, promovendo a Junta Comercial o cancelamento do registro, com a perda automática da proteção ao nome empresarial. § 2º. A empresa mercantil deverá ser notificada previamente pela Junta Comercial, mediante comunicação direta ou por edital, para os fins deste artigo. § 3º. A Junta Comercial fará comunicação do cancelamento às autoridades arrecadadoras, no prazo de até 10 (dez) dias. § 4º. A reativação da empresa obedecerá aos mesmos procedimentos requeridos para sua constituição".

O EMPRESÁRIO   57

Todas as informações constantes das Juntas Comerciais são públicas, podendo ser diretamente pesquisadas por interessados em transacionar com os empresários ou até mesmo pelos órgãos públicos, sendo que as informações constantes dos registros públicos podem ser transferidas entre os mesmos, independentemente de qualquer interferência do empresário, assim como o empresário não precisa fazer nova prova de sua condição, quando já o fez perante a Junta Comercial.[33]

Quanto ao papel desempenhado pelas Procuradorias das Juntas Comerciais, há grande relevância de suas funções, eis que, não obstante tenham sido erigidas como órgãos de fiscalização e também de consulta técnica (art. 9º, V, da Lei 8.934/1994), ainda exercem outras funções mais dinâmicas, nos termos dos arts. 27 e 28 da Lei 8.934/1994.[34]

Porém, parece-nos que isto vem sendo pouco otimizado, não obstante a relevância de suas funções, expressamente consignada nos arts. 9º, 28 e 62[35] da Lei 8.934/1994, em especial suas funções externas, mesmo porque incumbe às Procuradorias o dever de fazer velar pelo fiel cumprimento dos ordenamentos legais.

Dentro dessa obrigação legal de velar pela aplicação da lei, deveriam as Procuradorias sair a campo para buscar as "empresas de papel" ou as chamadas "empresas-fantasmas", que existem apenas no mundo fictício dos registros públicos e *no papel*, mas que não servem aos interesses maiores do Brasil, mas, sim, exclusivamente a um pequeno grupo de pessoas interessadas em promover crimes e desfalques. Semanalmente são expostos fatos e os noticiários mostram que empresários se utilizam de empresas de fachada para a prática de crimes, eis que as mesmas não existem fisicamente ou, se estão lá fisicamente, não subsistem a uma análise mais aperfeiçoada de suas contas e de suas atividades.

---

33. Lei 8.934/1994: "Art. 61. O fornecimento de informações cadastrais aos órgãos executores do Registro Público de Empresas Mercantis e Atividades Afins desobriga as firmas individuais e sociedades de prestarem idênticas informações a outros órgãos ou entidades das Administrações Federal, Estadual ou Municipal. Parágrafo único. O Departamento Nacional de Registro do Comércio manterá à disposição dos órgãos ou entidades referidos neste artigo os seus serviços de cadastramento de empresas mercantis".
34. Lei 8.934/1994: "Art. 27. As Procuradorias serão compostas de 1 (um) ou mais procuradores e chefiadas pelo procurador que for designado pelo governador do Estado. Art. 28. A Procuradoria tem por atribuição fiscalizar e promover o fiel cumprimento das normas legais e executivas, oficiando, internamente, por sua iniciativa ou mediante solicitação da Presidência, do Plenário e das Turmas; e, externamente, em atos ou feitos de natureza jurídica, inclusive os judiciais, que envolvam matéria do interesse da Junta".
35. Lei 8.934/1994: "Art. 62. As atribuições conferidas às Procuradorias pelo art. 28 desta Lei serão exercidas, no caso da Junta Comercial do Distrito Federal, pelos assistentes jurídicos em exercício no Departamento Nacional de Registro do Comércio".

Julgamos que o papel das Procuradorias não se restringe apenas aos meros protocolados de papéis e mais papéis, mas, ao revés, à verdadeira e fiel função de fiscalização das atividades das empresas, em especial naquelas em que sabidamente podem descobrir a ocorrência de diversos crimes.

Ademais, a experiência tem demonstrado que muitos pseudoempresários abrem diversas empresas "de fachada" ou "de papel" para a prática dos mais variados delitos e infrações administrativos, como a venda de notas fiscais, "lavagem" de dinheiro e sonegação de impostos, fazendo dicotomia de suas empresas, a fim de que consigam auferir lucros em prejuízo de terceiros que com eles acabam por negociar observando a legalidade dos atos registrados nas Juntas Comerciais. Ou seja: ao invés da punição aos empresários, como não são suficientemente fiscalizados e exaustivamente excluídos dos anais dos registros públicos, gozam os mesmos da condição de empresários, e, dessa maneira, praticam atos improdutivos para o Estado e para a sociedade em geral.

6. Registro de sucursal, filial ou agência

Nos termos do art. 969 do CC, é obrigatório ao empresário o registro de sucursais, filiais ou agências de sua empresa nos Registros Públicos de Empresas Mercantis, demonstrando a inscrição inicial no ato do registro. Assim, se uma empresa é instituída em Florianópolis e deseja montar uma sucursal em Santos, obrigatoriamente o empresário deverá apresentar na Junta Comercial de São Paulo a prova do registro inicial em Santa Catarina.

Da mesma forma, pelo parágrafo único do art. 969 do CC, é obrigatório o registro dessa sucursal no registro-mãe, ou seja, aquele que deu origem ao segundo estabelecimento comercial, a fim de que possam terceiros que negociam com a sociedade ter conhecimento da existência de uma sucursal, filial ou agência, que também pode vir a ter problemas e, consequentemente, responder pelas dívidas da primeira empresa.

7. Atividades econômicas civis (não comerciais)

A par das atividades nitidamente empresariais, que gozam dos benefícios legais e das prerrogativas conferidos aos empresários, podendo pleitear a falência de terceiros, conseguir os benefícios da recuperação de empresa, em dívidas que não são solváveis no curto prazo, há as atividades que não podem ser considerados empresariais e, destarte, não podem usufruir dos benefícios conferidos ao empresário. Assim:

(1º) *Quem não se enquadra no conceito de empresário* – Pois tais pessoas não possuem os requisitos básicos elencados anteriormente para exercer a mercancia – como, por exemplo, quando uma pessoa vende um veículo usado para a compra de outro veículo mais novo. Embora seja atividade de compra e venda, não está fazendo dessa negociação uma finalidade de lucro. Este pode até existir, mas não é parte integrante da vida comercial da pessoa.

(2º) *Profissional intelectual* – Este profissional vive daquilo que produz ou representa, não possuindo os requisitos essenciais da atividade empresarial. Agora, se o profissional intelectual resolve montar uma editora, gravadora ou casa de espetáculos etc., a toda evidência, será considerado empresário, pois passará da atividade simples de compositor, escritor etc. para a intenção de obter lucros com essa atividade. Daí seu enquadramento como empresário.

(3º) *Empresário rural* – O art. 971 do CC particularizou a situação do empresário rural, deixando-o de fora da atividade mercantil, por imposição legal. Mesmo que o produtor rural compra e venda produtos e insumos, produzindo uma lavoura e vendendo a mesma com lucro, ainda assim não será considerado empresário, pois não está relacionado como tal. No entanto, se pretende exercer atividade econômica profissional, como empresário, o próprio art. 971 determinou que o mesmo se registre (faça sua *inscrição*) na Junta Comercial para que se torne empresário, que outrora se chamava "comerciante", cumprindo todas as exigências legais impostas aos demais empresários.[36]

(4º) *Cooperativas* – Nos termos da Lei 5.764/1971, também são expressamente consideradas meras *sociedades civis*, muito embora possam comprar e vender aos seus cooperados produtos e serviços, e vice-versa. No entanto, não são categorizadas como empresas comerciais. De outro lado, caso estas cooperativas, mesmo expressamente isentas, resolverem se inscrever no Registro de Comércio, para alcançar o *status* de empresas, aí, sim, serão consideradas sociedades empresárias.

As cooperativas teriam nascido por volta de 1844, nas circunvizinhanças de Manchester/Inglaterra, quando os tecelões da pequena cidade

---

36. CC: "Art. 971. O empresário, cuja atividade rural constitua sua principal profissão, pode, observadas as formalidades de que tratam o art. 968 e seus parágrafos, requerer inscrição no Registro Público de Empresas Mercantis da respectiva sede, caso em que, depois de inscrito, ficará equiparado, para todos os efeitos, ao empresário sujeito a registro".

de Rochdale tiveram a feliz ideia de se reunir para fazer compras coletivas, visando a baratear os custos das compras, fazendo surgir a *Society of Equitable Pioneers*, sendo que não eram cobradas taxas de distribuição, o que mais tarde se espalhou pelo mundo.

Aliás, o TJMG já decidiu que a Lei de Recuperação de Empresas (Lei 11.101/2005) não se aplica às cooperativas, não obstante tenham caráter empresarial, porque são sempre consideradas sociedades simples (ACi 1.0479.11.005669-0/001, de Passos, rel. Des. Dídimo Inocêncio de Paula, j. 16.2.2012).

(5º) *Sociedades civis* – Nos termos do art. 986 do CC, não são personificadas, existindo apenas entre os participantes da sociedade civil, intitulada no Código de "sociedade em comum", estabelecendo obrigações e direitos recíprocos entre os sócios, bem como a possibilidade de *terceiros* provarem a existência dessa sociedade por todos os meios de prova, enquanto os sócios somente podem provar sua existência por escrito (art. 987 do CC).

Logo, estes tipos de sociedades e pessoas não podem requerer a falência de outrem – salvo exceção expressa prevista na legislação falencial, como tratado no Vol. IV deste *Curso* – e não estão sujeitos à falência, e muito menos à recuperação judicial de empresas. Não obstante a Lei 11.101/2005 (Lei de Recuperação de Empresas e Falências) não tenha excepcionado expressamente, é claro que tais pessoas não têm condições de obter os benefícios da recuperação e/ou a decretação de sua própria falência (autofalência), pelo simples fato de não serem empresários.

Mas, por outro lado, nada impede que um profissional intelectual peça a falência de um empresário quando, este, executado por quantia líquida e certa, não paga, não deposita e nem nomeia bens suficientes à penhora, nos termos do art. 94, II, da Lei 11.101/2005. Essa é a exceção à regra geral de que tais pessoas não podem requerer a falência. Porém, esse profissional intelectual não pode ter sua falência decretada.

8. Empresário individual

Empresário individual é aquele que exerce comércio exíguo em seu próprio nome, com sua força de trabalho pessoal ou de familiares.

Não se pode confundir *empresário individual* com *sócios de sociedade comercial*, eis que estes são, em realidade, empreendedores de uma sociedade ou investidores. São coisas diversas.

O EMPRESÁRIO 61

Para ser empresário individual se há de ter *capacidade* para o comércio, podendo ser, em regra, qualquer pessoa, conforme se vê dos arts. 972 e 974-976 do CC,[37] com as restrições do art. 973.[38]

Em regra, qualquer pessoa pode comerciar, nos termos do art. 5º, XIII, da CF, que reza:

É livre o exercício de qualquer trabalho, ofício ou profissão, atendidas as qualificações profissionais que a lei estabelecer.

De outro lado, no art. 170 da CF brasileira estão previstos os princípios para a livre economia, como já estudamos anteriormente.

É importante não confundir o *empresário individual* com a *sociedade unipessoal* prevista no art. 270º-A do Código das Sociedades Comerciais de Portugal ou a empresa individual por quotas de responsabilidade limitada/EIRELI, instituída pela Lei 11.441/2011, como veremos mais adiante.

37. CC: "Art. 972. Podem exercer a atividade de empresário os que estiverem em pleno gozo da capacidade civil e não forem legalmente impedidos."
"Art. 974. Poderá o incapaz, por meio de representante ou devidamente assistido, continuar a empresa antes exercida por ele enquanto capaz, por seus pais ou pelo autor de herança. § 1º. Nos casos deste artigo, precederá autorização judicial, após exame das circunstâncias e dos riscos da empresa, bem como da conveniência em continuá-la, podendo a autorização ser revogada pelo juiz, ouvidos os pais, tutores ou representantes legais do menor ou do interdito, sem prejuízo dos direitos adquiridos por terceiros. § 2º. Não ficam sujeitos ao resultado da empresa os bens que o incapaz já possuía, ao tempo da sucessão ou da interdição, desde que estranhos ao acervo daquela, devendo tais fatos constar do alvará que conceder a autorização. § 3º. O Registro Público de Empresas Mercantis a cargo das Juntas Comerciais deverá registrar contratos ou alterações contratuais de sociedade que envolva sócio incapaz, desde que atendidos, de forma conjunta, os seguintes pressupostos: I – o sócio incapaz não pode exercer a administração da sociedade; II – o capital social deve ser totalmente integralizado; III – o sócio relativamente incapaz deve ser assistido e o absolutamente incapaz deve ser representado por seus representantes legais."
"Art. 975. Se o representante ou assistente do incapaz for pessoa que, por disposição de lei, não puder exercer atividade de empresário, nomeará, com a aprovação do juiz, um ou mais gerentes. § 1º. Do mesmo modo será nomeado gerente em todos os casos em que o juiz entender ser conveniente. § 2º. A aprovação do juiz não exime o representante ou assistente do menor ou do interdito da responsabilidade pelos atos dos gerentes nomeados."
"Art. 976. A prova da emancipação e da autorização do incapaz, nos casos do art. 974, e a de eventual revogação desta serão inscritas ou averbadas no Registro Público de Empresas Mercantis. Parágrafo único. O uso da nova firma caberá, conforme o caso, ao gerente; ou ao representante do incapaz; ou a este, quando puder ser autorizado."
38. CC: "Art. 973. A pessoa legalmente impedida de exercer atividade própria de empresário, se a exercer, responderá pelas obrigações contraídas".

O empresário individual, como já dissemos, é aquele que exerce comércio exíguo em seu próprio nome. O empresário individual mantém uma empresa, sob seu próprio registro, visando à constituição de um capital apartado do patrimônio individual.

Assim, se houver questão envolvendo o aspecto financeiro da empresa, quem negocia diretamente com o empresário individual poderá invadir o patrimônio deste, até o limite próprio do bem de família; ao passo que o que negocia com uma sociedade unipessoal deverá se valer da teoria da desconsideração da personalidade jurídica para tal fim – o que mostra que há grande divergência entre ambos.

9. A definição de micro e pequena empresa e o microempreendedor individual

A CF/1988 determina, como princípio, regra pela qual toda e qualquer pessoa pode exercer o comércio, nos termos do seu art. 5º, XIII:

É livre o exercício de qualquer trabalho, ofício ou profissão, atendidas as qualificações profissionais que a lei estabelecer.

Porém, importante observar que não dá para confundir empresário individual com empresa de pequeno porte ou microempresa. O empresário individual pode até ser um microempresário, no sentido lato, mas não será com razão, *stricto sensu*.

O microempresário e a microempresa, ou empresa de pequeno porte, têm suas origens constitucionais a partir do art. 179 da CF brasileira.[39]

E um dos maiores aspectos demagógicos está na criação das micro, pequenas e médias empresas e do microempreendedor, sendo que de quando em quando o legislador nacional cria novas e fantásticas criaturas, nascidas especialmente e unicamente do intelecto de algum de plantão, para o benefício de empresários, chamados "pequenos". No entanto, como as leis brasileiras são extremamente frouxas na reprimenda, nada obsta a que uma família composta de cinco indivíduos tenha cinco empresas "pequenas", não pague impostos e burle a legislação...

---

39. CF: "Art. 179. A União, os Estados, o Distrito Federal e os Municípios dispensarão às microempresas e às empresas de pequeno porte, assim definidas em lei, tratamento jurídico diferenciado, visando a incentivá-las pela simplificação de suas obrigações administrativas, tributárias, previdenciárias e creditícias, ou pela eliminação ou redução destas por meio de lei".

Houve verdadeira evolução histórica da micro e pequena empresa no País, surgindo vários diplomas legais tratando da matéria.

O primeiro Estatuto da Microempresa, criado pela Lei 7.256/1984, dispensou a escrituração, e o fez de maneira atabalhoada e não cumpriu sua função social. O segundo Estatuto, criado pela Lei 8.864/1994, restaurou a obrigatoriedade de escrituração, mas o fez de forma simplificada, postergando sua regulamentação, que acabou por não acontecer.

Pela Lei 9.317/1996 foi instituído o SIMPLES – *Sistema Integrado de Pagamento de Impostos e Contribuições das Microempresas e Empresas de Pequeno Porte* –, e as empresas podiam fazer a opção pelo SIMPLES e se encontravam obrigadas a manter a escrituração dos livros "Caixa" e "Registro de Inventário", não existindo disposição alguma permitindo o descumprimento da escrituração dos livros "Diário" e "Registro de Duplicatas", ou "Registro de Notas Fiscais-Fatura".

Depois de várias alterações legislativas, a Lei Complementar 123, de 14.12.2006, instituiu o atual Estatuto da Microempresa e da Empresa de Pequeno Porte, mantendo a obrigatoriedade de escrituração de livros fiscais e os da legislação trabalhista. É preciso lembrar que também o CC/2002, no seu art. 1.179, § 2º, c/c o art. 970, mantém essa obrigatoriedade de escrituração dos livros "Caixa" e "Registro de Inventário". Se não é optante do SIMPLES, deverá manter o "Diário".

Para optar pelo SIMPLES é necessário ser *microempresa* ou *empresa de pequeno porte*. A Lei Complementar 123, de 14.12.2006 (com as alterações posteriores) definiu microempresa e empresa de pequeno porte.

O tratamento diferenciado refere-se somente à eliminação da burocracia e às condições favoráveis na obtenção de créditos.

Lembremos que pelo Estatuto Nacional da Microempresa e Empresa de Pequeno Porte (Lei Complementar 123, de 14.12.2006) as Leis 9.317/1996 e Lei 9.841/1999, ficaram revogadas, de maneira expressa.

Não podemos esquecer, ainda, que o art. 966 do CC definiu quem deveria ser considerado empresário para obtenção de benefícios e vantagens dessa profissão, isto é, "quem exerce profissionalmente atividade econômica organizada para a produção ou a circulação de bens ou serviços"; e, em seguida, no parágrafo único, tratou de excluir

quem exerce profissão intelectual, de natureza científica, literária ou artística, ainda com o concurso de auxiliares ou colaboradores, salvo se o exercício da profissão constituir elemento de empresa.

É que o empresário, que evoluiu do simples conceito de comerciante, é o senhor e detentor dos segredos do negócio, suas nuanças, suas operações comerciais, sendo muito mais que o mero mascate.

Pela doutrina moderna, considera-se empresário aquele que exerce profissão (*habitualidade, pessoalidade* e *monopólio das informações*) economicamente habitual (*busca do lucro como fim. A atividade exercida pelo empresário é o meio. Já, nas outras atividades o lucro é o meio, enquanto o fim é a atividade*), organizada (*capital, mão de obra, insumos* e *tecnologia*) e detendo o monopólio das informações para a produção e/ou circulação de bens ou serviços.

No art. 967 do CC se exige o registro do empresário no Registro Público de Empresas Mercantis antes do início de sua atividade, sob pena de se considerar tal empresa como irregular.[40]

Posteriormente, pela Lei Complementar 123/2006 (Estatuto da Microempresa) ficou definido, no art. 3º, *caput*, que são considerados empresários aqueles que se enquadrem no art. 966 do CC, com a obrigatoriedade de estarem devidamente registrados no Registro de Empresas Mercantis ou no Registro Civil das Pessoas Jurídicas, estabelecendo um limite de receita anual para se considerar micro e pequena empresa. No entanto, a Lei Complementar 155, de 27.12.2016, alterou tal dispositivo quanto a esses valores, devendo ser considerado o seguinte: (a) no caso de microempresa, o empresário, a pessoa jurídica, ou a ela equiparada, que aufira, em cada ano-calendário, receita bruta igual ou inferior a R$ 360.000,00 (art. 3º, I); (b) no caso das empresas de pequeno porte, o empresário, a pessoa jurídica, ou a ela equiparada, que aufira, em cada ano-calendário, receita bruta superior a R$ 360.000,00 e igual ou inferior a R$ 4.800.000,00 (inciso II).

No § 4º do art. 3º da Lei Complementar 123/2006 estão catalogadas as pessoas jurídicas que não podem ser consideradas microempresas e nem empresas de pequeno porte.[41] Os parágrafos seguintes do mesmo

---

40. CC: "Art. 967. É obrigatória a inscrição do empresário no Registro Público de Empresas Mercantis da respectiva sede, antes do início de sua atividade".

41. Lei Complementar 123/2006, § 4º do art. 3º: "Não poderá se beneficiar do tratamento jurídico diferenciado previsto nesta Lei Complementar, incluído o regime de que trata o art. 12 desta Lei Complementar, para nenhum efeito legal, a pessoa jurídica: I – de cujo capital participe outra pessoa jurídica; II — que seja filial, sucursal, agência ou representação, no País, de pessoa jurídica com sede no exterior; III – de cujo capital participe pessoa física que seja inscrita como empresário ou seja sócia de outra empresa que receba tratamento jurídico diferenciado nos termos desta Lei Complementar, desde que a receita bruta global ultrapasse o limite de que trata o inciso II do *caput* deste artigo; IV – cujo titular ou sócio participe com mais de 10% (dez por cento) do capital de outra

art. 3º definem as condições em que as empresas de pequeno porte e microempresas serão excluídas do benefício diferenciado.

O art. 72 da Lei Complementar 123/2006 manteve a obrigatoriedade do acréscimo à firma ou denominação das expressões "Microempresa" ou "Empresa de Pequeno Porte", ou suas respectivas abreviações – "ME" ou "EPP" –, sendo facultativa a inclusão do objeto da sociedade nessa denominação.[42] Obrigatoriamente, os microempresários ou empresas de pequeno porte devem acrescer aos seus nomes comerciais as expressões ou abreviaturas ou siglas correspondentes ao tipo de comércio que exercem, sob pena de não serem considerados como tais.

O tratamento diferenciado refere-se somente à eliminação da burocracia e às condições favoráveis na obtenção de créditos.

Pela revogada Lei 9.317/1996 foi instituído o SIMPLES – "Sistema Integrado de Pagamento de Impostos e Contribuições das Microempresas e Empresas de Pequeno Porte", agora previsto na Lei Complementar 123/2006, não prevendo isenção dos demais livros obrigatórios ("Diário" e "Registro de Duplicatas", etc.).

Por fim, é importante destacar que a Lei Complementar 123/2006 manteve as faixas de valores visando às exportações, além de nova categoria de pessoas jurídicas, as indústrias: *microempresa industrial* – receita bruta anual igual ou inferior a R$ 900.000,00; *microempresa comercial* ou *de serviço* – receita bruta anual igual ou inferior a R$ 450.000,00; em-

---

empresa não beneficiada por esta Lei Complementar, desde que a receita bruta global ultrapasse o limite de que trata o inciso II do *caput* deste artigo; V – cujo sócio ou titular seja administrador ou equiparado de outra pessoa jurídica com fins lucrativos, desde que a receita bruta global ultrapasse o limite de que trata o inciso II do *caput* deste artigo; VI – constituída sob a forma de cooperativas, salvo as de consumo; VII – que participe do capital de outra pessoa jurídica; VIII – que exerça atividade de banco comercial, de investimentos e de desenvolvimento, de caixa econômica, de sociedade de crédito, financiamento e investimento ou de crédito imobiliário, de corretora ou de distribuidora de títulos, valores mobiliários e câmbio, de empresa de arrendamento mercantil, de seguros privados e de capitalização ou de previdência complementar; IX – resultante ou remanescente de cisão ou qualquer outra forma de desmembramento de pessoa jurídica que tenha ocorrido em um dos 5 (cinco) anos-calendário anteriores; X – constituída sob a forma de sociedade por ações. XI – cujos titulares ou sócios guardem, cumulativamente, com o contratante do serviço, relação de pessoalidade, subordinação e habitualidade."

42. CC: "Art. 1.155. Considera-se nome empresarial a firma ou a denominação adotada, de conformidade com este Capítulo, para o exercício de empresa. Parágrafo único. Equipara-se ao nome empresarial, para os efeitos da proteção da lei, a denominação das sociedades simples, associações e fundações.

"Art. 1.156. O empresário opera sob firma constituída por seu nome, completo ou abreviado, aditando-lhe, se quiser, designação mais precisa da sua pessoa ou do gênero de atividade."

presa de pequeno porte industrial – receita bruta anual igual ou inferior a R$ 7.875.000,00; *empresa de pequeno porte comercial ou de serviços* – receita bruta anual igual ou inferior a R$ 3.375.000,00. De outra banda, ao se referir à *receita bruta anual*, houve uma alteração no Decreto 5.028, de 31.3.2004, passando as empresas de pequeno porte a considerar a receita bruta anual superior a R$ 433.755,14 e igual ou inferior a R$ 2.133.222,00.

Além disso, o SEBRAE não aponta para o valor monetário, mas para o número de pessoas que nelas trabalham, como critério para ser considerada microempresa, nestas condições: *Microempresas*: – indústria: 19 pessoas ocupadas; – comércio e serviços: até 9 pessoas ocupadas. *Pequena empresa*: – indústria: de 20 a 99 pessoas ocupadas; – comércio e serviços: de 10 a 49 pessoas ocupadas.

De outro lado, ainda, o Código Civil usou de maneira inapropriada a figura do *pequeno empresário* no art. 970, que pode ser alocado em cada uma das figuras anteriormente mencionadas, de acordo com sua capacidade econômica, aferida anualmente.

A par deste, temos ainda o chamado *empresário individual*, aquele que utiliza sua própria *firma individual*, acompanhada de seu ramo de atividade. Esta expressão encontra-se arraigada no cenário nacional, e é praticamente impossível uma distinção equânime. Apenas para não perder o fio da meada e não deixar sem explicação a questão da firma individual, tomemos o nome de um empresário de sucesso no ramo de massas alimentícias, "Luiz Pereira". Para que o mesmo deixe sua impressão a terceiros, caracterizando-se firma individual ou empresário individual, acrescenta sua especialidade: *Luiz Pereira Massas Alimentícias*. Todos os que negociarem com ele saberão de antemão que se trata de uma empresa individual.

Se acrescentar "ME" será uma microempresa, e se acrescentar a sigla "EPP" será uma empresa de pequeno porte, mas continuará a ser empresário individual.

Nos termos do Enunciado 200 do Conselho da Justiça Federal ficou decidido que:

> É possível a qualquer empresário individual, em situação regular, solicitar seu enquadramento como microempresário ou empresário de pequeno porte, observadas as exigências e restrições legais.

A figura do *microempreendedor individual*/MEI nada mais é que uma corruptela das figuras acima, nascida de mais uma demagogia brasileira. Como a fiscalização é falha, omissa, corrupta, sob todos os aspectos, o número de comércios ilegais floresceu no Brasil, assim como erva daninha em jardim não cuidado! Chegou um momento em que se resolveu solucionar o problema: ou fechar os clandestinos, ou regularizar a situação. Por qual dos caminhos o legislador brasileiro optou?

Nasceu a classificação de *microempreendedor individual* através da Lei Complementar 128, de 19.12.2008, que instituiu esta figura, que tem rendimento anual bruto de apenas R$ 60.000,00 e opera como firma individual ou empresário individual e que não possui mais de um estabelecimento comercial e nem participa de outras sociedades como sócio ou titular, e possuir no máximo um empregado com salário limitado ao mínimo vigente ou o piso da categoria passando a recolher tributos para os cofres públicos.

Assim, qualquer um que queira recolher tributos como micromempreendedor para gozar de uma aposentadoria futura pode se dizer microempreendedor...

10. Macroempreendedor ou empresa de grande porte

Por conta da edição da Lei 11.638, de 28.12.2007, passaram a ser consideradas *empresas de grande porte*, independentemente da forma de sua constituição, aquelas empresas que possuem ativo superior a R$ 240.000.000,00 ou receita bruta anual superior a R$ 300.000.000,00.

Conforme disposto no art. 3º, parágrafo único, da Lei 11.638/2007, pouco importa o tipo de sociedade, isto é, se se trata de sociedade em conta de participação, anônima, de responsabilidade limitada etc., estando todas sujeitas ao mesmo regime jurídico, com amplas obrigações tributárias e financeiras, inclusive com alto controle da Comissão de Valores Mobiliários/CVM.[43]

Como se percebe, trata-se de clara e manifesta intervenção do Estado nas obrigações financeiras das empresas, sujeitando todas a auditoria independente externa, conforme determinado pela CVM.

---

43. Lei 11.638/2007: "Art. 3º. Aplicam-se às sociedades de grande porte, ainda que não constituídas sob a forma de sociedades por ações, as disposições da Lei n. 6.404, de 15 de dezembro de 1976, sobre escrituração e elaboração de demonstrações financeiras e a obrigatoriedade de auditoria independente por auditor registrado na Comissão de Valores Mobiliários. Parágrafo único. Considera-se de grande porte, para os fins exclusivos desta Lei, a sociedade ou conjunto de sociedades sob controle comum que tiver, no exercício social anterior, ativo total superior a R$ 240.000.000,00 (duzentos e quarenta milhões de Reais) ou receita bruta anual superior a R$ 300.000.000,00 (trezentos milhões de Reais)".

11. Empresário rural

Quando se fala em empresário rural surgem na cabeça do estudioso do Direito duas figuras bem díspares: o *agrobusiness* e o *rurícola*, o simplório agricultor, das culturas de subsistência.

O CC, no art. 971, estabeleceu que o empresário, independentemente de quem seja, grande ou gigante, pequeno ou minúsculo, pode se inscrever no Registro Público de Empresas Mercantis e gozar dos benefícios e das obrigações impostas a todos os empresários.

Logo, o *agrobusiness* ou as empresas agrícolas se instituem como empresas, devidamente registradas, escolhendo um dos modelos societários que veremos mais adiante e praticam efetivamente atos de comércio, lavram suas terras (alqueires e mais alqueires) com tratores de última geração, possuem criação de gado de ponta, chegando algumas a oferecer ações nas Bolsas de Valores, etc., demonstrando o alto poder de fogo que possuem, ou, de outro lado, os microempresários, campônios, ambos têm direito de se inscrever como empresários, independentemente do tamanho do negócio empresarial.

Porém, àqueles que cultivam a terra, praticando atos comerciais diretamente, dentro de suas pequenas condições econômicas e sociais, foi *facultado* que se registrem como empresários, devendo os mesmos cumprir todo o ritual disponível ao empresário *da cidade*. E mais: nos termos do art. 970 do CC, podem os empresários rurais pedir o registro de sua atividade na Junta Comercial e gozar dos mesmos benefícios concedidos aos empresários, sendo-lhes assegurado *tratamento diferenciado*.

Assim, as mesmas regras estabelecidas para os micros, pequenos e médios empresários aplicam-se aos empresários rurais, que *facultativamente* requereram suas inscrições na Junta Comercial, podendo ser considerados empresários para todos os efeitos legais e gozar dos benefícios concedidos àquela categoria.

12. Empresa individual de responsabilidade limitada/ EIRELI

A Lei 12.441/2011 alterou substancialmente o conceito de empresário individual, criando a *empresa individual de responsabilidade limitada/EIRELI*, amplamente aplaudida pela doutrina e pela jurisprudência, acabando com antigo problema nacional. É preciso deixar bem clara a distinção.

É claro que a expressão "empresa individual", por si só, não pode caracterizar uma EIRELI, pois qualquer "empresa" pode ser exercida individualmente (*empresário individual*) ou coletivamente (*sociedade*).

Como já explicamos anteriormente, é o empresário individual uma pessoa natural que exerce o monopólio das informações negociais, ou seja, é ele quem organiza os fatores de produção, é o empresário quem assume os riscos do negócio, assim como a iniciativa e sua direção, respondendo por tudo diretamente.

Daí que é necessário esclarecer que as expressões "empresa individual" e "empresário individual" não podem ser confundidas, pois a "empresa individual" é uma nova forma de "pessoa jurídica", isto é, uma *empresa unipessoal*, possuindo limitação na responsabilidade, ao passo que o empresário individual não tem tal responsabilidade limitada.

Portanto, para negociar com alguém individualmente é preciso conhecer um pouco mais da pessoa do negociante. Se for empresário individual sua responsabilidade é ilimitada, ao passo que uma *empresa individual de responsabilidade limitada/EIRELI* tem a responsabilidade, como o seu próprio nome diz, restrita ao capital social.

Em verdade, tal empresa não é novidade no cenário jurídico internacional, sendo conhecida em Portugal como "sociedade unipessoal por quotas", instituída nos arts. 270º-A-270º-G do Código de Sociedades Comerciais português.

Da mesma forma, a Alemanha – que foi a pioneira nesse tipo societário – admitiu a existência de uma sociedade limitada quando inicialmente constituída por duas ou mais pessoas físicas (ou jurídicas) sendo que uma delas deixava de existir (falecimento, dissolução etc.), ficando o quadro social reduzido a apenas um sócio, passando a ser chamada de "sociedade unipessoal".

Na França houve a edição de lei específica sobre o tema, sendo que no Brasil houve a constituição da sociedade subsidiária integral, quando composta pelo capital de uma única pessoa jurídica, nos termos da Lei das Sociedades por Ações, de 1976.

Portanto, o Brasil seguiu uma tendência internacional, resolvendo antiga lacuna histórica no seio nacional, quando temos uma pessoa física que pretende montar uma empresa individualmente, sem a participação de outra pessoa física. Porém, pela inexistência, até então, de uma empresa dessa natureza, a pessoa física era sempre obrigada a criar uma empresa com um sócio "fantasioso", que apenas "compunha a sociedade".

A modalidade prevê a possibilidade da constituição de um capital distinto do da pessoa física, tentando limitar a responsabilidade patrimonial do sócio de sociedade unipessoal daquela responsabilidade pessoal ilimitada do empresário individual.

A EIRELI visa a possibilitar ao empresário a redução dos riscos que a atividade econômica produz, mesmo porque a composição de capital social distinto do patrimônio individual da pessoa física é algo salutar, estando a pessoa física inicialmente protegida dos riscos do negócio. Para tentar invadir o patrimônio individual, distinto do patrimônio da empresa, é necessário que o interessado utilize os institutos próprios da desconsideração da personalidade jurídica, provando os requisitos do art. 50 do CC.

O empresário interessado em constituir uma EIRELI deverá observar alguns critérios específicos criados pela Lei 12.441/2011, que são: (a) constituição de um capital mínimo de valor igual ou equivalente ao de 100 vezes o maior salário-mínimo vigente no Brasil – atualmente R$ 93.700,00; (b) obrigatoriamente deverá se identificar com a sigla EIRELI, aposta após o nome do empresário, a fim de identificar que se trata de uma firma ou razão social; (c) deve se submeter ao regime jurídico das sociedades limitadas, no que este for com ela compatível.

A ideia de constituição de um capital mínimo é interessante, a fim de evitar que o empresário negocie em nome próprio e, em caso de execução, se valha da inexistência de bens para serem excutidos. Além disso, impede o surgimento de sociedades "de papel" ou "empresas-fantasmas".

Quanto à determinação no sentido de que deve figurar no nome empresarial a expressão "EIRELI", deve-se ao fato de que haverá *ictu oculi* uma diferenciação da EIRELI das outras sociedades por quotas de responsabilidade limitada.

Juntando-se os dois requisitos básicos, a utilização da expressão EIRELI é o quanto basta para perceber que tal empresa tem um capital social de, no mínimo, 100 salários-mínimos e que se trata de pessoa jurídica que contém apenas um responsável, ou seja, a pessoa com quem se negocia, diferentemente do empresário individual, que pode nem ter capital para suportar eventual demanda.

Da mesma forma que as demais sociedades empresariais da sua espécie (sociedade limitadas), a empresa individual, para obter personalidade jurídica, deve ser registrada regularmente na Junta Comercial do local onde possuir sua sede. Frise-se: somente depois de regularmente constituída é que passará a ter patrimônio próprio, distinto do patrimônio do instituidor da empresa.

Com o registro a responsabilidade pessoal do instituidor ficará limitada ao capital atribuído pelo fundador da empresa, desde que tenha havido, realmente, sua integralização. Destarte, integralizado o capital, ficará o empresário isento de responsabilidade, pois a empresa individual é que tem obrigações a cumprir perante terceiros.

Portanto, a empresa individual tem que possuir capital distinto do da pessoa física, pois caso contrário poderá haver confusão patrimonial entre o capital da empresa e o da pessoa física, conturbando a boa ordem e, por tal razão, sujeitando a empresa à teoria da desconsideração da personalidade jurídica.

Frise-se: corretamente instituída e legalmente separado o patrimônio da pessoa física do da pessoa jurídica, as obrigações da EIRELI são de sua exclusiva responsabilidade. Eventual quebra da empresa individual não pode afetar o patrimônio do fundador quando não provados má-fé ou dolo na constituição de tal modelo societário.

De outro lado, o empresário só poderá constituir uma empresa dessa natureza, sendo vedado que o faça mais de uma vez. Nada impede, portanto, que exista prova no sentido de que o empresário tenha usado de má-fé ou dolo para obter vantagens na constituição de mais de uma sociedade, como a colocação de empresas várias em nome de parentes. Porém, é imprescindível que exista prova inequívoca de má-fé ou dolo. Não pode ser simples suposição ou mera alegação, mesmo porque qualquer pessoa pode constituir empresa individual em seu próprio nome. O que precisa ser perquirido é como o fundador desse tipo societário obteve recursos para tal finalidade. É questão de prova.

13. *Do estabelecimento comercial*

O estabelecimento comercial constitui capítulo distinto do sistema empresarial, objeto de estudo específico, eis que é ele que faz com que o empresário se mostre ao mundo exterior provando sua capacidade de negociar, sua condição de constituir suas possíveis negociações em patrimônio sólido.

É o estabelecimento comercial um destaque dentro do patrimônio da empresa, pois é ele quem exterioriza o capital constituído pelo empresário para gerir seus negócios.

O estabelecimento comercial pode se constituir de dois grandes núcleos, chamados de *patrimônio material* e *patrimônio imaterial* ou *patrimônio intelectual*, como veremos, ambos possuindo grande interesse para a doutrina e a jurisprudência empresariais.

Inicialmente é importante asseverar que o conceito de *estabelecimento comercial* nem sempre é questão pacífica para a doutrina e para a jurisprudência. Mas o legislador tentou estabelecer norma clara sobre o assunto no art. 1.142 do CC, ao dizer:

> Considera-se estabelecimento todo complexo de bens organizado, para exercício da empresa, por empresário, ou por sociedade empresária.

Dessa maneira, decompondo o instituto, temos presente que se trata o estabelecimento de um "todo complexo", isto é, não admite divisão ou subdivisões, mas um conjunto, formando um conteúdo único e inseparável. Aliás, a ideia de conjunto é a regra para a configuração do estabelecimento.

Mas não basta que esse complexo seja díspar, difuso, incontrolável, mas, sim, que seja de "bens organizado", desejando o legislador traduzir em algo útil, reunido, composto e determinado, "para exercício da empresa, por empresário, ou por sociedade empresária", ou seja: que o empresário disponha de um conjunto harmonioso e concentrado para que possa dele dispor e utilizá-lo para a prática de seu comércio.

Na verdade, o legislador civil não estabeleceu corretamente o termo: os bens da empresa ou da sociedade empresária não se confundem com os bens individuais do empresário e de cada sócio da empresa! Teria sido mais prático e útil para todos reservar à doutrina o papel de dizer cientificamente o que sejam bens que compõem o estabelecimento comercial.

Logo, as prateleiras de uma loja pertencem e compõem o estabelecimento comercial, assim como veículos, máquinas, equipamentos etc. que estão à disposição do empresário ou da sociedade empresária para a consecução do fim maior da atividade empresária: a evolução econômico-social do empreendimento.

O estabelecimento comercial possui a *natureza jurídica* de se constituir em uma universalidade própria considerada como patrimônio de afetação – como no Direito Francês (*patrimoine d'affectation*) –, distinto dos demais bens imateriais que compõem a empresa. Essa universalidade *de fato* do estabelecimento comercial pode ser objeto de negócios jurídicos equidistantes dos interesses do próprio empresário.

Um exemplo: o empresário proprietário de uma loja possui no seu patrimônio diversas prateleiras, expositores, máquinas, equipamentos. Enquanto integrantes da loja, compõem o patrimônio do empresário, formando a universalidade de fato. Se este dispuser de uma prateleira, o restante do patrimônio continua na universalidade, enquanto este móvel deixa de existir como bem da empresa, perdendo o caráter de universalidade da empresa.

Mas a universalidade não se traduz apenas nos móveis e equipamentos, mas também no prédio onde está situada a empresa, suas filiais, sucursais e muitas outras situações que acabam por dar uma "encorpada" ao valor original, separado dos bens individualmente considerados. Outros elementos agregam, ainda, vários suplementos ao estabelecimento comercial, tais como a localização estratégica, a utilização de determinados equipamentos ou utensílios, que dão ao estabelecimento comercial uma característica especial e fazem com que se torne atrativo para os frequentadores do lugar, que o frequentam exatamente por essas condições especiais ou específicas.

Nascida no Direito Italiano (*avviamento* ou *azienda*, dependendo da região italiana) e também desenvolvida no Direito Francês (*fonds de commerce*), essa incorporação dos bens do estabelecimento comercial passou a se denominar *aviamento* ou *fundo de comércio*, também conhecida de ingleses e americanos como *goodwill of a trade*.

Em realidade, quando se está tratando do aviamento – no Direito Brasileiro – se está falando em fundo de comércio, que são expressões sinônimas. Alguns contabilistas são relutantes em falar em aviamento, preferindo até mesmo a expressão "chave do negócio". Porém, seja com um nome ou seja com outro, o *fundo de comércio* é, em realidade empresarial, o *aviamento* – não obstante a gravidade desta minha afirmativa possa gerar maiores discussões acadêmicas no futuro.

Para Waldemar Ferreira o estabelecimento comercial compõe-se de vários elementos, dentre os quais sobressaem

> o capital, o trabalho e o aglutinamento de um e de outro, organicamente, de forma a produzir resultados industriais ou mercantis. Desde que, em determinado local, convenientemente escolhido e materialmente preparado, com as instalações, móveis e utensílios, máquinas e maquinismos, acessórios, veículos, matérias-primas, mercadorias etc., o industrial ou comerciante se põe, contratado o serviço de empregados de todo o gênero, a exercitar sua atividade profissional com o intuito de lucro, e equipe o seu estabelecimento, ocorrem-lhe, a princípio, sacrifícios, não compensados nos primeiros exercícios. Entra, porém, a trabalhar metódica e organizadamente, cientificamente se se quiser dizer. A forma de realizar seu capital – inventos, que lhe assegurem produtos originais e indispensáveis a certas necessidades, marcas, que lhe garantam a proveniência e porque se tornem conhecidas suas mercadorias; títulos e insígnias, que

74 CURSO DE DIREITO EMPRESARIAL – I

lhe individualizem a casa; a estratégia do ponto ou local em que esta se instalou e funciona; o valor do trabalho, externado pela capacidade dos dirigentes, dos técnicos e dos empregados; enfim, o impulso dado a todo esse organismo – eis circunstâncias que levam o estabelecimento a converter os seus sacrifícios iniciais em sucesso, materializado nos lucros.

Nessa capacidade do estabelecimento, por seu complexo e pelo impulso de seu organismo, de produzir economicamente e proporcionar os lucros almejados e previstos divisou Alfredo Rocco o que, em sua língua, se chama *avviamento*, particularizado com maior propriedade na expressão *avviamento di azienda*, que aquela palavra em verdade exprime.[44]

Para Alfredo Rocco o aviamento é a capacidade que tem um estabelecimento comercial de produzir lucros, em razão de suas instalações, localização estratégica, atendimento, conhecimento do negócio etc.[45]

Esse *aviamento* é considerado por Sérgio Campinho como

a qualidade, o atributo do estabelecimento, traduzido na sua capacidade de gerar lucros, derivado da proficiência de sua organização na conjugação dos diversos fatores que o integram.[46]

Do mesmo modo, Umberto Navarrini sentenciou que é o aviamento, na verdade, uma atividade objetiva dos elementos constituintes do estabelecimento e que decorre de seu bom nome, conferindo credibilidade a terceiros, fazendo com que goze de bom conceito, gerando na sua freguesia (*rectius*: clientela) a esperança de que se mantenha com bons negócios no futuro.[47]

De fato, o aviamento é elemento não corpóreo que tem em conta a *potencialidade* de produzir lucros para as empresas ou empresários, passando a ser verdadeiro atributo do conjunto corpóreo e incorpóreo da empresa.

Vejam: se alguém quer namorar e conversar com sua namorada não vai a um estádio assistir a um jogo de futebol. Procura um lugar calmo, sossegado, de preferência com boa música, como o *Afrika Café*, de Atibaia. As pessoas que têm esse interesse procuram esse tipo de local. Portanto, o conjunto desenvolvido no *Afrika* tem todos esses requisitos:

44. Waldemar Ferreira, *Tratado de Direito Comercial*, 7º vol. (*Estatuto do Estabelecimento e a Empresa Mercantil*), pp. 208-209.
45. Alfredo Rocco, *Principii di Diritto Commerciale*, p. 272, n. 64.
46. Sérgio Campinho, *O Direito de Empresa à Luz do Código Civil*, p. 340.
47. Umberto Navarrini, *Trattato Teorico-Pratico di Diritto Commerciale*, vol. IV, p. 17, n. 1.421.

lugar bonito, calmo, sossegado e com música. Isso é que atrai a *clientela*, pois os frequentadores desejam esse tipo de casa.

Disto resulta que o estabelecimento aufere lucros com esse tipo de formação: lugar bonito, aconchegante, charmoso e com boa música. Se não existisse tal conjunto, não atrairia o público-alvo.

Daí, se o *Afrika Café* mudar de local e levar o mesmo clima, móveis, ambiente, para outro lugar, a *clientela* que ele formou ao longo dos anos o acompanhará. Ao contrário, se o *Afrika* de repente se mudar e criar um clima para vender bebida barata, em ambiente hostil, próximo a aglomeração de pessoas, evidentemente não haverá mais uma *clientela* propriamente dita, mas apenas uma *freguesia*, que pouco se importa com todos aqueles elementos inicialmente desenhados (lugar bonito, música boa, móveis apropriados para o conforto etc.).

Resumindo: temos que a *clientela* é o público fidelizado do estabelecimento comercial, ao passo que a *freguesia* é somente o público interessado na compra de bens de qualquer estabelecimento comercial, não se preocupando com os elementos que compõem o estabelecimento, mas apenas se voltando para as facilidades do local e os preços oferecidos.

Portanto, a clientela é mais consistente – embora não seja necessariamente maior que a freguesia –, mas se preocupa com o estabelecimento comercial, ao passo que a *freguesia* não.

E ambas compõem o aviamento como um todo, não obstante a posição contrária de Fábio Ulhoa Coelho.[48]

A *clientela* tem proteção especial, tanto é que a concorrência desleal é punida civil, administrativa e criminalmente.

Uma das características próprias do aviamento podemos identificar nos interesses do *shopping center*, que nada mais é um estabelecimento planejado, equilibrado e, principalmente com aviamento próprio, pois sua clientela é muito mais fidelizada do que uma freguesia qualquer.

Por conta disso tudo, a venda do estabelecimento comercial é algo complexo, e exige análise mais perfunctória, como observaremos no capítulo do trespasso ou transferência do estabelecimento comercial.

14. Do ponto comercial (ou ponto empresarial)

Uma das questões de maior importância para que um empresário obtenha sucesso em sua atividade é sua localização. Alguns chamam

---

48. Fábio Ulhoa Coelho, *Curso de Direito Comercial*, 16ª ed., vol. 1, p. 162.

de *ponto comercial*, outros de *ponto empresarial* – mas são exatamente a mesma coisa, apenas sendo uma questão de terminologia devido ao Código Civil/2002.

O empresário também tem que ter especial atenção quanto a este item, mesmo porque o êxito de sua empreitada depende desta resolução, que sem dúvida importará questões jurídicas no futuro.

Enquanto a definição de *estabelecimento empresarial* engloba tanto os aspectos fáticos quanto os subjetivos, o *ponto comercial* é apenas o espaço físico onde o empresário exerce sua atividade empresarial. Já, o *aviamento* é a capacidade lucrativa que o empresário retira do estabelecimento empresarial. Todos legalmente protegidos, como veremos.

O ponto comercial nada tem a ver com a propriedade. Pode até ser que o empresário dono de uma propriedade se instale nela, criando um ponto comercial.

No dizer de Paulo Roberto Bastos Pedro o ponto comercial

consiste no local onde o empresário ou a sociedade empresária explora a sua atividade, sendo o ponto comercial local onde está localizado o estabelecimento empresarial. Este local onde a atividade é explorada por vezes demonstra ser o grande diferencial do negócio, pois imaginemos uma loja de varejo localizada em uma rua sem qualquer movimentação, seja de automóveis ou de pedestres; a rotatividade não irá ocorrer, o que poderá inviabilizar o negócio pretendido.[49]

O ponto comercial merece grande atenção por parte da doutrina e da jurisprudência, principalmente quando se trata de dar ao mesmo um valor econômico, o que nem sempre é perfeitamente entendido por alguns militantes do Direito.

No mais das vezes o empresário imagina determinada empresa em um local desocupado, nunca antes explorado, ou explorado por outro ramo de comércio, que já não existe no local há bastante tempo, vindo a se instalar no local mediante locação por um período de tempo, digamos, de cinco anos.

O empresário procura equipar o local, reforma o local, lhe dá feição de estabelecimento comercial, abre suas portas e começa a funcionar, inicialmente de maneira tímida, mas, em face de sua simpatia, qualidade do serviço e dos produtos, preços justos, equipe bem treinada etc., com o tempo passa a ser conhecido no local – pois as pessoas divulgam os

---

49. Paulo Roberto Bastos Pedro, *Curso de Direito Empresarial*, 2ª ed., p. 86.

bons empresários (assim como denigrem os maus...) –, e as redes sociais falam bastante dessa empresa. Com o tempo a empresa passa a ser referência. Quanto alguém pede informações sobre um local, o consumidor diz: "Sabe onde é a loja 'X', então, ao lado!".

Vejam que o local não era nada antes de o empresário lhe dar uma *feição*, lhe dar uma *personalidade*, passando a ser, agora, um local onde as pessoas inclusive utilizam como ponto de referência. O local inóspito do passado, agora, é alvo de conhecimento público, de divulgação entre as pessoas, tornando-se vivo e capaz de gerar renda. Tudo isso graças à ação do empresário, que apostou num negócio, colocou suas economias a favor do local, trabalhou pesadamente para que o local fosse apto a produzir.

Dentro desse contexto, temos duas situações bem distintas: o *antes* do empresário e o *depois* do empresário, como um marco divisório muito saliente: a chegada do empresário deu corpo e identidade ao local. Dito de maneira bem simples: ele criou o *ponto comercial*. E é a este que a lei garante proteção.

14.1 A proteção ao ponto comercial

Vimos que o ponto comercial é algo extremamente importante para o empresário, pois é ele que, no mais das vezes, fornece identidade a um local, criando uma condição ideal para que seu comércio, independentemente do ramo comercial, obtenha condições de prosperar.

Nada mais lógico e natural que tenha uma proteção jurídica. No entanto, nem sempre é assim. Muitas vezes o empresário sofre com vários ataques ao seu ponto comercial, seja do setor privado, seja do setor público.

Os problemas advêm no momento em que o aluguel está para cessar. O proprietário do prédio onde o empresário se instalou, vendo seu progresso, já começa a conjecturar sobre valores mais expressivos e até mesmo tenta obter grande vantagem em detrimento do empresário.

Exatamente por conta disso, para que o empresário não seja compulsoriamente excluído de seu estabelecimento e perca todo o cabedal que construiu ao longo de um período de tempo, é que a Lei de Locações (n. 8.245/1991) permite que o empresário obtenha a chamada *renovação compulsória de aluguel*, nos termos do art. 51, com as características próprias dos incisos I, II e III, observadas algumas peculiaridades, que passamos a expor.

Primeiro, que se trate de locação exclusivamente não residencial, ou seja, nitidamente de caráter empresarial. Se houver uma locação de natureza mista, como sói acontecer, não se aplica a regra da renovatória de locação.

A Lei 8.245/1991 exige que o contrato a renovar tenha sido celebrado por escrito e com prazo certo para seu término, de cinco anos, ou que a soma dos prazos não se tenha interrompido em qualquer momento, isto é, sem que o empresário tenha abandonado o comércio por um tempo e depois tenha retornado ao exercício. E, ainda, que o comércio exercido pelo empresário tenha no mínimo uma continuidade de três anos consecutivos.[50]

Evidentemente, o que se protege é o *ponto comercial*, não o empresário. Logo, se não houve *continuidade* do negócio exercido pelo empresário não há que se falar em proteção ao ponto comercial, mesmo porque nem mesmo o empresário deu essa continuidade.

Não há que se computar nessa obrigatoriedade a paralisação de atividades por motivos totalmente alheios à vontade do empresário, como a ocorrência de danos causados por terceiros, catástrofes etc.

No período de contagem do prazo é possível a soma dos prazos de locações, nos termos do § 1º do citado art. 51 da Lei 8.245/1991.[51]

A Lei de Locações veio a solucionar antigo problema a respeito de quem seria a parte legítima para pleitear a renovação: o empresário ou a sociedade empresária instalada por ele. Pelo § 2º do art. 51 da Lei 8.245/1991 não existe mais mistério: a legitimidade é concorrente.[52]

A Lei 8.245/1991 também solucionou outro problema emergente nos tribunais anteriormente à sua vigência, que dizia respeito à possibilidade de dissolução de sociedade em razão da morte de um dos sócios, sendo que a resposta foi no sentido de que seria possível a renovatória desde que mantido o mesmo ramo de atividade pelo o sócio sobreviven-

---

50. Lei 8.245/1991: "Art. 51. Nas locações de imóveis destinados ao comércio, o locatário terá direito à renovação do contrato, por igual prazo, desde que, cumulativamente: I – o contrato a renovar tenha sido celebrado por escrito e com prazo determinado; II – o prazo mínimo do contrato a renovar ou a soma dos prazos ininterruptos dos contratos escritos seja de 5 (cinco) anos; III – o locatário esteja explorando seu comércio, no mesmo ramo, pelo prazo mínimo e ininterrupto de 3 (três) anos".
51. Lei 8.245/1991, § 1º do art. 51: "§ 1º. O direito assegurado neste artigo poderá ser exercido pelos cessionários ou sucessores da locação; no caso de sublocação total do imóvel, o direito à renovação somente poderá ser exercido pelo sublocatário".
52. Lei 8.245/1991, § 2º do art. 51: "§ 2º. Quando o contrato autorizar que o locatário utilize o imóvel para as atividades de sociedade de que faça parte e que a esta passe a pertencer o fundo de comércio, o direito à renovação poderá ser exercido pelo locatário ou pela sociedade".

te[53] e, ainda, seja a locação inicialmente celebrada por sociedades civis ou indústrias.[54]

Na ação renovatória de locação o locatário é obrigado a apresentar uma proposta de renovação, com valores e prazos previamente delineados, a fim de que o locador tenha condições de saber exatamente quais as condições em que poderá ser renovado o contrato original.

Decai do prazo para a propositura da quem não o fizer em seis meses anteriores à data da finalização do contrato e também não pode ser proposta a ação antes do prazo de um ano do final do contrato, nos termos do art. 51, § 5º, da Lei 8.245/1991.[55]

Chega a ser impressionante o número de ações renovatórias de locação propostas fora desse prazo, lembrando que o prazo é *entre* 1 ano e 6 meses antes do final da locação. Não são nem 365 dias e muito menos 180 dias, eis que os prazos fixados em meses e anos são contados em meses e anos, não em dias.

Ajuizada a ação renovatória de locação, poderá ser contestada sob os seguintes fundamentos, previstos no art. 52[56-57] da Lei 8.245/1991,[58] a serem devidamente comprovados:

---

53. Lei 8.245/1991, § 3º do art. 51: "§ 3º. Dissolvida a sociedade comercial por morte de um dos sócios, o sócio sobrevivente fica sub-rogado no direito à renovação, desde que continue no mesmo ramo".

54. Lei 8.245/1991, § 4º do art. 51: "§ 4º. O direito à renovação do contrato estende-se às locações celebradas por indústrias e sociedades civis com fim lucrativo, regularmente constituídas, desde que ocorrentes os pressupostos previstos neste artigo".

55. Lei 8.245/1991, § 5º do art. 51: "§ 5º. Do direito à renovação decai aquele que não propuser a ação no interregno de 1 (um) ano, no máximo, até 6 (seis) meses, no mínimo, anteriores à data da finalização do prazo do contrato em vigor".

56. Lei 8.245/1991, § 4º do art. 72: "§ 4º. Na contestação, o locador, ou sublocador, poderá pedir, ainda, a fixação de aluguel provisório, para vigorar a partir do primeiro mês do prazo do contrato a ser renovado, não excedente a 80% (oitenta por cento) do pedido, desde que apresentados elementos hábeis para aferição do justo valor do aluguel".

57. Lei 8.245/1991, § 5º do art. 72: "§ 5º. Se pedido pelo locador, ou sublocador, a sentença poderá estabelecer periodicidade de reajustamento do aluguel diversa daquela prevista no contrato renovando, bem como adotar outro indexador para reajustamento do aluguel".

58. Lei 8.245/1991: "Art. 52. O locador não estará obrigado a renovar o contrato se: I – por determinação do Poder Público, tiver que realizar no imóvel obras que importarem na sua radical transformação; ou para fazer modificações de tal natureza que aumente o valor do negócio ou da propriedade; II – o imóvel vier a ser utilizado por ele próprio ou para transferência de fundo de comércio existente há mais de 1 (um) ano, sendo detentor da maioria do capital o locador, seu cônjuge, ascendente ou descendente. § 1º. Na hipótese do inciso II, o imóvel não poderá ser destinado ao uso do mesmo ramo do locatário, salvo se a locação também envolvia o fundo de comércio, com as instalações e pertences. § 2º. Nas locações de espaço em *shopping centers*, o locador não poderá recusar a renovação do contrato com fundamento no inciso II deste artigo".

(a) Se houver determinação do Poder Público para que no local se realizem obras, sendo que estas importem sua radical transformação. Nesse caso, temos uma situação a respeito da qual muita discussão existe.[59] A lei exige que exista *radical transformação*, ou seja: não basta que apenas sejam feitas pequenas obras públicas, como recapeamento do asfalto, mudanças das galerias pluviais, iluminação etc.; tem que haver transformação que praticamente torne impossível o comércio. Nesse caso podemos falar de desapropriação do imóvel, de interdição em face dos riscos à segurança pública e privada etc.

(b) A segunda hipótese diz respeito a modificações de tal natureza *que aumentem o valor do negócio* ou *da propriedade* – ou seja: duas coisas distintas, pois o *negócio*, aqui, é tido como o aumento efetivo do *aviamento*, o que, em última análise, gerará maior rentabilidade ao locador que o próprio negócio do empresário. Porém, não conseguimos deixar de visualizar que nessa situação o locador é obrigado a indenizar o empresário, eis que este acabará por sofrer solução de continuidade do seu negócio, ou seja, seu aviamento. De outro lado, o aumento do valor da propriedade é algo muito substancial e muito mais subjetivo ainda, pois a *propriedade* pode ter um valor para o locador e outro para o empresário, locatário, ainda mais com as oscilações de mercado. Por isso, é necessário avaliar o imóvel antes e depois da eventual renovatória.

(c) A terceira hipótese prevê que o imóvel será utilizado pelo próprio locador ou para transferência de fundo de comércio existente há mais de um ano, sendo detentor da maioria do capital o locador, seu cônjuge, ascendente ou descendente. Não obstante a redação não ser das melhores, em face da exacerbada deficiência legislativa brasileira, o fato é que o imóvel passará a ser utilizado pelo próprio locador, pelo seu cônjuge ou ascendentes e descendentes, seja em empresa própria ou da qual é ele um dos sócios, mas que tenha a maioria do capital (50,01%).

(d) Também há impossibilidade de renovação compulsória quando a proposta do empresário for insuficiente, eis que as condições do mercado lhe são desfavoráveis, nos termos do inciso II do art. 72 da Lei 8.245/1991.[60]

---

59. Lei 8.245/1991, § 3º do art. 72: "§ 3º. No caso do inciso I do art. 52, a contestação deverá trazer prova da determinação do Poder Público ou relatório pormenorizado das obras a serem realizadas e da estimativa de valorização que sofrerá o imóvel, assinado por engenheiro devidamente habilitado".

60. Lei 8.245/199, inciso II do art. 72: "II – não atender, a proposta do locatário, o valor locativo real do imóvel na época da renovação, excluída a valorização trazida por aquele ao ponto ou lugar; (...)".

(e) Da mesma forma, a renovação compulsória não é viável quando o locador apresentar proposta em melhores condições feita por terceiros, nos termos do inciso III do art. 72 da Lei 8.245/1991.[61-62] Nesse caso, é possível que o locatário apresente uma contraproposta, também prevista na Lei de Locações, devendo ser decidido pelo juiz.

A nosso ver, havendo contraproposta apresentada pelo locatário, que já está no imóvel, que fez o "nome" do lugar com seu comércio, seria contrassenso e injusto expulsá-lo do local, para que outra empresa nele se estabelecesse e desfrutasse do aviamento produzido pelo primeiro locatário. A prudência e a lógica falam mais alto a favor da renovação.[63]

Embora no momento oportuno iremos tratar dos contratos de *shopping center*, é importante observar que os arts. 52, 2º,[64] e 54[65] da Lei 8.245/1991 dispõem sobre cláusulas restritivas quanto ao empreendedor, muitas vezes em face de seu poderio econômico.

E isto porque os *shoppings centers* possuem logística de integração entre os lojistas, mais as condições específicas dos contratos, o *tennant mix* que envolve todo o aparato econômico que gravita em torno do empreendimento, o que inviabiliza a possibilidade de retomada do ponto comercial apenas por esse fundamento. Regra geral, a retomada de ponto pelos administradores dos *shopping centers* se dá pela falta de pagamento dos alugueres ou das taxas condominiais pelos locatários.

61. Lei 8.245/1991, inciso III do art. 72: "III – ter proposta de terceiro para a locação, em condições melhores; (...)".
62. Lei 8.245/1991, § 2º do art. 72: "§ 2º. No caso do inciso III, o locador deverá juntar prova documental da proposta de terceiro, subscrita por este e por duas testemunhas, com clara indicação do ramo a ser explorado, que não poderá ser o mesmo do locatário. Nessa hipótese, o locatário poderá, em réplica, aceitar tais condições para obter a renovação pretendida".
63. Lei 8.245/1991, § 1º do art. 52: "§ 1º. Na hipótese do inciso II, o imóvel não poderá ser destinado ao uso do mesmo ramo do locatário, salvo se a locação também envolvia o fundo de comércio, com as instalações e pertences".
64. Lei 8.245/1991, § 2º do art. 52: "§ 2º. Nas locações de espaço em *shopping centers*, o locador não poderá recusar a renovação do contrato com fundamento no inciso II deste artigo".
65. Lei 8.245/1991: "Art. 54. Nas relações entre lojistas e empreendedores de *shopping center*, prevalecerão as condições livremente pactuadas nos contratos de locação respectivos e as disposições procedimentais previstas nesta Lei. § 1º. O empreendedor não poderá cobrar do locatário em *shopping center*: a) as despesas referidas nas alíneas 'a', 'b' e 'd' do parágrafo único do art. 22; e b) as despesas com obras ou substituições de equipamentos, que impliquem modificar o projeto ou o memorial descritivo da data do habite-se e obras de paisagismo nas partes de uso comum. § 2º. As despesas cobradas do locatário devem ser previstas em orçamento, salvo casos de urgência ou força maior, devidamente demonstradas, podendo o locatário, a cada 60 (sessenta) dias, por si ou entidade de classe, exigir a comprovação das mesmas".

De outro lado, não havendo acordo quanto à possibilidade da renovação da locação e obrigado o locatário a deixar o estabelecimento comercial, tem o locador a obrigação de iniciar imediatamente as obras ou estabelecer a nova locação com o terceiro vencedor da melhor proposta, sob pena de indenização por perdas e danos causados ao anterior locatário, tudo conforme disposto no art. 52, § 3º, da Lei 8.245/1991.[66]

Sobre indenização por perdas e danos sempre é conveniente esclarecer que, tratando-se de empresa, as perdas não se referem apenas àquelas que efetivamente sofreu o empresário, mas também àquelas perdas que *potencialmente* deixou de receber ou lucrar em face de sua empresa anteriormente instalada em determinado local, caracterizando também a *teoria da perda de uma chance*, timidamente inscrita no art. 402 do CC, mas que vem sendo alvo de constantes e decisivas interpretações favoráveis dos tribunais, com clara aplicação ao empresariado.[67]

Quanto aos estabelecimentos não residenciais utilizados por entidades especiais, como asilos, hospitais, unidades sanitárias oficiais, estabelecimentos de ensino e de saúde, que prestam serviços mediante autorização do Poder Público, e entidades religiosas registradas, sofrem restrições nos processos de rescisão contratual, na forma do art. 53 da Lei de Locações.[68] Sendo que em alguns casos nos parecem bastante convincentes e em outros pura demagogia legislativa, como é o caso de "entidades religiosas", formadas muitas vezes para se safar do pagamento de tributos e outras vezes – muito pior – para a prática de crimes como a "lavagem" de dinheiro... Pura demagogia, que já vai longe o tempo de sua revogação...

---

66. Lei 8.245/1991, § 3º do art. 52: "§ 3º. O locatário terá direito a indenização para ressarcimento dos prejuízos e dos lucros cessantes que tiver que arcar com mudança, perda do lugar e desvalorização do fundo de comércio, se a renovação não ocorrer em razão de proposta de terceiro, em melhores condições, ou se o locador, no prazo de 3 (três) meses da entrega do imóvel, não der o destino alegado ou não iniciar as obras determinadas pelo Poder Público ou que declarou pretender realizar".

67. CC: "Art. 402. Salvo as exceções expressamente previstas em lei, as perdas e danos devidas ao credor abrangem, além do que ele efetivamente perdeu, o que razoavelmente deixou de lucrar".

68. Lei 8.245/1991: "Art. 53. Nas locações de imóveis utilizados por hospitais, unidades sanitárias oficiais, asilos, estabelecimentos de saúde e de ensino autorizados e fiscalizados pelo Poder Público, bem como por entidades religiosas devidamente registradas, o contrato somente poderá ser rescindido: I – nas hipóteses do art. 9º; II – se o proprietário, promissário-comprador ou promissário-cessionário, em caráter irrevogável e imitido na posse, com título registrado, que haja quitado o preço da promessa ou que, não o tendo feito, seja autorizado pelo proprietário, pedir o imóvel para demolição, edificação licenciada ou reforma que venha a resultar em aumento mínimo de 50% (cinquenta por cento) da área útil".

Quando se trata de asilos, escolas, hospitais e outros estabelecimentos é natural e totalmente necessário que exista uma continuidade de serviço, sob pena de perecerem aqueles que se valem dos serviços públicos, não tendo o menor sentido a interrupção da prestação do serviço de uma hora para outra. Mesmo porque há todo um planejamento que envolve a população como um todo, e não seria cabível simplesmente encerrar as atividades públicas e de sentido público de afogadilho. Mas sempre é prudente e natural que se aguarde o fim de um ano letivo para as mudanças, ou um tempo necessário para a adaptação de tratamentos para a população em geral.

Os hospitais e casas de saúde não são compostos apenas por "mesas e cadeiras", como qualquer outro estabelecimento de menor envergadura, e muito menos por altares e *ícones* religiosos. Mas têm em seus aparatos verdadeiro sentido de proteção à vida de terceiros, possuindo inúmeras instalações próprias, como para fornecimento de oxigênio, centrais para operações, internações, máquinas de ultrassom, raios-X, tomografias – equipamentos caríssimos e de custos de manutenção elevados, que não podem simplesmente ser manipulados de uma hora para outra e retirados do local, mas no mais das vezes dependem de outras empresas especializadas e capacitadas para desligar, remover e religar equipamentos em determinados lugares. Tudo isso supervisionado pela fiscalização pública. Logo, dependem de tempo, planejamento e custos elevados para sua transferência. Daí por que o legislador procurou estabelecer um critério mais amplo quando se tratar de empresas nessas condições.

Por meio da demagógica Lei 12.744/2012 foi acrescentado o art. 54-A[69] à Lei 8.245/1991: quando se tratar de imóvel urbano não residencial que será locado a terceiros onde o locador fez substancial reforma no imóvel ou uma construção ou até mesmo adquiriu um imóvel para os fins de locação não residencial, podem ser estabelecidas algumas regras restritivas da locação, como a denúncia vazia, a regra da renúncia ao direito de renovação da locação por parte do locatário e outras "bizarri-

---

69. Lei 8.245/1991: "Art. 54-A. Na locação não residencial de imóvel urbano na qual o locador procede à prévia aquisição, construção ou substancial reforma, por si mesmo ou por terceiros, do imóvel então especificado pelo pretendente à locação, a fim de que seja a este locado por prazo determinado, prevalecerão as condições livremente pactuadas no contrato respectivo e as disposições procedimentais previstas nesta Lei. § 1º. Poderá ser convencionada a renúncia ao direito de revisão do valor dos aluguéis durante o prazo de vigência do contrato de locação. § 2º. Em caso de denúncia antecipada do vínculo locatício pelo locatário, compromete-se este a cumprir a multa convencionada, que não excederá, porém, a soma dos valores dos aluguéis a receber até o termo final da locação".

ces" que depõem contra o direito de discussão do direito do empresário de se manter no imóvel, e contrariando tudo aquilo que restou claro na Lei de Locações.

Como se trata de norma de exceção, que não se coaduna com o espírito maior da legislação de 1991, pensamos que sua inconstitucionalidade é flagrante, devendo o STF assim se manifestar, quer por meio de ação direta, quer por meio de recurso que chegue ao seu conhecimento, eis que a reforma pontual e o acréscimo desse artigo vêm exatamente contra todo o sentido da legislação até então estudada. E o silêncio dos doutrinadores é inexplicável...

Finalizando este ponto, quando se tratar de contrato envolvendo empresário, mas por prazo indeterminado, a locação pode findar quando o locador o notificar a desocupar o imóvel no prazo de 30 dias, consoante o disposto no art. 57 da Lei 8.245/1991.[70]

15. Transferência do estabelecimento comercial (trespasse, ou trespasso ou traspasso do estabelecimento empresarial)

Como já ficou acordado linhas atrás, o estabelecimento comercial é o local onde o empresário exerce sua atividade, organiza-se para obtenção de lucros, mantendo sua atividade.

Porém, nada impede que o empresário receba uma proposta de venda do estabelecimento comercial, podendo livremente negociá-lo, no todo ou em parte.

À venda do estabelecimento comercial dá-se o nome de *trespasso*. Porém, no Brasil passou a chamar também *trespasse*, há muito tempo, sendo que alguns também o chamam de *traspasso*. No entanto, todos os termos têm o mesmo significado: venda do estabelecimento comercial.

Waldemar Ferreira explicava:

> Na terminologia correntia no comércio, a transferência do estabelecimento por efeito de venda se chama de *trespasso*, que também se diz *traspasso*. Numa ou noutra grafia, o vocábulo exprime a translação da propriedade do estabelecimento, da loja, do armazém ou da casa comercial em qualquer de suas espécies. O trespasso do estabelecimento

---

70. Lei 8.245/1991: "Art. 57. O contrato de locação por prazo indeterminado pode ser denunciado por escrito, pelo locador, concedidos ao locatário 30 (trinta) dias para a desocupação".

compreende, ao menos em tese, todos os seus elementos componentes, corpóreos ou incorpóreos.[71]

De outro lado, esclarece Mario Rivarola que na Argentina a Lei 11.867, de 9.8.1934, foi mais precisa em afirmar que a venda do estabelecimento comercial se dá a qualquer título e abrange as instalações existentes, mercadorias, nome e insígnia comercial, a clientela, o direito ao uso do local, as patentes de invenção, marcas de fábrica, os desenhos e modelos industriais, as distinções honoríficas e todos os demais direitos derivados da propriedade comercial, ou industrial ou artística do estabelecimento comercial.[72]

No Brasil, entretanto, bem esclarece o mestre Waldemar Ferreira que a legislação não foi tão abrangente, dando causa a inúmeras discussões doutrinárias e jurídicas:

> Estabelecido esse pressuposto, aquela lei (argentina) estabeleceu a forma e condições do trespasso do estabelecimento ou fundo de comércio, de molde a assegurar os direitos dos credores de seu proprietário. Não se depara na lei brasileira dispositivo de idênticos contexto e efeitos, arrolando os elementos constitutivos do estabelecimento e compreendidos, por isso mesmo, no seu trespasso. Depende da vontade das partes a latitude do contrato. Livres são elas no pactuar as condições de venda. É intuitivo, no entanto, que, quando se trate de contrato dessa natureza, deve ele abranger os elementos sem os quais se impossibilita o funcionamento regular da casa, em busca de sua finalidade mercantil. Depende isso, no entanto, dos termos do ajuste.[73]

De outro lado, pondera o italiano-florentino Francesco Ferrara Jr. que a venda de um estabelecimento comercial, ou seja, seu trespasso, não se justifica se não for o todo do estabelecimento, como máquinas e equipamentos, clientela, marcas e patentes, dando como exemplo a venda de uma empresa exploradora de fonte de água para seu envasamento, cujo principal componente é exatamente a água, dando-lhe um nome que se torna internacionalmente ou nacionalmente conhecido. Não teria sentido vender apenas as máquinas e equipamentos, deixando de alienar a marca ou o invento industrial, que é exatamente o ponto principal da venda.[74]

71. Waldemar Ferreira, *Tratado de Direito Comercial*, cit., 7º vol. (*Estatuto do Estabelecimento e a Empresa Mercantil*), pp. 330-331.
72. Mario Rivarola, *Tratado de Derecho Comercial Argentino*, vol. I, p. 49.
73. Waldemar Ferreira, *Tratado de Direito Comercial*, cit., 7º vol. (*Estatuto do Estabelecimento e a Empresa Mercantil*), p. 331.
74. Francesco Ferrara Jr., *La Teoria Giuridica dell'Azienda*, p. 355.

Quando se está diante da venda de estabelecimento comercial, ou seja, seu trespasso ou trespasse, é de suma importância especificar exatamente o que se vende, a fim de evitar discussões futuras. A venda "de portas fechadas", além de não ser proibida é a que melhor atende à intelecção de trespasso do estabelecimento comercial, mesmo porque não teria sentido vender "meio estabelecimento".

Nesse sentido é a posição de Waldemar Ferreira:

> Quando o trespasso se dá, como se diz na gíria comercial – *de portas fechadas*, se entende compreender a integridade do estabelecimento – ativo e passivo, ou seja, com a totalidade de seus elementos constitutivos.[75]

Também é a opinião de Barbosa de Magalhães, para quem a transmissão do estabelecimento comercial deve ser *sub specie universitatis*, sem fazer qualquer restrição ou limitação.[76]

A questão da transferência integral ou parcial do estabelecimento comercial prende-se ao fato de que nem sempre se registra tudo apenas em um local, ante a ausência de critério registral único, posto que as coisas relativas ao empresário se registram diretamente nas Juntas Comerciais, as eventuais ações das companhias ou sociedades anônimas tanto na CVM como nas Bolsas de Valores e Banco Central do Brasil/BACEN, ao passo que as marcas, patentes etc. no Instituto Nacional da Propriedade Industrial/INPI, além das autorizações para determinadas empresas trabalharem com bens específicos, como reflorestamento – que depende de autorização dos órgãos públicos –, minerais e águas – de agências específicas –, armas – de outros órgãos que as regulamentam – pesca, e por aí afora. Fazendo com que quem adquire um estabelecimento comercial – ou até mesmo tenha interesse em instalá-lo – faça um périplo pelos órgãos públicos municipais, estaduais e federais.

De outro lado, porém, nada obsta a que seja vendida (ou trespassada) apenas parte do estabelecimento comercial, assim como suas filiais, sucursais, agências etc.

Nesse caso, o adquirente tem a consciência de que adquire apenas uma fatia do estabelecimento comercial, obrigando-se perante o empresário vendedor somente por aquele pedaço do estabelecimento.

---

75. Waldemar Ferreira, *Tratado de Direito Comercial*, cit., 7º vol. (*Estatuto do Estabelecimento e a Empresa Mercantil*), p. .
76. Barbosa de Magalhães, *Do Estabelecimento Comercial. Estudo de Direito Privado*, p. 219.

De outro lado, o empresário vendedor sofre limitação em alienação de parte do estabelecimento, eis que para tanto depende da anuência de *todos os credores* existentes ao tempo dessa venda. Daí por que o art. 1.143 do CC dispõe que o estabelecimento comercial pode ser livremente transacionado.[77]

A venda do estabelecimento comercial sempre causou grandes preocupações na doutrina e na jurisprudência, mesmo porque a tentativa de fraudes sempre foi uma constante, e no mais das vezes serviu de móvel propulsor para o pagamento dos credores, notadamente dos tributos.

Não obstante existirem diversos mecanismos legais tornando ineficaz a venda realizada em fraude contra credores, o fato é que a preocupação com a alienação do estabelecimento comercial, considerado como o de maior valor para os credores – e garantidor dos créditos futuros –, foi alvo de importantes ações do legislador de 2002, estabelecendo diversas regras e diminuição do poder negocial do vendedor-empresário.

A primeira regra é no sentido de que a *eficácia* da alienação do estabelecimento depende do pagamento de *todos* os credores ou do consentimento destes. Ou seja: quando se fala em *todos os credores* não há margem para interpretações. *Todos* têm que anuir. Ponto. Simples, fácil e totalmente compreensível. Todos aqueles que eram credores ao tempo da alienação ou oneração têm que externar seu "de acordo" com a venda, nos termos do art. 1.145 do CC.[78] Seja o "de acordo" de *modo expresso* ou *tácito*. Diz-se expressamente quando, ciente da alienação, o credor manifesta-se favoravelmente. Tacitamente, quando se queda silente, em 30 dias a partir de sua notificação. A preocupação do legislador é que o alienante (empresário) tenha outros bens suficientes para solver seu passivo. Logo, seguindo a jurisprudência dominante, não basta para a ineficácia que o empresário se desfaça de seu patrimônio, mas que, ao assim fazer, não lhe restem outros bens suficientes para pagar *todos os credores*. Não é facultado ao credor "escolher bens", mas os bens não alienados devem ter valor compatível com a dívida. Se não restarem bens com valores suficientes para saldar o débito existente, a alienação é *ineficaz* perante os credores.

---

77. CC: "Art. 1.143. Pode o estabelecimento ser objeto unitário de direitos e de negócios jurídicos, translativos ou constitutivos, que sejam compatíveis com a sua natureza".

78. CC: "Art. 1.145. Se ao alienante não restarem bens suficientes para solver o seu passivo, a eficácia da alienação do estabelecimento depende do pagamento de todos os credores, ou do consentimento destes, de modo expresso ou tácito, em 30 (trinta) dias a partir de sua notificação".

A ineficácia nem sempre é suficientemente entendida pelos operadores do Direito. A regra é simples: se o empresário "A" vende seu estabelecimento para "B" e não fica com bens suficientes para saldar os débitos que possuía com "C", "D", "E", "F", "G" e "H", qualquer dos credores pode pleitear a *declaração de ineficácia da venda* perante ele. A venda permanece perante "A" e "B", porém não produz efeitos perante os demais credores. Estes podem excutir o estabelecimento em nome de "B". Se "B" não desejar perder a venda, pode livremente quitar os débitos relativamente a "C", "D", "E", "F", "G" e "H" e continuar com o estabelecimento.

Diferente é a anulação da venda do estabelecimento comercial, onde se discute a existência de fraude, nulidade, vícios, inclusive o *consilium fraudis* existente entre "A" e "B".

Para que se tenha total transparência na alienação do estabelecimento comercial é preciso que esta seja registrada à margem da inscrição do empresário na Junta Comercial, na forma do art. 1.144 do CC.[79]

O Código Civil/2002 veio apaziguar entendimentos diversos sobre a transmissibilidade da responsabilidade patrimonial do adquirente pelos débitos anteriores do alienante, vindo o art. 1.146 a estabelecer a responsabilidade por débitos devidamente contabilizados, pelo prazo de um ano, do novo adquirente do estabelecimento comercial, respondendo o empresário solidariamente com os mesmos débitos. Ou seja: o "feliz proprietário" que não souber exatamente da situação financeira do vendedor corre o risco de vir a pagar por débitos graúdos.[80] E, como se diz no adágio popular: "o barato pode sair caro"!

Sobre a responsabilidade solidária e a transmissibilidade do passivo do vendedor já se posicionou o TJMG no AI 453.597-3, 2.0000.00.453597-3/000 (1) (rel. Des. Sebastião Pereira de Souza, *DJE* 23.9.2004).

De outro lado, ao alienante do estabelecimento comercial é defeso fazer concorrência comercial ao adquirente do mesmo, pelo prazo de cinco anos posteriores à alienação, na forma do art. 1.147 do CC, a

---

79. CC: "Art. 1.144. O contrato que tenha por objeto a alienação, o usufruto ou arrendamento do estabelecimento só produzirá efeitos quanto a terceiros depois de averbado à margem da inscrição do empresário, ou da sociedade empresária, no Registro Público de Empresas Mercantis, e de publicado na Imprensa Oficial".

80. CC: "Art. 1.146. O adquirente do estabelecimento responde pelo pagamento dos débitos anteriores à transferência, desde que regularmente contabilizados, continuando o devedor primitivo solidariamente obrigado pelo prazo de 1 (um) ano, a partir, quanto aos créditos vencidos, da publicação, e, quanto aos outros, da data do vencimento".

menos que o alienante obtenha do adquirente o consentimento expresso para se instalar no mesmo ramo de atividade.[81]

Do mesmo modo quando se tratar de arrendamento ou usufruto do estabelecimento comercial.

A regra tem lógica, na medida em que o alienante não deveria fazer concorrência com o adquirente, ante a possibilidade real e concreta de que o vendedor já tenha formado uma clientela ou freguesia – que veremos à frente –, fazendo um nome que o tornou conhecido, e exatamente por essa razão as pessoas procuram o estabelecimento comercial, pela sua forma especial de tratar os clientes ou fregueses.

O adquirente do estabelecimento comercial não compra apenas o imóvel e os móveis nele instalados, mas a expectativa de alcançar esses clientes ou fregueses, perpetuando uma atividade comercial já iniciada e consolidada.

Se houvesse permissão para o vendedor se instalar exatamente no mesmo ramo de atividade, haveria, sem sombra de dúvidas, concorrência desleal, prejudicando o adquirente.

Por essas razões é que a regra é a impossibilidade de se fazer concorrência ao adquirente. A exceção é a autorização, que, evidentemente, tem que ser expressa.

Logicamente, não havendo autorização, instalando-se o alienante no mesmo ramo de atividade, a questão haverá de se resolver em perdas e danos.

De outro lado, quando existir a transferência do estabelecimento comercial o adquirente receberá o *ativo* e o *passivo* da empresa, sendo que as cláusulas contratuais de *isenção de pagamentos* ou *transferência de responsabilidades* são nulas de pleno direito.

Se terceiros que haviam contratado com a empresa antes de sua alienação tomarem conhecimento dessa transferência, sem seu consentimento expresso, devem tomar as providências cabíveis para responsabilização do alienante do estabelecimento. Porém, pelo art. 1.148 do CC se diz que esse prazo é de apenas 90 dias a partir da data da publicação da transferência, o que não deixa de ser draconiano para o terceiro contra-

---

81. CC: "Art. 1.147. Não havendo autorização expressa, o alienante do estabelecimento não pode fazer concorrência ao adquirente, nos 5 (cinco) anos subsequentes à transferência. Parágrafo único. No caso de arrendamento ou usufruto do estabelecimento, a proibição prevista neste artigo persistirá durante o prazo do contrato".

tante de boa-fé.[82] Por isso, existe a ressalva da ocorrência de justa causa para o terceiro que apenas tomou conhecimento tempos depois.

Essa justa causa pode ser interpretada como um fato bloqueador da ocorrência do prazo decadencial, mas, em todo caso, é de ser provada. Muitas vezes o julgador há de considerar a não ocorrência do prazo como aquele fato em que o negócio é realizado por representante comercial, por terceiros a mando de um dos negociantes etc.

Havendo alienação do estabelecimento comercial, pode ocorrer que terceiros que negociaram anteriormente com os anteriores sócios do estabelecimento não tenham tomado conhecimento da mudança organizacional e venham a quitar seus débitos com os anteriores sócios ao invés de com os novos adquirentes, mesmo porque às vezes há uma programação de pagamento e um departamento (financeiro) nem sequer é avisado por outro departamento (comercial) da alteração, o que gera a possibilidade de pagamento para terceiros. Por conta disso, para que o devedor não seja obrigado a fazer novo pagamento, estabeleceu-se no art. 1.149 do CC que esses devedores podem ter sido levados a erro e, nesse caso, não são obrigados a efetuar novos pagamentos.[83]

Além dessas características, o próprio *nome* do estabelecimento comercial é algo bastante protegido no Direito, e representa um capítulo à parte dentro do estudo do direito empresarial.

16. Do nome empresarial

O nome empresarial é aquela denominação pela qual o empresário é conhecido, merecendo especial atenção sua proteção jurídica. O Código Civil vigente procurou solucionar um problema que nem sempre foi de fácil intelecção, conforme se vê do Capítulo II do Título IV do Livro II da Parte Especial.

Porém, é preciso lembrar que o *nome comercial* é distinto da *marca* ou de qualquer outro *nome fantasia* que também possa identificar o empresário ou a empresa. Importante asseverar que nem sempre o *título do*

---

82. CC: "Art. 1.148. Salvo disposição em contrário, a transferência importa a sub-rogação do adquirente nos contratos estipulados para exploração do estabelecimento, se não tiverem caráter pessoal, podendo os terceiros rescindir o contrato em 90 (noventa) dias a contar da publicação da transferência, se ocorrer justa causa, ressalvada, neste caso, a responsabilidade do alienante".

83. CC: "Art. 1.149. A cessão dos créditos referentes ao estabelecimento transferido produzirá efeito em relação aos respectivos devedores, desde o momento da publicação da transferência, mas o devedor ficará exonerado se de boa-fé pagar ao cedente".

estabelecimento comercial é exatamente o mesmo nome comercial com o qual o empresário exerce suas atividades mercantis.

O *título do estabelecimento* é aquele com o qual a empresa ou o empresário individual se fazem presentes no Exterior, demonstrando sua intenção de serem conhecidos por aquele nome que imaginaram, podendo ou não ser igual ao seu nome comercial. Muitas vezes uma marca internacionalmente conhecida o é apenas pelo seu nome, independentemente de qualquer outra confirmação. Se uma empresa quer chamar a atenção exclusivamente sobre o seu título, simplesmente o utiliza, para potencializar sua exposição pública.

Dessa maneira, título de estabelecimento e nome comercial nem sempre são iguais. Um exemplo fácil: se uma empresa quer vender pipoca dentro dos cinemas dos *shopping centers* e tornar a marca de sua pipoca conhecida, fornece-lhe um nome fantasia: "Cinepoca". E coloca com letras garrafais no interior dos cinemas dos *shoppings* a expressão "Cinepoca". Com o decorrer do tempo os frequentadores dos cinemas irão se acostumar com as pipocas "Cinepoca". Ao saírem dos cinemas e encontrarem lojas com grandes letreiros escritos "Cinepoca" saberão que aquele comércio vende pipocas. Se desejarem adquirir e levar para casa, comprarão as famosas pipocas "Cinepoca". Mas quem produz? Nada mais, nada menos, que a desconhecida "Empresa Brasileira de Grãos e Milhos Ltda.", cujo nome empresarial consta devidamente registrado na Junta Comercial do Estado em que foi registrada.

Esta é a diferença primordial entre o título do estabelecimento, que é o elemento exteriorizador de uma empresa, e o nome empresarial, que é o nome pelo qual o empresário se inscreve nos registros públicos e fica conhecido.

Nós nos preocuparemos com o nome empresarial, neste momento.

Para a diferenciação deste ou daquele nome que melhor se ajuste ao estabelecimento empresarial há três sistemas diferentes para essa indicação. O *sistema de veracidade* é aquele que estabelece o nome do titular ou dos sócios da empresa nas firmas sociais. Pelo *sistema da liberdade plena* não há necessidade de vinculação dos nomes dos titulares ou sócios das empresas no registro público. E o *sistema eclético* ou *misto*, por óbvio, determina que o nome do empresário individual seja sempre obrigatório, mas em caso de alienação do estabelecimento ou falecimento daquele se torna obrigatória a modificação do nome empresarial.

O nome comercial é aquele pelo qual o empresário se registra no registro público de empresas, materializando-se com a inscrição na Junta

Comercial. Recebe o número da inscrição nos serviços públicos estadual e municipal e possui inscrição no Ministério da Fazenda, com o Cadastro Nacional de Pessoas Jurídicas/CNPJ. É o nome *formal* da empresa. *Mutatis mutandis*, o *nome comercial* é aquele que está registrado, por exemplo, "Arthur Migliari Júnior"; porém, o *nome fantasia* é aquele pelo qual ficou conhecida, por exemplo "Tutu". *Marca* é aquela que vem a ser registrada no Instituto Nacional da Propriedade Industrial/INPI – por exemplo, "Gol". Quando alguém usar o produto "Gol" se lembrará, geralmente, do nome fantasia "Tutu". Mas quem é detentor desse nome fantasia? "Arthur Migliari Júnior", que está formalmente registrado nos serviços públicos estadual, municipal e federal.

Assim, quando expedida uma nota fiscal de venda de um produto, é ela feita no nome comercial da empresa: "Arthur Migliari Júnior". Pode-se vender *mil* "Gols". Esses "Gols" são os produtos também registrados, mas no INPI. E o nome fantasia, "Tutu", é apenas um chamariz, um mote, uma designação mais simples e mais fácil de se guardar do que outros nomes mais complicados.

Lembremos que o *nome empresarial* é registrado sempre na Junta Comercial, por conta de seu caráter comercial. Se se tratar de sociedade não comercial o registro será nos Cartórios de Títulos e Documentos ou nos Registros de Pessoas Jurídicas não empresariais, ao passo que a *marca* é sempre registrada no INPI.

É possível que o empresário não tenha o desejo de se registrar com seu nome próprio, mas opte desde o início por um nome fantasia, que figurará em todos os seus negócios. Nesse caso, é preciso que registre desde logo o nome empresarial. Assim nascem as "Lojas Conceito Ltda.", o "Afrika Café Ltda.-ME", o "Will Tênis Ltda.", significando que os empresários não apareceram diretamente no nome empresarial. As notas fiscais são emitidas em nome das empresas, que são representadas pelos seus proprietários, que aparecem nos registros das Juntas Comerciais.

De outro lado, nada impede que registre o nome "Arthur Migliari Júnior Ltda." como empresário, sendo que com quem ele negociar saberá que está tratando de uma empresa limitada, em face de sua designação. Se acrescentar um "ME" será, então, "Arthur Migliari Júnior Ltda.-ME" – uma microempresa. Se acrescentar uma abreviatura "EIRELI" estaremos diante de uma empresa "Arthur Migliari Júnior Ltda.-EIRELI" – empresa individual de responsabilidade limitada. Uma EPP – empresa de pequeno porte –, ou seja: "Arthur Migliari Júnior Ltda.-EPP". Ou, ainda, um microempreendedor individual/MEI, cuja renda anual não ultrapasse R$ 60.000,00. Ficaria "Arthur Migliari Júnior Ltda.-MEI".

Porém, como frisado, é importantíssimo que conste do registro dos órgãos públicos a inscrição dos nomes que se pretende proteger, sob pena de que outro os utilize e deixe de existir proteção legal para tanto. Lembrem-se do adágio popular: "quem não registra não é dono"...

Pelo art. 1.155 do CC, tanto o nome empresarial como a *denominação* que o empresário deseja adotar são de registro obrigatório; assim também para as sociedades que não sejam empresárias, como as sociedades simples, fundações e associações.[84]

Poderá o empresário constituir-se com sua própria *firma*, ou seja, com sua própria *assinatura*. Trata-se de expressão arcaica, eis que a *firma* era a assinatura da pessoa, que firmava (de firmeza) a pena da caneta tinteiro para assinar um documento. Tanto é que até hoje se reconhece a *firma* de alguém em documentos! Isto é, se reconhece a assinatura do documento.

O empresário pode constituir sua *firma* por completo ou abreviado e apõe à frente, desejando, sua especialidade ou gênero de comércio. Assim, por exemplo, posso me registrar na Junta Comercial como "Arthur Migliari Júnior" apenas, quando todos saberão que se trata de firma individual e, ainda, que possui responsabilidade total e ilimitada sobre todas as dívidas de sua empresa. Pode-se apor também "Arthur M. Júnior" ou, ainda, "Arthur Migliari Jr.". Se desejar, pode-se colocar a designação que mais se ajusta à pessoa, ou seja, "Arthur Migliari Junior Comércio de Gols". Ou, ainda, pode-se colocar apenas: "Tutu Gol". Tudo isso seguindo o disposto no art. 1.156 do CC.[85]

Quando se tratar de responsabilidade limitada de uma empresa é obrigatória sua aposição no nome empresarial registrado na Junta Comercial, a fim de que todos aqueles que com ela negociem tenham a plena certeza e a consciência de que a responsabilidade de cada sócio se restringe ao *quantum* alocado no contrato social da empresa, nos termos do art. 1.158 do CC.[86]

84. CC: "Art. 1.155. Considera-se nome empresarial a firma ou a denominação adotada, de conformidade com este Capítulo, para o exercício de empresa. Parágrafo único. Equipara-se ao nome empresarial, para os efeitos da proteção da lei, a denominação das sociedades simples, associações e fundações."
85. CC: "Art. 1.156. O empresário opera sob firma constituída por seu nome, completo ou abreviado, aditando-lhe, se quiser, designação mais precisa da sua pessoa ou do gênero de atividade".
86. CC: "Art. 1.158. Pode a sociedade limitada adotar firma ou denominação, integradas pela palavra final 'Limitada' ou a sua abreviatura. § 1º. A firma será composta com o nome de um ou mais sócios, desde que pessoas físicas, de modo indicativo da relação social. § 2º. A denominação deve designar o objeto da sociedade, sendo permitido nela

Se a empresa for de *responsabilidade ilimitada*, poderá girar sob uma firma individual ou sob o nome empresarial de vários empresários ou de apenas alguns dos sócios, seguidos da expressão "e Companhia", ou sua abreviatura, tudo conforme disposto no art. 1.157 do CC.[87]

Assim, a empresa poderá ser "Arthur, Angela, Lucas e Gustavo Migliari", caracterizando que são os sócios com responsabilidade ilimitada cada um dos nominados. Pode-se apor o nome empresarial com "Arthur, Angela & Cia.", sendo que esse caso indica que há mais sócios, que não foram identificados. Ou pode-se colocar "Arthur Migliari & Cia. – Comércio de Gols", significando que há outros sócios junto com Arthur Migliari para o comércio de "Gols". Nestes últimos casos é obrigatória a consulta ao órgão do registro da empresa para que se saiba quem são os demais sócios, que possuem responsabilidade ilimitada.

No nome de uma sociedade cooperativa tem que constar obrigatoriamente essa situação, nos termos do art. 1.159 do CC.[88]

A denominação de sociedade anônima integra obrigatoriamente o corpo do seu nome empresarial, designado por "Sociedade Anônima" ou "Companhia", seja colocada no início ou no fim da designação, mais o objeto social com que ela atua no mercado. Assim, se "Arthur Migliari Júnior Comércio de Gols S/A", significa que se trata de uma empresa com capital dividido em *ações* (*shares*) e que se trata de comércio de "Gols". Pode-se registrar "Companhia Arthur Migliari de Comércio de Gols", ou "Cia. Arthur Migliari de Comércio de Gols", ou "Arthur Migliari Comércio de Gols Sociedade Anônima" ou "Arthur Migliari Comércio de Gols Cia.".

Dessa forma cumpre-se o disposto no art. 1.160 do CC.[89]

figurar o nome de um ou mais sócios. § 3º. A omissão da palavra 'Limitada' determina a responsabilidade solidária e ilimitada dos administradores que assim empregarem a firma ou a denominação da sociedade".

87. CC: "Art. 1.157. A sociedade em que houver sócios de responsabilidade ilimitada operará sob firma, na qual somente os nomes daqueles poderão figurar, bastando para formá-la aditar ao nome de um deles a expressão 'e Companhia' ou sua abreviatura. Parágrafo único. Ficam solidária e ilimitadamente responsáveis pelas obrigações contraídas sob a firma social aqueles que, por seus nomes, figurarem na firma da sociedade de que trata este artigo".

88. CC: "Art. 1.159. A sociedade cooperativa funciona sob denominação integrada pelo vocábulo 'Cooperativa'".

89. CC: "Art. 1.160. A sociedade anônima opera sob denominação designativa do objeto social, integrada pelas expressões 'Sociedade Anônima' ou 'Companhia', por extenso ou abreviadamente. Parágrafo único. Pode constar da denominação o nome do fundador, acionista, ou pessoa que haja concorrido para o bom êxito da formação da empresa".

No registro das *sociedades em comandita por ações* é obrigatória tal expressão, conforme disposto no art. 1.160 do CC,[90] a fim de que o terceiro que negocia com a empresa tenha conhecimento de que o capital se divide em ações e que há terceiros que fazem parte da sociedade, conforme expusemos sobre esse tipo societário no capítulo adequado, para onde remetemos o leitor.

De outro lado, pelo art. 1.162 do CC se estabelece a impossibilidade de a chamada *sociedade em conta de participação* ter firma ou denominação.[91]

E isto porque esta é uma sociedade não registrável, eis que cada participante se mostra perante terceiros como empresário individual. Cada um dos empresários responde diretamente perante terceiros que com ele negociam, mas o pacto empresarial entre os membros desta "sociedade" só existe entre os participantes. Logo, trata-se de verdadeira *sociedade factual*, não registrada. Exemplificando: se Arthur Migliari, Lucas Migliari e Gustavo Migliari se unem para o comércio de "Gols", mas não pretendem constituir sociedade, em realidade haverá uma sociedade de fato entre Arthur, Lucas e Gustavo, porém, cada um deles, individualmente, negocia em nome próprio perante terceiros, como se apenas um deles estivesse fazendo negócios. Se Gustavo Migliari negocia em seu nome próprio e há uma desavença com terceiro, a eventual ação entre ambos apenas se restringirá a estes dois – Gustavo e o terceiro com quem ele negociou –, porém, Gustavo terá que prestar contas a Lucas e Arthur Migliari, em decorrência dessa sociedade factual.

Sobre esse assunto de sociedade em conta de participação também remeto o leitor ao capítulo das sociedades.

De outro lado, não podem existir dois empresários registrados com o mesmo nome empresarial, pois pode causar confusões a terceiros e gerar grandes problemas no relacionamento diário. Imaginem se houvesse dois "Arthur Migliari Comércio de Gols". Um já é complicado, imagem dois! Se uma empresa quiser comprar "Gols", com qual das empresas irá negociar? Ambas as empresas anunciam que seus "Gols" são os melhores, mais bem acabados, completos etc. Por conta disso, o art. 1.163 do

---

90. CC: "Art. 1.161. A sociedade em comandita por ações pode, em lugar de firma, adotar denominação designativa do objeto social, aditada da expressão 'Comandita por Ações'".

91. CC: "Art. 1.162. A sociedade em conta de participação não pode ter firma ou denominação".

CC protege o empresário que primeiro registrou seu *nome empresarial*.[92] Note-se que não existe caducidade quanto ao *nome empresarial*. Se registrado em 1920, não pode outro empresário desejar registrar nome idêntico apenas porque o primeiro estaria "velho" ou "ocioso". Enquanto registrado, o nome vale. Para o cancelamento do nome empresarial e da empresa como um todo, pela falta de registro de atividades na Junta Comercial pelo período de 10 anos, por exemplo, há procedimento próprio, como anteriormente anotado.

E, pelo parágrafo único do art. 1.163 do CC, é obrigatório que o segundo empresário que tenha interesse em se registrar com o nome do anterior já registrado acrescente algo ao seu nome, fazendo a distinção.[93] Assim, se alguém pretende se registrar como "Arthur Migliari Comércio de Gols" e o contador constata a existência desse nome, é obrigatório ao segundo empresário inscrever-se de outra maneira, como por exemplo, "Arthur Migliari Comércio de Gols de Placa". Embora à primeira vista possam parecer idênticos, há a identificação de um tipo de "Gol" que é feito.

Não obstante a possibilidade de causar enganos, o segundo que registrou o nome tem a defesa de afirmar que seus "Gols" são diferentes daqueles do primeiro, eis que seu comércio se refere a "Gols" de placa. Compete ao primeiro empresário provar que, não obstante a restrição, aquele ainda pretende fazer qualquer tipo de "Gol" e causar engano a terceiros. Se o juiz acolher esse argumento, além de o segundo empresário ser obrigado a indenizar o primeiro pelos eventuais danos causados, terá que modificar seu nome, em prazo fixado pelo juiz, sob pena de multa diária.

Tudo isso encontra previsão legal no art. 1.167 do CC.[94]

Pelo *sistema da proteção do nome empresarial*, o empresário não pode alienar seu nome empresarial a terceiros. Não obstante existir um permissivo anteriormente ao Código Civil, embora não expresso, também não havia uma vedação como a que hoje existe no art. 1.164: "O nome empresarial não pode ser objeto de alienação".

No entanto, o estabelecimento empresarial, como um todo, pode ser livremente alienado a terceiros. Assim, se uma empresa adquire a pri-

---

92. CC: "Art. 1.163. O nome de empresário deve distinguir-se de qualquer outro já inscrito no mesmo registro".

93. CC, parágrafo único do art. 1.163: "Parágrafo único. Se o empresário tiver nome idêntico ao de outros já inscritos, deverá acrescentar designação que o distinga".

94. CC: "Art. 1.167. Cabe ao prejudicado, a qualquer tempo, ação para anular a inscrição do nome empresarial feita com violação da lei ou do contrato".

meira, não poderá usar o nome desta na sua designação, sendo que, por força do art. 1.164, parágrafo único, do CC, terá que deixar bem claro no próprio nome empresarial do estabelecimento que se trata de sucessora da primeira empresa.[95]

Assim, se a empresa "Arthur Migliari Comércio de Gols" aliena seu estabelecimento comercial, como um todo, para outra empresa ou para um empresário individual, este não pode continuar com o mesmo nome de "Arthur Migliari Comércio de Gols", que consagrou a marca e é reconhecido por essa peculiaridade. Assim, o adquirente deverá inscrever: "Bochecha & Cia. Ltda., Sucessora de Arthur Migliari Comércio de Gols".

Absurdo um nome desse tamanho, mas revela a preocupação extrema com a proteção ao nome empresarial. Tanto assim que Eva Haig Adourian Colombo Arnoldi explica os motivos da disposição legal:

> Inovação da lei na qual firma individual, razão social ou mesmo denominação não poderão ser alienadas. O artigo vem pacificar as diversas regras que tratam do assunto da alienabilidade do nome empresarial. Quando se tratasse de firma individual, o nome empresarial, equiparado ao nome civil, não constituía bem material, podia ser enquadrado nos direitos da personalidade e era, portanto, intransmissível e inalienável. A firma social ou razão social incluía-se nessa regra, pois, composta pelos nomes civis de seus sócios, em obediência ao princípio da veracidade, traduzia-os, sendo, portanto, inalienáveis. Quando se tratasse de denominação por se referir a nome de fantasia, não se relacionando com os nomes dos sócios, poderia ser alienada com ou sem a empresa. Hoje não mais perdura essa situação, de modo que, independentemente de ser firma individual, razão social ou denominação, não poderá ser o nome empresarial alienado, considerando o nome comercial do empresário individual e da sociedade empresária funcionar como nome civil, não sujeito, portanto, a alienação. Em sentido contrário temos o Enunciado 72 do CEJ do CJF: "suprimir o art. 1.164 do novo CC".[96]

Embora pareça à primeira vista uma situação esdrúxula, o fato é que atualmente o nome empresarial é um bem que não pode ser livremente alienado ou trocado.

---

95. CC, parágrafo único do art. 1.164: "Parágrafo único. O adquirente de estabelecimento, por ato entre vivos, pode, se o contrato o permitir, usar o nome do alienante, precedido do seu próprio, com a qualificação de sucessor".

96. Eva Haig Colombo Arnoldi, in Antônio Cláudio da Costa Machado (org.) e Silmara Juny Chinellatto (coord.), *Código Civil Interpretado: Artigo por Artigo, Parágrafo por Parágrafo*, 3ª ed., pp. 909-910.

Se o empresário não mais existir no comércio daquela empresa, seu nome invariavelmente tem que ser retirado; assim, se vier a falecer ou alienar o estabelecimento comercial que mantinha individualmente ou, ainda, se por qualquer motivo for retirado da empresa, voluntária ou forçadamente, seu nome também não mais constará do nome comercial, tudo isso cumprindo o disposto no art. 1.165 do CC.[97]

Como se viu, um empresário registra-se numa Junta Comercial de determinado Estado da Federação, nos termos da Lei 8.934/1994. Logo, a proteção ao nome empresarial, nos termos do art. 1.166, *caput*, do CC, restringe-se a tal Estado. No entanto, pelo parágrafo único do mesmo art. 1.166, para que possa se estender ao território nacional, como um todo, é preciso que esse registro feito originariamente na Junta Comercial seja também registrado "na forma da lei especial" – isto é: venha a ser registrado nos órgãos federais, como determina a citada Lei 8.934/1994 em seu art. 33, já estudado anteriormente.[98]

Além do quê a inscrição do Instituto Nacional da Propriedade Industrial/INPI, como veremos mais adiante, é outro caminho que fará com que a proteção do nome empresarial seja ainda mais abrangente.

Como explanado anteriormente, o nome empresarial não caduca, não prescreve, não deixa de existir, pura e simplesmente. Para que o nome empresarial deixe de existir é necessário que seja dada baixa nos órgãos públicos onde foram registrados os atos empresariais de constituição da empresa. Também quando a empresa deixar de existir e houver a liquidação da sociedade que o inscreveu, nos termos do art. 1.168 do CC.[99]

Muitas empresas deixam de existir diariamente, sendo que algumas, mais precavidas, a fim de evitar aborrecimentos futuros, após a deliberação de sua liquidação podem fazer incluir em seus contratos a expressão "Em Liquidação", significando que a partir daquele momento não desejam mais negociar, mas ainda existem exclusivamente para a finalidade demonstrada no seu título: liquidar a empresa.

97. CC: "Art. 1.165. O nome de sócio que vier a falecer, for excluído ou se retirar não pode ser conservado na firma social".

98. CC: "Art. 1.166. A inscrição do empresário, ou dos atos constitutivos das pessoas jurídicas, ou as respectivas averbações, no registro próprio, asseguram o uso exclusivo do nome nos limites do respectivo Estado. Parágrafo único. O uso previsto neste artigo estender-se-á a todo o território nacional, se registrado na forma da lei especial".

99. CC: "Art. 1.168. A inscrição do nome empresarial será cancelada, a requerimento de qualquer interessado, quando cessar o exercício da atividade para que foi adotado, ou quando ultimar-se a liquidação da sociedade que o inscreveu".

17. Dos auxiliares (prepostos) do empresário

Como se viu até o momento, o empresário é alguém que exerce atividade organizada, com conhecimento suficiente sobre o mercado, possuindo discernimento sobre a atividade mercantil, cuidando de seus negócios visando a lucro futuro – que nem sempre é alcançado –, mas sempre tendo em vista essa finalidade. Mesmo porque não teria o menor sentido trabalhar e não auferir vantagens.

Como o empresário não têm condições de desenvolver todas as suas atividades sozinho, é necessário que possua uma equipe de *auxiliares* ou *prepostos*, que podem ser considerados seus funcionários, direta ou indiretamente. Porém, no antigo Código Comercial havia uma definição expressa de quem eram: *corretores, leiloeiros, feitores, guarda-livros, caixeiros, trapicheiros, administradores de armazéns-gerais e comissários de transportes* (art. 35). Algumas das profissões não mais existem ou tiveram seus nomes substituídos.

Para Darcy Arruda Miranda Jr. os auxiliares são aqueles contratados para atender à freguesia do estabelecimento comercial quando o empresário não pode ou não deseja fazê-lo diretamente, dividindo-se em auxiliares internos e auxiliares externos. Diz:

> *Internos* são aqueles que trabalham dentro do estabelecimento comercial, não obrigando o comerciante fora dele. *Externos* são aqueles que trabalham fora do estabelecimento comercial e, para obrigar o comerciante, necessitam de uma autorização expressa ou tácita, conforme o caso.[100]

Para Waldírio Bulgarelli são eles classificados em dependentes ou independentes, após fazer breve análise histórica da aparição dos *auxiliares*, nestes termos:

> Os chamados auxiliares dependentes começaram a surgir na medida em que evoluiu o estabelecimento ou a empresa, de caráter familiar, como era no início, onde trabalhavam apenas o artesão ou comerciante com sua família, para uma organização mais sofisticada, obrigando ao emprego da mão de obra, qualificada ou não. Já, os independentes existiram desde os primeiros tempos, auxiliando externamente as funções do comércio e do artesanato de então, tendo também, como é óbvio, evoluído, inclusive com a criação de novas categorias.[101]

---

100. Darcy Arruda Miranda Jr., *Curso de Direito Comercial*, vol. I (*Parte Geral*), p. 182.
101. Waldírio Bulgarelli, *Direito Comercial*, 6ª ed., pp. 168-169.

Os auxiliares do empresário, na forma como vinham tratados no Código Comercial os chamados *auxiliares do comerciante*, podiam – e ainda podem – ser classificados como todas as pessoas colocadas a serviço do empresário, sejam essas pessoas outros empresários ou não empresários, constituindo ou não profissão mercantil, dentro ou fora do estabelecimento empresarial, tendo ou não vínculo empregatício com o empresário.

São os auxiliares as pessoas, físicas ou jurídicas, de quem o empresário depende, eventual ou permanentemente, para que possa exercer, direta ou indiretamente, o comércio de seus bens e produtos.

O Código Civil atual não tratou diretamente dos *nomes* das profissões, apenas faz alusão à existência dos prepostos, que, nos termos do seu art. 1.169, não podem desempenhar suas funções sem autorização escrita dos empresários, sob pena de responderem diretamente pelas obrigações assumidas.[102]

A figura do preposto não é de todo estranha ao Direito Brasileiro, sendo que a legislação trabalhista admite sua representação amplamente. Mas ao longo do tempo muitas questões envolvendo empresários e pseudoprepostos foram discutidas nos tribunais, e principalmente até que ponto alguém poderia negociar em nome de outrem.

O Código Civil apenas se refere ao *gerente* e ao *contabilista* como sendo os principais prepostos do empresário, ganhando destaque na legislação. Não obstante essa preferência pelos dois, que foram nominados, o fato é que *preposto* do empresário *pode ser qualquer pessoa devidamente contratada por este para desenvolver atividades em seu nome, independentemente do vínculo jurídico que exista entre ambos, mediante remuneração pela sua atividade ou participação direta nos lucros auferidos pelo empresário.*

Dessa maneira, o contrato escrito e a inserção de cláusulas apropriadas para a negociação criaram uma diferenciação do sistema jurídica anterior ao Código Civil, tanto assim que o art. 1.170 determina a necessidade de autorização expressa para que o preposto possa negociar em nome do empresário. Em caso de extrapolação das cláusulas contratuais, ele, preposto, responderá diretamente pelos danos causados ao empresário e a terceiro.[103]

---

102. CC: "Art. 1.169. O preposto não pode, sem autorização escrita, fazer-se substituir no desempenho da preposição, sob pena de responder pessoalmente pelos atos do substituto e pelas obrigações por ele contraídas".

103. CC: "Art. 1.170. O preposto, salvo autorização expressa, não pode negociar por conta própria ou de terceiro, nem participar, embora indiretamente, de operação do

A contratação por escrito isenta ambos de eventuais responsabilidades civis, salvo se existir excesso de mandato ou inadimplência contratual.

Na forma do art. 1.171 do CC,[104] não existindo protestos – por ambos os contratantes –, a entrega dos papéis, bens ou valores ao preposto considera-se perfeita e acabada, isto é, podendo o preposto realizar e representar o empresário diretamente em órgãos públicos, representações comerciais, negociações etc. Evidentemente, somente poderá deixar de representar o empresário quando for devidamente notificado da cessação de sua representação, segundo os termos do Código Civil, *sem protesto*. A notificação é uma forma de protesto formal.

Vejamos a seguir alguns dos principais prepostos do empresariado – sem desconhecer outros de igual ou até mesmo maior importância para o exercício do comércio, mas, por uma questão prática e sequencial, cuidaremos primeiro daqueles previstos no Código Civil.

17.1 Do gerente

Por definição do art. 1.172 do CC:

Considera-se gerente o preposto permanente no exercício da empresa, na sede desta, ou em sucursal, filial ou agência.

Logo, a primeira característica do gerente é essa: permanência no exercício da empresa, isto é, habitualidade na atividade empresarial, em nome do empresário – o qual nem sempre está presente no exercício do comércio –, que precisa de alguém para o desenvolvimento de sua atividade mercantil.

A nomeação do gerente deve ser precedida de documento hábil para tal finalidade, não podendo ser considerado o *gerente de fato*, pois o desenvolvimento de atividade empresarial exige tal prova, como anteriormente visto.

O gerente pode desenvolver atividade ordinária em nome do empresário, sendo que para a prática de atos que refogem ao cotidiano e ao normalmente aceitável é preciso autorização expressa do empresário

---

mesmo gênero da que lhe foi cometida, sob pena de responder por perdas e danos e de serem retidos pelo preponente os lucros da operação".

104. CC: "Art. 1.171. Considera-se perfeita a entrega de papéis, bens ou valores ao preposto, encarregado pelo preponente, se os recebeu sem protesto, salvo nos casos em que haja prazo para reclamação".

para sua realização, sob pena de responder o gerente diretamente pelos danos causados ao empresário ou a terceiro com quem negociar, nos termos do art. 1.173 do CC.[105] É a chamada teoria *ultra vires*, adotada pelo Código Civil, objeto de críticas por grande parte da doutrina, que preferia a teoria da *aparência*, em face da menor ocorrência de riscos para os terceiros que com o gerente negociavam, pois imaginavam que, se contratassem com alguém dentro de um estabelecimento comercial, nomeadamente um gerente, este tinha plenos poderes para negociar em nome do estabelecimento. Porém, não é o que ocorre no momento atual, devendo os interessados em negociar com o estabelecimento comercial através de um gerente exigir sempre a autorização por escrito emitida pelo empresário para que aquele fale em seu nome.

Quando houver mais de um gerente para falar em nome do estabelecimento comercial, a falta de estipulação explícita de suas limitações fará com que solidariamente todos os gerentes respondam pelos atos praticados, na forma do parágrafo único do art. 1.173 do CC.[106]

Como vimos anteriormente, os registros mercantis devem ser arquivados nas respectivas Juntas Comerciais da sede onde se encontra estabelecido o empresário bem como todos os atos posteriores ao registro inicial, alterações estatutárias, modificações da gerência, administração etc. Dessa forma, dispõem o art. 1.174 e seu parágrafo único do CC que a oposição de limitações *erga omnes* depende de arquivamento e averbação nas Juntas Comerciais, com a exceção da parte final do *caput* do artigo, ou seja: "salvo se provado serem conhecidas da pessoa que tratou com o gerente".[107]

Evidentemente, toda exceção deve ser provada por todos os meios de prova em Direito admitidos, sendo que, neste caso, o ônus da prova depende da existência de prévio relacionamento com o gerente, sua *aparência* de gerência em outros negócios da empresa – mesmo porque estaremos novamente diante da *teoria da aparência*, construção juris-

---

105. CC: "Art. 1.173. Quando a lei não exigir poderes especiais, considera-se o gerente autorizado a praticar todos os atos necessários ao exercício dos poderes que lhe foram outorgados".
106. CC, parágrafo único do art. 1.173: "Parágrafo único. Na falta de estipulação diversa, consideram-se solidários os poderes conferidos a 2 (dois) ou mais gerentes".
107. CC: "Art. 1.174. As limitações contidas na outorga de poderes, para serem opostas a terceiros, dependem do arquivamento e averbação do instrumento no Registro Público de Empresas Mercantis, salvo se provado serem conhecidas da pessoa que tratou com o gerente. Parágrafo único. Para o mesmo efeito e com idêntica ressalva, deve a modificação ou revogação do mandato ser arquivada e averbada no Registro Público de Empresas Mercantis".

prudencial das regras comerciais existentes entre as partes envolvidas, como costumeiramente acontece.

O Código Civil/2002 trouxe outra figura até pouco estudada – ou nunca estudada – no Direito, que é o *preponente*, que seria, *grosso modo*, o auxiliar do gerente, mas com poderes de decisão no lugar do gerente. Na prática, o preponente possui um grau de discernimento sobre os negócios do empresário, que outorga poderes ao gerente para agir em seu nome.

O gerente reporta-se diretamente ao empresário ou à Diretoria, enquanto seu auxiliar direto, chamado legalmente de *preponente*, responde ao gerente pelos atos que praticar. Desse modo, atos praticados pelo preponente que possam causar danos a terceiros são de responsabilidade do gerente, conforme se vê dos arts. 1.175 e 1.176 do CC, pois a responsabilização do gerente pelos danos causados pode passar pelo preponente que tenha praticado atos diretamente em nome do gerente.[108]

Em face dessa especificidade do Código Civil, interrompe-se uma possível cadeia de chamamentos à autoria dentro do processo de responsabilização civil, devendo o gerente responder perante terceiros pelos danos causados por seus preponentes ou, ao contrário, pelos atos praticados pelo gerente em nome do preponente.

Desejou o legislador apenas limitar a responsabilidade até determinado ponto, evitando um alargamento demasiado do direito de indenização, a um número elástico e sucessivo de possíveis autores do ato causador do dano.

Feita esta limitação, porém, nada impede que exista o direito de regresso do gerente e do preponente em relação aos demais membros da cadeia causadora do dano, assim como um em relação a outro.

17.2 Do contador

Todo empresário é obrigado a manter sua escrituração em dia, dentro das regras contábeis exatas, obedecendo às normas legais e regulamentares de escrita contábil e fiscal, nos moldes do art. 1.179 do CC.[109]

---

108. CC: "Art. 1.175. O preponente responde com o gerente pelos atos que este pratique em seu próprio nome, mas à conta daquele.
"Art. 1.176. O gerente pode estar em juízo em nome do preponente, pelas obrigações resultantes do exercício da sua função."
109. CC: "Art. 1.179. O empresário e a sociedade empresária são obrigados a seguir um sistema de contabilidade, mecanizado ou não, com base na escrituração uniforme de seus livros, em correspondência com a documentação respectiva, e a levantar anualmente

No entanto, nem sempre – ou quase nunca – é o empresário também versado em Contabilidade e normas contábeis, necessitando, pois, de um preposto com conhecimento sobre essas normas e regramentos. Nasce a figura do contador, profissão regulamentada pelo Decreto-lei 9.295, de 27.5.1946, quando criados os Conselhos Federal e Regionais de Contabilidade, cuja finalidade inicial precípua era a de fiscalização da profissão de contabilista, de guarda-livros e contadores, devidamente habilitados.[110]

A palavra "guarda-livros" praticamente desapareceu de nosso vocabulário especializado em assuntos empresariais, substituída pelas expressões "contador" ou "contabilista" e seu correlato, "técnico em Contabilidade". Embora o antigo Decreto-lei 9.295/1946 se referisse aos "guarda-livros", a Lei 3.384/1958 já trouxe em seu bojo a nova nomenclatura: "técnico em Contabilidade".

A par desse regramento básico, outros se seguiram, nomeadamente o Decreto-lei 806/1969 e Decreto 66.408/1970, que tratam das figuras próprias dos encarregados da escrituração contábil.

Ainda que o empresário seja o responsável direto pela escrituração e pelas assertivas constantes dos assentos contábeis, também respondem pelos atos registrados os contabilistas e seus auxiliares, na forma do art. 1.177 do CC.[111]

De outro lado, o Código Civil procurou estabelecer uma diferenciação entre os tipos de contadores que existem no mercado: os que trabalham *dentro* do estabelecimento empresarial e os que trabalham *fora* do estabelecimento empresarial; ou, na forma do art. 1.178 e seu parágrafo único do CC, os atos praticados *dentro* do estabelecimento e aqueles outros praticados *fora* do estabelecimento.

o balanço patrimonial e o de resultado econômico. § 1º. Salvo o disposto no art. 1.180, o número e a espécie de livros ficam a critério dos interessados. § 2º. É dispensado das exigências deste artigo o pequeno empresário a que se refere o art. 970".
110. Decreto-lei 9.295/1946, com a redação da Lei 12.249/2010: "Art. 2º. A fiscalização do exercício da profissão contábil, assim entendendo-se os profissionais habilitados como contadores e técnicos em Contabilidade, será exercida pelo Conselho Federal de Contabilidade e pelos Conselhos Regionais de Contabilidade a que se refere o art. 1º".
111. CC: "Art. 1.177. Os assentos lançados nos livros ou fichas do preponente, por qualquer dos prepostos encarregados de sua escrituração, produzem, salvo se houver procedido de má-fé, os mesmos efeitos como se o fossem por aquele. Parágrafo único. No exercício de suas funções, os prepostos são pessoalmente responsáveis, perante os preponentes, pelos atos culposos; e, perante terceiros, solidariamente com o preponente, pelos atos dolosos".

Assim, estabeleceu o *caput* do art. 1.178 que os atos dos preponentes praticados no *interior* do estabelecimento e que dizem respeito à empresa, mesmo que não autorizados pelo empresário, são de responsabilidade dos preponentes, como um todo, respondendo solidariamente pelos danos causados a terceiros.[112]

Já, pelos atos praticados *fora* do estabelecimento só são responsabilizados os preponentes quando devidamente autorizados, por escrito, dentro dos limites previamente estabelecidos no contrato de prestação de serviço, na forma do parágrafo único do art. 1.178 do CC.[113]

Tal diferenciação tem uma razão de ser.

O legislador de 2002 estabeleceu que aqueles contabilistas que estão *dentro* do estabelecimento empresarial conhecem melhor a dinâmica da empresa – convivem com o empresário, com outros prepostos, como os gerentes, funcionários, e têm maior percepção dos negócios do empresário, sabendo como andam diretamente as finanças, eis que podem ter acesso direto ao setor financeiro – do que aqueles outros contabilistas que estão *fora* do estabelecimento empresarial, e no mais das vezes apenas mantêm contrato de prestação de serviços com o empresário, recebendo os documentos da empresa para somente a partir daí organizar a contabilidade, sem possuir discernimento direto dos negócios, limitando-se a trabalhar com os números que lhes são fornecidos.

Embora os dois tipos de contabilistas sejam responsáveis pela escrituração contábil, há gritante diferença de tratamento e de percepção dos negócios que envolvem a contabilidade. Enquanto o primeiro participa diretamente dos negócios e tem pleno conhecimento de tudo o que acontece com a empresa, o segundo trabalha com os números que lhe são encaminhados.

Vejamos, agora, os detalhes com que os mesmos trabalham.

17.2.1 Da escrituração contábil

Dispõe o art. 1.179 do CC sobre a obrigatoriedade da escrituração contábil do empresário, seja o sistema mecanizado ou não, e, ainda, de

---

112. CC: "Art. 1.178. Os preponentes são responsáveis pelos atos de quaisquer prepostos, praticados nos seus estabelecimentos e relativos à atividade da empresa, ainda que não autorizados por escrito".

113. CC, parágrafo único do art. 1.178: "Parágrafo único. Quando tais atos forem praticados fora do estabelecimento, somente obrigarão o preponente nos limites dos poderes conferidos por escrito, cujo instrumento pode ser suprido pela certidão ou cópia autêntica do seu teor".

levantar anualmente o balanço patrimonial e o resultado econômico da empresa.[114]

Mais. Dispõe o art. 1.180 do CC que todo empresário é obrigado a manter o livro "Diário" de sua contabilidade, podendo a lei e regulamentos exigir outros livros. A Lei de Duplicatas (Lei 5.474/1968), por exemplo, exige a escrituração do livro de "Duplicatas ou Registro de Notas Fiscais" quando o empresário trabalhar com pagamentos faturados por 30 dias. Também é exigida das sociedades anônimas ou companhias uma série de livros específicos, conforme o art. 100 da Lei 6.404/1976, como veremos mais à frente.

Aliás, a disposição do art. 1.180 do CC não deixa a menor dúvida:

Art. 1.180. Além dos demais livros exigidos por lei, é indispensável o "Diário", que pode ser substituído por fichas no caso de escrituração mecanizada ou eletrônica. Parágrafo único. A adoção de fichas não dispensa o uso de livro apropriado para o lançamento do balanço patrimonial e do de resultado econômico.

Logo, todo empresário é obrigado a manter, *no mínimo*, um livro "Diário" em sua escrituração.

A única exceção para a não escrituração contábil é para o chamado microempresário e o empresário rural, *desde que* mantenham livro "Caixa" muito bem escriturado, registro de inventário de seus bens e guardem todos os documentos e papéis pelo prazo decadencial das respectivas ações, conforme dispõem a Lei Complementar 123/2006 e o Decreto-lei 486/1969.

Assim, todos os empresários são *obrigados* a manter, no mínimo, um livro "Diário" escriturado e devidamente documentado, registrado, *antes* do seu uso.

Os *corretores de navios* e os *corretores de mercadorias* são obrigados a registrar nas Juntas Comerciais outras espécies de *livros obrigatórios*, que são os *Cadernos Manuais* e o *Protocolo*, sendo os primeiros destinados a conter todas as anotações dos serviços prestados e operações realizadas, ao passo que no segundo são transcritas todas as

---

114. CC: "Art. 1.179. O empresário e a sociedade empresária são obrigados a seguir um sistema de contabilidade, mecanizado ou não, com base na escrituração uniforme de seus livros, em correspondência com a documentação respectiva, e a levantar anualmente o balanço patrimonial e o de resultado econômico. § 1º. Salvo o disposto no art. 1.180, o número e a espécie de livros ficam a critério dos interessados. § 2º. É dispensado das exigências deste artigo o pequeno empresário a que se refere o art. 970".

operações constantes dos *Cadernos Manuais*, diariamente, não podendo conter emendas, rasuras e entrelinhas, e suas anotações devem ser feitas por extenso, na forma da Lei 8.934/1994.

Os leiloeiros também possuem outros livros obrigatórios, além do livro "Diário", ou seja: são obrigados a escriturar também os seguintes livros: (a) *Diário de Entrada*, onde serão registrados todos os bens, móveis e imóveis, e os bens ou mercadorias colocados à sua disposição para a venda; (b) *Diário de Saída*, que registrará todos os bens vendidos ou devolvidos ao comitente, com a menção expressa da data do leilão, nome dos vendedores e compradores, preços obtidos por lotes e total da venda de cada leilão. Esse total é proveniente do outro livro: o livro "Diário de Leilões"; (c) *Diário de Leilões*, que registra todos os leilões ocorridos, com a data de sua realização, valores ofertados, comissão etc.; (d) *Contas-Correntes*, que se destina ao lançamento de todos os produtos líquidos apurados para cada comitente vendedor, conforme *conta de venda* proveniente de cada prestação de contas; (e) *Protocolo*, que consiste em registrar cada conta de venda realizada para cada comitente vendedor; (f) *Livro-Talão*, que é destinado à extração das faturas destinadas a cada arrematante, lote por lote vendido, com a descrição exata de cada venda.

Quanto à forma da escrituração e à numeração dos seus livros, nos termos do § 1º do art. 1.179 do CC, podem ser dispostos a critério do empresário e do contabilista.

O Código Civil diz que a escrituração pode ser *mecanizada* ou não, desejando isto significar que poderá ser digital ou por meio de livros, o que praticamente nem mais existe.

O Código Civil/2002 poderia ter sido muito mais *atual* falando em mecanização, instrumentalização e digitalização, como formas de demonstrar o estágio atual da sociedade brasileira.

Diante da evolução natural do homem e da comunicação cada vez mais rápida, na atualidade a *Internet* e suas ferramentas são cada vez mais utilizadas pelo homem, procurando tornar sua vida mais prática, sendo que os órgãos públicos incorporaram tais mecanismos também no seu dia a dia.

O comércio eletrônico é uma realidade, sendo que os chamados contratos eletrônicos – que serão estudados num capítulo mais adiante – fazem parte do cotidiano brasileiro, as notas fiscais eletrônicas (ou *tickets* eletrônicos) fazem parte do comércio, e, portanto, seria um contrassenso exigir que os empresários mantivessem livros e também os negócios eletrônicos.

A *Comissão da ONU sobre o Direito Comercial Internacional/ UNCITRAL* criou a "lei-modelo" para que os Países criassem nos seus ordenamentos jurídicos internos a chamada *assinatura digital*, prevista no art. 2º da versão de 2001, *in verbis*:

> Por assinatura eletrônica se entenderão os dados em forma eletrônica consignados em uma mensagem de dados, ou incluídos ou logicamente associados ao mesmo, que possam ser utilizados para identificar que o signatário aprova a informação reconhecida na mensagem de dados.

Dessa maneira, a *assinatura digital* passou a ser o marco inicial do comércio eletrônico, eis que continha a *autoria* da assinatura, seu valor *probante* ou *instrumental* e seu conteúdo *declaratório*, pelo qual se determina o conteúdo expresso no contrato, e representa a vontade de quem o assinou.

Em 1999 o Brasil aprovou a Lei 9.800, que permitiu "às partes a utilização de sistema de transmissão de dados para a prática de atos processuais", o que mostrou grande avanço da área virtual.

Pela Medida Provisória 2.200-2/2001 foi instituída a *Infraestrutura de Chaves Públicas Brasileira/ICP-Brasil*, transformando o *Instituto Nacional de Tecnologia da Informação/ITI* em autarquia, órgão ligado à Casa Civil do Gabinete da Presidência da República, que criou a assinatura eletrônica por meio de criptografia assimétrica ou de chave pública, que teve total aplicação aos contratos no Brasil, em face da redação do art. 1º, *in verbis*:

> Fica instituída a Infraestrutura de Chaves Públicas Brasileira – ICP-Brasil, para garantir a autenticidade, a integridade e a validade jurídica de documentos em forma eletrônica, das aplicações de suporte e das aplicações habilitadas que utilizem certificados digitais, bem como a realização de transações eletrônicas seguras.

O *ITI* é a Autoridade Certificadora Raiz/AC-Raiz da Infraestrutura de Chaves Públicas Brasileira (ICP-Brasil), nos termos do art. 13 da Medida Provisória 2.200-2/2001, sendo sua atribuição principal *emitir*, *expedir*, *distribuir*, *revogar* e *gerenciar* os certificados das *Autoridades Certificadoras/ACs* de nível imediatamente subsequente ao seu.

A certificação digital adota as práticas internacionais para os contratos e todo tipo de documento entre partes, visando à identificação daqueles interessados em adquirir as senhas eletrônicas, constituídas de um par de chaves, mantendo um contrato de emissão de assinaturas digitais registrado em um Cartório de Registro de Títulos e Documentos, garantindo autenticidade aos títulos de crédito eletrônicos.

Posteriormente, pelo Decreto 6.022/2007 foi instituído o *Sistema Público de Escrituração Digital/SPED*, que passou a ser o instrumento hábil para a escrituração dos empresários e das sociedades empresárias, assim como seus livros, conjunto de fichas avulsas, folhas contínuas, livros em microfichas geradas através de microfilmagens e livros digitais.

A par disso, foi criado o *Sistema de Pagamento Eletrônico Brasileiro* ou *Sistema de Pagamento Brasileiro/SPB*, instituído pelo BACEN através da Carta-Circular 3.001, de 11.4.2002, como forma de simplificar os pagamentos eletrônicos.

Pela Lei 11.280, de 16.2.2006, posteriormente reformada pela Lei 11.419, de 19.12.2006, foi admitida a comunicação de atos dos tribunais por meio eletrônico, na forma da lei.

O STF, através da Resolução 350, de 29.11.2007, admitiu a recepção de petição eletrônica com certificação digital, instituída pela *ICP- -Brasil*, o que demonstra grande avanço exatamente no mais reticente a mudanças dos três Poderes da República. Tal modificação de pensamento inclusive alterou a rotina do STJ e do Conselho Nacional de Justiça/ CNJ, com a mesma ótica modernizante.

Pelo Decreto 7.962, de 15.3.2013, foi regulamentada a *contratação* por meio do comércio eletrônico no Brasil, prática desenvolvida há muito tempo.

Desse modo, vê-se que a escrituração contábil, em livros ou em forma mecânica, é obrigatória e de responsabilidade do contador (ou contabilista) legalmente habilitado perante os órgãos de contabilidade, nos termos do art. 1.182 do CC.[115]

Porém, os registros e livros somente poderão ser registrados nas Juntas Comerciais das empresas se estas estiverem devidamente inscritas como tais nos arquivos públicos, como determinam o art. 1.181 e seu parágrafo único do CC.[116]

---

115. CC: "Art. 1.182. Sem prejuízo do disposto no art. 1.174, a escrituração ficará sob a responsabilidade de contabilista legalmente habilitado, salvo se nenhum houver na localidade".
116. CC: "Art. 1.181. Salvo disposição especial de lei, os livros obrigatórios e, se for o caso, as fichas, antes de postos em uso, devem ser autenticados no Registro Público de Empresas Mercantis.
"Parágrafo único. A autenticação não se fará sem que esteja inscrito o empresário, ou a sociedade empresária, que poderá fazer autenticar livros não obrigatórios."

Para que uma escrituração seja considerada idônea e perfeita, a linguagem tem que ser em *Português* e a moeda a ser considerada deve ser o *Real*. Além disso, não é possível que se tenham entrelinhas, rasuras, rabiscos, anotações periféricas às margens, emendas ou quaisquer outras situações que tornem a escrituração confusa, obscura, ininteligível etc. – tudo na forma do art. 1.183 do CC.[117] O uso de abreviaturas ou anotações normais de contabilidade não é vedado, desde que seguidas as orientações administrativas determinadas pelos Conselhos Federal e Estaduais de Contabilidade. Caso contrário consideram-se como inexistentes as abreviaturas indecifráveis ou decifráveis somente por quem as escreveu.

Desse modo, não sendo escorreita a escrita, considera-se como não cumprida a exigência legal de boa manutenção da escrituração, como se a mesma não tivesse sido escrita, ou, ainda, se escrita, considerar-se-á como ineficiente e desprezível, posto que não preenchidos os ditames exigidos pelas boas técnicas contábeis.

Pelo art. 1.184 do CC, é obrigatório que o livro "Diário" seja o espelho da realidade empresarial, com o lançamento, dia a dia (daí o nome do livro: "Diário"), de todos os documentos efetivados pelo empresário, bem expostos, claramente inteligíveis, nomeadamente ordenados, sem saltos ou situações dúbias. Podem também ser utilizados livros auxiliares ou escrituração resumida por períodos que não excedam 30 dias quando se tratar de operações (compra ou venda) realizadas em número elevado ou quando as mesmas se realizarem *fora* do estabelecimento comercial. Porém, neste último caso trata-se de exceção à regra, e, como exceção, não pode ser usualmente efetivada pelo empresário e seu contador.[118]

Como havíamos asseverado anteriormente, nada impede que o empresário imprima um dinamismo à sua contabilidade, substituindo

---

117. CC: "Art. 1.183. A escrituração será feita em idioma e moeda corrente nacionais e em forma contábil, por ordem cronológica de dia, mês e ano, sem intervalos em branco, nem entrelinhas, borrões, rasuras, emendas ou transportes para as margens. Parágrafo único. É permitido o uso de código de números ou de abreviaturas, que constem de livro próprio, regularmente autenticado".

118. CC: "Art. 1.184. No 'Diário' serão lançadas, com individuação, clareza e caracterização do documento respectivo, dia a dia, por escrita direta ou reprodução, todas as operações relativas ao exercício da empresa. § 1º. Admite-se a escrituração resumida do 'Diário', com totais que não excedam o período de 30 (trinta) dias, relativamente a contas cujas operações sejam numerosas ou realizadas fora da sede do estabelecimento, desde que utilizados livros auxiliares regularmente autenticados, para registro individualizado, e conservados os documentos que permitam a sua perfeita verificação. § 2º. Serão lançados no 'Diário' o balanço patrimonial e o de resultado econômico, devendo ambos ser assinados por técnico em Ciências Contábeis legalmente habilitado e pelo empresário ou sociedade empresária".

o "Diário" por livros "Balancetes Diários" e "Balanços", para facilitar a escrituração pelo sistema de "Fichas de Lançamentos", previstos na Lei 4.843/1965. Porém, neste caso é obrigatória a inscrição dos livros na Junta Comercial de cada estabelecimento do empresário, sendo que a escrituração também deverá seguir por datas contínuas e sequenciais, não se admitindo, em hipótese alguma, saltos ou intervalos.[119]

Todo empresário é obrigado a realizar o balanço anual de seu patrimônio e estimar a situação financeira da empresa, fazendo o levantamento exato de suas contas, seu patrimônio, seu estoque e demais elementos necessários para que ele próprio tenha ciência de suas finanças, e terceiros que eventualmente venham com ele negociar possam saber se se trata de empresário economicamente saudável, ou, ao revés, se encontra em dificuldades financeiras, sendo, pois, um empresário com poucas chances de quitar suas dívidas.

Esse levantamento contábil e real da empresa deve seguir os parâmetros do art. 1.187 do CC.[120]

---

119. CC: "Art. 1.185. O empresário ou sociedade empresária que adotar o sistema de Fichas de Lançamentos poderá substituir o livro 'Diário' pelo livro 'Balancetes Diários e Balanços', observadas as mesmas formalidades extrínsecas exigidas para aquele".
"Art. 1.186. O livro Balancetes Diários e Balanços será escriturado de modo que registre: I – a posição diária de cada uma das contas ou títulos contábeis, pelo respectivo saldo, em forma de balancetes diários; II – o balanço patrimonial e o de resultado econômico, no encerramento do exercício."

120. CC: "Art. 1.187. Na coleta dos elementos para o inventário serão observados os critérios de avaliação a seguir determinados: I – os bens destinados à exploração da atividade serão avaliados pelo custo de aquisição, devendo, na avaliação dos que se desgastam ou depreciam com o uso, pela ação do tempo ou outros fatores, atender-se à desvalorização respectiva, criando-se fundos de amortização para assegurar-lhes a substituição ou a conservação do valor; II – os valores mobiliários, matéria-prima, bens destinados à alienação, ou que constituem produtos ou artigos da indústria ou comércio da empresa, podem ser estimados pelo custo de aquisição ou de fabricação, ou pelo preço corrente, sempre que este for inferior ao preço de custo, e quando o preço corrente ou venal estiver acima do valor do custo de aquisição, ou fabricação, e os bens forem avaliados pelo preço corrente, a diferença entre este e o preço de custo não será levada em conta para a distribuição de lucros, nem para as percentagens referentes a fundos de reserva; III – o valor das ações e dos títulos de renda fixa pode ser determinado com base na respectiva cotação da Bolsa de Valores; os não cotados e as participações não acionárias serão considerados pelo seu valor de aquisição; IV – os créditos serão considerados de conformidade com o presumível valor de realização, não se levando em conta os prescritos ou de difícil liquidação, salvo se houver, quanto aos últimos, previsão equivalente. Parágrafo único. Entre os valores do ativo podem figurar, desde que se preceda, anualmente, à sua amortização: I – as despesas de instalação da sociedade, até o limite correspondente a 10% (dez por cento) do capital social; II – os juros pagos aos acionistas da sociedade anônima, no período antecedente ao início das operações sociais, à taxa não superior a 12% (doze por cento) ao ano, fixada no estatuto; III – a quantia efetivamente paga a título de aviamento de estabelecimento adquirido pelo empresário ou sociedade".

Tratando-se de sociedade anônima ou companhia, o balanço há de seguir os ditames da Lei 6.404/1976, art. 178.[121]

Evidentemente, o balanço patrimonial é o "cartão de apresentação" da empresa e do empresário perante o público e terceiros que com ele negociam, devendo espelhar a lisura de suas contas, a fidelidade de suas informações, os entraves que possuir, as contas a receber e a pagar que tem, demonstrando qual é o tipo de empresário com quem terceiros irão negociar, ou não. Daí o disposto no art. 1.188 determinar tal transparência empresarial.[122]

O balanço patrimonial é seguido dessas demonstrações financeiras, do resultado econômico e das contas de crédito e débito levantadas pelo contador.[123]

Não obstante todo o rigorismo da escrituração contábil e fiscal, o fato é que a mesma não é aberta a todos e qualquer um que desejar vê-la, mas, sim, é sigilosa por natureza, podendo ou não o empresário apresentá-la quando solicitado. Se não o desejar fazer, não há imposição alguma contra o mesmo.

Destarte, dispõe o art. 1.190 do CC:

Art. 1.190. Ressalvados os casos previstos em lei, nenhuma autoridade, juiz ou tribunal, sob qualquer pretexto, poderá fazer ou ordenar diligência para verificar se o empresário ou a sociedade empresária observam, ou não, em seus livros e fichas, as formalidades prescritas em lei.

---

121. Lei 6.404/1976: "Art. 178. No balanço, as contas serão classificadas segundo os elementos do patrimônio que registrem, e agrupadas de modo a facilitar o conhecimento e a análise da situação financeira da companhia. § 1º. No ativo, as contas serão dispostas em ordem decrescente de grau de liquidez dos elementos nelas registrados, nos seguintes grupos: I – ativo circulante; e II – ativo não circulante, composto por ativo realizável a longo prazo, investimentos, imobilizado e intangível. § 2º. No passivo, as contas serão classificadas nos seguintes grupos: I – passivo circulante; II – passivo não circulante; e III – patrimônio líquido, dividido em capital social, reservas de capital, ajustes de avaliação patrimonial, reservas de lucros, ações em Tesouraria e prejuízos acumulados. § 3º. Os saldos devedores e credores que a companhia não tiver direito de compensar serão classificados separadamente".
122. CC: "Art. 1.188. O balanço patrimonial deverá exprimir, com fidelidade e clareza, a situação real da empresa e, atendidas as peculiaridades desta, bem como as disposições das leis especiais, indicará, distintamente, o ativo e o passivo. Parágrafo único. Lei especial disporá sobre as informações que acompanharão o balanço patrimonial, em caso de sociedades coligadas".
123. CC: "Art. 1.189. O balanço de resultado econômico, ou demonstração da conta de lucros e perdas, acompanhará o balanço patrimonial e dele constarão crédito e débito, na forma da lei especial".

A exceção à regra vem disposta no art. 1.191 do CC, ou seja: para resolver questões específicas de sucessão dentro da empresa, comunhão de cônjuges, ou entre os empresários, problemas relativos à própria sociedade, sua administração e gestão de contas de terceiros, bem como, em qualquer hipótese, no caso de falência da empresa, obedecidas as regras básicas processuais.[124]

Nesse caso, imperiosos o devido processo legal e a ampla defesa dos interessados, valendo-se o juiz dos dispositivos do Código de Processo Civil.[125]

De outro lado, os livros contábeis são passíveis de exame por parte das autoridades fazendárias, para a fiscalização do pagamento de impostos, bem como para verificar a ocorrência de quaisquer delitos.[126]

A obrigatoriedade de manutenção dos livros e toda a escrituração em dia, mais os documentos que lhe servem de suporte, é imprescindível

---

124. CC: "Art. 1.191. O juiz só poderá autorizar a exibição integral dos livros e papéis de escrituração quando necessária para resolver questões relativas a sucessão, comunhão ou sociedade, administração ou gestão à conta de outrem, ou em caso de falência. § 1º. O juiz ou tribunal que conhecer de medida cautelar ou de ação pode, a requerimento ou de ofício, ordenar que os livros de qualquer das partes, ou de ambas, sejam examinados na presença do empresário ou da sociedade empresária a que pertencerem, ou de pessoas por estes nomeadas, para deles se extrair o que interessar à questão. § 2º. Achando-se os livros em outra jurisdição, nela se fará o exame, perante o respectivo juiz".

"Art. 1.192. Recusada a apresentação dos livros, nos casos do artigo antecedente, serão apreendidos judicialmente e, no do seu § 1º, ter-se-á como verdadeiro o alegado pela parte contrária para se provar pelos livros. Parágrafo único. A confissão resultante da recusa pode ser elidida por prova documental em contrário."

125. CPC: "Art. 417. Os livros empresariais provam contra seu autor, sendo lícito ao empresário, todavia, demonstrar, por todos os meios permitidos em Direito, que os lançamentos não correspondem à verdade dos fatos.

"Art. 418. Os livros empresariais que preencham os requisitos exigidos por lei provam a favor de seu autor no litígio entre empresários.

"Art. 419. A escrituração contábil é indivisível, e, se dos fatos que resultam dos lançamentos, uns são favoráveis ao interesse de seu autor e outros lhe são contrários, ambos serão considerados em conjunto, como unidade.

"Art. 420. O juiz pode ordenar, a requerimento da parte, a exibição integral dos livros empresariais e dos documentos do arquivo: I – na liquidação de sociedade; II – na sucessão por morte de sócio; III – quando e como determinar a lei.

"Art. 421. O juiz pode, de ofício, ordenar à parte a exibição parcial dos livros e dos documentos, extraindo-se deles a suma que interessar ao litígio, bem como reproduções autenticadas."

126. CC: "Art. 1.193. As restrições estabelecidas neste Capítulo ao exame da escrituração, em parte ou por inteiro, não se aplicam às autoridades fazendárias, no exercício da fiscalização do pagamento de impostos, nos termos estritos das respectivas leis especiais".

para demonstrar sua certeza, devendo permanecer intactos até o prazo decadencial ou prescricional de cada um dos atos realizados, conforme o art. 1.194 do CC.[127]

E cada unidade produtiva do empresário ou sociedades, no Brasil ou no Estrangeiro, bem como suas filiais, sucursais ou agências são obrigadas a manter escrituração contábil e fiscal de cada uma separadamente, nos termos do art. 1.195 do CC.[128]

17.3 O corretor

O corretor é uma pessoa física ou jurídica que, profissionalmente, se interpõe entre duas ou mais pessoas para ajudar ou auxiliar na efetividade de um contrato de compra e venda ou de um negócio.

Tal figura foi inicialmente prevista no art. 59, I, do extinto CComercial, funcionando como um dos auxiliares diretos do empresário, por força de sua maior mobilidade e seu conhecimento para a transação comercial dos produtos do empresário.

Sua principal característica é a realização de *atos de intermediação* entre o empresário e terceiros interessados na operação comercial e no produto, devendo sempre agir com diligência e presteza na condução de seus negócios, fornecendo aos interessados todas as informações cabíveis sobre a segurança do empreendimento e do negócio, valendo a norma do art. 723 do CC para todas as espécies de corretores.

Falamos em "espécies de corretores" pois estes se dividem em diversas profissões, de acordo com o tipo de negócio que pretendem realizar. Assim, temos *corretor de mercadorias*, *corretor de navios*, *de fundos públicos*, *de valores*, *corretor de seguros*, *corretor de imóveis*, mas que todos seguem os mesmos preceitos estabelecidos pelos arts. 722-729 do CC, mais as condições específicas de cada legislação atinente ao negócio que realizam.

Os corretores dividem-se em *privados*, ou *livres*, e *públicos*.

Corretores *livres* ou *privados* são aqueles que, tendo capacidade jurídica, procuram servir de intermediários, aproximando vendedores e

---

127. CC: "Art. 1.194. O empresário e a sociedade empresária são obrigados a conservar em boa guarda toda a escrituração, correspondência e mais papéis concernentes à sua atividade, enquanto não ocorrer prescrição ou decadência no tocante aos atos neles consignados".

128. CC: "Art. 1.195. As disposições deste Capítulo aplicam-se às sucursais, filiais ou agências, no Brasil, do empresário ou sociedade com sede em País estrangeiro".

compradores de determinados bens ou serviços, mediante remuneração. Esclarece Fran Martins que,

> na realidade, a lei não reconhece essas pessoas como corretores, pois para a lei existem apenas os corretores oficiais. Na prática, porém, são por demais encontradiças e às vezes até mesmo sociedades procuram realizar contratos de corretagem, ou seja, a mediação entre partes para a realização de negócios, consoante o pagamento de uma importância pelo serviço prestado.[129]

O art. 729 do CC, não prevê obrigatoriedade da inscrição oficial em órgãos de regulamentação de profissionais da corretagem, mas tal disposição legal só autoriza a corretagem quando estiver dentro das normas das legislações especiais, ao dizer que

> os preceitos sobre corretagem constantes deste Código não excluem a aplicação de outras normas da legislação especial.

Mas, salvo casos regulados em lei, não existe obrigatoriedade da inscrição oficial em órgãos de regulamentação de profissionais da corretagem. Assim, qualquer pessoa, física ou jurídica, pode ser contratada para a corretagem, mas em caráter não oficial.

O *corretor oficial*, ao contrário, é aquela pessoa, física ou jurídica, legalmente inscrita nos órgãos próprios de sua profissão, sendo alguns corretores até mesmo investidos por meio de *nomeação governamental*, o que os torna verdadeiros servidores públicos, investidos seus atos de caráter público, sendo que as certidões que passarem e os livros que possuírem são considerados como documentos públicos, para todos os efeitos legais.

Dentre os corretores oficiais havia até pouco tempo os chamados *corretores de fundos públicos*, cujo caráter de suas atividades era a compra e venda de fundos públicos, isto é, a negociação de títulos oficiais emitidos pelos Governos Federal, Estadual e Municipal, ações das companhias, debêntures, compra e venda de metais e pedras preciosas etc. Esses títulos e bens eram negociados nas Bolsas de Valores, sendo a função de corretor de fundos públicos regulamentada pelo Decreto-lei 1.344/1939. Entretanto, o art. 8º da Lei 4.728, de 14.7.1965, que regulamentou o *mercado de capitais*, estipulou que tal negociação seria realizada exclusivamente por *sociedades corretoras*, regulamentadas

---

129. Fran Martins, *Curso de Direito Comercial*, 27ª ed., p. 124.

pelo Conselho Monetário Nacional/CMN.[130] Porém, como em tudo no Brasil se dá um "jeitinho", e para não prejudicar os então corretores de fundos públicos, estabeleceu-se no art. 8º, § 6º, da Lei 4.728/1965 que os mesmos continuariam a operar sob a condição de extinção da firma, por morte do corretor, quando, então, se tornaria obrigatoriedade a sociedade corretora.[131] Coisas de Brasil...

Atualmente, apenas *sociedades corretoras* com valores mínimos de capital social regulados pelo Conselho Monetário Nacional podem atuar no *mercado de capitais*.

A fiscalização das sociedades corretoras compete tanto às Bolsas de Valores como ao BACEN, nos termos dos arts. 27 da Resolução BACEN-922/1984 e 16 da Lei 6.385/1976,[132] observado também o disposto na Lei 10.198/2001.

Os *corretores de mercadorias* foram regulamentados pelo revogado Decreto 20.881, de 30.12.1931, sendo que a atividade destes consistiam na compra e venda de mercadorias das Bolsas, bem como a fixação dos seus preços, suas classificações e avaliações, para a emissão de *warrants* ou bilhetes de mercadorias e conhecimento de transportes. Podem igualmente procurar interessados para a compra das mercadorias, realizar a venda pública a quem se interessar, mediante contratação de leiloeiros, se os interessados desejarem.

Nos termos da Lei 8.934/1994, tais corretores são obrigados a se inscrever nas Juntas Comerciais dos Estados em que atuam, bem como registrar filiais e sucursais nos locais em que atuam, como já vimos anteriormente, no capítulo referente à constituição de empresa.

De outro lado, temos os chamados *corretores de navios*, que são aqueles cuja atividade consiste na intermediação de fretamentos, cotações e engajamentos de cargas, despachos, agenciamento de seguros

---

130. Lei 4.728/1965: "Art. 8º. A intermediação dos negócios nas Bolsas de Valores será exercida por sociedades corretoras membros da Bolsa, cujo capital mínimo será fixado pelo Conselho Monetário Nacional".
131. Lei 4.728/1965, § 6º do art. 8º: "§ 6º. O Conselho Monetário Nacional assegurará aos atuais corretores de fundos públicos a faculdade de se registrarem no Banco Central, para intermediar a negociação nas Bolsas de Valores, sob a forma da firma individual, observados os mesmos requisitos estabelecidos para as sociedades corretoras previstas neste artigo, e sob a condição de extinção da firma, por morte do respectivo titular, ou pela participação deste em sociedade corretora".
132. Lei 6.385/1976: "Art. 16. Depende de prévia autorização da Comissão de Valores Mobiliários o exercício das seguintes atividades: I – distribuição de emissão no mercado (art. 15, I); II – compra de valores mobiliários para revendê-los por conta própria (art. 15, II); III – mediação ou corretagem de operações com valores mobiliários; e IV – compensação e liquidação de operações com valores mobiliários".

marítimos, desembaraço de mercadorias, tradução de manifestos e outros documentos, fornecimento da lista de sobressalentes, certidões consulares, diligenciamento da arqueação de navios etc. Podem ainda ser os intérpretes de capitães de navios e tradutores nas alfândegas.

Tal profissão foi regulamentada pelo Decreto 19.009, de 27.11.1929,[133] com as alterações constantes do Decreto 54.956, de 6.11.1964.[134]

A Lei 2.146, de 29.12.1953, mandou aplicar aos Corretores, Câmaras Sindicais, Juntas e Bolsas de Mercadorias de todo o país, a legislação anteriormente decretada para o Distrito Federal e, entre outras providências, alterou a idade mínima para a corretagem, que hoje não mais é necessário, diante do Código Civil/2002.

Havia, porém, restrição quanto à nacionalidade do corretor, que deve ser brasileiro nato ou naturalizado, obedecendo à restrição do Decreto 54.956, de 6.11.1964, revogado pelo Decreto de sem número de 15 de fevereiro de 1991.

Até o advento da Lei 8.934/1994 o registro dos corretores seguia os trâmites da Lei 4.726/1965 e do Decreto 75.651/1966, que exigiam registro nas Juntas Comerciais, que é o que prevalece atualmente.

Seus livros obrigatórios são os *Cadernos Manuais* e o *Protocolo*, sendo os primeiros destinados a conter todas as anotações dos serviços prestados, operações realizadas, ao passo que no segundo são transcritas todas as operações constantes dos *Cadernos Manuais*, diariamente, não podendo conter emendas, rasuras e entrelinhas e suas anotações devem ser feitas por extenso.

Os *corretores* não podem exercer quaisquer outras atividades e nem negociações, muito menos adquirir, por si ou por meio de interpostas pessoas, bens que estejam à sua disposição para venda, eis que exercem *múnus publico*, sob pena de perda do cargo, além de outras sanções civis, penais e administrativas, cumulativamente.

Importante asseverar que os atos dos corretores são supervisionados por uma *Junta* composta por um síndico e três adjuntos de síndicos, nomeado entre os corretores, que possuem a obrigação de orientar e estabe-

---

133. Decreto 19.009/1929: "Art. 1º. Os cargos de corretores de navios no Distrito Federal somente poderão ser exercidos por pessoas legalmente habilitadas, em número limitado, que não excederá de 30 (trinta), podendo, entretanto, ser aumentado ou reduzido, mediante proposta do Ministro da Fazenda, ouvido previamente o Inspetor da Alfândega do Rio de Janeiro, conforme esta alteração se tornar conveniente aos interesses do comércio marítimo".

134. Os Decretos 19.009/1929 e 54.956/1964, foram revogados peos Decretos s/n de 15.2.1991 e de 25.4.1991.

lecer normas comuns aos corretores, organizar tabelas, atestados, formas de organização das atividades etc., nos termos do Decreto 20.881, de 30.12.1931, revogado pelo Decreto sem número de 25 de abril de 1991, mas que manteve a mesma estrutura.

Também pertence às Juntas de Corretores o direito de aceitar a indicação dos *prepostos de corretores* feita pelos corretores, sendo que cada navio poderá ter o máximo de três prepostos, com inspeções das Alfândegas, nos termos do Decreto 54.956, de 6.11.1964, também revogado pelo Decreto sem número de 15 de fevereiro de 1991, mas que se manteve a mesma estrutura.

A par desses corretores, temos os *corretores de seguros*, criados pela Lei 4.594, de 29.12.1964,[135] regulamentados pelo Decreto 56.903/1965 e pelo Decreto-lei 73, de 21.11.1966,[136] destinados a angariar e promover contratos de seguros entre as sociedades seguradoras e pessoas físicas ou jurídicas.

Para exercer a função de corretor de seguros é preciso, ainda, que o interessado obtenha autorização da Superintendência de Seguros Privados/SUSEP, mediante prova de capacitação técnica e de habilitação profissional. Os corretores de seguros podem escolher prepostos livremente.

Porém, não podem os corretores de seguros, seus diretores ou sócios e, ainda, seus prepostos exercer cargos ou funções nas empresas jurídicos de direito público, muito menos manter qualquer vínculo empregatício com as sociedades seguradoras, tudo conforme disposto no art. 125, parágrafo único, do Decreto-lei 73/1966.[137]

De outro lado, o corretor de seguros responde administrativa, civil e penalmente pelos danos que vier a produzir a terceiros ou às seguradoras, conforme disposto nos arts. 126, 127, 127-A e 128 do mesmo Decreto-lei 73/1966.[138]

---

135. Lei 4.595/1964: "Art. 1º. O corretor de seguros, seja pessoa física ou jurídica, é o intermediário legalmente autorizado a angariar e a promover contratos de seguros, admitidos pela legislação vigente, entre as sociedades de seguros e as pessoas físicas ou jurídicas, de direito público ou privado".
136. Decreto-lei 73/1966: "Art. 1º. Todas as operações de seguros privados realizados no País ficarão subordinadas às disposições do presente Decreto-lei".
137. Decreto-lei 73/1966: "Art. 125. É vedado aos corretores e seus prepostos: a) aceitar ou exercer emprego de pessoa jurídica de direito público; b) manter relação de emprego ou de direção com sociedade seguradora. Parágrafo único. Os impedimentos deste artigo aplicam-se também aos sócios e Diretores de Empresas de corretagem".
138. Decreto-lei 73/1966: "Art. 126. O corretor de seguros responderá civilmente perante os segurados e as sociedades seguradoras pelos prejuízos que causar, por omissão, imperícia ou negligência no exercício da profissão".

Profissão à parte no setor de corretagem é a de *corretor de imóveis*. A profissão de *corretor de imóveis* encontra-se regulamentada inicialmente pela Lei 4.116, de 27.8.1962, posteriormente revogada pela Lei 6.530, de 12.5.1978,[139] que lhe deu o caráter de *atividade civil*, não empresarial ou comercial.

17.4 Dos comissários mercantis (comissários empresariais)

Iremos dispensar uma análise mais perfunctória sobre os *contratos mercantis* (ou *contratos empresariais*), tratados ao longo desta obra em capítulo próprio, mas não é possível deixar de lado outros auxiliares do empresário no desenvolvimento de seus misteres.

Muitos doutrinadores nem sequer mencionam a existência deste grupo de empresários como sendo auxiliares da empresa, preferindo tratar de maneira avulsa e distinta apenas os contratos empresariais, deixando de lado tal grupo de pessoas. Porém, entendemos que é necessário lembrar que tanto o comissário como o representante comercial somente atuam por força de sua vinculação empresarial, e, destarte, apenas existem por conta de um empresário, que os precedeu, merecendo estudo à parte sobre sua ação, enquanto a forma como os mesmos atuam será tratada no capítulo dos contratos mercantis ou contratos empresariais.

Sob o nome de *comissários mercantis*, ou, mais propriamente, *comissários empresariais*, destacamos que alguns auxiliares dos empresários primam por manter suas próprias atividades mas que servem de supedâneo fático e negocial a outros empresários, mediante remuneração de seus trabalhos, individualmente considerados. Daí surgir a necessi-

---

"Art. 127. Caberá responsabilidade profissional, perante a SUSEP, ao corretor que deixar de cumprir as leis, regulamentos e resoluções em vigor, ou que der causa dolosa ou culposa a prejuízos às sociedades seguradoras ou aos segurados.

"Art. 127-A. As entidades autorreguladoras do mercado de corretagem terão autonomia administrativa, financeira e patrimonial, operando sob a supervisão da Superintendência de Seguros Privados (SUSEP), aplicando-se a elas, inclusive, o disposto no art. 108 deste Decreto-lei. Parágrafo único. Incumbe às entidades autorreguladoras do mercado de corretagem, na condição de órgãos auxiliares da SUSEP, fiscalizar os respectivos membros e as operações de corretagem que estes realizarem.

"Art. 128. O corretor de seguros estará sujeito às penalidades seguintes: a) multa; b) suspensão temporária do exercício da profissão; c) cancelamento do registro. Parágrafo único. As penalidades serão aplicadas pela SUSEP, em processo regular, na forma prevista no art. 119 desta Lei."

139. Lei 6.530/1978: "Art. 1º. O exercício da profissão de corretor de imóveis, no território nacional, é regido pelo disposto na presente Lei".

dade de lembrar e fazer uma divisão sobre o tipo de atividade que cada comissário empresarial exerce ao longo de sua existência.

Antes, porém, precisamos lembrar que Darcy Arruda Miranda Jr. explica que

> o comissário, sob muitos aspectos, é um corretor, só que, contrariamente a este, age por conta do comitente, sem estar obrigado a declarar o seu nome, e em seu próprio nome. Para que a comissão seja mercantil, é preciso que se trate de negócios mercantis e pelo menos o comissário seja comerciante. Assim, embora tenham ponto de contato, não se assemelham. Pelo seu trabalho, faz jus a uma remuneração que se chama comissão, que será maior ou menor, conforme a responsabilidade assumida perante o comitente, e que, quando não expressamente convencionada, será regulada pelo uso comercial do lugar onde estiver executado o mandato.[140]

Alguns comissários atuam apenas pela *aproximação* entre duas partes, como é o caso dos *corretores de imóveis, de seguros* etc. Eles se interpõem entre dois possíveis negociadores, conhecidos ou não, para a realização de um negócio jurídico, com ou sem a obrigação de concluí-lo, mediante o pagamento de uma comissão.

Há comissários que atuam por meio de *intermediação*, ou seja: adquirem um produto para que terceira pessoa o adquira, caracterizando uma revenda do produto, por conta e risco próprio do intermediário. Exemplo típico é a *revenda de veículos, supermercados* etc.

No caso da aproximação, o comissário não detém o produto. No caso da intermediação, sim. Na aproximação age o comissário sob a orientação direta do comitente. Na intermediação o comissário age por sua conta e risco.

Cada comissário age de maneira própria para obter lucros.

Pode ou não se instalar, por meio de sua força própria, ou apenas seguir os caminhos traçados pelo comitente. Pode ter a coisa a ser vendida consigo ou não, apenas por meio de catálogos, apresentações etc. Depende muito de cada tipo de comissionamento que se procura fazer, o ramo de atividade, o tipo de indústria que se pretende negociar etc.

Daí por que na *aproximação por agenciamento* não existe vínculo de dependência entre o comitente e o comissário, isto é, não há uma relação subordinada à legislação do trabalho. Logo, a aproximação de

---

140. Darcy Arruda Miranda Jr., *Curso de Direito Comercial*, cit., 5ª ed., vol. I, p. 189.

interessados, dentro de determinado espaço físico, chamado de mercado, corre por total conta e risco do comissário. Ele adquire produtos e os expõe aos interessados, pagando diretamente ao comitente. A função do comissário é trabalhar em prol dos produtos do comitente.

17.5 Do representante comercial autônomo

Fruto da evolução da figura dos mascates, caixeiros-viajantes, ambulantes em geral, corretores, comissários ou mandatários diretos do empresário, o representante comercial acabou se tornando figura distinta no Direito Brasileiro, reconhecido inicialmente na Lei 4.886/1965, que sofreu grande transformação pela Lei 8.420, de 8.5.1992,[141] e pela Lei 12.246, de 27.5.2010 (modifica seus arts. 10 e 17).

Lembra Rubens Requião que tal figura foi se apoderando de uma parcela significativa do mercado, destacando sua evolução no cenário nacional:

> A figura do representante comercial surgiu recentemente como categoria jurídica própria, no Direito moderno. A atividade de mediação entre contratantes era tradicionalmente desempenhada pelos corretores, ou pelos mandatários e comissários, como auxiliares independentes do comércio. Quando as empresas tomaram maior vulto, com a expansão dos mercados e melhores vias e meios de comunicação, intensificou-se novo estilo de atividade mediadora, através dos caixeiros-viajantes, comumente conhecidos, no interior do Brasil, como cometas. Em decorrência de sua inusitada atividade, sobretudo em nosso País, logo ocuparam eles o lugar dos mascates, comerciantes ambulantes, que supriam diretamente os habitantes da hinterlândia. Com o surgimento das indústrias, o comércio prosperou e novos processos de intermediação se desenvolveram para atender à sempre crescente expansão do mercado interno. E, assim, a mediação se impôs como atividade auxiliar e independente das empresas industriais e atacadistas, que se valiam dela para atingir, mais funcional e economicamente, a clientela disseminada por toda parte. Destaca-se agora com nitidez o perfil do representante comercial.[142]

A função do representante comercial é exatamente a de agenciar e promover os negócios empresariais, fazendo os pedidos ou propostas e repassando ao proponente, mediante uma remuneração, tendo como

---

141. Lei 8.420/1992: "Art. 1º. A Lei n. 4.886, de 9 de dezembro de 1965, passa a vigorar com as seguintes alterações: (...)".
142. Rubens Requião, *Curso de Direito Comercial*, 6ª ed., vol. I, p. 162.

meta sempre a do negócio mercantil, sem vínculo empregatício, conforme se vê do art. 1º da Lei 4.886, de 9.12.1965.[143]

Para os representantes comerciais é obrigatória a inscrição no Conselho Regional dos Representantes Comerciais do Estado onde o mesmo pretenda realizar suas atividades (art. 2º da Lei 4.886/1965[144]). Esta exigência mostra o caráter perene da profissão de representante comercial autônomo.

Sobre os negócios contratuais e cláusulas rescisórias e remuneratórias remetemos o leitor para o capítulo próprio.

17.6 Dos despachantes

Outra categoria de auxiliares diretos dos empresários é a dos *despachantes*, que possuem funções específicas de desembaraçar documentos e papéis junto às repartições públicas com quem o empresário é obrigado a manter contato direto e cumprir exigências burocráticas.

Os despachantes podem ser contratados diretamente pelos empresários ou os mesmos podem possuir representações nos próprios estabelecimentos comerciais, tudo de acordo com a quantidade de papéis e documentos que os empresários se vêm obrigados a manipular diariamente.

No passado a figura do despachante, nomeadamente o *despachante aduaneiro*, era *obrigatória* para o desembaraço e o despacho de mercadorias tanto para importação como exportação, sendo que a partir do Decreto 366, de 19.12.1968,[145] se tornou *facultativa* sua utilização.

---

143. Lei 4.886/1965: "Art. 1º. Exerce a representação comercial autônoma a pessoa jurídica ou a pessoa física, sem relação de emprego, que desempenha, em caráter não eventual por conta de uma ou mais pessoas, a mediação para a realização de negócios mercantis, agenciando propostas ou pedidos, para transmiti-los aos representados, praticando ou não atos relacionados com a execução dos negócios. Parágrafo único. Quando a representação comercial incluir poderes atinentes ao mandato mercantil, serão aplicáveis, quanto ao exercício deste, os preceitos próprios da legislação comercial".

144. Lei 4.886/1965: "Art. 2º. É obrigatório o registro dos que exerçam a representação comercial autônoma nos Conselhos Regionais criados pelo art. 6º desta Lei. Parágrafo único. As pessoas que, na data da publicação da presente Lei, estiverem no exercício da atividade deverão registrar-se nos Conselhos Regionais, no prazo de 90 (noventa) dias a contar da data em que estes forem instalados".

145. Decreto 366/1968: "Art. 1º. É facultativa a utilização dos serviços de despachante aduaneiro no desembaraço e despacho de exportação, importação, reexportação de mercadorias e em toda e qualquer outra operação de comércio exterior, realizada por qualquer via, bem como no desembaraço de bagagem de passageiros. Parágrafo único. Nas operações a que se refere o presente artigo o processamento, em todos os seus trâmites, junto aos órgãos competentes, poderá ser feito pela parte interessada: I – se pessoa

A função de *despachante* foi regulamentada pelo Decreto-lei 4.014/ 1942 e pelo Decreto 84.346, de 27.12.1979, posteriormente revogado pelo Decreto 646/1992, por sua vez revogado pelo Decreto 7.213/2010, obrigando sua inscrição junto aos Ministérios da Fazenda e Trabalho, sendo que o registro na Junta Comercial do Estado em que se encontra também é necessário, eis que sua atividade é considerada mercantil.

O despachante pode contratar livremente o pagamento de sua remuneração, de acordo com os serviços que prestar, conforme disposto no art. 4º, § 2º, do citado Decreto-lei 4.014/1942.

O despachante pode contar com *ajudantes*, os quais deverão ser habilitados também, na mesma forma que os despachantes, nos termos do art. 10 do Decreto-lei 4.014/1942.

De outro lado, importante asseverar que o despachante mercantil não exerce sua função em nome próprio, mas em nome do contratante, posto que é preciso ter autorização expressa e por escrito do seu contratante para exercer sua função.

Destarte, o despachante atua como mandatário do contratante, devendo ser considerado este mandato um *mandato mercantil*. Concluída a transação para a qual foi contratado, esgota-se o mandato, devendo ser prestadas contas da sua atividade perante o mandante.

Do despachante marítimo e seus auxiliares trataremos no capítulo sobre o direito marítimo.

17.7 Do leiloeiro

Os leiloeiros foram incluídos no Código Comercial como agentes auxiliares dos empresários, designados inicialmente no art. 35 como *agentes de leilão*. Entretanto, são profissionais autônomos e exercem atividade pública, constituindo *atos públicos* seus atos, possuindo livros especiais e fé pública suas certidões ou contas extraídas de seus livros, nos termos do Decreto 21.981, de 19.10.1932.[146]

A atividade do leiloeiro consiste em vender, mediante oferta pública, mercadorias e bens que lhe são confiados para esse fim, seguindo as

---

jurídica de direito público ou privado, através de seu representante legal ou procurador; II – se pessoa física, pelo próprio ou por mandatário especialmente constituído".

146. Decreto 21.981/1932: "Art. 1º. A profissão de leiloeiro será exercida mediante matrícula concedida pelas Juntas Comerciais, do Distrito Federal, dos Estados e Território do Acre, de acordo com as disposições deste Regulamento".

determinações estabelecidas para a venda pública, mediante remuneração de seu *múnus publico*.

Inicialmente a atividade de leiloeiro era regulamentada pelos arts. 68-73 do CComercial.

O ato praticado pelo leiloeiro é o leilão, que tem a natureza jurídica de *ato jurídico* de manifestação de vontade do interveniente no leilão. Aceita a manifestação da vontade, e não havendo mais interessados que cubram a oferta, passa a se caracterizar como *contrato* entre o licitante e o vendedor, em que o leiloeiro é intermediário, cumprindo as condições preestabelecidas pelo vendedor.

Para validade do leilão é preciso que o leiloeiro observe algumas regras básicas, como a publicação dos editais em jornais de ampla circulação, sendo que o Código Comercial estabelecia o mínimo de três publicações.

Para se tornar leiloeiro o interessado deverá preencher os requisitos da Instrução Normativa DNRC-110/2009, de 19.6.2009, comprovando sua capacidade e o pleno gozo de direitos civis e políticos e domicílio no lugar em que pretenda exercer a profissão pelo prazo mínimo de cinco anos.

Além disso, deve prestar fiança, seja em dinheiro ou em apólices, antes de entrar no exercício do cargo, cujo total deverá servir para pagamento de tributos, multas, responsabilidades, sinais por ele recebidos e não repassado aos interessados etc.

A função de leiloeiro é diferenciada das demais funções dos auxiliares do empresário, sendo que o mesmo é obrigado a registrar outros livros, além do "Diário", imposto a todos os empresários.

Assim, é obrigatório o registro de: "Diário de Entrada", onde serão registrados todos os bens, móveis e imóveis, bens ou mercadorias colocados à sua disposição para venda; "Diário de Saída", que registrará todos os bens vendidos ou devolvidos ao comitente, com a menção expressa da data do leilão, nome dos vendedores e compradores, preços obtidos por lotes e total da venda de cada leilão. Esse total é proveniente de outro livro: "Diário de Leilões", que registra todos os leilões ocorridos, com a data de sua realização, valores ofertados, comissão etc. Ainda, é obrigatório que o leiloeiro registre o livro de "Contas-Correntes", que se destina ao lançamento de todos os produtos líquidos apurados para cada comitente vendedor, conforme *conta de venda* proveniente de cada prestação de contas. Ainda, o livro "Protocolo", que consiste em registrar cada conta de venda realizada para cada comitente-vendedor. e o "Livro-Talão", que é destinado à extração das faturas destinadas a cada arrematante, lote por lote vendido, com a descrição exata de cada venda.

O leiloeiro sofre diversas penalidades, de acordo com a gravidade de sua eventual atuação. Assim, está impedido de exercer qualquer atividade empresarial, quer em seu nome, quer em nome de terceiras pessoas, sob pena de *destituição*. Sofrerá a pena de *multa* se adquirir bens a ele confiados para venda, por si ou por meio de terceiros. E os leilões serão anulados se realizados em domingos e feriados, se delegar a terceiros não prepostos ou leiloeiros a função ou se fizer dois leilões em locais distintos – tudo isso nos termos do art. 36 do Decreto 21.981/1932.[147]

O leiloeiro deverá exercer suas funções pessoalmente ou por meio de um preposto, que também deverá satisfazer as mesmas obrigações àquele impostas. Porém, o preposto de leiloeiro pode ser demitido pelo leiloeiro a qualquer momento, sendo suficiente a comunicação à Junta Comercial para seu desligamento.

Os leiloeiros exercem funções públicas de natureza privada, podendo vender bens de qualquer natureza, necessitando, porém, de autorização prévia para tanto. Inclusive, devem receber orientação específica sobre preços mínimos para as vendas dos produtos colocados à sua disposição, nos termos dos arts. 19 (com redação dada pela Lei 13.138/2015) e 20 do Decreto 21.981/1932.[148]

147. Decreto 21.981/1932: "Art. 36. É proibido ao leiloeiro: a) sob pena de destituição: 1º, exercer o comércio direta ou indiretamente no seu ou alheio nome; 2º, constituir sociedade de qualquer espécie ou denominação; 3º, encarregar-se de cobranças ou pagamentos comerciais; b) sob pena de multa de 2:000$000: adquirir para si, ou para pessoas de sua família, coisa de cuja venda tenha sido incumbido, ainda que a pretexto de destinar-se a seu consumo particular. Parágrafo único. Não poderão igualmente os leiloeiros, sob pena de nulidade de todos os seus atos, exercer a profissão nos domingos e dias feriados nacionais, estaduais ou municipais, delegar a terceiros os pregões, nem realizar mais de 2 (dois) leilões no mesmo dia em locais muito distantes entre si, a não ser que se trate de imóveis juntos ou de prédios e móveis existentes no mesmo prédio, considerando-se, nestes casos, como de um só leilão os respectivos pregões".

148. Decreto 21.981/1932: "Art. 19. Compete aos leiloeiros, pessoal e privativamente, a venda em hasta pública ou público pregão, dentro de suas próprias casas ou fora delas, inclusive por meio da rede mundial de computadores, de tudo que, por autorização de seus donos por alvará judicial, forem encarregados, tais como imóveis, móveis, mercadorias, utensílios, semoventes e mais efeitos, e a de bens móveis e imóveis pertencentes às massas falidas, liquidações judiciais, penhores de qualquer natureza, inclusive de joias e *warrants* de armazéns-gerais, e o mais que a lei mande, com fé de oficiais públicos. Parágrafo único. Excetuam-se destas disposições as vendas de bens imóveis nas arrematações por execução de sentenças, as dos mesmos bens pertencentes a menores sob tutela e interditos, após a partilha, dos que estejam gravados por disposições testamentárias, dos títulos da Dívida Pública federal, municipais ou estadual e dos que estiverem excluídos por disposição legal".

Embora o leiloeiro exerça *múnus publico*, sua atividade é privada, e tem direito a uma comissão, que deverá ser convencionada com o comitente *por escrito*. Porém, dispõe o art. 24 do Decreto 21.981/1932, com a redação dada pelo Decreto 22.427, de 1.2.1933, que, não havendo estipulação, terá direito a uma remuneração de 5% sobre mercadorias, móveis, joias e outros bens e de 3% sobre imóveis, a receber do *vendedor*.[149]

Independentemente disso, obrigatoriamente, o *comprador* pagará 5% sobre os bens arrematados de qualquer natureza, conforme estipulado no parágrafo único do art. 24 do Decreto 21.981/1932.

Assevera Darcy Arruda Miranda Jr. que

a remuneração do leiloeiro deve ser fixada em contrato escrito, e, na sua falta, receberá a taxa legal de 5% sobre o valor das vendas de móveis, mercadorias, joias e outros efeitos, e de 3% sobre imóveis de qualquer natureza, além de outra, paga pelo comprador, fixada sempre em 5%.[150]

Logo, não podem os leiloeiros estabelecer preços menores que os determinados pelo Decreto 21.981/1932. Muito menos podem juízes estabelecer valores menores para o pagamento da comissão do leiloeiro. Se os leiloeiros aceitarem receber menos que esses valores ou resolverem *doar* ou abrir mão de parte dessa comissão em favor de quaisquer uns, deverão ser excluídos das Juntas Comerciais, pois haveria, nessa hipótese, uma forma de quebrar a concorrência entre os leiloeiros e a igualdade exigida para todos.

Realizado o leilão, o leiloeiro deverá receber o valor ofertado e entregar ao comitente vendedor, com a *conta de venda*, no prazo máximo de cinco dias.

"Art. 20. Os leiloeiros não poderão vender em leilão, em suas casas e fora delas, quaisquer efeitos senão mediante autorização por carta ou relação, em que o comitente os especifique, declarando as ordens ou instruções que julgar convenientes e fixando, se assim o entender, o mínimo dos preços pelos quais os mesmos efeitos deverão ser negociados, sob pena de multa na importância correspondente à quinta parte da fiança e, pela reincidência, na de destituição."

149. Decreto 21.981/1932: "Art. 24. A taxa da comissão dos leiloeiros será regulada por convenção escrita que estabelecerem com os comitentes, sobre todos ou alguns dos efeitos a vender. Não havendo estipulação prévia, regulará a taxa de 5% (cinco por cento) sobre moveis, semoventes, mercadorias, joias e outros efeitos e a de 3% (três por cento) sobre bens imóveis de qualquer natureza. Parágrafo único. Os compradores pagarão obrigatoriamente 5% (cinco por cento) sobre quaisquer bens arrematados".

150. Darcy Arruda Miranda Jr., *Curso de Direito Comercial*, cit., 5ª ed., vol. I, p. 178.

Já, os chamados *leiloeiros rurais* são disciplinados pela Lei 4.021, de 20.12.1961,[151] e têm regulamentação diversa, sendo que a eles compete a venda de estabelecimentos rurais, semoventes, produtos agrícolas, veículos, máquinas, utensílios e outros bens pertencentes aos profissionais da agricultura.[152]

Conforme o art. 3º da Lei 4.021/1961,[153] estão sujeitos à fiscalização das Federações de Associações Rurais de cada Estado da Federação e seus livros são, basicamente, os mesmos dos leiloeiros, sendo que, ao invés do livro *Protocolo*, há o "Copiador de Cartas e Correspondência".

No mais, tudo o que foi dito sobre o leiloeiro aplica-se ao *leiloeiro rural*, mesmo porque a Lei 4.021/1961 manda aplicar-lhe as regras gerais da profissão de leiloeiro, nos termos do art. 17.[154]

17.8 Tradutores e intérpretes empresariais

Conhecer outra língua e outra cultura é sempre uma experiência aprazível e muitas vezes necessária, e se mostrou ao longo do tempo como uma das atividades procuradas pelos empresários, que desejavam expandir seus horizontes de negociações com outros povos.

A História registra exatamente a expansão dos horizontes pelas grandes aventuras vivenciadas, seja por questões econômicas, religiosas, seja pela necessidade proveniente de guerras, catástrofes etc.

Na atualidade vivemos um novo período de *globalização* – expressão que não pode ser considerada como atual, em face dos diversos de momentos de globalização que a História conta, como as conquistas dos povos, as grandes navegações, as incursões dos colonizadores etc., tudo proveniente da vontade do homem de conhecer outros lugares.

151. Lei 4.021/1961: "Art. 1º. Fica criada a profissão de leiloeiro rural, que se regerá por esta Lei".
152. Lei 4.021/1961: "Art. 4º. Onde houver leiloeiros rurais nomeados, compete-lhes, privativamente, a venda, em público pregão, de estabelecimentos rurais, semoventes, produtos agrícolas, veículos, máquinas, utensílios e outros bens pertencentes aos profissionais da agricultura. Parágrafo único. Excetuam-se da competência dos leiloeiros rurais a venda dos bens imóveis nas arrematações por execução de sentença ou hipotecárias, dos bens pertencentes a menores sob tutela e a interditos e dos que estejam gravados por disposições testamentárias".
153. Lei 4.021/1961: "Art. 3º. O número de leiloeiros rurais será fixado, em cada Estado, pela respectiva Federação das Associações Rurais, que os nomeará atendendo às condições previstas no artigo anterior".
154. Lei 4.021/1961: "Art. 17 No que esta Lei for omissa, aplicam-se as normas comuns sobre a profissão de leiloeiro".

De tudo isso surgiu a necessidade de conhecer outras línguas, para traduzir para o idioma do interessado aquilo que o outro lado desejava e aspirava, vindo a aparecer as figuras do *intérprete* e do *tradutor*.

A lei brasileira não faz distinção entre *intérprete* e *tradutor*, não obstante na prática tenham funções distintas, pois o *intérprete* é aquele que dá sentido a uma coisa ou a uma expressão, ao passo que o *tradutor* transporta para outro idioma uma palavra ou sentença.

Regidos pelo Decreto 13.609, de 21.10.1943,[155] as figuras dos tradutores e intérpretes são necessárias para versar para o Português as palavras escritas em outro idioma, mesmo porque nenhuma negociação escrita em outro idioma pode ser aceita no Brasil se não vier acompanhada da respectiva tradução, assim também valendo para documentos, papéis, contratos.

Logo, os tradutores e intérpretes são pessoas capacitadas e devidamente habilitadas perante as Juntas Comerciais dos Estados, aprovadas por meio de *concursos públicos* para poderem exercer as funções de traduzir e interpretar textos de outros idiomas, considerado isto um *múnus publico*, posto que os documentos que traduzem têm fé pública.

Embora sejam necessários e absolutamente indispensáveis, somente em duas situações é que os documentos não passam por suas mãos para a tradução, sendo consideradas exceções. A primeira exceção é quando *funcionários públicos* com atribuições específicas para determinadas funções fazem o traslado de documentos, como por exemplo, as diplomacias e agências consulares, posto que inerente às suas funções exatamente a realização de tais atos, eis que aprovados em concursos de provas e títulos para tais funções. A segunda exceção diz respeito aos *corretores de navios*, posto que suas funções são exatamente estas, pois produzem os *manifestos* e documentos que embarcações estrangeiras fazem para apresentar aos órgãos alfandegários e também servem como intérpretes da tripulação de navios. Porém, neste caso não possuem fé pública.

Compete aos órgãos dos registros de comércio estipular o número de tradutores e intérpretes comerciais para cada língua, podendo estabe-

---

155. Decreto 13.069/1943: "Art. 1º. O ofício de tradutor público e intérprete comercial será exercido, no País, mediante concurso de provas e nomeação concedida pelas Juntas Comerciais ou órgãos encarregados do registro do comércio. Parágrafo único. No Distrito Federal o processamento dos pedidos será feito pelo Departamento Nacional da Indústria e Comércio, na conformidade do presente Regulamento, continuando da competência do Presidente da República as nomeações bem como as demissões".

lecer as épocas apropriadas para concursos, de acordo com as necessidades apresentadas nas localidades.

A função de tradutor e intérprete é pessoal e indelegável, não obstante, pode contar com *prepostos* para auxiliá-lo, desde que também estejam estes devidamente habilitados na Junta Comercial, quando aquele estiver impossibilitado de exercer o ofício pessoalmente. Como a tradução é ato pessoal e indelegável, deve o tradutor ou intérprete comprovar a impossibilidade de fazê-lo pessoalmente, justificando-se perante a Junta Comercial e apontando os motivos da sua não realização.

A natureza jurídica do serviço prestado pelo tradutor e intérprete é a de *locação de serviços*, sendo que a remuneração de sua atividade é regida com base em tabelas elaboradas pela Junta Comercial, geralmente revisadas a cada dois anos.

Todo tradutor e todo intérprete são obrigados a registrar o "Livro de Traduções" na Junta Comercial, eis que suas traduções devem ser copiadas para os mesmos, de movo a servir de prova da tradução para eles assim como para terceiros, que podem solicitar vista, seja para comprovar que a tradução efetivamente ocorreu como para provar a existência dos documentos originais em caso de perda ou extravio.

Tais livros devem ser cronologicamente seguidos, numerados, não podendo conter emendas ou rasuras, valendo como prova em juízo.

As traduções podem conter, de outro lado, dúvidas ou imperfeições quanto às formas elaboradas pelo tradutor ou intérprete e podem ser contestadas, como quaisquer outros documentos públicos, motivo pelo qual gozam apenas da presunção *juris tantum*, ou seja, admitem prova em contrário.

17.9 Auditores independentes

Os auditores são pessoas que têm a função de *analisar* as contas das empresas e proferir *parecer* sobre a lisura das mesmas, servindo de base para a adoção de caminhos tanto para as próprias empresas como para terceiros.

Em realidade, os auditores não são auxiliares diretos dos empresários, mas são impostos pelo BACEN, que determinou que todas as empresas que atuam nos *mercados de capitais* devem ser obrigatoriamente *auditadas* por empresas de auditoria externas e independentes, tudo conforme a Resolução 88, de 30.1.1968, seguida da Resolução 220, de 10.5.1972, e pelas Circulares 178 e 179, de 10.5.1972, todas do BACEN.

Nos termos da Lei 4.728, de 14.7.1965 (Lei do Mercado de Capitais), os *auditores independentes* devem ser registrados no BACEN, após satisfazer as exigências prévias estabelecidas pelo mesmo Banco, respondendo os responsáveis pela auditoria por seus atos, inclusive de natureza criminal, podendo ser canceladas suas inscrições, em face do rigorismo exigido dos mesmos, conforme as citadas Circulares 178 e 179.

Na Lei das Sociedades Anônimas (Lei 6.404/1976), assim como na Lei das Grandes Empresas (Lei 11.638/2007), criou-se a necessidade de auditoria externa dos balanços financeiros das chamadas *grandes empresas* ou macroempresas. Não obstante se fale que a segunda lei alterou a primeira, o fato é que a segunda legislação determina a auditoria externa nas grandes empresas, independentemente do tipo societário da sua constituição, podendo ser realizada nas sociedades anônimas ou companhias, nas sociedades em conta de participação (que são sociedades factuais), sociedades por quotas de responsabilidade limitada, EIRELIs etc.

Dessa maneira, as auditorias ganham notória importância, eis que definem aos investidores, aos clientes, aos terceiros que com as macroempresas negociam, os parâmetros necessários para verificação do grau de risco que as empresas oferecem, norteando, assim, os destinos dos negócios futuros.

Vale lembrar que a punição de falsas auditorias ou auditorias inexatas pode levar seus autores ao cometimento dos crimes previstos no art. 177 do CP, além de severas punições administrativas.

Finalmente, outra atividade desempenhada pelos auditores é a de realizar ou auxiliar na *due diligence* quando empresas pretendem se unir, por meio de incorporação ou fusão, ou até mesmo cisão, eis que serão os auditores que analisarão as contas apresentadas pelas empresas envolvidas, fornecendo elementos para que as partes envolvidas tenham conhecimento do real estado de cada uma das empresas, analisando balanços, balancetes, despesas, receitas, fundos de investimentos etc.

17.10 Agentes de informação

Os *agentes de informação*, pouco ou quase nunca estudados, são uma categoria praticamente em extinção no Brasil, mas de grande utilidade para aqueles que pretendem negociar.

Todo aquele que negocia tem que buscar informações concretas e suficientes sobre a *outra parte*, a fim de não negociar com pessoas inescrupulosas e de má-fé. Na verdade, muitos bancos e serviços de proteção ao crédito utilizam a metodologia dos *agentes de informação*, mas não se dão conta de que se trata de atividade regulamentada por lei, a Lei 3.099, de 24.2.1957,[156] e complementada pelo Decreto 50.532, de 3.5.1961.[157]

As agências de informação possuem *cadastros* sobre as pessoas físicas e jurídicas, pesquisando exatamente as informações positivas e negativas sobre cada uma delas, e os mantêm atualizados e arquivados, à espera de sua utilização.

Em face da natureza de legalidade e, atualmente, transparência dessas *agências de informações*, suas informações são consideradas prestação de serviços, efetuadas mediante remuneração. Mas, para que as informações sejam seguras e aptas, é preciso, primeiro, que as agências sejam devidamente registradas nas Juntas Comerciais, antes do início de suas atividades, assim como se cadastrem nos órgãos policiais, a fim de que suas informações sejam válidas.

Se não houver essas inscrições e comunicações prévias, por óbvio, restará caracterizada violação dos sigilos comerciais e individuais, esbarrando no lado delituoso da atividade.

Na realidade, diante do avanço da *Internet* e dos meios de comunicação, facilitado pelo livre acesso a bancos de dados dos tribunais, inclusive os superiores, dificilmente essa atividade tende a continuar entre nós, caindo no esquecimento, como aconteceu com várias atividades que já mencionamos anteriormente, como o *guarda-livros,* o *caixeiro--viajante* etc.

---

156. Lei 3.099/1957: "Art. 1º. Os estabelecimentos de informações reservadas ou confidenciais, comerciais ou particulares, só poderão funcionar depois de registrados nas Juntas Comerciais dos seus Estados ou Territórios, com observância de todas as formalidades legais".

157. Decreto 50.532/1961: "Art. 1º. As empresas de informações reservadas ou confidenciais, comerciais ou particulares, de que trata a Lei n. 3.099, de 24 de fevereiro de 1957, de propriedade de pessoas físicas ou jurídicas, só poderão funcionar depois de registradas ao Registro do Comércio e na repartição policial do local em que operem".

Capítulo III
DA PROPRIEDADE
INTELECTUAL OU IMATERIAL

1. Normas internacionais de propriedade intelectual. 2. A propriedade industrial brasileira: 2.1 Do processo de obtenção da patente de invenção – 2.2 Formas de extinção da patente – 2.3 Dos desenhos industriais – 2.4 Das marcas – 2.5 Indicações geográficas – 2.6 Concorrência desleal.

Quanto nos referirmos ao *patrimônio* do estabelecimento comercial podemos dizer que não se trata exclusivamente do aspecto físico, tangível, material, mas, também, do chamado *patrimônio invisível* da empresa, que, embora não seja perceptível a olho nu, constitui verdadeiro patrimônio comensurável, distinto do patrimônio sólido e consolidado, palpável, do estabelecimento.

É o patrimônio intelectual ou imaterial da empresa.

Enquanto o patrimônio sólido é composto pela parte material, agora, iremos tratar do patrimônio imaterial ou propriedade intelectual da empresa, objeto de estudo à parte da doutrina.

É muito comum as pessoas se referirem ao *produto* como se fosse o próprio significado da palavra, sendo que algumas *coisas* acabam por sintetizar algo que é diferente. "Gilette" é apenas um produto. Seu gênero é a *lâmina de barbear*. Mas há centenas de marcas de desodorantes, assim como de sabonetes. O ideário popular confunde intencionalmente gênero e produto, mas é preciso observar que agora faremos a divisão.

Para tanto, precisamos passar pela evolução do instituto ao redor do mundo, para depois encontrarmos a situação real deste patrimônio intelectual dentro do estabelecimento comercial e sua dimensão na constituição do capital da empresa.

A discussão em torno da propriedade industrial iniciou-se há muito tempo, por conta das questões envolvendo as primeiras invenções e quem seriam seus proprietários e com direito de usar e explorar seus inventos.

Foi na Inglaterra, em 1623, que surgiu uma norma regulamentando o assunto, através do *Statute of Monopolies*, outorgando ao inventor o direito de explorar sua invenção.

No Brasil apenas em 1809 é que foi baixado o primeiro alvará autorizando o inventor a explorar sua invenção pelo prazo de 14 anos, desde que registrada na *Real Junta do Commercio*.

1. Normas internacionais de propriedade intelectual

As primeiras discussões sobre a propriedade intelectual nasceram em Viena, em 1873, contando com apenas 14 Países, dentre os quais o Brasil, a procurar estabelecer normas gerais para a defesa da propriedade intelectual de empresas de outros Países.

A primeira convenção internacional sobre o comércio e a defesa da propriedade intelectual ocorreu em Paris, na Convenções da União de Paris, em 1883, tendo se constituído no primeiro instrumento de coalizão e harmonização do chamado *Sistema Internacional da Propriedade Industrial*.

Em relação ao direito de propriedade industrial e intelectual, foi estabelecido pelo *Agreement on Trade-Related Aspects of Intellectual Property Rights/TRIPS* (Acordo sobre Aspectos dos Direitos de Propriedade Intelectual Relacionados ao Comércio), ocorrido no Uruguai, um acordo multilateral de negociações comerciais sobre a sobreposição de Estados e empresas, em especial sobre os direitos intangíveis e de natureza privada, que envolvem bilhões de Dólares/Euros em transações comerciais.

Seguiu-se a discussão sobre o tema em diversas outras revisões periódicas, como as de Bruxelas (1900), Washington (1911), Haia (1925), Londres (1934), Lisboa (1958) e Estocolmo (1967), contando atualmente com mais de 170 Países signatários da defesa das normas internacionais de propriedade intelectual.

Diante do crescimento avassalador das convenções internacionais sobre as normas internacionais de propriedade intelectual, acabou por surgir a Organização Mundial da Propriedade Intelectual/OMPI, visando a tratar especificamente desse tema, nas Convenções de Paris (1967), Berna (1971), Roma (1961) e Washington (1989).

Como explica Roberto Caparroz:

Nos dias de hoje, praticamente não existem produtos manufaturados dissociados de direitos de propriedade intelectual. Quase tudo o que circula fisicamente pelo comércio internacional possui valores intangíveis e significativos, que devem receber o mesmo nível de proteção que os bens materiais.[1]

Além disso, o Acordo Geral sobre Tarifas e Comércio/GATT (*General Agreement on Tariffs and Trade*), de 1947, estabeleceu algumas condições para a comercialização entre os povos e o valor dos pagamentos devidos nas negociações, sempre levando em consideração, também, não só os valores a fim de evitar as "guerras fiscais", mas também a preservação da propriedade intelectual, desde que estabelecida dentro das condições gerais estipuladas pela OMPI.

Disto decorre que no Brasil a atual CF estabeleceu, no seu art. 1º, as bases ou as diretrizes do Estado Democrático de Direito, calcado nos fundamentos da *dignidade da pessoa humana* (inciso III) e nos *valores sociais do trabalho* e *da livre iniciativa* (inciso IV), procurando demonstrar, com tais declarações, que todo trabalho no Brasil é livre e poderá ser exercido por qualquer pessoa, para sua própria dignificação, eis que a busca do trabalho é a afirmação máxima da vontade de preservar o homem e sua vivência pacífica e profícua.

Aliás, tais afirmações constam, ao depois, expressamente no art. 5º da CF, que trata dos direitos e garantias fundamentais do Estado Brasileiro, nos incisos I, II, IV, VIII, IX, X, XI, XII, XIII etc.

Mais que isso: a Constituição Federal, no Título VII – que trata "Da Ordem Econômica e Financeira", especificamente no art. 170 –, veio a pontificar que o trabalho é livre, a busca da fortuna e do crescimento do ser humano é uma busca incansável do homem, mas haverá a preservação da propriedade privada e da função social dessa propriedade, permitindo a livre concorrência, a fim de que se viva dentro de uma sociedade que faça com que os melhores e mais capacitados (ou os mais destemidos) sobrevivam sobre os menos preparados (ou menos arrojados) – lembrando, por oportuno, a colocação de Charles Darwin no sentido de que não são os mais fortes e maiores que sobrevivem, mas, sim, os que melhor se adaptam ao mundo. No mundo empresarial acontece o mesmo.

Aliás, o *caput* do art. 170 da CF preserva a livre iniciativa, *in verbis*:

---

1. Roberto Caparroz, in Pedro Lenza (coord.), *Comércio Internacional Esquematizado*, p. 151.

Art. 170. *A ordem econômica*, fundada na valorização do trabalho humano e na *livre iniciativa*, tem por fim assegurar a todos existência digna, conforme os ditames da *justiça social*, observados os seguintes princípios: (...) (grifos nossos).

E nos seus incisos merecem destaque a preservação da *propriedade privada* (inciso II), da sua *função social* (inciso III) e – o que nos interessa agora – da *livre concorrência* (inciso IV).

Assim, a livre iniciativa e a proteção à propriedade privada, garantindo o pleno uso por parte do seu proprietário, comportam três concepções distintas, pelo menos no Direito Brasileiro, sendo ora tratadas no Código Civil, ora em leis esparsas, como a da defesa dos *programas de computador*, e, especificamente, no chamado *direito industrial*, com a adoção do Código da Propriedade Industrial, como veremos a seguir.

O *direito autoral* protege o direito do criador, eis que as criações são produtos dos intelectos. Eles ainda não existem no mundo exterior. Só existem na concepção do autor. Não há produção industrial. Exemplo: obra de arte.

Há proteção integral do intelecto do autor, tanto é que, segundo o art. 184 do CP, com a redação da Lei 10.695/2003, qualquer reprodução de "obra intelectual, interpretação, execução ou fonograma" sem *autorização expressa* do autor constitui violação de direito autoral – demonstrando a vontade do Estado Brasileiro de preservar essa propriedade, chamada intelectual.

De outro lado, diz-se que as obras fruto da *propriedade industrial* – embora também provenham da criação de um intelecto – podem ser produzidas em larga escala mercantilista, mesmo porque a intenção da propriedade intelectual industrializada é fazer com que a obra seja realizada em grande quantidade, visando ao lucro, como veremos adiante.

Lembremos, por oportuno que, pelo Decreto 5.244, de 14.10.2004, foi criado o Conselho Nacional de Combate à Pirataria e Delitos Contra a Propriedade Intelectual e ficou definido o que é "pirataria", nestes termos:

> Entende-se por pirataria a violação dos direitos autorais de que tratam as Leis ns. 9.609 e 9.610, ambas de 19 de fevereiro de 1998 (art. 1º, parágrafo único).

Nos termos da Lei 9.610, de 19.2.1998, foi definida a natureza civil da propriedade intelectual do autor, tratando-se, em realidade, de verdadeiro *direito de personalidade*, eis que acabou sendo recepcionado pelo CC/2002 (arts. 18-20).

Porém, precisamos estabelecer que, tratando-se de *empresário* legalmente constituído nos termos do art. 966, parágrafo único, do CC, haverá naturalmente uma exceção à regra geral de não utilização da propriedade privada quando, evidentemente, não for inscrito no Registro de Propriedade Industrial ou, se inscrito, não for utilizado ou decair do direito de uso.

Em outros Países há uma divisão sobre os bens de que iremos tratar em seguida. Assim, na Espanha, pela Lei 11/1986, de 20.3.1986, ficou instituída a Lei de Patentes de Invenção e Modelos de Utilidade. Pela Lei 17/2001, de 7.12.2001, foi instituída a Lei de Marcas.

Em Portugal há proteção legal da propriedade industrial pelo Decreto-lei 16/1995, de 24.1.1995.

2. A propriedade industrial brasileira

A primeira regra de proteção industrial brasileira data de 1809, por meio do primeiro alvará falando sobre a invenção, que deveria ser registrada na *Real Junta do Commercio*.

Depois tivemos a Lei de 1830, a de 1875, o Decreto 3.346/1887, que adotou a Convenção de Paris de 1883 como referência às invenções. Esse decreto foi convertido na Lei 1.236/1904, regulamentada pelo Decreto 5.424/1905, que durou até o Decreto-lei 7.903, de 27.8.1945, até sua alteração pelo Decreto-lei 8.841, de 27.12.1945, que instituiu o primeiro Código da Propriedade Industrial brasileiro.

Este Código da Propriedade Industrial foi alterado pela lei vigente, a Lei 9.279, de 14.5.1996.

Porém, o INPI, que regulamenta todas as criações brasileiras e se trata de *autarquia federal*, foi criado pela Lei 5.648/1970, regulamentada atualmente pelo Decreto 8.854, de 22.9.2016, que melhor estruturou todo o INPI.

Além da Presidência, dividida em dois grandes órgãos (Gabinete e Diretoria Executiva),[2] possui cinco órgãos seccionais[3] e cinco órgãos específicos.[4]

2. Decreto 8.854/2016: "Art. 2º. O INPI tem a seguinte estrutura organizacional: I – órgãos de assistência direta e imediata ao Presidente: a) Gabinete; b) Diretoria Executiva; (...)".

3. Decreto 8.854/2016: "Art. 2º. O INPI tem a seguinte estrutura organizacional: (...); II – órgãos seccionais: a) Ouvidoria; b) Procuradoria Federal Especializada; c) Auditoria Interna; d) Corregedoria; e e) Diretoria de Administração; (...)".

4. Decreto 8.854/2016: "Art. 2º. O INPI tem a seguinte estrutura organizacional: (...); III – órgãos específicos singulares: a) Diretoria de Diretoria de Patentes, Programas

Não iremos tratar especificamente da atribuição administrativa de cada órgão, mesmo porque este não é objetivo desta obra, mas lembramos que as *Diretorias* são as responsáveis pela emissão dos certificados de titularidade e possibilidade de exploração econômica dos bens industriais, nos termos do art. 2º da Lei 9.279/1996.[5]

Estas Diretorias têm as definições próprias estabelecidas no citado Decreto 8.854, de 22.9.2016, que reestruturou o INPI.

A proteção legal encontra-se na denominada "Lei de Patentes" ou "Código da Propriedade Industrial" – Lei 9.279, de 14.5.1996, que iremos estudar a partir de agora.

Para Fábio Ulhoa Coelho

o direito industrial é a divisão do direito comercial que protege os interesses dos inventores, *designers* e empresários em relação às invenções, modelo de utilidade, desenho industrial e marcas.[6]

Para Fran Martins trata-se do

conjunto de institutos jurídicos que visam a garantir os direitos de autor sobre as produções intelectuais do domínio da indústria e assegurar a lealdade da concorrência comercial e industrial.[7]

O direito da propriedade industrial protege cinco grandes bens imateriais, também chamados de *privilégios industriais, patente de invenção, modelo de utilidade, registro de desenho industrial* e *registro de marca*.

No entanto, para a proteção é preciso seguir algumas regras.

Primeiro, a regra geral diz que o titular desses bens imateriais é o empresário (arts. 88 e 89 da Lei 9.279/1996), inclusive por preceito garantidor constitucional: art. 5º, XXIX.

de Computador e Topografias de Circuitos Integrados; b) Diretoria de Marcas, Desenhos Industriais e Indicações Geográficas; c) Coordenação-Geral de Contratos de Tecnologia; d) Coordenação-Geral de Recursos e Processos Administrativos de Nulidade; e e) Coordenação-Geral de Disseminação para Inovação".
5. Lei 9.279/1996: "Art. 2º. A proteção dos direitos relativos à propriedade industrial, considerado o seu interesse social e o desenvolvimento tecnológico e econômico do País, efetua-se mediante: I – concessão de patentes de invenção e de modelo de utilidade; II – concessão de registro de desenho industrial; III – concessão de registro de marca; IV – repressão às falsas indicações geográficas; e V – repressão à concorrência desleal".
6. Fábio Ulhoa Coelho, *Curso de Direito Comercial*, 7ª ed., p. 136.
7. Fran Martins, *Curso de Direito Comercial*, 27ª ed., p. 340.

Para gozar dessa proteção deve ser registrada a propriedade imaterial no INPI: autarquia federal que concede os direitos industriais. No momento em que o INPI concede o registro, nasce o direito à exploração exclusiva do objeto da patente ou do registro para aquele que o registrou. Gize-se: *registrou*. Não inventou. Não criou. Mas registrou. E, como diz o adágio popular: "quem não registra não é dono".

Pelo art. 6º do Código da Propriedade Industrial presume-se que quem registra seja o dono.[8]

E, nos termos do art. 7º, surgindo mais de um interessado, o que vale é o que primeiro se apresentou no INPI.[9]

Não bastam uma grande ideia e um grande invento. É necessário e obrigatório registrar para poder explorar comercialmente o produto.

A *invenção* e o *modelo de utilidade* devem ser protegidos pelas *cartas-patentes*, enquanto o *desenho industrial* e a *marca* são protegidos pelos *certificados de registro* concedidos pelo INPI.

Patente vem a ser o registro a respeito de uma invenção ou modelo de utilidade. *Marca* é a criação de um nome, enquanto patente é o registro da invenção de um produto. Seus requisitos estão previstos no art. 8º da Lei 9.279/1996.

Os *requisitos* que compõem a patenteabilidade de um produto, na forma do art. 8º da Lei 9.279/1996, são:[10] (a) *novidade da invenção* – não basta que a invenção ou o modelo sejam originais. É necessário que a criação seja desconhecida pela comunidade científica, técnica ou industrial. Para fazer uso do termo da lei (Código da Propriedade Industrial,

---

8. Lei 9.279/1996: "Art. 6º. Ao autor de invenção ou modelo de utilidade será assegurado o direito de obter a patente que lhe garanta a propriedade, nas condições estabelecidas nesta Lei. § 1º. Salvo prova em contrário, presume-se o requerente legitimado a obter a patente. § 2º. A patente poderá ser requerida em nome próprio, pelos herdeiros ou sucessores do autor, pelo cessionário ou por aquele a quem a lei ou o contrato de trabalho ou de prestação de serviços determinar que pertença a titularidade. § 3º. Quando se tratar de invenção ou de modelo de utilidade realizado conjuntamente por duas ou mais pessoas, a patente poderá ser requerida por todas ou qualquer delas, mediante nomeação e qualificação das demais, para ressalva dos respectivos direitos. § 4º. O inventor será nomeado e qualificado, podendo requerer a não divulgação de sua nomeação".

9. Lei 9.279/1996: "Art. 7º. Se dois ou mais autores tiverem realizado a mesma invenção ou modelo de utilidade, de forma independente, o direito de obter patente será assegurado àquele que provar o depósito mais antigo, independentemente das datas de invenção ou criação. Parágrafo único. A retirada de depósito anterior sem produção de qualquer efeito dará prioridade ao depósito imediatamente posterior".

10. Lei 9.279/1996: "Art. 8º. É patenteável a invenção que atenda aos requisitos de novidade, atividade inventiva e aplicação industrial".

art. 11), a criação não poderá estar compreendida no estado da técnica. Diz Fran Martins: "tudo aquilo que não se ache compreendido no estado da técnica, o qual, por sua vez, compreende tudo o que não houver sido divulgado, por escrito ou oralmente, até a data do depósito do pedido de patente de invenção";[11] (b) *atividade inventiva* – a lei define que a invenção apresenta inventividade quando não é uma decorrência óbvia do estado da técnica (Código da Propriedade Industrial, art. 13[12]). Em outras palavras: a invenção deve despertar no espírito dos técnicos da área o sentido de um real progresso. A seu turno, o modelo de utilidade atende ao requisito se não decorrer de maneira comum ou vulgar do estado da técnica, segundo o parecer dos especialistas no assunto (Código da Propriedade Industrial, art. 14[13]); (c) *aplicação industrial* – somente a invenção ou modelo suscetível de aproveitamento industrial podem ser patenteados.

Junte-se a tais requisitos, ainda, outro, previsto no art. 18 do Código da Propriedade Industrial, ou seja: o *não impedimento*, posto que a lei proíbe a patenteabilidade de determinados modelos ou invenções, entre outros, como os que atentem contra a moral e bons costumes – *o que é muito discutível nos tempos atuais* –, à segurança, à ordem e à saúde públicas,[14] e certos seres orgânicos.

Nos termos do art. 10 da Lei 9.279/1996, não são patenteáveis as invenções ou modelos de utilidade que importem descobertas matemáticas, científicas, concepções puramente abstratas, esquemas, planos, princípios comerciais, contábeis, publicitários, obras literárias ou arquitetô-

---

11. Fran Martins, *Curso de Direito Comercial*, cit., 27ª ed., pp. 342-343.

12. Lei 9.279/1996: "Art. 13. A invenção é dotada de atividade inventiva sempre que, para um técnico no assunto, não decorra de maneira evidente ou óbvia do estado da técnica".

13. Lei 9.279/1996: "Art. 14. O modelo de utilidade é dotado de ato inventivo sempre que, para um técnico no assunto, não decorra de maneira comum ou vulgar do estado da técnica".

14. Lei 9.279/1996: "Art. 18. Não são patenteáveis: I – o que for contrário à moral, aos bons costumes e à segurança, à ordem e à saúde públicas; II – as substâncias, matérias, misturas, elementos ou produtos de qualquer espécie, bem como a modificação de suas propriedades físico-químicas e os respectivos processos de obtenção ou modificação, quando resultantes de transformação do núcleo atômico; e III – o todo ou parte dos seres vivos, exceto os micro-organismos transgênicos que atendam aos três requisitos de patenteabilidade – novidade, atividade inventiva e aplicação industrial – previstos no art. 8º e que não sejam mera descoberta. Parágrafo único. Para os fins desta Lei, micro-organismos transgênicos são organismos, exceto o todo ou parte de plantas ou de animais, que expressem, mediante intervenção humana direta em sua composição genética, uma característica normalmente não alcançável pela espécie em condições naturais".

nicas, programas de computador, informações, regras de jogo, técnicas e métodos operatórios ou cirúrgicos e terapêuticos ou de diagnósticos, seres vivos naturais ou materiais biológicos – entre outras coisas. Como disse Fran Martins,

a aprovação da Lei da Propriedade Industrial gerou enorme polêmica justamente por abordar questões absolutamente novas, que começam a fazer parte da vida diária do homem moderno, notadamente aquelas envolvendo a Biotecnologia, por demasiado complexas para serem abordadas neste *Curso*.[15]

Antes de continuarmos com a análise do que pode ou não pode ser registrado, é interessante descrever já o que seja passível de registro.

Assim, temos as seguintes definições:

(a) *Invenção* – É o ato original do gênero humano. Projeto que antes era desconhecido. Existe a necessidade de se obter a proteção por meio de um registro no INPI, o qual deve ser convalidado pela concessão da patente.

(b) *Modelo de utilidade* – É o objeto que já havia sido inventado e foi melhorado, aperfeiçoado. Não há propriamente invenção, mas acréscimo na utilidade de alguma ferramenta, instrumento de trabalho ou utensílio, pela ação da novidade parcial que se lhe agrega.

(c) *Marca* – É a designação que identifica produtos e serviços. Não se confunde com outros designativos presentes na empresa, como o nome empresarial, que identifica o empresário e o título de estabelecimento, referido ao local do exercício da atividade econômica. O objetivo da marca é fazer distinção de produtos ou serviços. Ao dar essa distinção, atrela de forma intrínseca outros valores: de qualidade, *status*, *design*...

(d) *Região geográfica não é marca* – Para ter a região de origem no rótulo do seu produto o fabricante deve atender aos padrões mínimos que determinada sociedade (da localidade) exige. É necessário um registro específico.

(e) *Indicações geográficas* – As indicações geográficas podem consistir em *indicações de procedência* ou *denominações de origem* (art. 176), com a definição do art. 177 do Código da Propriedade Industrial:

---

15. Fran Martins, *Curso de Direito Comercial*, cit., 27ª ed., p. 343.

Considera-se indicação de procedência o nome geográfico de País, cidade, região ou localidade de seu território que se tenha tornado conhecido como centro de extração, produção ou fabricação de determinado produto ou de prestação de determinado serviço.

Já, as denominações de origem são definidas como o

nome geográfico de País, cidade, região ou localidade de seu território, que designe produto ou serviço cujas qualidades ou características se devam exclusiva ou essencialmente ao meio geográfico, incluídos fatores naturais e humanos (art. 178).

As indicações geográficas não são registráveis como marcas (art. 124, IX), podendo, todavia, o nome geográfico constituir elemento característico de marca, desde que não constitua indicação de procedência ou denominação de origem e não induza falsa procedência.

(f) *Desenhos industriais* – A Lei 9.279/1996 aboliu a distinção entre desenhos industriais (bidimensionais) e modelos industriais (tridimensionais), definindo como desenho industrial

a forma plástica ornamental de um objeto ou o conjunto ornamental de linhas e cores que possa ser aplicado a um produto, proporcionando resultado visual novo e original na sua configuração externa e que possa servir de tipo de fabricação industrial (art. 95).

Há que se diferenciar entre *modelos* e *desenhos industriais* e *modelos de utilidade*. A aproximação dos nomes, na verdade, não significa identidade de conceitos. Estes, os *modelos de utilidade*, são melhoramentos introduzidos em objetos de fins industriais (máquinas, ferramentas etc.) com a finalidade de lhes facilitar o uso com rendimento mais apreciável para o fim a que se destinam. Assim, em uma máquina cujo manejo é difícil e trabalhoso introduzindo-se uma melhoria que torne seu uso fácil e produtivo para suas finalidades tem-se um modelo de utilidade, que, na realidade, é um invento, e, como tal, privilegiável, para fins de garantir ao inventor não apenas a propriedade, como o uso exclusivo.

Já, os *modelos e desenhos industriais são ornamentações* dadas aos produtos industriais para melhor apresentação, razão pela qual também são chamados *desenhos e modelos ornamentais*. Para obter essa nova aparência dos produtos industriais podem ser utilizados moldes, padrões, relevos, linhas ou cores, exigindo-se, porém, que o modelo ou desenho seja novo ou original, capaz, assim, de se distinguir dos similares existentes no comércio, conforme descrito no art. 95 do Código da Propriedade Industrial.[16]

Marcas de indústria, de comércio e de serviços são os nomes, denominações, monogramas, emblemas, palavras, símbolos, figuras e quaisquer outros sinais utilizados pelo empresário para a distinção de suas mercadorias, seus produtos industriais ou serviços de outros semelhantes, evitando confusão para o consumidor.

Assim, *marcas de indústria* são as utilizadas pelo fabricante em produtos de sua fabricação; *marcas de comércio* são aquelas empregadas por empresários do comércio nas mercadorias, mas que podem, no entanto, ser fabricadas ou produzidas por outrem; e *marcas de serviço* são aquelas utilizadas por profissionais autônomos, entidades ou empresas visando à distinção dos seus serviços ou suas atividades.

Pela Lei 9.279/1996 passaram a ser assim definidas, sendo anteriormente conhecidas por *marcas de fábrica*.

O Código da Propriedade Industrial define também as *marcas de certificação*, usadas para "atestar a conformidade de um produto ou serviço com determinadas normas ou especificações técnicas, notadamente quanto à qualidade, natureza, material utilizado e metodologia empregada" (art. 123, II), e as *marcas coletivas*, usadas "para identificar produtos ou serviços provindos de membros de uma determinada entidade" (art. 123, III).

Veremos as diferenças mais adiante.

2.1 Do processo de obtenção da patente de invenção

Qualquer *inventor* ou *detentor* de um produto que pretenda obter uma patente deve seguir rigorosamente o disposto no art. 19 do Código da Propriedade Industrial,[17] protocolando no INPI o chamado *pedido de obtenção de patente* ou da *carta-patente*, que deve conter relatório descritivo do invento, que será protocolado no INPI, considerando-se,

---

16. Lei 9.279/1996: "Art. 95. Considera-se desenho industrial a forma plástica ornamental de um objeto ou o conjunto ornamental de linhas e cores que possa ser aplicado a um produto, proporcionando resultado visual novo e original na sua configuração externa e que possa servir de tipo de fabricação industrial".

17. Lei 9.279/1996: "Art. 19. O pedido de patente, nas condições estabelecidas pelo INPI, conterá: I – requerimento; II – relatório descritivo; III – reivindicações; IV – desenhos, se for o caso; V – resumo; e VI – comprovante do pagamento da retribuição relativa ao depósito".

então, efetuado o depósito na data de sua apresentação, nos termos do art. 20 do Código.[18]

Na ausência de documentação adequada, pode ser complementada, nos termos do art. 21 do Código da Propriedade Industrial.[19]

Feito o depósito, a patente deve ser mantida em sigilo absoluto até a data da publicação, que deverá ocorrer somente depois de 18 meses, contados da data do depósito ou da prioridade mais antiga, nos termos do art. 30 do Código da Propriedade Industrial,[20] com exceção dos casos previstos no art. 75, isto é, daqueles inventos em que prevaleça o interesse na defesa nacional.[21]

Após a publicação poderá sofrer impugnações, nos termos do art. 31, sendo que, após 60 dias da publicação, passará a correr o processo de concessão da patente, nos termos do art. 31, parágrafo único, do Código da Propriedade Industrial.[22]

---

18. Lei 9.279/1996: "Art. 20. Apresentado o pedido, será ele submetido a exame formal preliminar e, se devidamente instruído, será protocolizado, considerada a data de depósito a da sua apresentação".

19. Lei 9.279/1996: "Art. 21. O pedido que não atender formalmente ao disposto no art. 19, mas que contiver dados relativos ao objeto, ao depositante e ao inventor, poderá ser entregue, mediante recibo datado, ao INPI, que estabelecerá as exigências a serem cumpridas, no prazo de 30 (trinta) dias, sob pena de devolução ou arquivamento da documentação. Parágrafo único. Cumpridas as exigências, o depósito será considerado como efetuado na data do recibo".

20. Lei 9.279/1996: "Art. 30. O pedido de patente será mantido em sigilo durante 18 (dezoito) meses contados da data de depósito ou da prioridade mais antiga, quando houver, após o quê será publicado, à exceção do caso previsto no art. 75. § 1º. A publicação do pedido poderá ser antecipada a requerimento do depositante. § 2º. Da publicação deverão constar dados identificadores do pedido de patente, ficando cópia do relatório descritivo, das reivindicações, do resumo e dos desenhos à disposição do público no INPI. § 3º. No caso previsto no parágrafo único do art. 24, o material biológico tornar-se-á acessível ao público com a publicação de que trata este artigo".

21. Lei 9.279/1996: "Art. 75. O pedido de patente originário do Brasil cujo objeto interesse à defesa nacional será processado em caráter sigiloso e não estará sujeito às publicações previstas nesta Lei. § 1º. O INPI encaminhará o pedido, de imediato, ao órgão competente do Poder Executivo para, no prazo de 60 (sessenta) dias, manifestar-se sobre o caráter sigiloso. Decorrido o prazo sem a manifestação do órgão competente, o pedido será processado normalmente. § 2º. É vedado o depósito no Exterior de pedido de patente cujo objeto tenha sido considerado de interesse da defesa nacional, bem como qualquer divulgação do mesmo, salvo expressa autorização do órgão competente. § 3º. A exploração e a cessão do pedido ou da patente de interesse da defesa nacional estão condicionadas à prévia autorização do órgão competente, assegurada indenização sempre que houver restrição dos direitos do depositante ou do titular".

22. Lei 9.279/1996: "Art. 31. Publicado o pedido de patente e até o final do exame, será facultada a apresentação, pelos interessados, de documentos e informações para

O requerente poderá alterar ou melhorar seu pedido inicial, nos termos do art. 32 do Código da Propriedade Industrial.[23] O exame do pedido deverá ser feito no prazo de 36 meses, *ex vi* do art. 33.[24]

Poderá haver a necessidade de novos documentos, que deverão ser apresentados no prazo de 60 dias, nos termos do art. 34, sob pena de arquivamento do pedido de obtenção de patente.[25]

Se o depósito for feito no Estrangeiro, haverá necessidade de se saber se o País depositante mantém tratado ou convenção com o Brasil sobre invenções e patentes. Se positivo, terá validade, conforme os arts. 16 e 17 da Lei 9.279/1996. Se negativo, o autor da invenção deverá seguir os trâmites previstos no Brasil, perdendo os direitos anteriormente adquiridos.

O prazo para a reivindicação de prioridade é de 60 dias, conforme o art. 16, § 1º, do Código da Propriedade Industrial.

A comprovação da patente e sua prioridade devem ser feitas no mesmo período da reivindicação, podendo ser solicitado prazo para apresentação da documentação necessária, que se dará em 180 dias, conforme o § 3º do art. 16.

Dispõe o § 4º do mesmo art. 16 que os pedidos internacionais depositados em virtude de tratado com o Brasil terão a tradução apresentada no prazo de 60 dias, a contar da data da entrada do processamento nacional.

Importante asseverar que *a patente não é eterna*. Tem um limite temporal de 20 anos. Transcorrido esse prazo, a patente vira de uso co-

---

subsidiarem o exame. Parágrafo único. O exame não será iniciado antes de decorridos 60 (sessenta) dias da publicação do pedido."

23. Lei 9.279/1996: "Art. 32. Para melhor esclarecer ou definir o pedido de patente, o depositante poderá efetuar alterações até o requerimento do exame, desde que estas se limitem à matéria inicialmente revelada no pedido".

24. Lei 9.279/1996: "Art. 33. O exame do pedido de patente deverá ser requerido pelo depositante ou por qualquer interessado, no prazo de 36 (trinta e seis) meses contados da data do depósito, sob pena do arquivamento do pedido. Parágrafo único. O pedido de patente poderá ser desarquivado, se o depositante assim o requerer, dentro de 60 (sessenta) dias contados do arquivamento, mediante pagamento de uma retribuição específica, sob pena de arquivamento definitivo".

25. Lei 9.279/1996: "Art. 34. Requerido o exame, deverão ser apresentados, no prazo de 60 (sessenta) dias, sempre que solicitado, sob pena de arquivamento do pedido: I – objeções, buscas de anterioridade e resultados de exame para concessão de pedido correspondente em outros Países, quando houver reivindicação de prioridade; II – documentos necessários à regularização do processo e exame do pedido; e III – tradução simples do documento hábil referido no § 2º do art. 16, caso esta tenha sido substituída pela declaração prevista no § 5º do mesmo artigo".

mum. Não pode ser renovada após esse prazo. Nos termos do art. 40 do Código da Propriedade Industrial, o prazo de exploração da carta-patente é de 20 anos, e o de modelo de utilidade 15 anos, contados da data do depósito, sendo que a própria lei fixou, no parágrafo único, os prazos mínimos de vigência de 10 e 7 anos, respectivamente.[26]

Poderão a patente ou a propriedade de invenção ser alienadas, cedidas, total ou parcialmente, por ato *inter vivos* ou *mortis causa*, a título gratuito ou oneroso, nos termos do art. 58 do Código da Propriedade Industrial,[27] procedendo-se às anotações no INPI, conforme dispõe o art. 59, I,[28] sendo que em relação a terceiros somente produzirão efeitos a partir da sua publicação, conforme o art. 60.[29]

Nada impede que o dono da invenção permita que terceiro explore sua licença, de forma voluntária, bastando celebrar contrato dessa natureza, registrado no INPI, nos termos do art. 61 do Código, chamada de *licença voluntária* ou *licença facultativa* pela doutrina.[30]

O registro da cessão ou da exploração não produzirá efeitos contra terceiros se não seguir os trâmites dos arts. 60 e 62, § 1º, do Código da Propriedade Industrial, isto é, o devido registro perante o INPI.[31]

Entretanto, se houver melhoras no produto licenciado por parte daquele que o está explorando, a ele pertence o direito de usufruir dos

---

26. Lei 9.279/1996:
"Art. 40. A patente de invenção vigorará pelo prazo de 20 (vinte) anos e a de modelo de utilidade pelo prazo 15 (quinze) anos contados da data de depósito.
"Parágrafo único. O prazo de vigência não será inferior a 10 (dez) anos para a patente de invenção e a 7 (sete) anos para a patente de modelo de utilidade, a contar da data de concessão, ressalvada a hipótese de o INPI estar impedido de proceder ao exame de mérito do pedido, por pendência judicial comprovada ou por motivo de força maior."
27. Lei 9.279/1996: "Art. 58. O pedido de patente ou a patente, ambos de conteúdo indivisível, poderão ser cedidos, total ou parcialmente".
28. Lei 9.279/1996: "Art. 59. O INPI fará as seguintes anotações: I – da cessão, fazendo constar a qualificação completa do cessionário; II – de qualquer limitação ou ônus que recaia sobre o pedido ou a patente; e III – das alterações de nome, sede ou endereço do depositante ou titular".
29. Lei 9.279/1996: "Art. 60. As anotações produzirão efeito em relação a terceiros a partir da data de sua publicação".
30. Lei 9.279/1996: "Art. 61. O titular de patente ou o depositante poderá celebrar contrato de licença para exploração. Parágrafo único. O licenciado poderá ser investido pelo titular de todos os poderes para agir em defesa da patente."
31. Lei 9.279/1996: "Art. 62. O contrato de licença deverá ser averbado no INPI para que produza efeitos em relação a terceiros. § 1º. A averbação produzirá efeitos em relação a terceiros a partir da data de sua publicação. § 2º. Para efeito de validade de prova de uso, o contrato de licença não precisará estar averbado no INPI."

louros dessas melhoras, conforme o art. 63 do Código da Propriedade Industrial.[32]

O dono da patente pode solicitar, ainda, que o INPI faça a oferta pública da exploração da patente, seguindo um ritual de publicação da oferta aos interessados, que poderão se conciliar com o proprietário ou, em caso de desavença, ser arbitrada a licença pelo próprio INPI, seguindo o disposto nos arts. 64-66 do Código da Propriedade Industrial.[33]

O objetivo da exploração da patente é a lucratividade da mesma, seja pelo inventor, seja pelo licenciado, sendo que este deverá iniciar a exploração econômica da mesma no prazo de um ano, sob pena de extinção do seu direito, na forma do art. 67 do Código da Propriedade Industrial.[34]

Além da licença voluntária ou licença facultativa, há, também, a chamada *licença compulsória de exploração de patente*.

Nos termos do art. 68, *caput*, do Código da Propriedade Industrial, o titular da patente ficará sujeito à *licença compulsória de exploração da patente* quando houver abuso na sua exploração ou ficar demonstrado que se trata de abuso de poder econômico, devendo valer-se o INPI ou o juiz de todos os meios de provas lícitas admitidos, inclusive o contraditório, para a comprovação do alegado abuso.[35] No § 1º do mesmo art. 68 há o estabelecimento de outros atos que importam licença compulsória.

32. Lei 9.279/1996: "Art. 63. O aperfeiçoamento introduzido em patente licenciada pertence a quem o fizer, sendo assegurado à outra parte contratante o direito de preferência para seu licenciamento".
33. Lei 9.279/1996: "Art. 64. O titular da patente poderá solicitar ao INPI que a coloque em oferta para fins de exploração. § 1º. O INPI promoverá a publicação da oferta. § 2º. Nenhum contrato de licença voluntária de caráter exclusivo será averbado no INPI sem que o titular tenha desistido da oferta. § 3º. A patente sob licença voluntária, com caráter de exclusividade, não poderá ser objeto de oferta. § 4º. O titular poderá, a qualquer momento, antes da expressa aceitação de seus termos pelo interessado, desistir da oferta, não se aplicando o disposto no art. 66.
"Art. 65. Na falta de acordo entre o titular e o licenciado, as partes poderão requerer ao INPI o arbitramento da remuneração. § 1º. Para efeito deste artigo, o INPI observará o disposto no § 4º do art. 73. § 2º. A remuneração poderá ser revista decorrido 1 (um) ano de sua fixação.
"Art. 66. A patente em oferta terá sua anuidade reduzida à metade no período compreendido entre o oferecimento e a concessão da primeira licença, a qualquer título."
34. Lei 9.279/1996: "Art. 67. O titular da patente poderá requerer o cancelamento da licença se o licenciado não der início à exploração efetiva dentro de 1 (um) ano da concessão, interromper a exploração por prazo superior a 1 (um) ano, ou, ainda, se não forem obedecidas as condições para a exploração".
35. Lei 9.279/1996: "Art. 68. O titular ficará sujeito a ter a patente licenciada compulsoriamente se exercer os direitos dela decorrentes de forma abusiva, ou por meio

A defesa contra a licença compulsória está prevista no art. 69 do Código da Propriedade Industrial, segundo o qual poderá o licenciado demonstrar suas razões legítimas para justificar o não uso ou falta de fabricação ou comercialização por obstáculos nas condições técnicas ou legais.[36]

De acordo com o art. 70 do Código da Propriedade Industrial, há a previsão da chamada *licença compulsória cruzada*, que nada mais é que a dependência de uma patente em relação a outra patente, ou existir interesse nacional urgente (art. 71), ou o objeto da patente dependente constituir substancial progresso técnico em relação à anterior patente registrada (art. 70, II), ou o titular não realizar acordo com o titular da patente dependente para a exploração de sua patente (art. 70, III). Pode parecer que nesta hipótese exista uma imposição legislativa.

Realmente, o titular de uma patente não pode simplesmente deixar de utilizar seu invento. Como membro da sociedade, é sua obrigação, também, fornecer os meios necessários para a evolução social. Se alguém tiver condições de melhorar uma patente, deverá ser consentido. Se não existir acordo entre o primeiro e o segundo inventor, poderá ser compulsoriamente obrigado o primeiro a consentir que o segundo utilize a patente, melhorada.

---

dela praticar abuso de poder econômico, comprovado nos termos da lei, por decisão administrativa ou judicial. § 1º. Ensejam, igualmente, licença compulsória: I – a não exploração do objeto da patente no território brasileiro por falta de fabricação ou fabricação incompleta do produto, ou, ainda, a falta de uso integral do processo patenteado, ressalvados os casos de inviabilidade econômica, quando será admitida a importação; ou II – a comercialização que não satisfizer às necessidades do mercado. § 2º. A licença só poderá ser requerida por pessoa com legítimo interesse e que tenha capacidade técnica e econômica para realizar a exploração eficiente do objeto da patente, que deverá destinar--se, predominantemente, ao mercado interno, extinguindo-se nesse caso a excepcionalidade prevista no inciso I do parágrafo anterior. § 3º. No caso de a licença compulsória ser concedida em razão de abuso de poder econômico, ao licenciado, que propõe fabricação local, será garantido um prazo, limitado ao estabelecido no art. 74, para proceder à importação do objeto da licença, desde que tenha sido colocado no mercado diretamente pelo titular ou com o seu consentimento. § 4º. No caso de importação para exploração de patente e no caso da importação prevista no parágrafo anterior, será igualmente admitida a importação por terceiros de produto fabricado de acordo com patente de processo ou de produto, desde que tenha sido colocado no mercado diretamente pelo titular ou com o seu consentimento. § 5º. A licença compulsória de que trata o § 1º somente será requerida após decorridos 3 (três) anos da concessão da patente".
36. Lei 9.279/1996: "Art. 69. A licença compulsória não será concedida se, à data do requerimento, o titular: I – justificar o desuso por razões legítimas; II – comprovar a realização de sérios e efetivos preparativos para a exploração; ou III – justificar a falta de fabricação ou comercialização por obstáculo de ordem legal".

Questão que suscita muitas dúvidas e desdobramentos diz respeito às invenções decorrentes do *contrato de trabalho* ou *de prestação de serviços*, sendo que a matéria foi regulamentada pelos arts. 88-90 do Código da Propriedade Industrial. Ao se falar em *contrato de trabalho* ou *de prestação de serviços* deve-se ter em mente qualquer tipo de vínculo empregatício ou atividade, conforme se vê do art. 92, *in verbis*: "O disposto nos artigos anteriores aplica-se, no que couber, às relações entre o trabalhador autônomo ou o estagiário e a empresa contratante e entre empresas contratantes e contratadas", seja a empregadora unidade pública ou privada, de qualquer esfera de governo, conforme o art. 93.[37]

A regra é que a invenção e o modelo de utilidade são exclusivos do empregador, em face do contrato de trabalho, tendo a atividade empresarial por objeto a pesquisa ou invenção, ou que resultem tanto a invenção como o modelo de utilidade deste contrato de trabalho desempenhado no Brasil, na forma do art. 88 do Código da Propriedade Industrial, salvo disposição expressa em contrário.[38]

A exceção é a participação do empregado nos ganhos econômicos do titular da patente ou autor de invento, desde que pactuado anteriormente, e por concessão do empregador, conforme o art. 89 do Código da Propriedade Industrial.[39]

No entanto, pertencerá exclusivamente ao empregado quando o mesmo fizer a invenção ou o modelo de utilidade longe do local de trabalho e sem utilizar quaisquer utensílios – tomado o termo no sentido mais amplo – que pertençam ao empregador. Logo, o empregado pode ter uma ideia maravilhosa para o bem do seu trabalho; se a desenvolver na empresa ou com os utensílios, móveis, equipamentos, informações,

---

37. Lei 9.279/1996: "Art. 93. Aplica-se o disposto neste Capítulo, no que couber, às entidades da Administração Pública, direta, indireta e fundacional, Federal, Estadual ou Municipal".
38. Lei 9.279/1996: "Art. 88. A invenção e o modelo de utilidade pertencem exclusivamente ao empregador quando decorrerem de contrato de trabalho cuja execução ocorra no Brasil e que tenha por objeto a pesquisa ou a atividade inventiva, ou resulte esta da natureza dos serviços para os quais foi o empregado contratado. § 1º. Salvo expressa disposição contratual em contrário, a retribuição pelo trabalho a que se refere este artigo limita-se ao salário ajustado. § 2º. Salvo prova em contrário, consideram-se desenvolvidos na vigência do contrato a invenção ou o modelo de utilidade cuja patente seja requerida pelo empregado até 1 (um) ano após a extinção do vínculo empregatício".
39. Lei 9.279/1996: "Art. 89. O empregador, titular da patente, poderá conceder ao empregado, autor de invento ou aperfeiçoamento, participação nos ganhos econômicos resultantes da exploração da patente, mediante negociação com o interessado ou conforme disposto em norma da empresa. Parágrafo único. A participação referida neste artigo não se incorpora, a qualquer título, ao salário do empregado".

dados etc. da empresa mas fora do local de trabalho não terá qualquer direito à exclusividade, conforme o art. 90 do Código da Propriedade Industrial Código da Propriedade Industrial.[40]

Poderá ser partilhada a vantagem auferida pela empresa na hipótese em que, não existindo disposição expressa em contrato de trabalho, a invenção ou o modelo de utilidade resulte da contribuição pessoal do empregado utilizando a empresa como sua base inventiva, tudo conforme o art. 91 e seus §§ do Código da Propriedade Industrial.[41]

Nesse caso, porém, terá o empregador que iniciar a exploração da patente no prazo de um ano, sob pena de se modificar a titularidade, passando a ser exclusiva do empregado, conforme o disposto no § 3º do art. 91 do Código da Propriedade Industrial.[42]

Nos termos do art. 76 da Lei 9.279/1996, é possível existirem os chamados *certificados de adição de invenção*, que visam a proteger o *aperfeiçoamento* ou *desenvolvimento* introduzido no objeto da invenção, ainda que a modificação não decorra de atividade inventiva, fazendo todo o processo determinado nos §§ 1º-4º, para o exame do pedido e sua posterior concessão ou indeferimento, do qual caberá recurso administrativo.[43]

---

40. Lei 9.279/1996: "Art. 90. Pertencerá exclusivamente ao empregado a invenção ou o modelo de utilidade por ele desenvolvido, desde que desvinculado do contrato de trabalho e não decorrente da utilização de recursos, meios, dados, materiais, instalações ou equipamentos do empregador".

41. Lei 9.279/1996: "Art. 91. A propriedade de invenção ou de modelo de utilidade será comum, em partes iguais, quando resultar da contribuição pessoal do empregado e de recursos, dados, meios, materiais, instalações ou equipamentos do empregador, ressalvada expressa disposição contratual em contrário. § 1º. Sendo mais de um empregado, a parte que lhes couber será dividida igualmente entre todos, salvo ajuste em contrário. § 2º. É garantido ao empregador o direito exclusivo de licença de exploração e assegurada ao empregado a justa remuneração".

42. Lei 9.279/1996, § 3º do art. 91: "§ 3º. A exploração do objeto da patente, na falta de acordo, deverá ser iniciada pelo empregador dentro do prazo de 1 (um) ano, contado da data de sua concessão, sob pena de passar à exclusiva propriedade do empregado a titularidade da patente, ressalvadas as hipóteses de falta de exploração por razões legítimas".

43. Lei 9.279/1996: "Art. 76. O depositante do pedido ou titular de patente de invenção poderá requerer, mediante pagamento de retribuição específica, certificado de adição para proteger aperfeiçoamento ou desenvolvimento introduzido no objeto da invenção, mesmo que destituído de atividade inventiva, desde que a matéria se inclua no mesmo conceito inventivo. § 1º. Quando tiver ocorrido a publicação do pedido principal, o pedido de certificado de adição será imediatamente publicado. § 2º. O exame do pedido de certificado de adição obedecerá ao disposto nos arts. 30 a 37, ressalvado o disposto no parágrafo anterior. § 3º. O pedido de certificado de adição será indeferido se o seu objeto não apresentar o mesmo conceito inventivo. § 4º. O depositante poderá, no prazo do recurso, requerer a transformação do pedido de certificado de adição em pedido de patente,

O certificado de adição de invenção é considerado, *ex vi legis*, sempre um acessório da invenção, e não tem vida própria, encerrando-se com o prazo de vigência da *carta-patente*, não podendo o inventor dos melhoramentos prosseguir com a *carta-patente* ao cabo do tempo da mesma, tudo conforme disposto no art. 77 do Código da Propriedade Industrial.[44]

2.2 Formas de extinção da patente

Como já afirmamos anteriormente, a patente não é eterna, dispostas no art. 78 do Código da Propriedade Industrial suas formas de extinção. Ou seja: a *carta-patente* de invenção deixa de ser um direito de propriedade de uso exclusivo do inventor, podendo ser explorada a partir de sua extinção, posto que, nos termos do parágrafo único do art. 78 do Código da Propriedade Industrial, *cai em domínio público* e se torna "coisa de ninguém". Desejou o legislador estabelecer precipuamente suas formas, ou seja, pela *expiração do prazo de vigência*, pela *renúncia de seu titular*, pela *caducidade*, pela *falta de pagamento da retribuição anual de licenciamento* ou *por falta de procurador no Brasil com poderes para representar administrativa e judicialmente o domiciliado no Exterior*, na forma do art. 217 do Código da Propriedade Industrial.[45]

Evidentemente, o inventor não poderá simplesmente renunciar os direitos de exploração da patente quando esta já tiver sido negociada com terceiros, mesmo porque se trata de ato nulo de pleno de direito, respondendo o cedente por perdas e danos, nos termos do art. 79 do Código da Propriedade Industrial.[46]

Há duas formas de declaração da caducidade da carta-patente, previstas no art. 80 do Código da Propriedade Industrial: por meio de

---

beneficiando-se da data de depósito do pedido de certificado, mediante pagamento das retribuições cabíveis".

44. Lei 9.279/1996: "Art. 77. O certificado de adição é acessório da patente, tem a data final de vigência desta e acompanha-a para todos os efeitos legais. Parágrafo único. No processo de nulidade, o titular poderá requerer que a matéria contida no certificado de adição seja analisada para se verificar a possibilidade de sua subsistência, sem prejuízo do prazo de vigência da patente".

45. Lei 9.279/1996: "Art. 78. A patente extingue-se: I – pela expiração do prazo de vigência; II – pela renúncia de seu titular, ressalvado o direito de terceiros; III – pela caducidade; IV – pela falta de pagamento da retribuição anual, nos prazos previstos no § 2º do art. 84 e no art. 87; e V – pela inobservância do disposto no art. 217. Parágrafo único. Extinta a patente, o seu objeto cai em domínio público".

46. Lei 9.279/1996: "Art. 79. A renúncia só será admitida se não prejudicar direitos de terceiros".

requerimento de *qualquer* interessado ou *ex officio* pelo INPI. Dessa maneira, qualquer pessoa interessada na exploração da patente poderá recorrer ao INPI, no prazo de dois anos após a primeira concessão de licença compulsória, se o titular não houver prevenido sua patente, não explorá-la ou não sanar o abuso ou esta entrar em desuso, *salvo motivos justificáveis*, nos termos do art. 80 da Lei 9.279/1996.[47]

O processo seguirá os passos dos arts. 81-83 do Código da Propriedade Industrial.[48]

Importante asseverar que uma carta-patente é considerada *nula* (art. 46[49]), e não *simplesmente anulável*, quando concedida em desacordo com as normas do Código da Propriedade Industrial, desde o momento de concessão, ou seja, possui o efeito *ex tunc*, na forma do art. 48,[50] e a declaração dessa nulidade pode ser reconhecida tanto de maneira administrativa como judicial, e o legítimo inventor poderá pleitear tanto a declaração de nulidade da mesma como, se o preferir, por meio de ação judicial, sua *adjudicação*, na forma do art. 49 do CPI.[51]

Também a declaração de nulidade poderá se cingir a parte da carta-patente, e não a ela totalmente, conforme o art. 47 do CPI-Código da Propriedade Industrial.[52]

---

47. Lei 9.279/1996: "Art. 80. Caducará a patente, de ofício ou a requerimento de qualquer pessoa com legítimo interesse, se, decorridos 2 (dois) anos da concessão da primeira licença compulsória, esse prazo não tiver sido suficiente para prevenir ou sanar o abuso ou desuso, salvo motivos justificáveis. § 1º. A patente caducará quando, na data do requerimento da caducidade ou da instauração de ofício do respectivo processo, não tiver sido iniciada a exploração. § 2º. No processo de caducidade instaurado a requerimento, o INPI poderá prosseguir se houver desistência do requerente".
48. Lei 9.279/1996: "Art. 81. O titular será intimado mediante publicação para se manifestar, no prazo de 60 (sessenta) dias, cabendo-lhe o ônus da prova quanto à exploração.
"Art. 82. A decisão será proferida dentro de 60 (sessenta) dias, contados do término do prazo mencionado no artigo anterior.
"Art. 83. A decisão da caducidade produzirá efeitos a partir da data do requerimento ou da publicação da instauração de ofício do processo."
49. "Art. 46. É nula a patente concedida contrariando as disposições desta Lei."
50. Lei 9.279/1996: "Art. 48. A nulidade da patente produzirá efeitos a partir da data do depósito do pedido".
51. Lei 9.279/1996: "Art. 49. No caso de inobservância do disposto no art. 6º, o inventor poderá, alternativamente, reivindicar, em ação judicial, a adjudicação da patente".
52. Lei 9.279/1996: "Art. 47. A nulidade poderá não incidir sobre todas as reivindicações, sendo condição para a nulidade parcial o fato de as reivindicações subsistentes constituírem matéria patenteável por si mesmas".

Dispõe o art. 56 do Código da Propriedade Industrial que a ação visando à declaração da nulidade da carta-patente somente poderá ser proposta *enquanto perdurar a vigência da patente*, isto é, somente durante o direito à sua exploração, não podendo ser feita a declaração de nulidade após esse período, evidentemente, posto que perderia o objeto, em face de seu domínio público.[53]

De outro lado, partes legítimas para a propositura da ação de nulidade são o INPI ou qualquer interessado na exploração econômica da carta-patente. E, quando não for a ação ajuizada pelo INPI, este obrigatoriamente há de intervir no feito. E, como se trata de autarquia federal, a ação deve ser proposta perante a Justiça Federal, sendo que o prazo para resposta do titular da patente é de 60 dias, conforme o art. 57 do Código da Propriedade Industrial.[54]

A declaração de nulidade administrativa da carta-patente e de seu possível certificado de adição de patente se dá no âmbito do INPI; o prazo decadencial de propositura de demanda administrativa se dá no prazo de 6 meses, contados da data da concessão da patente, sendo possível o prosseguimento administrativo da declaração de nulidade, ainda que extinta a patente, nos termos do parágrafo único do art. 51, e segue os trâmites dos arts. 50-55 do Código da Propriedade Industrial, e o prazo de defesa do titular também é de 60 dias.[55]

---

53. Lei 9.279/1996: "Art. 56. A ação de nulidade poderá ser proposta a qualquer tempo da vigência da patente, pelo INPI ou por qualquer pessoa com legítimo interesse. § 1º. A nulidade da patente poderá ser arguida, a qualquer tempo, como matéria de defesa. § 2º. O juiz poderá, preventiva ou incidentalmente, determinar a suspensão dos efeitos da patente, atendidos os requisitos processuais próprios".
54. Lei 9.279/1996: "Art. 57. A ação de nulidade de patente será ajuizada no foro da Justiça Federal e o INPI, quando não for autor, intervirá no feito. § 1º. O prazo para resposta do réu titular da patente será de 60 (sessenta) dias. § 2º. Transitada em julgado a decisão da ação de nulidade, o INPI publicará anotação, para ciência de terceiros".
55. Lei 9.279/1996: "Art. 50. A nulidade da patente será declarada administrativamente quando: I – não tiver sido atendido qualquer dos requisitos legais; II – o relatório e as reivindicações não atenderem ao disposto nos arts. 24 e 25, respectivamente; III – o objeto da patente se estenda além do conteúdo do pedido originalmente depositado; ou IV – no seu processamento, tiver sido omitida qualquer das formalidades essenciais, indispensáveis à concessão.
"Art. 51. O processo de nulidade poderá ser instaurado de ofício ou mediante requerimento de qualquer pessoa com legítimo interesse, no prazo de 6 (seis) meses contados da concessão da patente. Parágrafo único. O processo de nulidade prosseguirá ainda que extinta a patente.
"Art. 52. O titular será intimado para se manifestar no prazo de 60 (sessenta) dias.
"Art. 53. Havendo ou não manifestação, decorrido o prazo fixado no artigo anterior, o INPI emitirá parecer, intimando o titular e o requerente para se manifestarem no prazo comum de 60 (sessenta) dias.

Uma vez extintas a carta-patente e a própria patente, estas não produzirão mais efeitos. É a regra.

Porém, ela pode ser objeto de *restauração de patente*, desde que o depositante ou o titular da patente requeira, no prazo de três meses, contados da data da notificação do arquivamento do pedido ou da extinção da patente, novo requerimento de restauro da situação anterior, mediante pagamento de retribuição específica, prevista no art. 87 do Código da Propriedade Industrial.

Se não o fizer nesse último prazo fatal, não haverá mais condições de exploração econômica da patente por parte daqueles que a inventaram ou a exploravam.

2.3 Dos desenhos industriais

O desenho industrial pode ser definido com a propriedade com que o fez Paulo Roberto Bastos Pedro:

> consiste na forma plástica ornamental de um objeto ou o conjunto ornamental de linhas e cores que possa ser aplicado em um produto, proporcionando-lhe um resultado visual novo em sua configuração externa e que possa servir de tipo para fabricação industrial (art. 95 da Lei 9.279/1996).[56]

Assim, deve ser considerado novo quando não compreendido no estado da técnica, constituído por tudo aquilo tornado acessível ao público *antes* da data do depósito do pedido de registro, seja no Brasil ou no Exterior, conforme disposto no art. 96 e seus §§ do Código da Propriedade Industrial.[57]

"Art. 54. Decorrido o prazo fixado no artigo anterior, mesmo que não apresentadas as manifestações, o processo será decidido pelo presidente do INPI, encerrando-se a instância administrativa.
"Art. 55. Aplicam-se, no que couber, aos certificados de adição as disposições desta Seção."
56. Paulo Roberto Bastos Pedro, *Curso de Direito Empresarial*, 2ª ed., pp. 204-205.
57. Lei 9.279/1996: "Art. 96. O desenho industrial é considerado novo quando não compreendido no estado da técnica. § 1º. O estado da técnica é constituído por tudo aquilo tornado acessível ao público antes da data de depósito do pedido, no Brasil ou no Exterior, por uso ou qualquer outro meio, ressalvado o disposto no § 3º deste artigo e no art. 99. § 2º. Para aferição unicamente da novidade, o conteúdo completo de pedido de patente ou de registro depositado no Brasil, e ainda não publicado, será considerado como incluído no estado da técnica a partir da data de depósito, ou da prioridade reivindicada, desde que venha a ser publicado, mesmo que subsequentemente. § 3º. Não será considerado como incluído no estado da técnica o desenho industrial cuja divulgação tenha ocorrido durante

Destarte, depende de prova de que não existia nada antes da sua primeira criação. A prova da existência anterior incumbe a quem alega.

Conforme disposto no art. 97 do Código da Propriedade Industrial Código da Propriedade Industrial, há uma *definição legal* de originalidade como resultante de configuração visual distintiva em relação a objetos anteriores, sendo que essa regra de *distinção* nem sempre é fácil de ser alcançada, mesmo porque nem mesmo a lei teve condições de especificá-la, conforme o parágrafo único do citado art. 97 do Código da Propriedade Industrial.[58]

Por expressa determinação legal, há a exclusão de obras que tenham caráter puramente artístico, como pinturas, esculturas etc., como dispõe o art. 98 do Código da Propriedade Industrial.[59]

Sua forma de registro e julgamento segue o procedimento específico dos arts. 104-106 do Código da Propriedade Industrial.[60]

---

os 180 (cento e oitenta) dias que precederem a data do depósito ou a da prioridade reivindicada, se promovida nas situações previstas nos incisos I a III do art. 12".

58. Lei 9.279/1996: "Art. 97. O desenho industrial é considerado original quando dele resulte uma configuração visual distintiva, em relação a outros objetos anteriores. Parágrafo único. O resultado visual original poderá ser decorrente da combinação de elementos conhecidos".

59. Lei 9.279/1996: "Art. 98. Não se considera desenho industrial qualquer obra de caráter puramente artístico".

60. Lei 9.279/1996: "Art. 104. O pedido de registro de desenho industrial terá que se referir a um único objeto, permitida uma pluralidade de variações, desde que se destinem ao mesmo propósito e guardem entre si a mesma característica distintiva preponderante, limitado cada pedido ao máximo de 20 (vinte) variações. Parágrafo único. O desenho deverá representar clara e suficientemente o objeto e suas variações, se houver, de modo a possibilitar sua reprodução por técnico no assunto".

"Art. 105. Se solicitado o sigilo na forma do § 1º do art. 106, poderá o pedido ser retirado em até 90 (noventa) dias contados da data do depósito.

"Parágrafo único. A retirada de um depósito anterior sem produção de qualquer efeito dará prioridade ao depósito imediatamente posterior.

"Art. 106. Depositado o pedido de registro de desenho industrial e observado o disposto nos arts. 100, 101 e 104, será automaticamente publicado e simultaneamente concedido o registro, expedindo-se o respectivo certificado.

"§ 1º. A requerimento do depositante, por ocasião do depósito, poderá ser mantido em sigilo o pedido, pelo prazo de 180 (cento e oitenta) dias contados da data do depósito, após o quê será processado.

"§ 2º. Se o depositante se beneficiar do disposto no art. 99, aguardar-se-á a apresentação do documento de prioridade para o processamento do pedido.

"§ 3º. Não atendido o disposto nos arts. 101 e 104, será formulada exigência, que deverá ser respondida em 60 (sessenta) dias, sob pena de arquivamento definitivo.

"§ 4º. Não atendido o disposto no art. 100, o pedido de registro será indeferido."

A prova da propriedade do desenho industrial demonstra-se pelo registro junto ao INPI, que outorga ao proprietário o *certificado de registro* do desenho industrial, que poderá explorá-lo pelo prazo de 10 anos, prorrogável por 3 períodos sucessivos de 5 anos cada, nos termos dos arts. 107 e 108 do Código da Propriedade Industrial.[61]

Assim como as patentes, não são eternos os certificados de registros dos desenhos industriais, eis que se extinguem na forma do art. 119 do Código da Propriedade Industrial.[62]

2.4 Das marcas

São considerados *marcas* os sinais distintivos e perceptíveis pelos quais são identificados determinados produtos ou serviços, assim como membros de determinadas entidades, clubes de serviço, entidades públicas ou entidades privadas etc.

Porém, o Código da Propriedade Industrial – Lei 9.279/1996 – estabeleceu que as marcas que lhe interessa são aquelas previstas no art. 123, I, II e III, de acordo com a definição anterior do art. 122:

São suscetíveis de registro como marca os sinais distintivos visualmente perceptíveis, não compreendidos nas proibições legais.

Assim, "para os efeitos desta Lei", somente se consideram marcas registráveis e protegidas aquelas que estão no art. 123, ou seja:

I – *marca de produto ou serviço*: aquela usada para distinguir produto ou serviço de outro idêntico, semelhante ou afim, de origem diversa; II – *marca de certificação*: aquela usada para atestar a conformidade

---

61. Lei 9.279/1996: "Art. 107. Do certificado deverão constar o número e o título, nome do autor – observado o disposto no § 4º do art. 6º, o nome, a nacionalidade e o domicílio do titular, o prazo de vigência, os desenhos, os dados relativos à prioridade estrangeira, e, quando houver, relatório descritivo e reivindicações.
"Art. 108. O registro vigorará pelo prazo de 10 (dez) anos contados da data do depósito, prorrogável por 3 (três) períodos sucessivos de 5 (cinco) anos cada. § 1º. O pedido de prorrogação deverá ser formulado durante o último ano de vigência do registro, instruído com o comprovante do pagamento da respectiva retribuição. § 2º. Se o pedido de prorrogação não tiver sido formulado até o termo final da vigência do registro, o titular poderá fazê-lo nos 180 (cento e oitenta) dias subsequentes, mediante o pagamento de retribuição adicional."
62. Lei 9.279/1996: "Art. 119. O registro extingue-se: I – pela expiração do prazo de vigência; II – pela renúncia de seu titular, ressalvado o direito de terceiros; III – pela falta de pagamento da retribuição prevista nos arts. 108 e 120; ou IV – pela inobservância do disposto no art. 217".

de um produto ou serviço com determinadas normas ou especificações técnicas, notadamente quanto à qualidade, natureza, material utilizado e metodologia empregada; e III – *marca coletiva*: aquela usada para identificar produtos ou serviços provindos de membros de uma determinada entidade (grifos nossos).

O Brasil reconhece, ainda, as chamadas *marcas de alto renome*, previstas no art. 125 do Código da Propriedade Industrial,[63] e as *marcas notoriamente conhecidas*, que o País se compromete a proteger, nos termos da Convenção da União de Paris, na forma do art. 126 do Código da Propriedade Industrial.[64]

Assim, as marcas "Coca-Cola", "Mercedes-Benz", "Ferrari", "Rolex", "Nike", "Adidas", "Samsung" etc. são marcas mundialmente protegidas, e o Brasil, como signatário da Convenção de Paris, comprometeu-se a protegê-las, pouco importando estejam, ou não, registradas no Brasil.

E são legalmente excluídas todas as outras marcas expressamente consignadas no extenso rol do art. 124 do Código da Propriedade Industrial.[65]

---

63. Lei 9.279/1996: "Art. 125. À marca registrada no Brasil considerada de alto renome será assegurada proteção especial, em todos os ramos de atividade".

64. Lei 9.279/1996: "Art. 126. A marca notoriamente conhecida em seu ramo de atividade nos termos do art. 6º -*bis* (I) da Convenção da União de Paris para Proteção da Propriedade Industrial, goza de proteção especial, independentemente de estar previamente depositada ou registrada no Brasil. § 1º. A proteção de que trata este artigo aplica-se também às marcas de serviço. § 2º. O INPI poderá indeferir de ofício pedido de registro de marca que reproduza ou imite, no todo ou em parte, marca notoriamente conhecida".

65. Lei 9.279/1996: "Art. 124. Não são registráveis como marca: I – brasão, armas, medalha, bandeira, emblema, distintivo e monumento oficiais, públicos, nacionais, estrangeiros ou internacionais, bem como a respectiva designação, figura ou imitação; II – letra, algarismo e data, isoladamente, salvo quando revestidos de suficiente forma distintiva; III – expressão, figura, desenho ou qualquer outro sinal contrário à moral e aos bons costumes ou que ofenda a honra ou imagem de pessoas ou atente contra liberdade de consciência, crença, culto religioso ou ideia e sentimento dignos de respeito e veneração; IV – designação ou sigla de entidade ou órgão público, quando não requerido o registro pela própria entidade ou do órgão público; V – reprodução ou imitação de elemento característico ou diferenciador de título de estabelecimento ou nome de empresa de terceiros, suscetível de causar confusão ou associação com estes sinais distintivos; VI – sinal de caráter genérico, necessário, comum, vulgar ou simplesmente descritivo, quando tiver relação com o produto ou serviço a distinguir, ou aquele empregado comumente para designar uma característica do produto ou serviço, quanto a natureza, nacionalidade, peso, valor, qualidade e época de produção ou de prestação do serviço, salvo quando revestidos de suficiente forma distintiva; VII – sinal ou expressão empregada apenas como meio de propaganda; VIII – cores e suas denominações, salvo se dispostas ou combinadas de modo peculiar e distintivo; IX – indicação geográfica, sua imitação suscetível de causar

Evidentemente, a discussão acerca de cada uma das situações específicas sobre a natureza, extensão e deliberação de cada uma das situações previstas nos incisos I a XXIII do mesmo art. 124 levaria a uma verdadeira obra jurídico-literária específica, que não é o objeto deste trabalho, mas que será estudada em separado por este autor, num futuro próximo.

As *marcas de produto ou serviço*, definidas na própria Lei de Patentes como *aquelas usadas para distinguir* de outros, servem para atestar a diversidade do trabalho de um profissional em referência a outros do mesmo ramo, onde a lei fala em "outro idêntico, semelhante ou afim", sendo que a afixação da marca sobre o produto ou serviço atesta a boa ou má qualidade do mesmo, de acordo com o ideário público e o conhecimento que desperta naqueles que vêm o produto ou serviço realizado.

confusão ou sinal que possa falsamente induzir indicação geográfica; X – sinal que induza a falsa indicação quanto a origem, procedência, natureza, qualidade ou utilidade do produto ou serviço a que a marca se destina; XI – reprodução ou imitação de cunho oficial, regularmente adotada para garantia de padrão de qualquer gênero ou natureza; XII – reprodução ou imitação de sinal que tenha sido registrado como marca coletiva ou de certificação por terceiro, observado o disposto no art. 154; XIII – nome, prêmio ou símbolo de evento esportivo, artístico, cultural, social, político, econômico ou técnico, oficial ou oficialmente reconhecido, bem como a imitação suscetível de criar confusão, salvo quando autorizados pela autoridade competente ou entidade promotora do evento; XIV – reprodução ou imitação de título, apólice, moeda e cédula da União, dos Estados, do Distrito Federal, dos Territórios, dos Municípios, ou de País; XV – nome civil ou sua assinatura, nome de família ou patronímico e imagem de terceiros, salvo com consentimento do titular, herdeiros ou sucessores; XVI – pseudônimo ou apelido notoriamente conhecidos, nome artístico singular ou coletivo, salvo com consentimento do titular, herdeiros ou sucessores; XVII – obra literária, artística ou científica, assim como os títulos que estejam protegidos pelo direito autoral e sejam suscetíveis de causar confusão ou associação, salvo com consentimento do autor ou titular; XVIII – termo técnico usado na indústria, na ciência e na arte, que tenha relação com o produto ou serviço a distinguir; XIX – reprodução ou imitação, no todo ou em parte, ainda que com acréscimo, de marca alheia registrada, para distinguir ou certificar produto ou serviço idêntico, semelhante ou afim, suscetível de causar confusão ou associação com marca alheia; XX – dualidade de marcas de um só titular para o mesmo produto ou serviço, salvo quando, no caso de marcas de mesma natureza, se revestirem de suficiente forma distintiva; XXI – a forma necessária, comum ou vulgar do produto ou de acondicionamento, ou, ainda, aquela que não possa ser dissociada de efeito técnico; XXII – objeto que estiver protegido por registro de desenho industrial de terceiro; e XXIII – sinal que imite ou reproduza, no todo ou em parte, marca que o requerente evidentemente não poderia desconhecer em razão de sua atividade, cujo titular seja sediado ou domiciliado em território nacional ou em País com o qual o Brasil mantenha acordo ou que assegure reciprocidade de tratamento, se a marca se destinar a distinguir produto ou serviço idêntico, semelhante ou afim, suscetível de causar confusão ou associação com aquela marca alheia".

As *marcas de certificação* são aquelas constantes dos objetivos técnicos emanados dos órgãos de controle e normatização internacional atestando que determinados produtos ou serviços atendem a todas as normas ou especificações técnicas, notadamente quanto a qualidade, natureza, material utilizado e metodologia empregada, conforme determina o Instituto Nacional de Metrologia, Normalização e Qualidade Industrial/INMETRO, nos termos da Lei 9.933/1999 e subsequentes alterações legais, em que a afixação da marca "INMETRO" confere segurança àqueles que a observam, segundo os padrões internacionais de normalização da *International Organization for Standardization*, representadas pela sigla *ISO*.

Já, as *marcas coletivas* são aquelas utilizadas para atestar que determinados produtos ou serviços advieram de tais e quais entidades que promovem ações para proteção e conservação de bens ou produtos, podendo as causas ser filantrópicas ou não. Exemplo: "Projeto Tamar", "Abrinq", "Greenpeace" etc. Assim, quando qualquer consumidor adquire um bem ou produto em que estão afixadas tais marcas, tem consciência também de que parte (ou toda) da renda seja destinada a tais entidades, que estão por trás dessas vendas, direta ou indiretamente.

Há que se destacar, ainda, que as marcas de indústria, de comércio ou de serviço podem ser representadas tanto pelos seus nomes, integrais ou abreviados, como por sinais que os identificam, ou por nomes e sinais associados.

Assim, as marcas de indústria, comércio ou de serviços podem se caracterizar por palavras, símbolos, *jingles*, *slogans* etc.

Quem não se lembra de determinadas propagandas de rádio ou televisão que marcaram nossas infâncias e continuam sendo cantaroladas nos nossos imaginários, mesmo depois de décadas de inaudição!

Assim, quanto à sua classificação, podemos dividir as marcas em: *heterogêneas* – eis que alguns as consideram como *marcas nominais* ou *marcas verbais*, onde constam apenas letras ou palavras; *marcas emblemáticas* ou *marcas figurativas*, quando são compostas apenas por emblema ou desenho; e *marcas homogêneas* – que são as *marcas mistas*, que se constituem por palavras ou letras e desenhos ou figuras.

A forma, o modelo, a cor e a configuração dependem exclusivamente da vontade do proprietário, mas têm enorme utilização no comércio, mesmo porque quem conhece o produto identifica a marca e sabe, de antemão, qual é o tipo de comércio que irá encontrar no estabelecimento comercial.

De acordo com o art. 133 e seus §§ do Código da Propriedade Industrial, há proteção do direito de propriedade e de uso exclusivo das marcas registradas pelo prazo de 10 anos, a contar da data da concessão do registro, prorrogável por períodos iguais e sucessivos.[66]

Uma vez registradas, as marcas podem ser livremente utilizadas pelos seus titulares, assim como já vimos na patente e no desenho industrial, sendo que o Código da Propriedade Industrial também determina a perda do direito de uso da marca, da mesma forma que os anteriormente estudados, conforme o art. 142 do Código da Propriedade Industrial, ou seja: pela expiração do prazo de vigência, pela renúncia total ou parcial, pela caducidade ou pela ausência de procurador devidamente constituído no Brasil.

2.5 Indicações geográficas

Além das invenções, marcas e desenhos industriais, o Código da Propriedade Industrial protege também as chamadas *regiões* ou *indicações geográficas*, as quais, por suas próprias essências, atestam a procedência dos produtos, produzidos ou desenvolvidos dentro de determinadas características ou formas de produção específicas, ou, ainda, por condições climáticas, que, por si sós, atestam a qualidade pela excelência, como, por exemplo, "chopp do Pinguim", "Brahma, de Agudos", "morangos de Atibaia", "pamonhas de Piracicaba" etc., genericamente considerados.

A grande discussão sobre o assunto adveio da contenda francesa sobre a comercialização de *champagne* e a necessidade de pagamento de *royalties* para a utilização do nome por fabricantes de *espumantes* que não fossem da região de Champagne. Não obstante a briga judicial que se arrastou por anos a fio, o STF acabou dando ganho de causa aos brasileiros, permitindo que algumas vinícolas brasileiras utilizassem o nome *champagne*. Porém, em dezembro/2012 o Brasil acabou por reconhecer a denominação *champagne* como indicação de procedência, que o País se comprometera proteger.[67]

---

66. Lei 9.279/1996: "Art. 133. O registro da marca vigorará pelo prazo de 10 (dez) anos, contados da data da concessão do registro, prorrogável por períodos iguais e sucessivos. § 1º. O pedido de prorrogação deverá ser formulado durante o último ano de vigência do registro, instruído com o comprovante do pagamento da respectiva retribuição. § 2º. Se o pedido de prorrogação não tiver sido efetuado até o termo final da vigência do registro, o titular poderá fazê-lo nos 6 (seis) meses subsequentes, mediante o pagamento de retribuição adicional. § 3º. A prorrogação não será concedida se não atendido o disposto no art. 128".

67. Disponível em *http://www.enoeventos.com.br/201302/champagne/champagne.htm*, acesso em 14.11.2015.

Nem poderia ser de outra forma, eis que o Código da Propriedade Industrial exige proteção legal da região de origem do produto e sua indicação geográfica.

Porém, nos termos do art. 182, parágrafo único, do Código da Propriedade Industrial, é o INPI que estabelece as condições para o registro das indicações geográficas e a forma de sua utilização. Mais: para o uso das indicações geográficas é preciso que os produtores sejam estabelecidos no local, a quem o Código da Propriedade Industrial dá total e ampla proteção, mesmo porque deles é exigida uma série de regulamentações, exatamente para a preservação e a continuidade do produto daquela região, conforme o art. 182, *caput*, do Código da Propriedade Industrial.[68]

Assim, nos termos do Código da Propriedade Industrial, a indicação geográfica é a indicação de procedência ou a denominação de origem dos produtos, conforme o art. 176.[69]

Pelo art. 177: "Considera-se indicação de procedência o nome geográfico de País, cidade, região ou localidade de seu território, que se tenha tornado conhecido como centro de extração, produção ou fabricação de determinado produto ou de prestação de determinado serviço".

Assim, é muito comum as pessoas se referirem ao produto como se fosse o próprio significado da palavra, como já afirmamos anteriormente, sendo que algumas coisas são produzidas em uma região e, automaticamente, as pessoas ligam a *coisa* à região, como se apenas naquele local se produzisse o produto, que acaba se tornando uma *excelência* natural.

Nos termos do art. 178 do Código da Propriedade Industrial, a proteção da denominação de origem atesta qualidades específicas de produtos ou serviços de uma localização tal, que podem incluir fatores naturais ou humanos. Assim, um grupo de trabalhadores desenvolveu uma habilidade tal que é transmitida só para seus descendentes, ou a água de determinado ponto do Planeta tem um grau "x" de acidez que, misturado a um alimento, produz uma fermentação, e isto dá o sabor único. A colocação das características geográficas ou apenas a inserção

---

68. Lei 9.279/1996: "Art. 182. O uso da indicação geográfica é restrito aos produtores e prestadores de serviço estabelecidos no local, exigindo-se, ainda, em relação às denominações de origem, o atendimento de requisitos de qualidade. Parágrafo único. O INPI estabelecerá as condições de registro das indicações geográficas".
69. Lei 9.279/1996: "Art. 176. Constitui indicação geográfica a indicação de procedência ou a denominação de origem".

de seu nome são suficientes para fazer o preço subir algumas dezenas de vezes. É esta a proteção que se dá.[70]

E podemos dizer que essa proteção é estendida aos sinais gráficos, nos termos do art. 179 do Código da Propriedade Industrial.[71]

Porém, quando o nome geográfico for utilizado para qualquer produto similar ao existente em determinado lugar não é passível de proteção, conforme o art. 180 do Código da Propriedade Industrial, como as populares "pamonhas de Piracicaba", ou os "morangos de Atibaia", diuturnamente decantados pelas ruas das grandes metrópoles.[72]

Não obstante a proteção, quando não constituir o nome geográfico, por si só, indicação de procedência ou denominação de origem, capaz de induzir os consumidores a erro essencial sobre o que estão comprando, pode ser utilizado livremente, desde que não tenha sido anteriormente registrado.[73]

2.6 Concorrência desleal

A definição de concorrência desleal pode ser encontrada no longo espectro de crimes previstos no art. 195, I-XIV, e seus §§ 1º e 2º, do Código da Propriedade Industrial.[74]

70. Lei 9.279/1996: "Art. 178. Considera-se denominação de origem o nome geográfico de País, cidade, região ou localidade de seu território, que designe produto ou serviço cujas qualidades ou características se devam exclusiva ou essencialmente ao meio geográfico, incluídos fatores naturais e humanos".
71. Lei 9.279/1996: "Art. 179. A proteção estender-se-á à representação gráfica ou figurativa da indicação geográfica, bem como à representação geográfica de País, cidade, região ou localidade de seu território cujo nome seja indicação geográfica".
72. Lei 9.279/1996: "Art. 180. Quando o nome geográfico se houver tornado de uso comum, designando produto ou serviço, não será considerado indicação geográfica".
73. Lei 9.279/1996: "Art. 181. O nome geográfico que não constitua indicação de procedência ou denominação de origem poderá servir de elemento característico de marca para produto ou serviço, desde que não induza falsa procedência".
74. Lei 9.279/1996: "Art. 195. Comete crime de concorrência desleal quem: I – publica, por qualquer meio, falsa afirmação, em detrimento de concorrente, com o fim de obter vantagem; II – presta ou divulga, acerca de concorrente, falsa informação, com o fim de obter vantagem; III – emprega meio fraudulento, para desviar, em proveito próprio ou alheio, clientela de outrem; IV – usa expressão ou sinal de propaganda alheios, ou os imita, de modo a criar confusão entre os produtos ou estabelecimentos; V – usa, indevidamente, nome comercial, título de estabelecimento ou insígnia alheios ou vende, expõe ou oferece à venda ou tem em estoque produto com essas referências; VI – substitui, pelo seu próprio nome ou razão social, em produto de outrem, o nome ou razão social deste, sem o seu consentimento; VII – atribui-se, como meio de propaganda, recompensa ou distinção que não obteve; VIII – vende ou expõe ou oferece à venda, em recipiente ou invólucro de

Embora aqui não cuidemos dos delitos ali previstos, o fato é que a concorrência desleal é exatamente a quebra dos paradigmas previstos no Código da Propriedade Industrial, a que estão sujeitos todos os empresários que desejam usar e fruir seus bens, devidamente registrados, que lhes garantem *exclusividade* para tanto.

É com o *registro* da propriedade industrial que se impede a concorrência *desleal*.

Mister esclarecer que o art. 170 da CF garante a *livre iniciativa* e a *livre concorrência*, e é possível que mais de um empresário se estabeleça no mesmo ramo de atividade de outro.

A concorrência transforma-se em competitividade entre os empresários que produzem e fornecem ao mercado um mesmo tipo de bem ou de serviço, visando a conseguir para eles, empresários, o maior número de consumidores ou clientes, que acabarão por se reverter em renda e, ao final, estabelecer o ponto principal da mercancia: auferir lucros.

A liberdade que possuem os compradores de escolher o que melhor lhes aprouver decorre da natural proteção de que gozam os pseudovendedores, estabelecendo a concorrência sadia. Assim, numa mesma rua

outrem, produto adulterado ou falsificado, ou dele se utiliza para negociar com produto da mesma espécie, embora não adulterado ou falsificado, se o fato não constitui crime mais grave; IX – dá ou promete dinheiro ou outra utilidade a empregado de concorrente, para que o empregado, faltando ao dever do emprego, lhe proporcione vantagem; X – recebe dinheiro ou outra utilidade, ou aceita promessa de paga ou recompensa, para, faltando ao dever de empregado, proporcionar vantagem a concorrente do empregador; XI – divulga, explora ou utiliza-se, sem autorização, de conhecimentos, informações ou dados confidenciais, utilizáveis na indústria, comércio ou prestação de serviços, excluídos aqueles que sejam de conhecimento público ou que sejam evidentes para um técnico no assunto, a que teve acesso mediante relação contratual ou empregatícia, mesmo após o término do contrato; XII – divulga, explora ou utiliza-se, sem autorização, de conhecimentos ou informações a que se refere o inciso anterior, obtidos por meios ilícitos ou a que teve acesso mediante fraude; ou XIII – vende, expõe ou oferece à venda produto, declarando ser objeto de patente depositada, ou concedida, ou de desenho industrial registrado, que não o seja, ou menciona-o, em anúncio ou papel comercial, como depositado ou patenteado, ou registrado, sem o ser; XIV – divulga, explora ou utiliza-se, sem autorização, de resultados de testes ou outros dados não divulgados, cuja elaboração envolva esforço considerável e que tenham sido apresentados a entidades governamentais como condição para aprovar a comercialização de produtos. Pena – detenção, de 3 (três) meses a 1 (um) ano, ou multa.

"§ 1º. Inclui-se nas hipóteses a que se referem os incisos XI e XII o empregador, sócio ou administrador da empresa que incorrer nas tipificações estabelecidas nos mencionados dispositivos.

"§ 2º. O disposto no inciso XIV não se aplica quanto à divulgação por órgão governamental competente para autorizar a comercialização de produto, quando necessário para proteger o público."

pode haver 10 vendedores de camisas, 10 bares, 10 lojas de eletrodomésticos etc., sendo que o que atrairá os compradores é a qualidade que cada vendedor potencializa em suas vendas. A vedação brasileira cinge-se às práticas empresariais ilícitas.

Há inúmeras situações jurídicas que limitam o livre comércio, como as municipais, imposição de restrições, pagamento de tributos etc.

Entretanto, é a concorrência desleal a antinomia da concorrência, vez que empresários utilizam expedientes escusos para prejudicar os demais fornecedores de bens ou serviços similares aos seus, visando a obter maiores lucros, em prejuízo da livre concorrência.

Ser desleal é ser desonesto, faltar com a sinceridade, não ter credibilidade, faltar com a confiança, bem como todas as demais ações previstas no art. 195 do Código da Propriedade Industrial, eis que "desleal", por si só, é palavra que abrange muitos significados.

Genericamente se poderia dizer que a prática de concorrência desleal é aquela que ludibria os consumidores, denigre a imagem alheia, corrompe os sentidos dos compradores, copia ilicitamente os bons empresários, conspurca o bom nome dos concorrentes, explora a boa-fé alheia e só tem em mente a lucratividade fácil, em prejuízo daqueles que corretamente se instalam para competir.

Tudo passível de indenização ao empresário honesto.

Capítulo IV

CLASSIFICAÇÃO DAS SOCIEDADES EM GERAL

1. Das sociedades. 2. Classificação das sociedades não empresárias: 2.1 Em comum – 2.2 Simples – 2.3 Cooperativa. 3. Classificação das sociedades empresárias: 3.1 Da sociedade em conta de participação – 3.2 Sociedade em nome coletivo – 3.3 As sociedades em comandita – 3.4 Sociedade por quotas de responsabilidade limitada – 3.5 Sociedade anônima ou companhia. 4. Grupo econômico empresarial: 4.1 Dos grupos econômicos de direito – 4.2 Dos grupos econômicos de fato – 4.3 Do consórcio de empresas. 5. Da "offshore": 5.1 Características principais da "offshore" – 5.2 Constituição em "paraísos fiscais" – 5.3 A "offshore" e a escolha do "paraíso fiscal". 6. "Trust": 6.1 A operacionalização do "trust". 7. A desconsideração da personalidade jurídica da empresa: 7.1 A desconsideração direta e a desconsideração inversa – 7.2 Extensão da desconsideração – 7.3 A desconsideração da personalidade jurídica no Código de Defesa do Consumidor – 7.4 O procedimento de desconsideração da personalidade jurídica no Código de Processo Civil. 8. Da penhora em relação à sociedade empresária.

Ao iniciarmos o presente estudo é imperioso ter em mente que a palavra "sociedade" é *equívoca*, eis que se compõe de uma série de sentidos, os quais poderiam levar o estudante a imaginar uma série de situações que não serão objeto do nosso trabalho, pois se poderia falar da sociedade em geral, como referência de uma parte de um Estado, ou a sociedade no sentido social, como aqueles membros de determinada camada, ou sociedade no sentido de associação para os mais diversos fins.

Por se tratar de palavra que possui significados sociais, psicológicos, estruturais etc., haveria a necessidade de alguns capítulos apenas para definir aquilo que seria a sociedade que nos interessa. Porém, tanto por falta de capacidade para assim fazer como para não perder o foco do estudo, nos furtaremos a tal definição.

Desse modo, a sociedade a que nos referimos é aquela que interessa ao direito empresarial, motivo pelo qual iremos dividi-la de acordo com o interesse para o empresário e para aqueles que militam na área, excluindo propositalmente outras formas de interpretação da palavra que podem originar situações não jurídicas.

1. Das sociedades

Inicialmente, cumpre destacar que há diversos tipos de sociedades que não são consideradas empresárias, porque devem ser consideradas somente em seu *animus* associativo, isto é, a *affectio societatis*. Nesse sentido é a norma genérica do art. 981 do CC, dizendo que quando duas ou mais pessoas celebram um contrato de sociedade se obrigam mutuamente.[1]

Portanto, celebrar um *contrato de sociedade* significa que haverá: (a) pelo menos duas partes (podendo, por óbvio, existir mais de uma parte); (b) com acordo de vontades para a prática da constituição da sociedade; (c) obrigações recíprocas entre as partes (contrato sinalagmático); (d) com finalidade econômica, ou seja, auferir vantagens econômicas, já que este é o objetivo do empresariado; (e) participação nos resultados, sejam estes positivos ou negativos; (f) forma não vedada pela legislação.

A distinção básica entre sociedade empresarial e associações (art. 53, parágrafo único, do CC) está no fato de que na associação não há direitos e obrigações recíprocos entre os associados, eis que estes se unem para qualquer fim – não econômico –, ao passo que os sócios de uma sociedade empresarial sabem que a união é para o fim de lucro, com a participação nos direitos e obrigações para essa finalidade específica, perfeitamente estruturada.

O chamado contrato de sociedade é diferente dos contratos em geral, pois este contrato é chamado de *contrato social* – ou seja: tudo o que uma sociedade empresária desenvolve, tem e se dispõe a fazer no mundo jurídico-empresarial deve ser amparado pelo contrato social, não se podendo valer simplesmente de princípios vagos e imprecisos para se escusar de obrigações ou criar obrigações inexistentes, não pactuadas. Temos presente que o contrato social segue a chamada *teoria contratualista*, pois o nele pactuado é norma régia entre as partes e obriga a todas.

Diferentemente de outros contratos, poderão ser opostos argumentos legais contrários ao que foi contratado, com base, por exemplo, no

---

1. CC: "Art. 981. Celebram contrato de sociedade as pessoas que reciprocamente se obrigam a contribuir, com bens ou serviços, para o exercício de atividade econômica e a partilha, entre si, dos resultados. Parágrafo único. A atividade pode restringir-se à realização de um ou mais negócios determinados."

direito do consumidor – com a inversão do ônus da prova –, ao passo que no direito empresarial, notadamente no campo do *contrato social*, nos parece impossível essa situação.

Disto resultou que Calixto Salomão Filho entende ser o contrato social verdadeiro dogma dentro de uma sociedade empresária, constituindo verdadeira *teoria do contrato-organização*, que resumidamente impõe obrigações sacerdotais aos sócios de uma sociedade, dentro daquilo que estipulam as regras básicas da sociedade.[2] Portanto, sem pestanejar – e aplaudindo a colocação da teoria do contrato-organização –, podemos asseverar que, no campo societário, quando um sócio se indispuser em relação à decisão majoritária será obrigado a deixar patente e por escrito sua divergência, sob pena de não se furtar a possíveis problemas advindos da decisão.

O contrato social é sempre escrito, para provar sua existência e validade perante terceiros e nas relações entre os próprios sócios, conforme determina o art. 987 do CC.[3]

E com a *inscrição da sociedade* em qualquer dos registros cabíveis passa a ter personalidade jurídica própria, distinta da de seus idealizadores, sujeitando-se às normas próprias, conforme o art. 985 do CC.[4] Estas sociedades são consideradas empresariais, dado seu pendor específico para o comércio, com a organização própria para fins de lucro.

O Código Civil/2002 inovou ao dispor sobre a parte geral das sociedades (arts. 981-986), inclusive dando os parâmetros iniciais da composição societária, desejando expor inicialmente que qualquer sociedade que pretenda ser criada terá que escolher um dos tipos previstos nas disposições específicas, conforme disposto no art. 983.[5]

No entanto, é claro que toda sociedade poderá valer-se de disposições específicas de outro tipo societário, desde que tal utilização não seja vedada por norma específica. Assim, se uma sociedade limitada preten-

2. Calixto Salomão Filho, *O Novo Direito Societário*, 4ª ed., 2ª tir., p. 44.
3. CC: "Art. 987. Os sócios, nas relações entre si ou com terceiros, somente por escrito podem provar a existência da sociedade, mas os terceiros podem prová-la de qualquer modo".
4. CC: "Art. 985. A sociedade adquire personalidade jurídica com a inscrição, no registro próprio e na forma da lei, dos seus atos constitutivos (arts. 45 e 1.150)".
5. CC: "Art. 983. A sociedade empresária deve constituir-se segundo um dos tipos regulados nos arts. 1.039 a 1.092; a sociedade simples pode constituir-se de conformidade com um desses tipos e, não o fazendo, subordina-se às normas que lhe são próprias. Parágrafo único. Ressalvam-se as disposições concernentes à sociedade em conta de participação e à cooperativa, bem como as constantes de leis especiais que, para o exercício de certas atividades, imponham a constituição segundo determinado tipo".

der criar suas quotas sociais em "ações" para que sejam posteriormente negociadas em Bolsa de Valores, não poderá fazê-lo, pois para que assim faça há necessidade de seguir as normas da Lei das Sociedades Anônimas e outras regras específicas.

Pode, no entanto, um tipo societário valer-se de condições de outro tipo societário, como por exemplo, a criação de um livro para a confecção de atas de reuniões de Diretoria, ou termo de posse da Diretoria, etc.

Pode também uma sociedade criada como limitada passar a ser anônima; ou, ainda, uma sociedade rural desejar valer-se das benesses de ser empresária, mas desde que preenchidos os requisitos básicos para tal fim, como se vê, por sinal, do próprio art. 984 do CC.[6] Ou, ainda, a regra geral da sociedade simples, que não é empresária, que dispõe sobre as obrigações dos sócios, no art. 1.001 do CC, vale para todos os tipos societários.[7] Também tem validade para todos os tipos societários – quando não houver disposição específica em contrário – a regra geral do art. 1.008 do CC.[8]

A regra imposta aos administradores e conselheiros de qualquer sociedade – seja civil ou empresarial – são as mesmas, sendo de clareza palmar o disposto no art. 1.011, *caput*, do CC quanto ao desempenho da atividade de administração e, nos seus §§ 1º e 2º, as vedações impostas.[9]

O Código Civil criou dois subtítulos para falar das chamadas "Sociedades não Personificadas" e das "Sociedades Personificadas", sendo

---

6. CC: "Art. 984. A sociedade que tenha por objeto o exercício de atividade própria de empresário rural e seja constituída, ou transformada, de acordo com um dos tipos de sociedade empresária, pode, com as formalidades do art. 968, requerer inscrição no Registro Público de Empresas Mercantis da sua sede, caso em que, depois de inscrita, ficará equiparada, para todos os efeitos, à sociedade empresária. Parágrafo único. Embora já constituída a sociedade segundo um daqueles tipos, o pedido de inscrição se subordinará, no que for aplicável, às normas que regem a transformação".
7. CC: "Art. 1.001. As obrigações dos sócios começam imediatamente com o contrato, se este não fixar outra data, e terminam quando, liquidada a sociedade, se extinguirem as responsabilidades sociais".
8. CC: "Art. 1.008. É nula a estipulação contratual que exclua qualquer sócio de participar dos lucros e das perdas".
9. CC: "Art. 1.011. O administrador da sociedade deverá ter, no exercício de suas funções, o cuidado e a diligência que todo homem ativo e probo costuma empregar na administração de seus próprios negócios. § 1º. Não podem ser administradores, além das pessoas impedidas por lei especial, os condenados a pena que vede, ainda que temporariamente, o acesso a cargos públicos; ou por crime falimentar, de prevaricação, peita ou suborno, concussão, peculato; ou contra a economia popular, contra o Sistema Financeiro Nacional, contra as normas de defesa da concorrência, contra as relações de consumo, a fé pública ou a propriedade, enquanto perdurarem os efeitos da condenação. § 2º. Aplicam-se à atividade dos administradores, no que couber, as disposições concernentes ao mandato".

que a distinção entre ambas está no fato de que as primeiras não têm registro específico de seus atos constitutivos, ao passo que as segundas o têm.

Importante não confundir sociedade não personificada com *sociedade de fato*. Pode existir *sociedade de fato* e *de direito* que não é personificada, ou seja, não possui personalidade jurídica, como são as sociedades em comum e as sociedades em conta de participação, onde cada um dos seus membros detêm capacidade própria.

Por sinal, o art. 986 do CC inicia com a colocação "enquanto não inscritos" – dando a entender que uma sociedade de fato poderá, se assim desejarem seus sócios, inscrever-se no registro público das pessoas jurídicas (civis ou empresárias) para que adquira personalidade jurídica. Destarte, somente com a inscrição no registro do comércio (Junta Comercial) é que nasce o direito da pessoa jurídica de ser considerada empresária e desfrutar dos benefícios concedidos à mesma.

2. Classificação das sociedades não empresárias

Podemos classificar as sociedades não empresárias da seguinte maneira:

2.1 Em comum

Ou de acordo com a vontade das pessoas que a compõem, podendo ser sociedade meramente *de fato* ou *irregular*, sendo considerada como não personificada, nos termos dos arts. 986-990 do CC.[10]

Nesse sentido é o Enunciado 58 do STJ:

A sociedade em comum compreende as figuras doutrinárias da sociedade de fato e da irregular.

---

10. CC: "Art. 986. Enquanto não inscritos os atos constitutivos, reger-se-á a sociedade, exceto por ações em organização, pelo disposto neste Capítulo, observadas, subsidiariamente e no que com ele forem compatíveis, as normas da sociedade simples. Art. 987. Os sócios, nas relações entre si ou com terceiros, somente por escrito podem provar a existência da sociedade, mas os terceiros podem prová-la de qualquer modo. Art. 988. Os bens e dívidas sociais constituem patrimônio especial, do qual os sócios são titulares em comum. Art. 989. Os bens sociais respondem pelos atos de gestão praticados por qualquer dos sócios, salvo pacto expresso limitativo de poderes, que somente terá eficácia contra o terceiro que o conheça ou deva conhecer. Art. 990. Todos os sócios respondem solidária e ilimitadamente pelas obrigações sociais, excluído do benefício de ordem, previsto no art. 1.024, aquele que contratou pela sociedade."

A responsabilidade dos sócios, por não estar estabelecida em contratos sociais, é solidária e ilimitada, excluído apenas o benefício de ordem, nos termos do art. 990 do CC.[11]

Embora não expresso, o benefício de ordem é o direito do devedor de aguardar a execução dos bens da sociedade antes de excutir seus bens particulares.

Esta sociedade pode ser civil ou comercial (empresarial), de acordo com o fim a que a mesma se destina.

2.2 Simples

Prevista nos arts. 997-1.000 do CC – são as sociedades de fins meramente civis, não empresariais, por excelência, devendo ser registradas no Registro Civil das Pessoas Jurídicas da sede da sua localização, nos termos dos arts. 993, segunda parte, e 998, ambos do CC. Nada obstante, se tal sociedade eventualmente obtiver lucros, mesmo assim não será considerada empresária, de fins comerciais.

2.3 Cooperativa

Prevista tanto na Constituição Federal (arts. 174, § 2º – *cooperativa de garimpeiros* – e 187, VI – *cooperativa de agricultores* ou *rurícolas*) como nos arts. 1.093-1.096 do CC, bem como na Lei 5.764, de 16.12.1971. Assim como a sociedade simples, não pode ser considerada uma sociedade empresarial-comercial, eis que não visa ao lucro como remuneração do capital investido, mas, sim, a uma comunhão de interesses convergentes de pessoas para a busca do fim comum. As cooperativas, via de regra, possuem suas constituições baseadas no esforço comum de seus cooperados, a fim de que todos possam repartir eventuais lucros auferidos.

Portanto, quando a Lei 5.764/1971 fala em "contrato de sociedade", em realidade, deseja explicitar que serão estes os estatutos das normas fundamentais da cooperativa, assim como restou decidido pelo STJ no REsp 126.391-SP (rel. Min. Waldemar Zveiter).

Há outras formas de sociedades que constituem capítulos à parte dentro do ordenamento jurídico, como sociedade de advogados, organi-

---

11. CC: "Art. 990. Todos os sócios respondem solidária e ilimitadamente pelas obrigações sociais, excluído do benefício de ordem, previsto no art. 1.024, aquele que contratou pela sociedade".

zações não governamentais/ONGs etc., não nos importando seu estudo, eis que focamos exclusivamente no direito empresarial.

Interessante anotar que em Portugal o Ministério Público exerce o poder fiscalizador das sociedades, podendo, nos termos do art. 172º do Código de Sociedades Comerciais/CSC, pleitear a liquidação judicial da sociedade quando esta não tiver sido celebrada na forma legal ou seu objeto for ou se tornar ilícito ou contrário à ordem pública.

Ainda em Portugal, pelo art. 173º do CSC, o Ministério Público deve notificar as sociedades para que, *dentro de prazo razoável*, regularizem a situação ilegal, ou para regularizá-la até o trânsito em julgado da sentença da ação por ele proposta.

Mais adiante veremos a *sociedade em conta de participação*, que não tem personificação, no momento em que tratarmos das sociedades empresárias.

3. Classificação das sociedades empresárias

No Direito Brasileiro há seis tipos de sociedades atualmente, eis que deixou de existir a sociedade de capital e indústria, que não trouxe bons momentos para o povo brasileiro, em face de sua falibilidade institucional.[12]

São sociedades empresariais: (1) a sociedade em conta de participação; (2) a sociedade em nome coletivo; (3) a sociedade em comandita simples; (4) a sociedade em comandita por ações; (5) a sociedade por quotas de responsabilidade limitada; (6) a sociedade anônima, ou companhia.

Inicialmente as empresas comerciais são classificadas de acordo com a responsabilidade dos sócios, estabelecida em contratos sociais. Em seguida são classificadas de acordo com seu regime de constituição e dissolução; e, finalmente, são classificadas quanto às condições para as alienações das quotas de participação de cada sócio dentro da sociedade.

Vejamos cada uma das sociedades, definindo-as em seguida.

---

12. A EIRELI-Empresa Individual de Responsabilidade Limitada, como visto, não é uma "sociedade unipessoal", "mas um novo ente, distinto da pessoa do empresário e da sociedade empresária" (Enunciado n. 3 do CJF, aprovado na I Jornada de Direito Comercial).

3.1 Da sociedade em conta de participação

Tal sociedade encontra-se prevista no CC brasileiro nos arts. 991-996.

Não tem personalidade jurídica (sociedade não personificada), podendo ou não ser registrada, desde que seus sócios assim o desejem, tudo conforme se vê dos arts. 993 e 995 do CC.[13]

A sociedade é constituída para uma finalidade específica, existindo somente entre os sócios, os quais possuem direitos e deveres recíprocos, entre si, que não se estendem a terceiros.

Há duas modalidades de sócios: (a) *sócio ostensivo*, que tem responsabilidade perante terceiros, obrigando-se perante estes em nome individual e sob sua própria e exclusiva responsabilidade (art. 991 e parágrafo único do CC); (b) *sócio oculto*, denominado no Código Civil de "sócio participante", com responsabilidade perante o sócio ostensivo, apenas, participando de eventuais lucros e perdas exclusivamente diante do outro sócio (ostensivo).

Gize-se que nada existe de pejorativo na expressão "sócio oculto", pois é um direito inerente à pessoa sua ocultação, por variadas razões, não podendo ser taxado de realizador de algo obscuro, como atribuído o termo a políticos, traficantes e outros delinquentes.

Se houver eventual delito ou até mesmo participação oculta para a sonegação de impostos, escondimento de bens e de patrimônio, para evitar partilha futura, como é muito comum nos casos de separações de cônjuges (hoje, até mesmo de separação de casais homoafetivos), poderá ser desconsiderada a personalidade jurídica da empresa, a fim de atingir os bens dos sócios.

No entanto, é mister que exista prova segura de que o sócio oculto tenha efetivamente participado da sociedade, não podendo ser atingido o patrimônio de uma sociedade ostensiva por meio de meros indícios e presunções, sem que demonstrado o liame, sob pena de se perder de vista a real intenção do legislador.

---

13. CC: "Art. 993. O contrato social produz efeito somente entre os sócios, e a eventual inscrição de seu instrumento em qualquer registro não confere personalidade jurídica à sociedade. Parágrafo único. Sem prejuízo do direito de fiscalizar a gestão dos negócios sociais, o sócio participante não pode tomar parte nas relações do sócio ostensivo com terceiros, sob pena de responder solidariamente com este pelas obrigações em que intervier. (...)".

"Art. 995. Salvo estipulação em contrário, o sócio ostensivo não pode admitir novo sócio sem o consentimento expresso dos demais."

Numa ocasião, um sócio oculto desejava não se mostrar para terceiros. Porém, na negociação de venda de uma sociedade apresentou-se como "testemunha" do acordo entabulado entre as partes. Mais tarde descobriu-se que a conta-corrente do sócio oculto mostrava movimentações financeiras distintas das ordinárias exatamente no período da negociação da empresa, o que gerou a extensão dos efeitos da falência ao sócio oculto.

Muitas vezes ocorre que o sócio ostensivo é parente (filho, sogro, primo etc.) de um sócio oculto que tem problemas financeiros e/ou criminais, não desejando aparecer na sociedade. Porém, como é o verdadeiro detentor dos negócios, atuando os sócios ostensivos como meros "laranjas" na confecção dos documentos, aberturas de contas-correntes etc., acaba ficando evidente a participação do sócio oculto, o que facilita a descoberta da verdadeira "identidade" da empresa.

A administração da sociedade em conta de participação é exercida exclusivamente pelo sócio ostensivo, não possuindo tal sociedade firma ou razão social. Desse modo, é o sócio ostensivo, exclusivamente, quem exerce toda e qualquer participação nos negócios da empresa.

A característica principal dessa sociedade é constituir sociedade *intuitu personae*.

Muito comum é a confecção das chamadas "caixas construtoras" para a realização de empreendimento imobiliário, onde os sócios são a empresa "X", com bastante reconhecimento no mercado imobiliário, e a empresa "Z", encarregada da realização do empreendimento. Muitas vezes se unem para a nomeação de uma terceira empresa, incumbida de realizar o empreendimento, não se responsabilizando as demais, como sócias ocultas, pelo êxito e/ou fracasso do mesmo, sendo que neste último caso os bens da empresa "oculta" não respondem pelos danos causados a terceiros.

Muitas das vezes o sócio ostensivo é apenas o "laranja" do sócio oculto, que não pode aparecer nos negócios da empresa existente entre ambos. O sócio oculto pode ser um funcionário público ou político que, como já vimos anteriormente, está impedido de exercer atividade comercial. Para isso, o faz por meio de interposta pessoa, que se apresenta como verdadeiro negociante mas, em realidade, é apenas um "laranja".

Quantas vezes já não passaram pelas minhas mãos situações como essa. O "laranja" é o "testa de ferro" ou "homem de palha", como os franceses gostam de dizer, aparecendo em todas as negociações, dizendo-se sério e probo, quando, após investigações e descobertas estarrecedoras, o então probo resolve confessar a prática de suas atividades criminosas, em companhia do mais probo ainda, até considerado honestíssimo e "seriíssimo" homem que exerce a função pública... Ao ver a situação apertar, corre para mudar de lado, sabendo das consequências graves de suas ações, lembrando o ditado popular: "brigam as comadres, descobrem-se as verdades".

Porém, isto não quer dizer que todas as sociedades em conta de participação sejam ilícitas. Ao contrário, o não aparecimento do sócio oculto pode ocorrer pelos mais variados motivos, nem sempre de natureza ilícita.

3.2 Sociedade em nome coletivo

Tal sociedade encontra-se prevista nos arts. 1.039-1.044 do CC brasileiro.

É uma sociedade em que somente pessoas físicas podem tomar parte, como expressamente previsto no art. 1.039 do CC,[14] caracterizando-se, destarte, uma empresa *intuitu personae*, regendo-se por uma *firma social*, nos termos do art. 1.041 do CC,[15] isto é, onde estabelecem, perante terceiros, a existência de uma sociedade coletiva.

Assim, ao estabelecerem o nome da empresa, poderão constar os nomes de todos, alguns, ou apenas os patronímicos, mas sempre indicando que há várias pessoas envolvidas. Exemplo: "João, Pedro & Cia." demonstra que, além de João e Pedro, há várias outras pessoas na sociedade; ou "Alberto Albuquerque & Cia." demonstra que a sociedade é formada por várias pessoas em companhia de Alberto.

A administração dessa sociedade poderá ser realizada por qualquer dos sócios, não podendo ser delegada a administração a terceiro contratado para esse fim, como pode acontecer com outras espécies de sociedade, como se vê expressamente do art. 1.042 do CC.[16]

A responsabilidade dos sócios é subsidiária, solidária e ilimitada, a teor do já estudado art. 1.039 do CC.

14. CC: "Art. 1.039. Somente pessoas físicas podem tomar parte na sociedade em nome coletivo, respondendo todos os sócios, solidária e ilimitadamente, pelas obrigações sociais".

15. CC: "Art. 1.041. O contrato deve mencionar, além das indicações referidas no art. 997, a firma social".

16. CC: "Art. 1.042. A administração da sociedade compete exclusivamente a sócios, sendo o uso da firma, nos limites do contrato, privativo dos que tenham os necessários poderes".

Tal sociedade também é conhecida no Direito Português, prevista nos arts. 175º-196º do Código das Sociedades Comerciais/CSC, demonstrando que neste tipo de sociedade cada sócio responde individualmente por sua entrada e subsidiariamente em relação à sociedade e solidariamente com os outros sócios.

Pelo art. 178º do CSC a contribuição dos chamados "sócios de indústria" (hoje extinta a sociedade de capital e indústria no Brasil) não é computada na composição do capital social.

Há farta colocação de situações específicas no Direito Português – ao contrário do Brasil –, como a proibição de concorrência e de participação em outras sociedades (art. 180º), direito dos sócios à informação (art. 181º), a possibilidade de transmissão entre vivos de parte de um socio (art. 182º), execução por parte do credor do sócio sobre a quota--parte do sócio (art. 183º), falecimento e exoneração dos sócios (arts. 184º e 185º), exclusão do sócio e destino da parte social extinta (arts. 186º e 187º). No Direito Português há muitas minúcias sobre os sócios e gerentes, direito de voto, composição da gerência, alteração de contrato, além de dissolução e liquidação da sociedade (arts. 189º-196º).

3.3 As sociedades em comandita

Quanto às *sociedades em comandita* o Direito Português possui um capítulo contendo as disposições gerais para os modelos existentes – *comandita simples* e *comandita por ações* – nos arts. 465º-473º do CSC. O Brasil não adota esta fórmula, preferindo defini-las diretamente, apenas fazendo a distinção de uma e outra de acordo com o capital social empregado.

Este modelo de sociedade em comandita tem origem nos contratos navais italianos, então chamados de *commenda*, tratando-se de uma das mais antigas formas societárias. Lembrando Fran Martins que,

> na Idade Média, as pessoas abastadas, principalmente os nobres, não querendo exercer o comércio individualmente, pois as atividades mercantis, desde os tempos romanos, eram consideradas infamantes, passaram a fazê-lo indiretamente, confiando aos capitães dos navios determinadas importâncias para que eles mercadejassem, em seus próprios nomes, convencionando-se que, se houvesse lucros nas expedições, esses lucros seriam repartidos entre aqueles e os prestadores de capital; em caso de prejuízo os prestadores de capitais se sujeitariam a perder apenas até o montante das importâncias dadas em comenda. Esse contrato deu origem, além das sociedades em comandita, às sociedades em conta de participação; enquanto naquelas, com a evolução dos tempos, os

sócios que prestavam os capitais revelavam os seus nomes, nos registros comerciais, ficando, apenas, com a responsabilidade limitada à importância com que entravam para as sociedades, nesta perdurou o caráter oculto dos sócios, fato, esse, que ainda hoje caracteriza as sociedades em conta de participação.[17]

Vejamos suas espécies.

3.3.1 Sociedade em comandita simples

Encontra-se regulada no Brasil nos arts. 1.045-1.051 do CC.

Sua característica principal é ser uma sociedade *intuitu personae*, contendo duas categorias de sócios, divididos de acordo com suas responsabilidades perante terceiros.

Há os *sócios comanditados* – que têm responsabilidade subsidiária, ilimitada e solidária – e os *sócios comanditários* – que têm responsabilidade limitada à importância com que entram para o capital, nos termos do art. 1.045 do CC.[18]

Pode o comanditário fiscalizar a atividade do comanditado, porém não pode participar dos atos comerciais que este realiza, sob pena de se desfazer a sociedade, passando a ser uma atividade específica de cada sócio, conforme reza o art. 1.047 do CC.[19]

Porém, por meio da influência cada vez maior de sócios que não realizam atos próprios, surgiu a pressão para que os sócios comanditários pudessem aparecer em determinados e específicos negócios da sociedade, mas jamais falando em nome próprio ou como sócios da mesma, mas, sim, com poderes delineados, conforme se vê do parágrafo único do art. 1.047 do CC.

A principal característica de tal sociedade é, de fato, a existência de dois tipos de sócios, sendo que apenas o comanditado aparece nos negócios da empresa.

17. Fran Martins, *Curso de Direito Comercial – Sociedades de Pessoas ou Contratuais*, 9ª ed., pp. 271-272.
18. CC: "Art. 1.045. Na sociedade em comandita tomam parte sócios de duas categorias: os comanditados, pessoas físicas, responsáveis solidária e ilimitadamente pelas obrigações sociais; e os comanditários, obrigados somente pelo valor de sua quota. Parágrafo único. O contrato deve discriminar os comanditados e os comanditários".
19. CC: "Art. 1.047. Sem prejuízo da faculdade de participar das deliberações da sociedade e de lhe fiscalizar as operações, não pode o comanditário praticar qualquer ato de gestão, nem ter o nome na firma social, sob pena de ficar sujeito às responsabilidades de sócio comanditado. Parágrafo único. Pode o comanditário ser constituído procurador da sociedade, para negócio determinado e com poderes especiais".

De resto, por disposição específica, aplicam-se, no que couberem, às sociedades em comandita simples as mesmas regras da sociedade em nome coletivo (art. 1.046 do CC[20]).

Regra específica do atual Código Civil está no fato de que a morte do sócio comanditário não resolve a sociedade, continuando, por outro lado, com seus sucessores, os quais podem designar representantes para tal finalidade, nos termos do art. 1.050 do CC.

E, ainda, poderá haver dissolução de pleno direito da sociedade quando não existir mais de um sócio, em qualquer das categorias, pelo prazo de 180 dias, conforme art. 1.051 do CC.

3.3.2 Sociedade em comandita por ações

Encontra-se regulada em dupla legislação brasileira. Inicialmente prevista nos arts. 280-284 da Lei 6.404/1976 (Lei das Sociedades Anônimas), sendo posteriormente tratada nos arts. 1.090-1.092 do CC.

Há autores que simplesmente ignoram a existência de tal tipo societário, dada sua total inutilização no Brasil, como é o caso de Maria Eugênia Finkelstein, que tudo resume numa frase:

> A sociedade em comandita por ações é igual à sociedade em comandita simples, mas possui o seu capital dividido em ações. A Lei 6.404/1976 aplica-se a este tipo societário de pouquíssima utilização.[21]

No entanto, parece-nos que não tenha sido esse o espírito do Código Civil/2002, mesmo porque, se não tivesse interesse em tal tipo de sociedade, teria feito como o fez com a de capital e indústria, ou seja, eliminado do ordenamento jurídico.

Ao revés, tal sociedade foi contemplada novamente no ordenamento jurídico, mesmo com sua pouca utilização no cenário nacional, com a complementação da Lei das Sociedades Anônimas (Lei 6.404/1976), nos termos do art. 1.090 do CC.

Dessa maneira, a sociedade em comandita por ações tem as mesmas características da sociedade em comandita simples, mas seu capital é dividido em ações (arts. 1.090 do CC e 280 da Lei 6.404/1976, que possuem, basicamente, as mesmas redações).

---

20. CC: "Art. 1.046. Aplicam-se à sociedade em comandita simples as normas da sociedade em nome coletivo, no que forem compatíveis com as deste Capítulo. Parágrafo único. Aos comanditados cabem os mesmos direitos e obrigações dos sócios da sociedade em nome coletivo."

21. Maria Eugenia Finkelstein, *Direito Empresarial*, 2ª ed., p. 50.

Nos termos dos arts. 1.091 do CC e 282 da LSA, somente os sócios acionistas poderão administrar tal tipo societário, como diretores da mesma, respondendo de maneira subsidiária, solidária e ilimitadamente pelas obrigações da sociedade.[22]

A grande modificação do vigente Código Civil está no fato de ter limitado a responsabilização dos diretores e/ou gerentes que se demitirem da sociedade ao prazo de dois anos. Anteriormente esse prazo era de três anos, conforme o art. 287, II, "b", da mesma legislação especial.

Além disso, nos termos do art. 281 da LSA, a sociedade sempre deverá comerciar sob firma ou razão social, acrescida da característica principal da sociedade, expressamente consignada na denominação "Comandita por Ações", seja por extenso ou abreviadamente.[23]

Dessa maneira, existindo dois sócios acionistas que exercem a direção da sociedade, seus nomes comporão a denominação social, seguida da expressão determinada pela lei. Exemplificando: "Betove & Alfonsi Comércio de Massas Comandita por Ações" ou "Alfonsi & Betove C.A.", ou "C.A. Betove & Alfonsi – Comércio de Massas".

3.4 Sociedade por quotas de responsabilidade limitada

Encontra-se prevista nos arts. 1.052-1.087 do CC brasileiro, sendo de ampla aceitação pelo sistema jurídico nacional.

---

22. CC: "Art. 1.091. Somente o acionista tem qualidade para administrar a sociedade e, como diretor, responde subsidiária e ilimitadamente pelas obrigações da sociedade. § 1º. Se houver mais de um diretor, serão solidariamente responsáveis, depois de esgotados os bens sociais. § 2º. Os diretores serão nomeados no ato constitutivo da sociedade, sem limitação de tempo, e somente poderão ser destituídos por deliberação de acionistas que representem no mínimo dois terços do capital social. § 3º. O diretor destituído ou exonerado continua, durante 2 (dois) anos, responsável pelas obrigações sociais contraídas sob sua administração".
Lei 6.404/1976: "Art. 282. Apenas o sócio ou acionista tem qualidade para administrar ou gerir a sociedade e, como diretor ou gerente, responder subsidiária, mas ilimitada e solidariamente, pelas obrigações da sociedade. § 1º. Os diretores ou gerentes serão nomeados, sem limitação de tempo, no estatuto da sociedade, e somente poderão ser destituídos por deliberação de acionistas que representem dois terços, no mínimo, do capital social. § 2º. O diretor ou gerente que for destituído ou se exonerar continuará responsável pelas obrigações sociais contraídas sob sua administração".
23. Lei 6.404/1976: "Art. 281. A sociedade poderá comerciar sob firma ou razão social, da qual só farão parte os nomes dos sócios diretores ou gerentes. Ficam ilimitada e solidariamente responsáveis, nos termos desta Lei, pelas obrigações sociais os que, por seus nomes, figurarem na firma ou razão social. Parágrafo único. A denominação ou a firma deve ser seguida das palavras 'Comandita por Ações', por extenso ou abreviadamente".

Historicamente, no Brasil este tipo societário foi o que ganhou maior envergadura e maior peso nas relações comerciais, pois o capital social da sociedade está dividido em quotas sociais, restando a responsabilidade de cada sócio limitada ao valor do capital empregado e integralizado.

Sua regulamentação deu-se de maneira mais explícita e adstrita às conveniências da sociedade brasileira através do Decreto 3.708, de 10.1.1919, assim como o registro da sociedade está regulamentado pela Lei 8.934/1994, no seu art. 36.

Nos termos do art. 1.052 do CC, a responsabilidade dos sócios é restrita aos valores de suas quotas, mas, no entanto, todos os sócios respondem solidariamente pela integralização do capital social. A integralização do capital social é o pagamento à sociedade do valor que o sócio afirmou que injetaria na sociedade, para sua constituição e seu funcionamento. Enquanto o sócio não fizer a integralização do capital social ele é considerado devedor da sociedade; e, se vencido o prazo estabelecido para tal fim, poderá ser excluído da sociedade. Por conta disso, enquanto não integralizado o capital social a sociedade é considerada irregular, não contando com os benefícios legais.

Desse modo, se uma empresa tem quatro sócios, cada um responsável pela integralização de 25% do capital social, e. desses sócios, três fazem a integralização do capital e um não, não poderão os três sócios que integralizaram o capital tentar se livrar da responsabilidade total do capital, perante terceiros, alegando inércia do quarto sócio, que se quedou silente.

É uma maneira de todos os sócios exigirem dos demais a integralização do capital, inclusive podendo resolver a sociedade e cobrar perdas e danos daquele inadimplente.

Por sinal, o art. 1.058 do CC determina que o *sócio remisso* perde o direito de ser sócio da sociedade, posto que os outros sócios poderão tomar sua quota-parte para eles ou transferir a terceiros, excluindo-o da sociedade, pagando apenas as despesas e/ou valores já desembolsados em favor da sociedade.[24]

O art. 1.053 do CC estabelece que os casos omissos do próprio Código sejam regulados pelas normas das sociedades simples, enquanto

---

24. CC: "Art. 1.058. Não integralizada a quota de sócio remisso, os outros sócios podem, sem prejuízo do disposto no art. 1.004 e seu parágrafo único, tomá-la para si ou transferi-la a terceiros, excluindo o primitivo titular e devolvendo-lhe o que houver pago, deduzidos os juros da mora, as prestações estabelecidas no contrato mais as despesas".

o parágrafo único do mesmo dispositivo estabelece que pode constar do contrato social a suplementação pelas normas das sociedades anônimas (Lei 6.404/1976) – o que nos parece bastante sensato, em face das características de cada uma das sociedades limitadas.

As sociedades limitadas podem ser tratadas tanto como sociedades *intuitu personae* como *intuitu pecuniae*, quer sejam elas sociedades formadas em razão das pessoas que as compõem, e, por consequência, da afinidade reinante entre as mesmas, ou por uma sociedade exclusivamente pecuniária, onde o lucro e o investimento falam mais alto, pouco importando quem seja o(s) outro(s) sócio(s).

As sociedades limitadas poderão usar razão ou denominação social, colocando o tipo de ramo de atividade que utilizam. Mas em qualquer caso deverá estar acrescida da forma societária adotada, seja pela palavra "Limitada" por extenso, ou de maneira abreviada "Ltda.". Exemplificando: a "Massas Luís & Henrikes Ltda." é sociedade que fabrica massas, tendo as pessoas físicas de Luís e Henrikes como sócios, mas com a responsabilidade limitada de ambos, dentro do capital social.

De outro lado, a sociedade "Gerências de Massas Alfonsi Ltda." significa que é uma empresa que faz a gerência de massas, não necessariamente que fabrica massas, podendo a atividade ser terceirizada, por exemplo, por outras pessoas individualmente, como Luíza, Carlitos, Arnaldo etc.

A sociedade pode ser, ainda, composta apenas por nome fantasia "Tombos & Tombos Ltda.", sem identificar nada do seu objeto social.

No Brasil praticamente todas as sociedades são limitadas, por força da possibilidade de concentração do poder decisório nas mãos dos seus titulares, exatamente nas mãos daquele que detém o poder econômico, via de regra, eis que aquele que emprega e gera divisas pretende, ainda, ser o senhorio da situação da sua atividade econômica lucrativa.

A divisão da sociedade por quotas de responsabilidade limitada se faz por meio de quotas, chamadas por alguns de quotas sociais, sendo as mesmas expressas em unidades, as quais deverão corresponder a valores em dinheiro nacional. Não há necessidade de que cada sócio tenha um número exato de quotas sociais, podendo cada sócio deter porcentagens distintas do capital social (art. 1.055 do CC).

Expressamente, o Código Civil/2002 vedou a contribuição de serviços prestados à sociedade como forma de fixar uma quota social. Nem poderia ser de outra maneira, eis que deixou de existir no cenário jurídico a sociedade de capital e indústria, motivo pelo qual a existência de sociedade nessas condições seria uma porta aberta à manutenção do modelo social proscrito no Brasil.

Uma das grandes novidades do Código Civil/2002 foi a *instituição do condomínio de quotas sociais*, expressamente previsto no art. 1.056, §§ 1º e 2º,[25] embora anteriormente já se questionasse sua existência real, principalmente no caso de falecimento de um sócio de sociedade limitada, em que haveria necessidade de apuração de haveres para a necessária partilha ou, ainda, na penhora de quotas.

Por sinal, não foi de outra maneira que tratou o art. 620, § 1º, do CPC quando fala do falecimento de sócio empresário, quer seja individual, quer seja sócio de sociedade, desde que não seja sociedade anônima.[26]

O contrato social é lei entre as partes, não podendo, porém, estipular cláusulas *contra legem* ou excessivamente onerosas, a ponto de tornar insuportável a presença de outro sócio, ou, ainda, de maneira a se locupletar ilicitamente por meio da sociedade empresária. Por conta disso, a regra estabelecida no art. 1.059 do CC proíbe qualquer regalia a sócios que se valerem da sociedade para fins escusos.[27]

Se o contrato social não dispuser sobre a possibilidade de transferência de quotas sociais, expressamente, dispõe o art. 1.057 do CC a transferência para outro sócio, ou *a estranho à sociedade*, sem a anuência expressa dos demais, *desde que mais de um quarto do capital social não se oponha a tal transferência*.[28]

---

25. CC: "Art. 1.056. A quota é indivisível em relação à sociedade, salvo para efeito de transferência, caso em que se observará o disposto no artigo seguinte. § 1º. No caso de condomínio de quota, os direitos a ela inerentes somente podem ser exercidos pelo condômino representante, ou pelo inventariante do espólio de sócio falecido. § 2º. Sem prejuízo do disposto no art. 1.052, os condôminos de quota indivisa respondem solidariamente pelas prestações necessárias à sua integralização".
26. CPC: "Art. 620. Dentro de 20 (vinte) dias contados da data em que prestou o compromisso, o inventariante fará as primeiras declarações, das quais se lavrará termo circunstanciado, assinado pelo juiz, pelo escrivão e pelo inventariante, no qual serão exarados: (...). § 1º. O juiz determinará que se proceda: I – ao balanço do estabelecimento, se o autor da herança era empresário individual; II – à apuração de haveres, se o autor da herança era sócio de sociedade que não anônima".
27. CC: "Art. 1.059. Os sócios serão obrigados à reposição dos lucros e das quantias retiradas, a qualquer título, ainda que autorizados pelo contrato, quando tais lucros ou quantia se distribuírem com prejuízo do capital".
28. CC: "Art. 1.057. Na omissão do contrato, o sócio pode ceder sua quota, total ou parcialmente, a quem seja sócio, independentemente de audiência dos outros, ou a estranho, se não houver oposição de titulares de mais de um quarto do capital social. Parágrafo único. A cessão terá eficácia quanto à sociedade e terceiros, inclusive para fins do

Esse critério utilizado pelo Código/2002 não ressoa de maneira harmoniosa no conjunto estabelecido para os modelos societários nacionais.

Na verdade, se uma sociedade estiver composta por duas pessoas apenas, uma detendo 75% e a outra 25% do capital social, o *sócio majoritário* (75%) poderá se desfazer da condição de sócio, transferindo sua quota-parte sem a anuência do chamado *sócio minoritário*, pois há necessidade de que *mais de um quarto* – ou seja, no mínimo 25,01% do capital social – se oponha à transferência. Tudo isso desde que o contrato social não preveja outra forma de transferência das quotas sociais.

3.4.1 Do aumento e da redução do capital social

Na ausência de legislação específica, podem os sócios deliberar o aumento e/ou a redução do capital social, sendo que no passado era muito comum essa prática para o fim de se enquadrar em determinado benefício governamental, concorrência pública, incentivo fiscal etc.

Na atualidade a redução do capital social enfrenta séria barreira legal, como veremos adiante.

No entanto, os sócios da sociedade terão a preferência de participar desse aumento do capital social, sendo chamado de *direito de preferência* pela doutrina, com um prazo de 30 dias para tal integralização; e, ao cabo de tal hiato, perdem esse direito para outro sócio ou para terceiros.

A regulamentação dessa prática encontra-se no art. 1.081 do CC.[29]

Como afirmamos, a redução do capital social, na atualidade, é regulamentada pelo Código Civil, e somente poderá ser efetivada pela sociedade nas duas hipóteses previstas no art. 1.082, ou seja, se *houver perdas irreparáveis* (inciso I) e se *o capital social for excessivo para o objeto social da sociedade* (inciso II).

Em verdade, haverá necessidade de contabilidade muito bem elaborada e cuidadosa a fim de demonstrar no que consistiram as "perdas irreparáveis", mesmo porque poderá caminhar a sociedade para a insolvência, com a consequente quebra, e, no caso de eventual redução

---

parágrafo único do art. 1.003, a partir da averbação do respectivo instrumento, subscrito pelos sócios anuentes".

29. CC: "Art. 1.081. Ressalvado o disposto em lei especial, integralizadas as quotas, pode ser o capital aumentado, com a correspondente modificação do contrato. § 1º. Até 30 (trinta) dias após a deliberação, terão os sócios preferência para participar do aumento, na proporção das quotas de que sejam titulares. § 2º. À cessão do direito de preferência aplica-se o disposto no *caput* do art. 1.057. § 3º. Decorrido o prazo da preferência, e assumida pelos sócios, ou por terceiros, a totalidade do aumento, haverá reunião ou Assembleia dos sócios, para que seja aprovada a modificação do contrato".

do capital social, pode representar, se dentro do termo legal da quebra, forma de burlar o pagamento dos credores, com consequências drásticas para os sócios da falida.

Mas é claro que pode ser que os sócios da sociedade sejam pessoas sérias, tendo se mostrado aptos ao exercício do empresariado, e, por questões pontuais e/ou infortúnios (calamidade, enchente, incêndio etc.), tenham tido a infelicidade de perder parte considerável do estoque, por exemplo. Daí vê que há possibilidade real de solucionar o problema, diminuindo o tamanho da sociedade.

De outro lado, a sociedade pode ter se formado com capital considerável, para determinado objeto social, sendo que a base de operações se mostrou incompatível com a forma da constituição da sociedade, procurando os sócios deliberar pela diminuição do capital social. Exemplo: constituem uma empresa com capital de R$ 100.000,00 para venda de produtos manufaturados; porém, ao analisarem a real situação da empresa, observam que uma empresa com apenas R$ 30.000,00 é mais do que suficiente para fazer o mesmo papel que a inicialmente projetada. Daí resolvem diminuir o capital, proporcionalmente ao que foi investido por cada sócio.

Complementando o art. 1.082 encontram-se os subsequentes, arts. 1.083 e 1.084, estabelecendo a forma como se faz a redução do capital, de fácil intelecção.

3.4.2 Da administração da sociedade por quotas limitadas

No passado a sociedade limitada era administrada pelo próprio sócio, que mantinha todo o poder em suas mãos, deliberando o que melhor lhe aproveitava.

No entanto, com o crescimento da sociedade de risco surgiu figura nova no cenário societário, que é o *administrador da sociedade*. Via de regra, o art. 1.060 do CC estabelece que a sociedade será administrada por quem o contrato social designar – valendo dizer por um dos sócios da sociedade.

Porém, diante do gigantismo de determinadas sociedades empresariais e pela necessidade de especialização dos diversos ramos da sociedade, tal função passou a ser desempenhada por pessoa preparada para tal fim, que é a figura do *administrador contratado, não sócio*.

A forma de contratação desse terceiro, não sócio, dá-se no ato de constituição da sociedade ou depois, nos termos do art. 1.061 do CC. Ou seja: se a sociedade não estiver integralizada, deverá existir unanimidade dos sócios; se integralizada, por, no mínimo, dois terços do capital social.

No ato da investidura, o administrador contratado, não sócio, é obrigado a assinar um "termo de posse", em livro instituído pelo Código Civil, denominado "Livro de Atas da Administração", previsto no art. 1.062, que deverá ser averbado na Junta Comercial correspondente, nascendo deveres e direitos inerentes ao cargo, dentre os quais o de elaborar balanço patrimonial e de resultado econômico anual (art. 1.065), podendo usar a firma ou denominação social, desde que tenha poderes para tal fim (art. 1.064).

Além disso, o administrador da sociedade, seja ele sócio ou terceiro contratado, pode delegar funções a terceiros, chamados de prepostos, para a realização de atividades que inicialmente seriam do próprio administrador. Veremos estes auxiliares do empresário no momento adequado.

O término do exercício do cargo é algo problemático do ponto de vista prático.

Dispõe o ar. 1.063 do CC que o término do exercício do cargo se dá de pleno direito ao fim do prazo estipulado ou pela destituição.

No entanto, há uma disposição específica do § 1º do art. 1.063 que merece perfeita intelecção.[30]

É necessário repetir a disposição:

> Tratando-se de sócio nomeado administrador no contrato, sua destituição somente se opera pela aprovação de titulares de quotas correspondentes, no mínimo, a dois terços do capital social, salvo disposição contratual diversa.

Diz a lei que, tratando-se de sócio, a destituição se dá por aprovação de dois terços do capital social.

---

30. CC: "Art. 1.063. O exercício do cargo de administrador cessa pela destituição, em qualquer tempo, do titular, ou pelo término do prazo se, fixado no contrato ou em ato separado, não houver recondução. § 1º. Tratando-se de sócio nomeado administrador no contrato, sua destituição somente se opera pela aprovação de titulares de quotas correspondentes, no mínimo, a dois terços do capital social, salvo disposição contratual diversa. § 2º. A cessação do exercício do cargo de administrador deve ser averbada no registro competente, mediante requerimento apresentado nos 10 (dez) dias seguintes ao da ocorrência. § 3º. A renúncia de administrador torna-se eficaz, em relação à sociedade, desde o momento em que esta toma conhecimento da comunicação escrita do renunciante; e, em relação a terceiros, após a averbação e publicação".

Ora, se houver dois sócios, "A" e "B", cada um detentor de 50% do capital social, jamais poderá haver a destituição do sócio, eis que o nomeado não irá votar contra sua pessoa. Se forem três sócios, e um deles sozinho detiver 41% do capital social e for o administrador, não poderá ser destituído, também.

Na nossa ótica, o legislador não andou com acerto, embora não veja outra forma de estabelecer a destituição do sócio administrador que vem usando indevidamente a sociedade, a não ser pela chamada "democracia capitalista" ou "democracia monetária", onde o valor do capital social e a quota social é que determinam o destino da empresa.

O administrador, em regra, não responde pelos danos que vier a causar à sociedade, desde que dentro do seu correto proceder, mesmo porque a própria sociedade empresarial é atividade de risco, com a possibilidade de lucros e/ou perdas.

No entanto, o Enunciado 59 da I Jornada de Direito Civil do Conselho da Justiça Federal dispõe que:

> Os sócios-gestores e os administradores das empresas são responsáveis subsidiária e ilimitadamente pelos atos ilícitos praticados, de má gestão ou contrários ao previsto no contrato social ou estatuto, consoante estabelecem os arts. 990, 1.009, 1.016, 1.017 e 1.091, todos do Código Civil.

De sua parte, Maria Eugênia Finkelstein estabelece uma relação de atos prevendo a responsabilização direta do administrador, nestes termos:

• Art. 1.009: distribuição de lucros ilícitos ou fictícios acarreta responsabilidade solidária.
• Art. 1.010, § 3º: a participação de deliberação que aprove operação de interesse contrário ao da sociedade, violando o dever de lealdade, gera responsabilidade por perdas e danos.
• Art. 1.012: a prática de atos antes da averbação do instrumento em separado de nomeação do administrador gera responsabilidade pessoal e solidária,
• Art. 1.013, § 2º: a realização de operações sabendo ou devendo saber em desacordo com a maioria acarreta responsabilidade por perdas e danos.
• Art. 1.015, parágrafo único: nos casos de (a) limitação de poderes registrada ou conhecida de terceiros e (b) operação evidentemente estranha aos negócios normais, o administrador deve ser responsabilizado.

• Art. 1.016: o administrador responde por culpa no desempenho de suas funções.

• Art. 1.017: por prejuízo na aplicação de créditos ou bens sociais em proveito próprio ou de terceiros.[31]

Além disso, o administrador poderá ser responsabilizado também, no caso de falência da empresa, existindo fraude contra credores, respondendo por crime falencial (art. 168, *caput*, c/c § 3º, da Lei de Recuperação de Empresas e Falências – Lei 11.101/2005).

O caso de o balanço patrimonial e de resultados econômicos ter sido aprovado sem reservas é benéfico ao administrador, desde que não tenha agido com dolo ou simulação (art. 1.078, § 3º, do CC).

3.4.3 Do Conselho Fiscal

Embora existente há muito tempo nas sociedades anônimas e em sociedades sem fins lucrativos, o Conselho Fiscal foi importado para este modelo de sociedade empresarial, dado o gigantismo de determinadas empresas de capital limitado.

Em regra, qualquer dos sócios pode fazer parte do Conselho Fiscal, menos, é claro, aqueles que estão impedidos para tanto, por força de legislação específica ou nos arts. 1.011, § 1º, e 1.066, § 1º, do CC.[32]

Competem ao Conselho Fiscal de uma empresa as atribuições específicas constantes do art. 1.069, I-VI, do CC, mas o *caput* do dispositivo relaciona que outras poderão ser estipuladas, em face da redação inicial – "Além de outras atribuições determinadas na lei ou no contrato social", ou seja: dependendo de outras regras impostas no contrato social ou nas legislações anteriores e/ou subsequentes ao Código Civil.[33]

---

31. Finkelstein, *Direito Empresarial*, cit., 2ª ed., p. 70.

32. CC: "Art. 1.066. Sem prejuízo dos poderes da Assembleia dos sócios, pode o contrato instituir Conselho Fiscal composto de 3 (três) ou mais membros e respectivos suplentes, sócios ou não, residentes no País, eleitos na Assembleia anual prevista no art. 1.078. § 1º. Não podem fazer parte do Conselho Fiscal, além dos inelegíveis enumerados no § 1º do art. 1.011, os membros dos demais órgãos da sociedade ou de outra por ela controlada, os empregados de quaisquer delas ou dos respectivos administradores, o cônjuge ou parentes destes até o terceiro grau. § 2º. É assegurado aos sócios minoritários, que representarem pelo menos um quinto do capital social, o direito de eleger, separadamente, 1 (um) dos membros do Conselho Fiscal e o respectivo suplente".

33. CC: "Art. 1.069. Além de outras atribuições determinadas na lei ou no contrato social, aos membros do Conselho Fiscal incumbem, individual ou conjuntamente, os deveres seguintes: I – examinar, pelo menos trimestralmente, os livros e papéis da sociedade e o estado da caixa e da carteira, devendo os administradores ou liquidantes

São atribuições pessoais dos membros do Conselho Fiscal, consoante se vê do art. 1.070, *caput*, do CC,[34] que para o desempenho de suas funções podem se louvar em contadores e auditores para tal mister.

Pode acontecer que o membro do Conselho Fiscal não tenha conhecimento específico de Contabilidade, sendo natural a convocação de pessoa especializada para tal atribuição, e a remuneração desse profissional, por força do parágrafo único do art. 1.070 do CC, deve ser decidida em Assembleia dos sócios.

Obrigatoriamente, o membro do Conselho Fiscal deverá assinar o termo de posse em livro especialmente destinado a esse fim, sendo que o interstício de 30 dias sem que o conselheiro tome posse importará inexistência do ato, devendo tornar-se, na forma do parágrafo único do art. 1.067, do CC, "sem efeito", exigindo-se, destarte, nova Assembleia, para o fim específico de nomear outros conselheiros.

Outra novidade do Código Civil/2002 foi a possibilidade de ser fixada remuneração aos membros do Conselho Fiscal, o que, sob a nossa ótica, torna-se um atrativo para que membros da sociedade se candidatem a tal mister (art. 1.068).

3.4.4 Da deliberação dos sócios

Ponto crucial de qualquer sociedade – seja civil, matrimonial, religiosa ou empresária – é a deliberação dos seus membros, necessitando no Código Civil de tratamento específico.

Assim como no Conselho Fiscal, o Código Civil estabeleceu no *caput* do art. 1.071 que, "além de outras matérias indicadas na lei ou no contrato", deverão ser convocados os membros da sociedade para a deliberação sobre:

prestar-lhes as informações solicitadas; II – lavrar no Livro de Atas e Pareceres do Conselho Fiscal o resultado dos exames referidos no inciso I deste artigo; III – exarar no mesmo Livro e apresentar à Assembleia anual dos sócios parecer sobre os negócios e as operações sociais do exercício em que servirem, tomando por base o balanço patrimonial e o de resultado econômico; IV – denunciar os erros, fraudes ou crimes que descobrirem, sugerindo providências úteis à sociedade; V – convocar a Assembleia dos sócios se a Diretoria retardar por mais de 30 (trinta) dias a sua convocação anual, ou sempre que ocorram motivos graves e urgentes; VI – praticar, durante o período da liquidação da sociedade, os atos a que se refere este artigo, tendo em vista as disposições especiais reguladoras da liquidação".

34. CC: "Art. 1.070. As atribuições e poderes conferidos pela lei ao Conselho Fiscal não podem ser outorgados a outro órgão da sociedade, e a responsabilidade de seus membros obedece à regra que define a dos administradores (art. 1.016)".

I – a aprovação das contas da administração; II – designação dos administradores, quando feita em ato separado; III – a destituição dos administradores; IV – o modo de sua remuneração, quando não estabelecido no contrato; V – a modificação do contrato social; VI – a incorporação, fusão e dissolução da sociedade, ou a cessação do estado de liquidação; VII – a nomeação e destituição dos liquidantes e o julgamento de suas contas; VIII – o pedido de concordata.[35]

A Assembleia é ato formal e extremamente importante dentro da sociedade, devendo ser convocada formalmente aos seus membros, para que possam se preparar para o debate e a deliberação, inclusive com antecedência necessária para tal ato. O legislador fixou o prazo mínimo de 30 dias para que os sócios recebam os documentos necessários (art. 1.078, § 1º, do CC).

Regra geral, a Assembleia é designada pelos administradores da sociedade. Porém, a fim de que os demais sócios da sociedade não permaneçam à mercê da deliberação ou não dos administradores, o art. 1.073 do CC permite a convocação de Assembleia por parte de qualquer sócio ou por aquele que seja titular de mais de um quinto do capital social, quando negada Assembleia, ou, ainda, pelo Conselho Fiscal.[36]

O Código Civil não perdeu tempo em deixar de lado o número mínimo para a instalação da Assembleia, preferindo o legislador fixar o *quorum* para deliberações, conforme o art. 1.074, e permitir a representação do sócio por outro sócio ou por advogado constituído para tal finalidade, desde que previsto em instrumento específico, que deverá ser registrado na ata dos trabalhos. Para a instalação de Assembleia são necessários três quartos, no mínimo, do capital social, em primeira convocação, e, se não atingido esse *quorum*, em segunda convocação, por qualquer número.

Como em toda Assembleia, haverá um presidente e um secretário, ambos escolhidos pelos sócios presentes, devendo existir um "Livro de Atas das Assembleias" para o registro das decisões, sendo obrigatória a inscrição das mesmas no Registro Público das Empresas Mercantis

---

35. Atualmente, pela Lei 11.101/2005, pedido de recuperação de empresa.
36. CC: "Art. 1.073. A reunião ou a Assembleia podem também ser convocadas: I – por sócio, quando os administradores retardarem a convocação, por mais de 60 (sessenta) dias, nos casos previstos em lei ou no contrato, ou por titulares de mais de um quinto do capital, quando não atendido, no prazo de 8 (oito) dias, pedido de convocação fundamentado, com indicação das matérias a serem tratadas; II – pelo Conselho Fiscal, se houver, nos casos a que se refere o inciso V do art. 1.069".

(Junta Comercial), para seu arquivamento e averbação, a teor do art. 1.075 do CC.

Consoante o art. 1.076 do CC, as deliberações deverão se dar nas seguintes condições, para que sejam consideradas aprovadas: (a) por três quartos do capital social, no mínimo, quanto às matérias relativas a modificação do capital social e incorporação, fusão e dissolução da sociedade ou cessação do estado de liquidação; (b) por mais da metade do capital social nos casos relativos a designação de administrador, sua destituição, sua remuneração e quanto ao pedido de recuperação da empresa; (c) pela maioria dos votos presentes nos demais casos onde não se exija maioria mais elevada.

Dessa maneira, têm-se presentes a *maioria ultraqualificada* nos casos extremos que envolvem a sociedade; a *maioria qualificada* nos casos envolvendo o administrador da empresa e a recuperação da mesma; e a *maioria simples* nos demais casos previstos em lei e no contrato social, excluídas as demais exigências.

Na hipótese de um dos sócios não concordar com a fusão da empresa ou sua incorporação ou, ainda, modificação do contrato social, poderá o sócio dissidente retirar-se da sociedade, no prazo de 30 dias subsequentes à Assembleia, devendo ser estabelecidos o valor de suas quotas e o respectivo pagamento, tudo conforme o disposto nos arts. 1.031 e 1.077 do CC.

A Assembleia deverá ser realizada, no mínimo, uma vez por ano e quatro meses após o término do exercício social que a sociedade estabeleceu, nos termos do art. 1.078, *caput*, do CC.

Conforme o mesmo dispositivo legal, é obrigatória a tomada de contas do administrador, devendo ser apresentado balanço patrimonial e de resultado econômico (inciso I), além de se deliberar sobre a designação de administrador e outros assuntos necessários (incisos II e III).

A grande inovação, segundo pensamos, é que o legislador obrigou o sócio dissidente a fazer ressalva sobre os dados contábeis, pois, se assim não o fizer, considerar-se-ão exonerados o administrador e o Conselho Fiscal de eventual responsabilização, salvo no caso de erro, dolo ou simulação, nos termos do art. 1.078, § 3º, do CC.[37]

E o prazo decadencial para a anulação de uma aprovação, conforme o § 4º do mesmo art. 1.078 do CC, é de dois anos.

---

37. CC, § 3º do art. 1.078: "§ 3º. A aprovação, sem reserva, do balanço patrimonial e do resultado econômico, salvo erro, dolo ou simulação, exonera de responsabilidade os membros da administração e, se houver, os do Conselho Fiscal".

Conforme o disposto no art. 1.080 do CC, a aprovação de normas infringentes do contrato social ou da lei torna ilimitada a responsabilidade dos administradores e dos que a aprovaram, o que faz com que a Assembleia seja um dos atos mais graves e sérios dentro da administração da sociedade, bem como que a participação dos demais sócios seja tomada de maneira consciente e com grande precaução, a fim de não responder, no futuro, por eventuais danos a que não deram causa.

3.4.5 Da resolução da sociedade em relação aos sócios minoritários

Pode acontecer que um sócio da sociedade esteja causando graves danos à sociedade e à sua boa fama ou seriedade de que goza no meio comercial.

Dessa maneira, a maioria qualificada (mais da metade do capital social) poderá deliberar pela exclusão do mesmo, em Assembleia especialmente designada para esse fim, com ciência ao sócio acusado, que poderá exercer seu direito de defesa, tudo conforme estabelecido nos arts. 1.085 e 1.086 do CC.

A lei não especifica o que sejam "atos de inegável gravidade", mas, pela experiência comum, nos parece que sejam atos que afetem a continuidade da empresa.

Podemos pensar em atos criminosos das mais variadas espécies, ou na utilização da sociedade para a prática de crimes, ou permitindo que terceiros façam uso indevido da sociedade ou, ainda, situações que tornem insuportável a presença do sócio na sociedade. Por isso, a norma genérica depende de explicação caso a caso.

Não sendo possível exercer o direito de defesa, ou sendo este rejeitado, caberá ao Poder Judiciário a análise da situação de cada sócio e decidir sobre a manutenção, ou não, do sócio na sociedade.

Se não for possível a manutenção, resolver-se-á a sociedade, nos termos do art. 1.031 do CC.

A questão exclusão de sócios de sociedade limitada nem sempre é matéria fácil de resolver, não obstante seja quase diária nas lides forenses, em razão do grande número de empresas nessas condições.

O problema maior está no fato de que há inúmeras situações fáticas que dependem de análise criteriosa, não sendo, pois, possível uma explanação única servindo para todos os problemas sociais. Assim, procuraremos analisar algumas situações, tentando dar uma *opinio*. E, como toda *opinio*, sujeita à análise concreta dos fatos.

Primeiramente, devemos entender por *exclusão de sócio* toda e qualquer forma de *afastamento compulsório de um sócio do quadro social*, independentemente de (ou contra) sua vontade, imputando-lhe a prática de algum (ou alguns) ato(s) que possa(m) pôr em risco a continuidade da empresa, por conta da gravidade do ato lesivo, ou, ainda, pelo descumprimento de obrigações sociais.

Na verdade, a exclusão de um sócio equivale muito mais a uma *despedida de sócio* do que a uma resolução espontânea do contrato social, ou sua dissolução parcial.

Para Miguel Reale o princípio da demissão forçada de sócio não corresponde à dissolução parcial da sociedade, eis que naquela situação há motivos fático-jurídicos graves que impõem tal condição, ao passo que a dissolução parcial equivale ao distrato parcial do que foi anteriormente entabulado.[38]

Em realidade, deseja-se a preservação da empresa, mantendo-se a fonte produtiva, geradora de riqueza, enquanto se exclui do sócio que pode levar a risco toda a atividade produtiva, evitando-se a ruína total dos negócios empresariais.

Pela Lei 8.934/1994 e, depois, através do Decreto 1.800/1996, que a regulamentou, criou-se a possibilidade de arquivamento da deliberação majoritária de exclusão de sócio minoritário. No entanto, exigia-se que o contrato social não dispusesse de maneira distinta.

E agora, ao contrário dos dispositivos anteriores, o Código Civil prevê a necessidade de cláusula específica no contrato social autorizando a exclusão extrajudicial do sócio por justa causa, *desde que o mesmo preveja tal situação no contrato social*, nos termos do art. 1.085.[39]

Tanto a doutrina como a jurisprudência entendem que se trata de verdadeiro retrocesso legal, posto que ambas já se posicionavam em sentido totalmente diverso, sem necessidade alguma de cláusula nesse sentido.

Portanto, na atualidade é preciso que concorram as seguintes situações cumulativas para a exclusão do sócio: *(a) expressa previsão no*

---

38. Miguel Reale, "Sociedades comerciais – Exclusão de sócios", *RF* 98/563.
39. CC: "Art. 1.085. Ressalvado o disposto no art. 1.030, quando a maioria dos sócios, representativa de mais da metade do capital social, entender que um ou mais sócios estão pondo em risco a continuidade da empresa, em virtude de atos de inegável gravidade, poderá excluí-los da sociedade, mediante alteração do contrato social, desde que prevista neste a exclusão por justa causa. Parágrafo único. A exclusão somente poderá ser determinada em reunião ou Assembleia especialmente convocada para esse fim, ciente o acusado em tempo hábil para permitir seu comparecimento e o exercício do direito de defesa."

contrato social; (b) que seja decidido pela maioria do capital social; (c) que o sócio a ser excluído tenha colocado em risco a continuidade da empresa; (d) que esse risco seja de gravidade extrema; (e) que exista uma Assembleia expressa para esse fim; (f) que o sócio a ser excluído seja pessoalmente notificado; (g) que tenha tempo suficiente para oferecer defesa, verbal ou por escrito.

Embora já tenhamos esclarecido anteriormente que a matéria não é de fácil compreensão, podemos enumerar *algumas situações* para a decretação da chamada *justa causa* que ensejará a *demissão* ou *exclusão do sócio* da sociedade, como é o caso do sócio remisso, *ex vi* do art. 1.004 do CC; a exclusão judicial por falta grave, na forma do art. 1.030 do CC;[40] a exclusão de pleno direito do sócio falido, conforme o art. 1.030, parágrafo único;[41] quando o sócio tiver suas quotas liquidadas na forma do art. 1.026, parágrafo único;[42] ou, ainda, quando sofre incapacidade superveniente à constituição da sociedade.

Parece-nos que é *conditio sine qua non* que exista deliberação bem fundamentada para que possa ser registrada, sendo garantido o amplo direito de defesa, não apenas no aspecto material, mas, principalmente, no aspecto formal, onde tudo deverá ser registrado na ata, que será registrada, sob pena de nulidade.

Quando se tratar de exclusão de sócio por conta de sua falência pessoal, parece-nos que se trata de situação *in re ipsa* legal, não sendo necessária qualquer deliberação a respeito da retirada forçada do sócio, eis que a mesma decorre da própria lei civil e, mais ainda, da falencial.

A *falta grave* no cumprimento das obrigações ou o *dever de probidade* parecem-nos ser aqueles mesmos conceitos relativos ao homem comum, como viver honestamente, cumprir com suas obrigações sociais

---

40. CC: "Art. 1.030. Ressalvado o disposto no art. 1.004 e seu parágrafo único, pode o sócio ser excluído judicialmente, mediante iniciativa da maioria dos demais sócios, por falta grave no cumprimento de suas obrigações, ou, ainda, por incapacidade superveniente".
41. CC, parágrafo único do art. 1.030: "Parágrafo único. Será de pleno direito excluído da sociedade o sócio declarado falido, ou aquele cuja quota tenha sido liquidada nos termos do parágrafo único do art. 1.026".
42. CC: "Art. 1.026. O credor particular de sócio pode, na insuficiência de outros bens do devedor, fazer recair a execução sobre o que a este couber nos lucros da sociedade, ou na parte que lhe tocar em liquidação. Parágrafo único. Se a sociedade não estiver dissolvida, pode o credor requerer a liquidação da quota do devedor, cujo valor, apurado na forma do art. 1.031, será depositado em dinheiro, no juízo da execução, até 90 (noventa) dias após aquela liquidação".

e particulares, honrar seus pares, de modo a não pôr em risco todos os deveres sociais anteriormente contratados.

Logo, se um dos sócios se põe a emitir cheques furtados ou roubados, embora diga respeito À sua pessoa, evidentemente afetará toda a sociedade. Se um empresário é dado ao consumo de drogas ou álcool, é evidente que afetará a sociedade. Um estuprador, um homicida etc. nem sempre é bem aceito na sociedade, e, como tal, pode levar a sociedade à bancarrota, prejudicando os demais sócios.

Porém, não só isso, mas aqueles casos em que um dos sócios é dado a escândalos, agressões, até opiniões pouco aceitáveis sobre determinados comportamentos, que denigrem o senso comum, podem ser malvistos pela sociedade em geral, influenciando nos negócios da empresa.

Logo, se os outros sócios não compactuam com os mesmos pensamentos do sócio minoritário, é hora de desfazer a sociedade.

De outro lado, a lei não diz o que se deve entender por "maioria dos sócios", por força da falta de explicação do art. 1.030 do CC, parecendo-nos claro que se trata do valor do capital social, e não do número de pessoas que irão deliberar. Logo, se um sócio é detentor de 75% do capital social e outras três pessoas de 15%, a decisão será pelo valor do capital social.

Há muito se houve falar no direito societário da chamada "democracia monetária", onde o valor do voto não é proporcional ao número de pessoas, mas ao valor que cada voto deve ter, em razão de sua maior capacidade financeira – com o que estamos concordes.

No mesmo sentido é a aula de Manoel de Queiroz Pereira Calças quando afirma que,

se a sociedade for regida supletivamente pela Lei das Sociedades por Ações, em caso de empate deverá ser observado o art. 129, § 2º, da Lei das Sociedades por Ações, não incidindo a regra do desempate que favorece a deliberação tomada pelo maior número de sócios.[43]

No mesmo sentido Fábio Ulhoa Coelho.[44]

Tratando-se de exclusão judicial forçada de sócio, parece-nos que a parte legítima para a propositura da mesma é a sociedade empresária, e não outro sócio ou outros sócios, posto que o objetivo é desfazer o

---

43. Manoel de Queiroz Pereira Calças, *Sociedade Limitada no Novo Código Civil*, p. 124.
44. Fábio Ulhoa Coelho. *A Sociedade Limitada no Novo Código Civil*, pp. 24-25.

animus da *affectio societatis*, e, uma vez que o sócio a ser excluído não o faz *sponte sua*, compete à sociedade fazê-lo.

Uma questão procedimental deve ser levantada de plano: é preciso ter uma Assembleia autorizando os sócios para intentar a ação judicial? Em resposta, cremos que sim, posto que é preciso ter uma Assembleia para promover a saída extrajudicial de sócio que prejudica os negócios da empresa.

Nesse sentido é o posicionamento de Edmar Oliveira Andrade Filho:

> No que tange à pessoa legitimada a ingressar em juízo, esta só pode ser a sociedade. A epígrafe da seção na qual está inserido o preceito do art. 1.030 do NCC trata da "resolução da sociedade em relação ao sócio" e, além disso, há que se considerar que a exclusão de sócio relapso insere-se no âmbito das medidas que visam à preservação da empresa, que pertence à sociedade.[45]

No mesmo sentido é o ensinamento de Jorge Lobo:

> O sócio será excluído da sociedade por sentença judicial se ficar provado que cometeu falta grave no cumprimento de seus deveres ou inadimpliu obrigação contratual. A ação ordinária será proposta pela sociedade contra o sócio, após deliberação da maioria.[46]

Não me parecem corretos os demais posicionamentos doutrinários ou jurisprudenciais, mesmo porque se está excluindo um dos sócios minoritários em face de grave perturbação da paz reinante dentro da sociedade empresarial.

Sendo julgada procedente a ação, fica o sócio excluído ou expulso impedido de adentrar na sociedade.

É preciso verificar se a grave falta por parte do sócio excluído também afetou os interesses da sociedade, sendo que por essa razão, agora, também deverá arcar com perdas e danos sofridos pela sociedade, motivo pelo qual cremos que tal pedido deve ser feito no momento da propositura da ação pela sociedade, quando visa à exclusão do sócio.

Quando da procedência da ação, o juiz determinará o imediato registro do *decisum* junto aos registros públicos e que os sócios rema-

---

45. Edmar Oliveira Andrade Filho, *Sociedade de Responsabilidade Limitada*, p. 211.
46. Jorge Lobo, *Sociedades Limitadas*, vol. I, p. 248.

nescentes promovam nova Assembleia para a deliberação dos destinos da empresa, tudo isso dentro de prazo razoável.

Com a entrada em vigor do Código de Processo Civil/2015 algumas questões procedimentais foram solucionadas, nos termos do Título III – Dos Procedimentos Especiais, Capítulo V – Da Ação de Dissolução Parcial de Sociedade, da Parte Especial, resolvendo situações que deixavam os operadores do Direito em dificuldades no momento da propositura das ações ou suas respostas.

Parece-nos que o Código de Processo Civil/2015 solucionou os problemas relacionados ao objeto do pedido, conforme previsto no art. 599, explicitando:

Art. 599. A ação de dissolução parcial de sociedade pode ter por objeto: I – a resolução da sociedade empresária contratual ou simples em relação ao sócio falecido, excluído ou que exerceu o direito de retirada ou recesso; e II – a apuração dos haveres do sócio falecido, excluído ou que exerceu o direito de retirada ou recesso; ou III – somente a resolução ou a apuração de haveres. § 1º. A petição inicial será necessariamente instruída com o contrato social consolidado. § 2º. A ação de dissolução parcial de sociedade pode ter também por objeto a sociedade anônima de capital fechado quando demonstrado, por acionista ou acionistas que representem 5% (cinco por cento) ou mais do capital social, que não pode preencher o seu fim.

Como se percebe, o Código de Processo Civil vigente descreveu minuciosamente os termos em que se poderá propor a ação de dissolução parcial da sociedade, como a verificação do *monte-mor* em caso de falecimento de sócio, ou quando este é excluído ou se retirou da sociedade, ou, ainda, quando exerceu seu direito de recesso, isto é, quando o mesmo não concorda com uma série de medidas adotadas dentro de uma sociedade, geralmente companhia, mas com plena validade, também, para os demais tipos societários.

A ação de dissolução da sociedade deve ter como parte legítima o espólio do sócio falecido enquanto ainda não homologada a partilha; ou seus sucessores, quando já concluída a partilha; a sociedade, quando os demais sócios não admitirem o ingresso do espólio ou dos herdeiros do falecido na sociedade, nos termos do contrato social; ou o sócio que exerceu o direito de retirada ou o direito de recesso, após o decêndio legal; a sociedade, na forma prevista na determinação legal; o próprio sócio excluído; ou o cônjuge sobrevivente ou companheiro de união estável – tudo isso nos termos do art. 600 do CPC.[47]

Nos termos do art. 601 do CPC, aqueles contra quem se propõe a ação é a sociedade e seus sócios, conforme melhor intelecção do disposto no parágrafo único do referido texto.[48]

Em resposta ao pedido inicial, a sociedade poderá formular pedido contraposto de valores devidos em face do proponente da ação, na forma do art. 602 do CPC.[49]

Importante observar que é da essência da sentença que decreta a dissolução parcial da sociedade a fixação da data exata em que esta ocorreu, sendo que há presunção da sua data, nos termos do art. 605 do CPC,[50] mas que poderá ceder diante de prova robusta em sentido contrário, na forma do art. 607.[51]

Após o julgamento do feito a execução dar-se-á na forma estabelecida nos arts. 603 e ss. do CPC.[52]

47. CPC: "Art. 600. A ação pode ser proposta: I – pelo espólio do sócio falecido, quando a totalidade dos sucessores não ingressar na sociedade; II – pelos sucessores, após concluída a partilha do sócio falecido; III – pela sociedade, se os sócios sobreviventes não admitirem o ingresso do espólio ou dos sucessores do falecido na sociedade, quando esse direito decorrer do contrato social; IV – pelo sócio que exerceu o direito de retirada ou recesso, se não tiver sido providenciada, pelos demais sócios, a alteração contratual consensual formalizando o desligamento, depois de transcorridos 10 (dez) dias do exercício do direito; V – pela sociedade, nos casos em que a lei não autoriza a exclusão extrajudicial; ou VI – pelo sócio excluído. Parágrafo único. O cônjuge ou companheiro do sócio cujo casamento, união estável ou convivência terminou poderá requerer a apuração de seus haveres na sociedade, que serão pagos à conta da quota social titulada por este sócio".

48. CPC: "Art. 601. Os sócios e a sociedade serão citados para, no prazo de 15 (quinze) dias, concordar com o pedido ou apresentar contestação. Parágrafo único. A sociedade não será citada se todos os seus sócios o forem, mas ficará sujeita aos efeitos da decisão e à coisa julgada".

49. CPC: "Art. 602. A sociedade poderá formular pedido de indenização compensável com o valor dos haveres a apurar".

50. CPC: "Art. 605. A data da resolução da sociedade será: I – no caso de falecimento do sócio, a do óbito; II – na retirada imotivada, o sexagésimo dia seguinte ao do recebimento, pela sociedade, da notificação do sócio retirante; III – no recesso, o dia do recebimento, pela sociedade, da notificação do sócio dissidente; IV – na retirada por justa causa de sociedade por prazo determinado e na exclusão judicial de sócio, a do trânsito em julgado da decisão que dissolver a sociedade; e V – na exclusão extrajudicial, a data da Assembleia ou da reunião de sócios que a tiver deliberado".

51. CPC: "Art. 607. A data da resolução e o critério de apuração de haveres podem ser revistos pelo juiz, a pedido da parte, a qualquer tempo antes do início da perícia".

52. CPC: "Art. 603. Havendo manifestação expressa e unânime pela concordância da dissolução, o juiz a decretará, passando-se imediatamente à fase de liquidação. § 1º. Na hipótese prevista no *caput*, não haverá condenação em honorários advocatícios de

Havendo necessidade de apuração de haveres, a favor ou contra a sociedade, o juiz deverá observar os termos do contrato social a esse respeito, se houver; não havendo, o juiz deverá determinar ao perito que aprecie os valores necessários, determinando os critérios necessários para tanto, tudo conforme os arts. 604 e seus §§ e 606, parágrafo único, do CPC.[53]

Nos termos do art. 608 e seu parágrafo único do CPC, ficou claro que a data da resolução é *dies a quo* da contagem dos valores apurados contra ou a favor da sociedade, incidindo os juros contratuais ou legais e a correção monetária a partir dessa data.[54]

Sendo estabelecida no contrato social a forma de liquidação do sócio excluído ou dissidente, é desta maneira que se dará o pagamento; ou, nada sendo explícito, far-se-á a liquidação na forma estabelecida no art. 1.031 do CC, conforme disciplinado no art. 609 do CPC.[55]

3.5 Sociedade anônima ou companhia

Embora tratada *en passant* nos arts. 1.088 e 1.089 do CC, sua grande elaboração legislativa encontra-se na Lei 6.404/1976, que trata exclu-

---

nenhuma das partes, e as custas serão rateadas segundo a participação das partes no capital social. § 2º. Havendo contestação, observar-se-á o procedimento comum, mas a liquidação da sentença seguirá o disposto neste Capítulo".

53. CPC: "Art. 604. Para apuração dos haveres, o juiz: I – fixará a data da resolução da sociedade; II – definirá o critério de apuração dos haveres à vista do disposto no contrato social; e III – nomeará o perito. § 1º. O juiz determinará à sociedade ou aos sócios que nela permanecerem que depositem em juízo a parte incontroversa dos haveres devidos. § 2º. O depósito poderá ser, desde logo, levantando pelo ex-sócio, pelo espólio ou pelos sucessores. § 3º. Se o contrato social estabelecer o pagamento dos haveres, será observado o que nele se dispôs no depósito judicial da parte incontroversa".

"Art. 606. Em caso de omissão do contrato social, o juiz definirá, como critério de apuração de haveres, o valor patrimonial apurado em balanço de determinação, tomando--se por referência a data da resolução e avaliando-se bens e direitos do ativo, tangíveis e intangíveis, a preço de saída, além do passivo também a ser apurado de igual forma. Parágrafo único. Em todos os casos em que seja necessária a realização de perícia, a nomeação do perito recairá preferencialmente sobre especialista em avaliação de sociedades".

54. CPC: "Art. 608. Até a data da resolução, integram o valor devido ao ex-sócio, ao espólio ou aos sucessores a participação nos lucros ou os juros sobre o capital próprio declarados pela sociedade e, se for o caso, a remuneração como administrador. Parágrafo único. Após a data da resolução, o ex-sócio, o espólio ou os sucessores terão direito apenas à correção monetária dos valores apurados e aos juros contratuais ou legais".

55. CPC: "Art. 609. Uma vez apurados, os haveres do sócio retirante serão pagos conforme disciplinar o contrato social e, no silêncio deste, nos termos do § 2º do art. 1.031 da Lei n. 10.406, de 10 de janeiro de 2002 (Código Civil)".

sivamente das sociedades por ações, cujo ordenamento jurídico será por nós analisado em seguida.

Embora o legislador de 2002 tenha tratado do assunto no Código Civil, em realidade, preferiu dizer apenas o óbvio, ou seja, que a sociedade possui seu capital dividido em ações, obrigando cada sócio pelo valor das mesmas (art. 1.088); e, ao depois, encaminhou a sociedade para a legislação específica (art. 1.089), usando a norma genérica dos "casos omissos", a aplicação supletiva do Código Civil. Ou seja: nada disse de interesse, eis que a legislação especial já contempla idêntica situação, com maior visibilidade.

3.5.1 Sociedades anônimas: noções gerais

A sociedade anônima, denominada na lei como "sociedade por ações", corresponde a capítulo distinto dentro do contexto societário, eis que se trata de um tipo de sociedade mais apropriada aos grandes empreendimentos econômicos e que, por tal razão, exige grande número de pessoas, todas elas voltadas ao lucro do empreendimento.

Seu surgimento não é uma questão homogênea entre os doutrinadores, mas os estudiosos alegam que poderia ter um embrião em Gênova, no século XV, na época da Cidade-Estado, por conta de uma guerra contra Veneza, que necessitou renegociar dívidas com credores, constituindo uma associação de credores para gerir os mecanismos de controle sobre os débitos e a constituição de novos créditos, fazendo surgir o *Officium Procuratorum Sancti Georgii*, que acabou por se tornar grande instituição financeira e que vigorou até o início do século XIX.

Para outros estudiosos a criação da sociedade anônima se deu exatamente por conta da necessidade de alavancar grande numerário para as expedições do século XVII, sendo a *Cia. Holandesa das Índias Orientais* (1602) a grande precursora desse tipo societário, eis que contava com dinheiro de grandes financiadores, entre os quais inimigos declarados, com incursões para o Leste do Globo, notadamente nos Países africanos e asiáticos, em busca de especiarias, escravos, seda e novas experiências culturais.

Em 1621 surgiu a *Cia. das Índias Ocidentais*, que era formada por quatro diferentes Nações (Suécia, Dinamarca, Holanda e França) e se destacava pela tentativa de conquistar o grande território americano, nomeadamente o Brasil, com as conquistas de Salvador (1624), Recife e Olinda, em 1630, sendo que até hoje se encontram seus traços de ocupação.

No Brasil a primeira sociedade anônima foi a Cia. de Comércio do Brasil, em 1636, sendo que a segunda foi o Banco do Brasil S/A (1808).

Trata-se de sociedade nitidamente empresária, de acordo com a regra do art. 982 do CC, pouco importando a finalidade (ou objeto) de seu estatuto social. Do mesmo modo a regra do art. 2º da LSA.[56]

No Brasil as sociedades anônimas, corretamente denominadas "sociedades por ações", são regidas pela Lei 6.404, de 15.12.1976, tendo sofrido duas grandes alterações em 1997 e 2001, além de outras menores, sendo que o Código Civil preferiu tratá-las de maneira distinta, fora da legislação ordinária.

O legislador de 2002 não tratou especificamente das sociedades por ações no Código Civil, procurando apenas reconhecer sua existência, dizendo que se trata de tipo de sociedade que possui seu capital dividido em ações, obrigando cada sócio pelo valor das mesmas (art. 1.088), e, ao depois, encaminhou o estudo desse tipo societário para a legislação específica (art. 1.089), usando a norma genérica dos "casos omissos", a aplicação supletiva do Código Civil. Ou seja: nada disse de interesse, eis que a legislação especial já contempla idêntica situação, com maior visibilidade.

Destarte, todo o assunto ora tratado deverá ser contemplado à luz da Lei 6.404/1976.

Também é ela difundida em outros Países, de maneira a destacar suas principais características econômicas. Como na França, onde se apontam os *groupements d'intérêt économique* (*Ordonnances* – Leis 66.537, de 24.7.1966; Decreto 67.236, de 23.3.1967; Decreto 67.821, de 23.9.1967; etc.), ou na Alemanha (*AktienGezetz* – AktG, de 1985 e 1989), na Itália (Código Civil de 1942, Livro V, Título V, Capítulo V), Suíça (Código das Obrigações de 1911, 3ª Parte, Título 26), mais Estados Unidos e Inglaterra, que poderíamos citar como o grande palco das grandes companhias de capitais por ações.

Na Europa já existem as *sociedades anônimas europeias*, sendo que Portugal as adotou através do Decreto-lei 2/2005, de 4.1.2005, sob a sigla "S.E.", com a obrigação de seus fundadores estarem ligados a

---

56. Lei 6.404/1976: "Art. 2º. Pode ser objeto da companhia qualquer empresa de fim lucrativo, não contrário à lei, à ordem pública e aos bons costumes. § 1º. Qualquer que seja o objeto, a companhia é mercantil e se rege pelas leis e usos do comércio. § 2º. O estatuto social definirá o objeto de modo preciso e completo. § 3º. A companhia pode ter por objeto participar de outras sociedades; ainda que não prevista no estatuto, a participação é facultada como meio de realizar o objeto social, ou para beneficiar-se de incentivos fiscais".

mais de um Estado-membro da União Europeia, com a localização de sua sede estatutária num dos Estados-membros bem como a sujeição a registro em um dos Estados-membros. Em que pese a serem denominadas de *sociedades anônimas europeias*, elas não se limitam a atuar apenas na comunidade europeia, mas podem agir em qualquer parte do Planeta, tudo conforme consta da "Exposição de Motivos" do referido Decreto-lei 2/2005, tratando-se, pois sociedades difusas.

Segundo visão bem realista de Osmar Brina Corrêa-Lima, em diversas passagens aduz que a sociedade anônima ou companhia é empresa extremamente democrática, pois tudo é decidido no voto, mas contém um regime parlamentarista de governo, eis que necessita sempre de um voto de confiança para se manter no mercado.

Lembremo-nos que se trata de empresa de *natureza privada*, por excelência, não existindo, destarte, impedimento algum para que órgão público promova sua criação, desde que exista interesse nesse tipo societário.

Aquele que inicia a constituição de uma companhia receberá a denominação de "fundador", podendo ser pessoa física ou jurídica, eis que não existe entrave legal para tanto. No entanto, frise-se que a sociedade será sempre de capital. Importante observar que o fundador não será, necessariamente ou obrigatoriamente, o futuro controlador da companhia.

A responsabilidade dos sócios desse tipo societário será sempre limitada à participação no capital social, exclusivamente, não respondendo por outros valores perante terceiros, a não ser que se trate de sócio com poder de direção.

Além disso, a denominação da sociedade anônima será sempre designada por uma expressão contendo "Companhia" ou "Sociedade Anônima", por extenso ou abreviadamente, sendo que a palavra "Companhia" não poderá ser ao final da denominação, tudo conforme o art. 3º da Lei 6.404/1976.

Tais sociedades são instituídas sempre por meio de *estatuto social*, que passará a ser a lei máxima dentro da sociedade, regida pela Lei 6.404/1976.

3.5.2 Espécies de sociedades anônimas ou companhias

Todas as sociedades anônimas ou companhias são regidas por meio de estatutos sociais, previamente aprovados e de amplo conhecimento público.

Porém, antes de tratar desse tema é importante explicitar que as sociedades poderão ser de *duas espécies (ou classificações)*: (a) de *capital aberto* – isto é, cujo capital social, que é divido em ações (e demais valores mobiliários, gize-se), pode ser livremente negociado em Bolsa de Valores; ou (b) de *capital fechado* – quando a companhia não for admitida a negociar no mercado mobiliário, conforme o art. 4º da LSA, seguindo os trâmites da alteração introduzida pela Lei 10.303, de 31.10.2001.

Por "valores mobiliários" há que se entender aqueles títulos previamente regulamentados e passíveis de livre comércio e transferência de titularidade, tudo isso regulamentado em legislação específica (Leis 4.595/1964, 4.728/1965, 6.385/1976, 7.492/1986, 8.934/1994 etc.) mais centenas de instruções normativas lançadas pelas autarquias federais que cuidam da matéria específica, sob rígido controle do BACEN, mas que fogem do tema proposto.

3.5.3 Forma de constituição da sociedade por ações

A sociedade por ações deve ser constituída seguindo os rígidos requisitos dos arts. 80 e ss. da Lei 6.404/1976.[57] Por sinal, a falsidade ou fraude de qualquer dos atos administrativos, iniciais ou posteriores, dentro da sociedade por ações caracteriza crime previsto no art. 177 do CP brasileiro, demonstrando-se, por isso, a íntima ligação entre os dois grandes institutos de direito privado e direito público.

É óbvio que pelo menos duas pessoas deverão inicialmente constituir os requisitos mínimos de uma sociedade, eis que não se admite no Brasil sociedade sob a forma *unipessoal*, embora a própria Lei 6.404/1976 já houvesse instituído a *sociedade anônima subsidiária integral* e a *empresa pública* – como veremos adiante –, que sempre a doutrina classificou como sociedades unipessoais. Houve grande resistência legislativa à criação da sociedade unipessoal. Com a edição da Lei 11.441, que criou a empresa individual de responsabilidade limitada/EIRELI, podemos afirmar que há um início de abertura legislativa para a criação de sociedade anônima também com essa característica diferenciadora.

---

57. Lei 6.404/1976: "Art. 80. A constituição de companhia depende do cumprimento dos seguintes requisitos preliminares: I – subscrição, pelo menos por duas pessoas, de todas as ações em que se divide o capital social fixado no estatuto; II – realização, como entrada, de 10% (dez por cento), no mínimo, do preço de emissão das ações subscritas em dinheiro; III – depósito, no Banco do Brasil S/A, ou em outro estabelecimento bancário autorizado pela Comissão de Valores Mobiliários, da parte do capital realizado em dinheiro. Parágrafo único. O disposto no n. II não se aplica às companhias para as quais a lei exige realização inicial de parte maior do capital social".

Porém, isso é apenas uma suposição, muito mais que uma iniciativa legislativa. Além disso, a EIRELI é destinada apenas à responsabilidade limitada, como se vê de sua própria criação – o que já elimina, de plano, qualquer tentativa de investida nas sociedades anônimas.

Conforme já asseveramos anteriormente, alguns autores, não obstante a proibição da legislação brasileira, veem as sociedades formadas de maneira distinta como unipessoais, como são os casos da *subsidiária integral* e da *empresa pública*, como se pode perceber da própria definição legislativa – o que não deixa de ser contraditório, num País cheio de contradições!

A primeira (*subsidiária integral*) é prevista no art. 251 da LSA,[58] enquanto a *empresa pública* é aquela formada por capital exclusivo da União.

A subsidiária integral poderá ser constituída para diversos fins, como explica Modesto Carvalhosa nesta passagem:

> Diversas são as funções da subsidiária integral. Ressalta-se aquela de constituição de sociedade com propósito único, criada para a emissão de valores mobiliários, ou para a concessão ou permissão de serviços

---

58. Lei 6.404/1976: "Art. 251. A companhia pode ser constituída, mediante escritura pública, tendo como único acionista sociedade brasileira. § 1º. A sociedade que subscrever em bens o capital de subsidiária integral deverá aprovar o laudo de avaliação de que trata o art. 8º, respondendo nos termos do § 6º do art. 8º e do art. 10 e seu parágrafo único. § 2º. A companhia pode ser convertida em subsidiária integral mediante aquisição, por sociedade brasileira, de todas as suas ações, ou nos termos do art. 252.
"Art. 252. A incorporação de todas as ações do capital social ao patrimônio de outra companhia brasileira, para convertê-la em subsidiária integral, será submetida à deliberação da Assembleia-Geral das duas companhias mediante protocolo e justificação, nos termos dos arts. 224 e 225. § 1º. A Assembleia-Geral da companhia incorporadora, se aprovar a operação, deverá autorizar o aumento de capital, a ser realizado com as ações a serem incorporadas e nomear peritos que as avaliarão; os acionistas não terão direito de preferência para subscrever o aumento de capital, mas os dissidentes poderão retirar-se da companhia, observado o disposto no art. 137, II, mediante o reembolso do valor de suas ações, nos termos do art. 230. § 2º. A Assembleia-Geral da companhia cujas ações houverem de ser incorporadas somente poderá aprovar a operação pelo voto da metade, no mínimo, das ações com direito a voto, e, se a aprovar, autorizará a Diretoria a subscrever o aumento do capital da incorporadora, por conta dos seus acionistas; os dissidentes da deliberação terão direito de retirar-se da companhia, observado o disposto no art. 137, II, mediante o reembolso do valor de suas ações, nos termos do art. 230. § 3º. Aprovado o laudo de avaliação pela Assembleia-Geral da incorporadora, efetivar-se-á a incorporação e os titulares das ações incorporadas receberão diretamente da incorporadora as ações que lhes couberem. § 4º. A Comissão de Valores Mobiliários estabelecerá normas especiais de avaliação e contabilização aplicáveis às operações de incorporação das ações que envolvem companhia aberta."

públicos. Por outro lado, o instituto facilita imensamente os negócios de incorporação e de racionalização de atividades operacionais.[59]

É o que ocorre com a chamada *empresa pública*, criada no Brasil para fins econômicos, mas em que todo o patrimônio provém do governo, nos termos do art. 5º, II, do Decreto-lei 200, de 25.2.1967, com as alterações do Decreto-lei 900, de 29.9.1969.[60] Porém, de qualquer maneira, o capital social dessa sociedade será sempre por ações, conforme dispõe o art. 1º da LSA.[61]

A forma de realização do capital inicial de qualquer sociedade empresarial pode ser tanto por dinheiro como bens ou crédito, sendo que no caso de companhia a lei exigiu especificamente "dinheiro", talvez como forma de demonstrar a capacidade econômica dos instituidores da sociedade. Aqui, a legislação não exigiu apenas a subscrição, ou seja, a promessa de integralização do capital, mas, sim, exigiu a integralização, que é o efetivo e real pagamento, em dinheiro, do valor das ações adquiridas.

A exigência de depósito do valor da primeira realização em instituição financeira – qualquer uma, não apenas no Banco do Brasil (CVM, Ato Declaratório 2/1978) – tem a finalidade de demonstrar que a embrionária sociedade anônima poderá ser economicamente viável, sendo que seus fundadores já providenciaram o primeiro aporte.

O depósito deverá ser feito no prazo de cinco dias pelo fundador (art. 81 da Lei 6.404/1976), ao passo que o mesmo terá o prazo de seis meses para que a companhia seja devidamente instituída. Esse prazo é aquele previsto no art. 81, parágrafo único, da LSA.

Após esse depósito inicial passa-se à fase seguinte, que é a obtenção junto à CVM do prévio registro de emissão para a *subscrição pública de ações*, ou *subscrição sucessiva de ações*, nos termos do art. 82 e §§ 1º e 2º da LSA, mas que depende de uma série de requisitos legais, que veremos em seguida.

59. Modesto Carvalhosa, *Comentários à Lei de Sociedades Anônimas*, vol. 4, t. II, p. 132.

60. Decreto-lei 200/1967: "Art. 5º. Para fins desta Lei, considera-se: (...). II – Empresa pública – a entidade dotada de personalidade jurídica de direito privado, com patrimônio próprio e capital exclusivo da União, criada por lei para a exploração de atividade econômica que o governo seja levado a exercer por força de contingência ou de conveniência administrativa, podendo revestir-se de qualquer das formas admitidas em Direito. (...)".

61. Lei 6.404/1976: "Art. 1º. A companhia ou sociedade anônima terá o capital dividido em ações, e a responsabilidade dos sócios ou acionistas será limitada ao preço de emissão das ações subscritas ou adquiridas".

CLASSIFICAÇÃO DAS SOCIEDADES EM GERAL 203

Se se tratar de companhia que pretenda fazer subscrição particular de capital (*sociedade por ações de capital fechado*), sua constituição será simplificada, bastando que siga os requisitos do art. 88 da LSA, sem as mesmas exigências da subscrição pública ou subscrição sucessiva de ações.

A CVM exigirá, quando se tratar de subscrição pública ou subscrição sucessiva de ações, diversos requisitos formais para o registro da embrionária companhia, mas a Lei das Sociedades Anônimas já estampou diversos requisitos: (a) estudo de viabilidade econômica e financeira do empreendimento; (b) projeto do estatuto social;[62] (c) prospecto,[63] organizado e assinado pelos fundadores e pela instituição financeira intermediária.

Se a CVM entender que se trata de companhia inviável, temerária, ou, ainda, demonstrar a inidoneidade dos fundadores, simplesmente impedirá o nascimento da companhia, conforme lhe faculta o art. 82, § 2º, da LSA, cabendo recurso administrativo ou judicial por parte dos prejudicados.

A fim de evitar o indeferimento do registro da futura companhia, o fundador deve se valer dos requisitos básicos do contrato de *underwriting*, que são as exigências mínimas por parte da CVM. O contrato de *underwriting* é feito perante uma instituição financeira visando a ampliar

62. Lei 6.404/1976: "Art. 83. O projeto de estatuto deverá satisfazer a todos os requisitos exigidos para os contratos das sociedades mercantis em geral e aos peculiares às companhias, e conterá as normas pelas quais se regerá a companhia".
63. Lei 6.404/1976: "Art. 84. O prospecto deverá mencionar, com precisão e clareza, as bases da companhia e os motivos que justifiquem a expectativa de bom êxito do empreendimento, e em especial: I – o valor do capital social a ser subscrito, o modo de sua realização e a existência ou não de autorização para aumento futuro; II – a parte do capital a ser formada com bens, a discriminação desses bens e o valor a eles atribuído pelos fundadores; III – o número, as espécies e classes de ações em que se dividirá o capital; o valor nominal das ações, e o preço da emissão das ações; IV – a importância da entrada a ser realizada no ato da subscrição; V – as obrigações assumidas pelos fundadores, os contratos assinados no interesse da futura companhia e as quantias já despendidas e por despender; VI – as vantagens particulares, a que terão direito os fundadores ou terceiros, e o dispositivo do projeto do estatuto que as regula; VII – a autorização governamental para constituir-se a companhia, se necessária; VIII – as datas de início e término da subscrição e as instituições autorizadas a receber as entradas; IX – a solução prevista para o caso de excesso de subscrição; X – o prazo dentro do qual deverá realizar-se a Assembleia de constituição da companhia, ou a preliminar para avaliação dos bens, se for o caso; XI – o nome, nacionalidade, estado civil, profissão e residência dos fundadores, ou, se pessoa jurídica, a firma ou denominação, nacionalidade e sede, bem como o número e espécie de ações que cada um houver subscrito; XII – a instituição financeira intermediária do lançamento, em cujo poder ficarão depositados os originais do prospecto e do projeto de estatuto, com os documentos a que fizerem menção, para exame de qualquer interessado".

as garantias do investidor, pois eventual prejuízo experimentado por este será sempre bancado pela instituição financeira contratada, na forma do art. 92 da LSA.[64]

Ademais, são os *underwritters* os responsáveis diretos pelo Boletim de Subscrição do capital da companhia embrionária.

Não esquecer, ainda, que, de acordo com o Estatuto da Advocacia, é obrigatório o "visto" de advogado no registro de qualquer sociedade (art. 1º, § 2º, Lei 8.906/1994).

Dessa maneira, a sociedade por ações que se inicia contará com um *plus* de confiabilidade, eis que a instituição financeira contratada também tem interesses na novel companhia e, principalmente, em manter sua credibilidade no mercado.

Havendo aprovação inicial da CVM, o passo seguinte para a constituição da companhia é *a possibilidade da subscrição de ações junto ao público em geral*. Daí a importância do *underwriting*, com sua máquina de propaganda junto ao público em geral, pois a não subscrição do capital importará impossibilidade de criação da novel companhia.

É importante asseverar que é obrigatória a advertência ao público de que a constituição da novel companhia deve ser feita com a expressão "em organização" (art. 91 da LSA), pois, como se trata de subscrição de ação, poderá levar o público a imaginar que já se cuida de sociedade existente há tempos, quando não é o caso.

Nos termos do art. 85 da LSA, os subscritores do capital inicial da sociedade anônima poderão participar da primeira Assembleia de constituição da mesma, previamente convocada para essa finalidade (art. 86).

A primeira Assembleia será presidida por um dos fundadores, seguindo-se sua aprovação ou não, que exigirá *quorum* mínimo representativo do capital social para aprovar a instituição da nova companhia (art. 87, *caput*, da LSA).

Aprovada a sociedade, passa-se à fase seguinte, que é o registro público (art. 94 da LSA).

Quando se tratar de sociedade anônima constituída por Assembleia exigir-se-á o arquivamento dos seus atos completos, nos termos do

---

64. Lei 6.404/1976: "Art. 92. Os fundadores e as instituições financeiras que participarem da constituição por subscrição pública responderão, no âmbito das respectivas atribuições, pelos prejuízos resultantes da inobservância de preceitos legais. Parágrafo único. Os fundadores responderão, solidariamente, pelo prejuízo decorrente de culpa ou dolo em atos ou operações anteriores à constituição".

art. 95 da LSA. Tal exigência não é feita quando se tratar de sociedade constituída por escritura pública (art. 96). Em qualquer das duas modalidades as sociedades terão que submeter a registro na respectiva Junta Comercial os livros sociais previstos no art. 100 da LSA considerados obrigatórios e, ainda, o livro "Diário", conforme art. 1.180 do CC.

Além disso, nos termos do art. 97 da LSA, a sociedade, agora, ficará sujeita ao exame pelo Registro do Comércio, que poderá negar o arquivamento, desde que não preenchidos os requisitos básicos indispensáveis à sociedade.

Passados todos esses trâmites, obrigatoriamente a companhia deverá publicar sua constituição, no prazo de 30 dias (art. 98 da LSA), passando a existir legalmente.

Se não conseguir instituir-se no prazo legal, os primeiros administradores serão solidariamente responsáveis pelos prejuízos causados pela demora na constituição (art. 99 da LSA).

Assim, brevemente explicou-se a constituição de uma sociedade por ações, denominada de sociedade anônima ou companhia.

3.5.4 Da estrutura administrativa das companhias

Na constituição da sociedade por ações, seu fundador sabe que estará fundando, em realidade, verdadeira sociedade democrática, pois tudo deverá ser resolvido nos votos, dentro de verdadeiro regime parlamentarista.

Logo, necessitará formar uma grande estrutura administrativa, que será responsável pela operacionalidade da companhia, com responsabilidades as mais variadas possíveis, cuidando desde a instalação física da companhia, passando pela compra de equipamentos e maquinários para sua funcionalidade, contratação de pessoas e de serviços, cuidando dos registros da companhia, da sua escrituração, da sua contabilidade etc.

A estrutura administrativa é aquela que aponta para a possibilidade de êxito ou não dos investimentos da companhia, da sua capacidade negocial, de acordo com as atividades internas da mesma. Enfim, passa a ser o principal vaso comunicante entre a direção da companhia e os destinatários das ordens por ela emanadas, formando um complexo homogêneo dentro da companhia.

Não existe divisão determinada, sendo que cada companhia faz sua divisão interna de acordo com sua necessidade e sua capacidade operacional.

3.5.5 Conselho de Administração e Diretoria

A administração da companhia será exercida, se não dispuserem de maneira contrária os estatutos, pelo *Conselho da Administração* e/ou pela *Diretoria*, que serão eleitos em Assembleia-Geral Extraordinária.

Nas companhias de capital aberto, capital autorizado e nas de economia mista o *Conselho de Administração* é *obrigatório*, *ex vi* dos arts. 138 e 239 da LSA.[65]

O Conselho de Administração (*Board of Directors*) representa os proprietários da empresa, e sempre foi contestado pelos doutrinadores; ao passo que a Diretoria (*Officers*) exerce a efetiva gestão da companhia. Importante observar que os *Officers* podem ou não ser acionistas da companhia.

O Conselho de Administração é formado por, no mínimo, três membros, eleitos em Assembleia-Geral, podendo ser reeleitos. Estabelece o art. 140 da LSA que o prazo de gestão é de três anos, no máximo, permitindo, porém, a reeleição – o que, na prática, garante reeleição perene.[66]

Poderão os acionistas, ainda, concentrar votos num único candidato, dando-se a isto o nome de *voto múltiplo*, que garante que um grupo de

---

65. Lei 6.404/1976: "*Administração da Companhia.* Art. 138. A administração da companhia competirá, conforme dispuser o estatuto, ao Conselho de Administração e à Diretoria, ou somente à Diretoria. § 1º. O Conselho de Administração é órgão de deliberação colegiada, sendo a representação da companhia privativa dos diretores. § 2º. As companhias abertas e as de capital autorizado terão, obrigatoriamente, Conselho de Administração".

"Art. 139. As atribuições e poderes conferidos por lei aos órgãos de administração não podem ser outorgados a outro órgão, criado por lei ou pelo estatuto."

"Art. 239. As companhias de economia mista terão obrigatoriamente Conselho de Administração, assegurado à minoria o direito de eleger 1 (um) dos conselheiros, se maior número não lhes couber pelo processo de voto múltiplo. Parágrafo único. Os deveres e responsabilidades dos administradores das companhias de economia mista são os mesmos dos administradores das companhias abertas".

66. Lei 6.404/1976: "*Composição.* Art. 140. O Conselho de Administração será composto por, no mínimo, 3 (três) membros, eleitos pela Assembleia-Geral e por ela destituíveis a qualquer tempo, devendo o estatuto estabelecer: I – o número de conselheiros, ou o máximo e mínimo permitidos, e o processo de escolha e substituição do presidente do Conselho pela Assembleia ou pelo próprio Conselho; II – o modo de substituição dos conselheiros; III – o prazo de gestão, que não poderá ser superior a 3 (três) anos, permitida a reeleição; IV – as normas sobre convocação, instalação e funcionamento do Conselho, que deliberará por maioria de votos, podendo o estatuto estabelecer *quorum* qualificado para certas deliberações, desde que especifique as matérias. Parágrafo único. O estatuto poderá prever a participação no Conselho de representantes dos empregados, escolhidos pelo voto destes, em eleição direta, organizada pela empresa, em conjunto com as entidades sindicais que os representem".

acionistas seja representado por um único acionista, proporcionalmente ao seu *quorum*.

Tanto os conselheiros como os diretores têm a obrigação de zelar pelos interesses da companhia: *honeste vivere, neminem laedere, suum cuique tribuere*[67] – sob pena de responsabilidade pessoal dos mesmos. Entre os deveres estão os de obediência à lei e ao estatuto social, diligência, lealdade, sinceridade, franqueza, informação aos acionistas etc.

Se não cumprirem com suas obrigações estatutárias e/ou legais, ficarão sujeitos a responsabilização civil.

Dá-se o nome de *ação social originária* à ação proposta pela companhia contra o administrador visando a obter o ressarcimento de prejuízos causados ao patrimônio social (art. 159, *caput*, da LSA[68]).

Ação social derivada é aquela proposta por acionista contra a companhia visando ao ressarcimento de prejuízo causado ao patrimônio social. Embora a ação seja individual, visa a recuperar o patrimônio da companhia, que é beneficiada diretamente, tudo conforme o art. 159, §§ 3º-5º, da LSA.[69]

Entende-se por *ação individual* aquela movida por acionista ou terceiro prejudicado visando a obter o ressarcimento de prejuízo causado ao litigante (autor), conforme o § 7º do art. 159 da LSA.[70]

Porém, poderá o juiz isentar a responsabilidade dos administradores, conselheiros e diretores desde que se convença da boa-fé dos mesmos, o que no Direito Americano ganhou força com o *business judgment rule*, previsto na legislação brasileira sob o manto do art. 159, § 6º, da LSA:

67. "Viver honestamente, não prejudicar a ninguém, dar a cada um o que é seu."
68. Lei 6.404/1976: "Art. 159. Compete à companhia, mediante prévia deliberação da Assembleia-Geral, a ação de responsabilidade civil contra o administrador, pelos prejuízos causados ao seu patrimônio. § 1º. A deliberação poderá ser tomada em Assembleia-Geral Ordinária e, se prevista na ordem do dia, ou for consequência direta de assunto nela incluído, em Assembleia-Geral Extraordinária. § 2º. O administrador ou administradores contra os quais deva ser proposta ação ficarão impedidos e deverão ser substituídos na mesma Assembleia".
69. Lei 6.404/1976, §§ 3º ao 5º do art. 159: "§ 3º. Qualquer acionista poderá promover a ação, se não for proposta no prazo de 3 (três) meses da deliberação da Assembleia-Geral. § 4º. Se a Assembleia deliberar não promover a ação, poderá ela ser proposta por acionistas que representem 5% (cinco por cento), pelo menos, do capital social. § 5º. Os resultados da ação promovida por acionista deferem-se à companhia, mas esta deverá indenizá-lo, até o limite daqueles resultados, de todas as despesas em que tiver incorrido, inclusive correção monetária e juros dos dispêndios realizados".
70. Lei 6.404/1976, § 7º do art. 159: "§ 7º. A ação prevista neste artigo não exclui a que couber ao acionista ou terceiro diretamente prejudicado por ato de administrador".

O juiz poderá reconhecer a exclusão da responsabilidade do administrador, se convencido de que este agiu de boa-fé e visando ao interesse da companhia.

Dessa maneira, é imperioso lembrar que todos os acionistas têm uma série de deveres e direitos explícitos e implícitos previstos na Lei das Sociedades Anônimas, salpicados em diversos pontos, sendo que já nos referimos à obrigação de integralizar o valor das subscrições, sob pena de se tornar inadimplente e remisso.

Vejamos diversos direitos dos acionistas.

No art. 109 há os chamados *direitos essenciais individuais*;[71] existindo outros, como o direito de participar dos lucros sociais da companhia, além dos dividendos obrigatórios (art. 202 da LSA); direito de participar do acervo da companhia em caso de liquidação (art. 17, II, da LSA); *direito de recesso*, ou *direito de retirada* ou *direito de reembolso* (art. 136 da LSA); e, principalmente, para propor ações contra os administradores, conselheiros e/ou diretores, o direito de fiscalização difusa dos livros e dados da companhia (art. 105 da LSA[72]), desde que representem 5% do capital social, pelo menos.

Assim como na sociedade por quotas de responsabilidade limitada, o prazo para o dissidente deixar a companhia é de 30 dias, contado da publicação da ata da Assembleia.

Esse prazo é decadencial, tudo conforme o art. 137, IV e V, e § 4º, da LSA.

71. Lei 6.404/1976, Seção II – *Direitos Essenciais:* "Art. 109. Nem o estatuto social nem a Assembleia-Geral poderão privar o acionista dos direitos de: I – participar dos lucros sociais; II – participar do acervo da companhia, em caso de liquidação; III – fiscalizar, na forma prevista nesta Lei, a gestão dos negócios sociais; IV – preferência para a subscrição de ações, partes beneficiárias conversíveis em ações, debêntures conversíveis em ações e bônus de subscrição, observado o disposto nos artigos 171 e 172; V – retirar-se da sociedade nos casos previstos nesta Lei. § 1º. As ações de cada classe conferirão iguais direitos aos seus titulares. § 2º. Os meios, processos ou ações que a lei confere ao acionista para assegurar os seus direitos não podem ser elididos pelo estatuto ou pela Assembleia-Geral. § 3º. O estatuto da sociedade pode estabelecer que as divergências entre os acionistas e a companhia, ou entre os acionistas controladores e os acionistas minoritários, poderão ser solucionadas mediante arbitragem, nos termos em que especificar".

72. Lei 6.404/1976: "*Exibição dos Livros*. Art. 105. A exibição por inteiro dos livros da companhia pode ser ordenada judicialmente sempre que, a requerimento de acionistas que representem, pelo menos, 5% (cinco por cento) do capital social, sejam apontados atos violadores da lei ou do estatuto, ou haja fundada suspeita de graves irregularidades praticadas por qualquer dos órgãos da companhia".

3.5.6 Do acionista controlador

Embora chamado de acionista controlador, a própria LSA, no seu art. 116, afirma que a companhia pode ser controlada, ou seja, gerida, administrada, comandada, por uma pessoa natural ou jurídica ou por um grupo de pessoas, sob o controle exclusivo de *alguém*, eleito ou detentor da maioria dos votos destinados a deliberações em Assembleia-Geral de credores.

Na verdade, o controlador de uma companhia atua como seu verdadeiro dono e responde diretamente por suas ações, mesmo porque é ele quem comanda todos os demais órgãos, não obstante os reclamos do art. 116, parágrafo único, da LSA, pois detém amplos poderes para nomear, destituir, contratar, enfim, exercer o poder negocial da companhia.[73]

Pela reforma da LSA pela Lei 10.303/2001, foi incluído o art. 116-A, que determina a imediata comunicação das alterações societárias da companhia tanto à CVM como à Bolsa de Valores.[74]

Em razão do verdadeiro *poder de império* que o acionista controlador detém sobre os destinos da companhia, fica claro que o mesmo poderia levá-la à ruína total, motivo pelo qual o art. 117 da LSA esclarece que o mesmo responde diretamente pelos danos causados a terceiros e aos demais acionistas por atos cometidos com *abuso de poder*.[75]

---

73. Lei 6.404/1976: "Art. 116. Entende-se por acionista controlador a pessoa, natural ou jurídica, ou o grupo de pessoas vinculadas por acordo de voto, ou sob controle comum, que: a) é titular de direitos de sócio que lhe assegurem, de modo permanente, a maioria dos votos nas deliberações da Assembleia-Geral e o poder de eleger a maioria dos administradores da companhia; e b) usa efetivamente seu poder para dirigir as atividades sociais e orientar o funcionamento dos órgãos da companhia. Parágrafo único. O acionista controlador deve usar o poder com o fim de fazer a companhia realizar o seu objeto e cumprir sua função social, e tem deveres e responsabilidades para com os demais acionistas da empresa, os que nela trabalham e para com a comunidade em que atua, cujos direitos e interesses deve lealmente respeitar e atender".

74. Lei 6.404/1976: "Art. 116-A. O acionista controlador da companhia aberta e os acionistas, ou grupo de acionistas, que elegerem membro do Conselho de Administração ou membro do Conselho Fiscal deverão informar imediatamente as modificações em sua posição acionária na companhia à Comissão de Valores Mobiliários e às Bolsas de Valores ou entidades do mercado de balcão organizado nas quais os valores mobiliários de emissão da companhia estejam admitidos à negociação, nas condições e na forma determinadas pela Comissão de Valores Mobiliários".

75. Lei 6.404/1976: "*Responsabilidade*. Art. 117. O acionista controlador responde pelos danos causados por atos praticados com abuso de poder. § 1º. São modalidades de exercício abusivo de poder: a) orientar a companhia para fim estranho ao objeto social ou lesivo ao interesse nacional, ou levá-la a favorecer outra sociedade, brasileira ou estrangeira, em prejuízo da participação dos acionistas minoritários nos lucros ou no acervo da

E, para que não pairem dúvidas sobre o que se considera atos praticados com abuso de poder, a Lei das Sociedades Anônimas explicitou nos seus parágrafos a responsabilidade pelos atos praticados e a solidariedade passiva pelos danos causados.

3.5.7 Do Conselho Fiscal

Como o próprio nome diz, o Conselho Fiscal tem a missão de fiscalizar o modo de atuação e gestão empresarial, evitando que os diretores e/ou administradores utilizem a companhia para fins escusos.

Em regra, qualquer dos acionistas pode fazer parte do Conselho Fiscal, menos, é claro, aqueles impedidos para tanto por força de legislação específica ou nos arts. 1.011, § 1º, e 1.066, § 1º, do CC,[76] cuja reprodução embora não específica na Lei das Sociedades Anônimas é obrigatoriamente observada, pois não teria o menor sentido autorizar que pessoas desqualificadas exercessem tão importante missão.

companhia, ou da economia nacional; b) promover a liquidação de companhia próspera, ou a transformação, incorporação, fusão ou cisão da companhia, com o fim de obter, para si ou para outrem, vantagem indevida, em prejuízo dos demais acionistas, dos que trabalham na empresa ou dos investidores em valores mobiliários emitidos pela companhia; c) promover alteração estatutária, emissão de valores mobiliários ou adoção de políticas ou decisões que não tenham por fim o interesse da companhia e visem a causar prejuízo a acionistas minoritários, aos que trabalham na empresa ou aos investidores em valores mobiliários emitidos pela companhia; d) eleger administrador ou fiscal que sabe inapto, moral ou tecnicamente; e) induzir, ou tentar induzir, administrador ou fiscal a praticar ato ilegal, ou, descumprindo seus deveres definidos nesta Lei e no estatuto, promover, contra o interesse da companhia, sua ratificação pela Assembleia-Geral; f) contratar com a companhia, diretamente ou através de outrem, ou de sociedade na qual tenha interesse, em condições de favorecimento ou não equitativas; g) aprovar ou fazer aprovar contas irregulares de administradores, por favorecimento pessoal, ou deixar de apurar denúncia que saiba ou devesse saber procedente, ou que justifique fundada suspeita de irregularidade; h) subscrever ações, para os fins do disposto no art. 170, com a realização em bens estranhos ao objeto social da companhia. § 2º. No caso da alínea 'e' do § 1º, o administrador ou fiscal que praticar o ato ilegal responde solidariamente com o acionista controlador. § 3º. O acionista controlador que exerce cargo de administrador ou fiscal tem também os deveres e responsabilidades próprios do cargo".

76. CC: "Art. 1.066. Sem prejuízo dos poderes da Assembleia dos sócios, pode o contrato instituir Conselho Fiscal composto de 3 (três) ou mais membros e respectivos suplentes, sócios ou não, residentes no País, eleitos na Assembleia anual prevista no art. 1.078. § 1º. Não podem fazer parte do Conselho Fiscal, além dos inelegíveis enumerados no § 1º do art. 1.011, os membros dos demais órgãos da sociedade ou de outra por ela controlada, os empregados de quaisquer delas ou dos respectivos administradores, o cônjuge ou parentes destes até o terceiro grau. § 2º. É assegurado aos sócios minoritários, que representarem pelo menos um quinto do capital social, o direito de eleger, separadamente, 1 (um) dos membros do Conselho Fiscal e o respectivo suplente".

Dispõe a LSA que toda companhia terá – isto é, obrigatoriamente deverá ter – um Conselho Fiscal, composto de pelo menos três e no máximo cinco conselheiros, nos termos do art. 161.[77]

Importante observar, ainda, que o Conselho Fiscal poderá ser permanente ou não, de acordo com os estatutos sociais, sendo que terá o direito de convocar Assembleia-Geral Extraordinária para a discussão de determinadas matérias, nos termos dos arts. 123 e 161 da LSA.

Pode acontecer que os membros do Conselho Fiscal não tenham conhecimento específico de Contabilidade, e é natural a convocação de auditoria externa, mas tal pessoa especializada obrigatoriamente terá que ser registrada na CVM, nos termos do art. 177, § 3º, da LSA.

3.5.8 Das Assembleias

Ao que consta na História, a primeira vez que se falou em Assembleia foi na Grécia antiga, mais precisamente em Atenas, no ano de 508 a.c., quando seu governante Clístenes resolveu colocar fim à divisão das "famílias" que então dominavam o poder, transferindo para as *demos*, que eram uma divisão territorial, quando os habitantes das *demos* se reuniam para a escolha de seus representantes.

---

77. Lei 6.404/1976: "Art. 161. A companhia *terá* um Conselho Fiscal e o estatuto disporá sobre seu funcionamento, de modo permanente ou nos exercícios sociais em que for instalado a pedido de acionistas. [*grifo nosso*] § 1º. O Conselho Fiscal será composto de, no mínimo, 3 (três) e, no máximo, 5 (cinco) membros, e suplentes em igual número, acionistas ou não, eleitos pela Assembleia-Geral. § 2º. O Conselho Fiscal, quando o funcionamento não for permanente, será instalado pela Assembleia-Geral a pedido de acionistas que representem, no mínimo, 0,1 (um décimo) das ações com direito a voto, ou 5% (cinco por cento) das ações sem direito a voto, e cada período de seu funcionamento terminará na primeira Assembleia-Geral Ordinária após a sua instalação. § 3º. O pedido de funcionamento do Conselho Fiscal, ainda que a matéria não conste do anúncio de convocação, poderá ser formulado em qualquer Assembleia-Geral, que elegerá os seus membros. § 4º. Na constituição do Conselho Fiscal serão observadas as seguintes normas: a) os titulares de ações preferenciais sem direito a voto, ou com voto restrito, terão direito de eleger, em votação em separado, 1 (um) membro e respectivo suplente; igual direito terão os acionistas minoritários, desde que representem, em conjunto, 10% (dez por cento) ou mais das ações com direito a voto; b) ressalvado o disposto na alínea anterior, os demais acionistas com direito a voto poderão eleger os membros efetivos e suplentes que, em qualquer caso, serão em número igual ao dos eleitos nos termos da alínea 'a', mais um. § 5º. Os membros do Conselho Fiscal e seus suplentes exercerão seus cargos até a primeira Assembleia-Geral Ordinária que se realizar após a sua eleição, e poderão ser reeleitos. § 6º. Os membros do Conselho Fiscal e seus suplentes exercerão seus cargos até a primeira Assembleia-Geral Ordinária que se realizar após a sua eleição, e poderão ser reeleitos. § 7º. A função de membro do Conselho Fiscal é indelegável".

Andrew Marr relata os passos da primeira marca contundente da democracia assemblear nesta passagem:

> O mais importante é que esse plano complexo levou à formação de uma Assembleia única de cidadãos, todos os homens de mais de 30, incumbida de tomar as grandes decisões. Era uma Assembleia grande demais para funcionar direito, pois contava com 25.000 pessoas, mas essas elegiam um Conselho de 500 que governavam Atenas numa base diária. A Assembleia-Geral também tinha sua reunião plenária, e em geral cerca de 6.000 atenienses perambulavam pela cidade quase todas as semanas para ouvir e votar. Era a "democracia" em ação, uma característica de Atenas antiga sobre a qual quase todo mundo já ouviu falar.
>
> Revelou-se surpreendentemente consistente, devido à sua relativa moderação. Em vez de serem executados,[78] os que ameaçavam o sistema podiam ser banidos para o "ostracismo" ou mandados para o desterro depois de uma votação da Assembleia – realizada com pedaços de cerâmica quebrada. Muitos tinham permissão de voltar do exílio depois de cumprirem a pena.[79]

E a evolução das Assembleias sempre se pautou pela demonstração da democracia que deve existir entre as pessoas, sabendo ouvir e sabendo conviver com as opiniões contrárias às delas.

E isto acabou por ganhar contornos em diversos segmentos sociais, como forma de decidir sobre os destinos dos negócios, das moradias em condomínio, das sociedades etc.

A Lei 6.404/1976 tratou de estabelecer no art. 131 que a Assembleia se divide em duas espécies: a *Assembleia-Geral*, para tratar de assuntos relativos ao art. 132, e a *Assembleia Extraordinária*, para os demais casos.[80]

3.5.8.1 Da Assembleia-Geral

Como já se percebeu do estudo da sociedade anônima, esta se caracteriza pela tentativa de "democracia societária", motivo pelo qual entendemos que a Assembleia-Geral tem papel de destaque, sendo que,

---

78. "Executados" na acepção do termo, ou seja, mortos pelos governantes.
79. Andrew Marr, *Uma História do Mundo*, 1ª ed., p. 91.
80. Lei 6.404/1976: *Espécies de Assembleia.* Art. 131. A Assembleia-Geral é Ordinária quando tem por objeto as matérias previstas no art. 132, e Extraordinária nos demais casos. Parágrafo único. A Assembleia-Geral Ordinária e a Assembleia-Geral Extraordinária poderão ser, cumulativamente, convocadas e realizadas no mesmo local, data e hora, instrumentadas em ata única".

CLASSIFICAÇÃO DAS SOCIEDADES EM GERAL   213

nos termos do art. 121 da LSA, *todos* os problemas relativos a uma companhia podem e devem ser ali solucionados, quando necessário.[81]

Porém, há determinadas matérias privativas da Assembleia, conforme previsto no art. 122 da LSA, que, embora fale em "competência" – palavra considerada equívoca –, em realidade, trata-se de *atribuição* da Assembleia-Geral.

Na forma do art. 132, o prazo para sua convocação é peremptório e poderá ensejar medidas drásticas contra os administradores em caso de desídia, como veremos adiante.[82]

Em razão da enorme importância da Assembleia-Geral nas sociedades anônimas, a matéria sofreu dezenas de alterações legislativas desde o início de vigência da atual legislação, e mais recentemente pela Lei 10.303/2001, por muitos problemas relacionados à própria sociedade anônima, estando atualmente consolidado no art. 122 da LSA o que deve e o que pode fazer a Assembleia-Geral.[83]

Dentre as matérias privativas da Assembleia-Geral estão, sem dúvida, questões que envolvem diretamente a própria subsistência da companhia, como o pedido de recuperação judicial ou a declaração de falência,

---

81. Lei 6.404/1976: "Art. 121. A Assembleia-Geral, convocada e instalada de acordo com a lei e o estatuto, tem poderes para decidir todos os negócios relativos ao objeto da companhia e tomar as resoluções que julgar convenientes à sua defesa e desenvolvimento. Parágrafo único. Nas companhias abertas, o acionista poderá participar e votar à distância em Assembleia-Geral, nos termos da regulamentação da Comissão de Valores Mobiliários".

82. Lei 6.404/1976: "*Objeto.* Art. 132. Anualmente, nos 4 (quatro) primeiros meses seguintes ao término do exercício social, deverá haver uma Assembleia-Geral para: I – tomar as contas dos administradores, examinar, discutir e votar as demonstrações financeiras; II – deliberar sobre a destinação do lucro líquido do exercício e a distribuição de dividendos; III – eleger os administradores e os membros do Conselho Fiscal, quando for o caso; IV – aprovar a correção da expressão monetária do capital social (art. 167)".

83. Lei 6.404/1976: "Art. 122. Compete privativamente à Assembleia-Geral: I – reformar o estatuto social; II – eleger ou destituir, a qualquer tempo, os administradores e fiscais da companhia, ressalvado o disposto no inciso II do art. 142; III – tomar, anualmente, as contas dos administradores e deliberar sobre as demonstrações financeiras por eles apresentadas; IV – autorizar a emissão de debêntures, ressalvado o disposto nos §§ 1º, 2º e 4º do art. 59; V – suspender o exercício dos direitos do acionista (art. 120); VI – deliberar sobre a avaliação de bens com que o acionista concorrer para a formação do capital social; VII – autorizar a emissão de partes beneficiárias; VIII – deliberar sobre transformação, fusão, incorporação e cisão da companhia, sua dissolução e liquidação, eleger e destituir liquidantes e julgar-lhes as contas; e IX – autorizar os administradores a confessar falência e pedir concordata. Parágrafo único. Em caso de urgência, a confissão de falência ou o pedido de concordata poderá ser formulado pelos administradores, com a concordância do acionista controlador, se houver, convocando-se imediatamente a Assembleia-Geral, para manifestar-se sobre a matéria".

a modificação da própria existência da companhia, sua transformação, fusão, cisão etc.

A convocação para Assembleia-Geral pode ser postulada por várias pessoas que compõem a sociedade anônima, nos termos do art. 123 e seu parágrafo único da LSA, sendo que as condições são muito bem delineadas no estatuto social da companhia ou na própria Lei Societária, posto que a ambos há referência expressa.[84]

Destarte, inicialmente, a atribuição ordinária – não competência – para a convocação da Assembleia-Geral pertence ao Conselho de Administração, se este houver sido constituído, ou aos diretores, quando previsto no estatuto da companhia.

Pelo parágrafo único do art. 123, a Assembleia-Geral também poderá ser convocada pelo Conselho Fiscal nos casos previstos no art. 163, não apenas no inciso V, mas nos incisos III, IV e V do referido dispositivo, conforme alterações previstas nas Leis 10.303/2001 e 12.838/2013.

Logo, se tiver que opinar sobre as propostas dos órgãos da administração, que necessariamente terão que ser submetidas à Assembleia-Geral, para a modificação do capital social, ou para a emissão de debêntures ou bônus de subscrição, ou planos de investimento ou orçamentos de capital, ou distribuição de dividendos, ou, ainda, sobre a alteração da própria companhia, como sua transformação, incorporação, fusão ou cisão, necessariamente deverão ser submetidas à Assembleia-Geral convocada pelo Conselho Fiscal.

Também é matéria da Assembleia, convocada pelo Conselho da Administração, quando se tiver que denunciar atos dos seus membros ou ligados aos órgãos de administração, e, se estes não tomarem as providências necessárias para a proteção dos interesses da companhia, o Conselho deverá convocar a Assembleia-Geral para decidir sobre os erros, fraudes ou crimes que descobrirem e sugerir providências úteis à companhia.

---

84. Lei 6.404/1976: "Art. 123. Compete ao Conselho de Administração, se houver, ou aos diretores, observado o disposto no estatuto, convocar a Assembleia-Geral. Parágrafo único. A Assembleia-Geral pode também ser convocada: a) pelo Conselho Fiscal, nos casos previstos no n. V do art. 163; b) por qualquer acionista, quando os administradores retardarem, por mais de 60 (sessenta) dias, a convocação nos casos previstos em lei ou no estatuto; c) por acionistas que representem 5% (cinco por cento), no mínimo, do capital social, quando os administradores não atenderem, no prazo de 8 (oito) dias, a pedido de convocação que apresentarem, devidamente fundamentado, com indicação das matérias a serem tratadas; d) por acionistas que representem 5% (cinco por cento), no mínimo, do capital votante, ou 5% (cinco por cento), no mínimo, dos acionistas sem direito a voto, quando os administradores não atenderem, no prazo de 8 (oito) dias, a pedido de convocação de Assembleia para instalação do Conselho Fiscal".

Embora a Lei 6.404/1976 submeta tais fatos à Assembleia-Geral, parece-nos, porém, que quando se tratar de crime de ação penal pública incondicionada é dispensável tal ato assemblear, mesmo porque qualquer pessoa do povo pode comunicar a autoridade competente, para que a mesma atue *ex officio*.

Evidentemente, por se tratar de condição relativa à própria companhia, e a eventual comunicação à autoridade policial podendo gerar graves consequências para a companhia ou para o próprio capital empregado pelos acionistas, no mais das vezes esses assuntos não chegam ao conhecimento das autoridades públicas, sendo resolvidos *interna corporis*.

Ao Conselho também compete a convocação da Assembleia-Geral Ordinária se os órgãos da administração retardarem por mais de um mês essa convocação, e da Extraordinária, sempre que ocorrerem motivos graves ou urgentes, incluindo na agenda das Assembleias as matérias que considerarem necessárias.

A Assembleia também poderá ser convocada por qualquer acionista quando os administradores retardarem por mais de 60 dias a convocação nos casos previstos em lei ou no estatuto da companhia, motivo pelo qual o acionista deve bem conhecer os termos do contrato social em que veio a adquirir ações.

Se um acionista solicitar a convocação de Assembleia e os administradores não o atenderem, no prazo de oito dias o acionista precisará compor-se com pelo menos outros acionistas que representem 5% do capital social, sendo que esse pedido deve ser devidamente fundamentado, com indicação das matérias a serem tratadas, não podendo extrapolar, na Assembleia, os motivos que levaram à mesma.

Se houver indeferimento do pedido, caberá ação para a Assembleia, inclusive, agora, para a destituição da administração da companhia, sem prejuízo da competente ação indenizatória.

Pelas mesmas razões, a Assembleia será convocada por acionistas que representem 5%, no mínimo, do *capital votante*, ou 5%, no mínimo, dos *acionistas sem direito a voto*, quando os administradores não atenderem, no prazo de oito dias, ao pedido de convocação de Assembleia para instalação do Conselho Fiscal. Esta regra vale tanto para um como para o outro grupo de acionistas, isto é, tanto para aqueles que têm capital e direito a voto como o outro grupo que não tem direito a voto. Não é necessário que ambos estejam em conjunto.

O art. 124 da LSA trata da forma e do local onde se dará a Assembleia-Geral, sendo que há ainda observações bem claras e que podem gerar nulidades absolutas das mesmas em caso de descumprimento integral dessas formalidades.[85]

Assim, é obrigatório que se tenha publicação por três vezes, no mínimo, que deverá conter o local da Assembleia, data e horário e a ordem do dia, mesmo porque poderá ocorrer de se votar coisas que às vezes não são interessantes para os acionistas. Pelo § 2º do art. 124, a regra diz que a Assembleia-Geral se realizará no edifício onde a companhia tiver a sede, sendo que a exceção é a permissão de outro local, desde que existam motivos relevantes para a modificação. Porém, os anúncios indicarão, com clareza, o lugar da reunião, devendo constar essa excepcionalidade.

85. Lei 6.404/1976 "*Modo de convocação e local.* Art. 124. A convocação far-se-á mediante anúncio publicado por 3 (três) vezes, no mínimo, contendo, além do local, data e hora da Assembleia, a ordem do dia, e, no caso de reforma do estatuto, a indicação da matéria. § 1º. A primeira convocação da Assembleia-Geral deverá ser feita: I – na companhia fechada, com 8 (oito) dias de antecedência, no mínimo, contado o prazo da publicação do primeiro anúncio; não se realizando a Assembleia, será publicado novo anúncio, de segunda convocação, com antecedência mínima de 5 (cinco) dias; II – na companhia aberta, o prazo de antecedência da primeira convocação será de 15 (quinze) dias e o da segunda convocação de 8 (oito) dias. § 2º. Salvo motivo de força maior, a Assembleia-Geral realizar-se-á no edifício onde a companhia tiver a sede; quando houver de efetuar-se em outro, os anúncios indicarão, com clareza, o lugar da reunião, que em nenhum caso poderá realizar-se fora da localidade da sede. § 3º. Nas companhias fechadas, o acionista que representar 5% (cinco por cento), ou mais, do capital social será convocado por telegrama ou carta registrada, expedidos com a antecedência prevista no § 1º, desde que o tenha solicitado, por escrito, à companhia, com a indicação do endereço completo e do prazo de vigência do pedido, não superior a 2 (dois) exercícios sociais, e renovável; essa convocação não dispensa a publicação do aviso previsto no § 1º, e sua inobservância dará ao acionista direito de haver, dos administradores da companhia, indenização pelos prejuízos sofridos. § 4º. Independentemente das formalidades previstas neste artigo, será considerada regular a Assembleia-Geral a que comparecerem todos os acionistas. § 5º. A Comissão de Valores Mobiliários poderá, a seu exclusivo critério, mediante decisão fundamentada de seu Colegiado, a pedido de qualquer acionista, e ouvida a companhia: I – aumentar, para até 30 (trinta) dias, a contar da data em que os documentos relativos às matérias a serem deliberadas forem colocados à disposição dos acionistas, o prazo de antecedência de publicação do primeiro anúncio de convocação da Assembleia-Geral de companhia aberta, quando esta tiver por objeto operações que, por sua complexidade, exijam maior prazo para que possam ser conhecidas e analisadas pelos acionistas; II – interromper, por até 15 (quinze) dias, o curso do prazo de antecedência da convocação de Assembleia-Geral Extraordinária de companhia aberta, a fim de conhecer e analisar as propostas a serem submetidas à Assembleia e, se for o caso, informar à companhia, até o término da interrupção, as razões pelas quais entende que a deliberação proposta à Assembleia viola dispositivos legais ou regulamentares. § 6º. As companhias abertas com ações admitidas à negociação em Bolsa de Valores deverão remeter, na data da publicação do anúncio de convocação da Assembleia, à Bolsa de Valores em que suas ações forem mais negociadas, os documentos postos à disposição dos acionistas para deliberação na Assembleia-Geral".

No caso de reforma do estatuto, a indicação da matéria a ser modificada é impostergável.

Na forma do § 1º do art. 124, há diferença entre a companhia de capital fechado e a de capital aberto, na forma dos incisos I e II. Além das publicações, na foram do § 3º art. 124, quando se tratar de companhias fechadas o acionista que representar 5%, no mínimo, do capital social será convocado por *telegrama* ou *carta registrada*, expedidos com a antecedência prevista no § 1º, desde que o tenha solicitado, por escrito, à companhia, com a indicação do endereço completo e do prazo de vigência do pedido, não superior a dois exercícios sociais, e renovável. O acionista deverá manter seu cadastro sempre atualizado na companhia.

Embora se trate de disposição expressa, não vemos condições de se alegar ignorância quando o acionista receber a convocação, por inteiro, por meio de *e-mail*, *chat*, comunicação nas redes sociais ou qualquer outra forma de ciência inequívoca de que o mesmo foi regularmente notificado da sua ocorrência, mesmo porque a penalidade para essa ausência é a possibilidade de indenização por eventuais prejuízos sofridos.

Mas a regra deve sofrer exceção, em face da natureza da convocação, pois o objetivo é que chegue ao conhecimento do acionista que esta se realizará na data e no horário programados. Se o acionista receber comunicação oficial da companhia, por qualquer meio válido, não nos parece que possa alegar *desconhecimento* da sua existência. Ademais, se todos os acionistas comparecerem à Assembleia, nos termos do art. 124, § 4º, esta será considerada regular. O problema é se não comparecerem todos. Por isso, pensamos que a comunicação é importante e deverá ser aceita a prova de sua convocação inequívoca e pessoal, desde que contenha todos os elementos necessários para que o acionista tenha conhecimento.

Como a CVM é cientificada da ocorrência da Assembleia-Geral, nos termos do art. 124, § 5º, poderá, a seu exclusivo critério, mediante decisão fundamentada de seu Colegiado, a pedido de qualquer acionista, e ouvida a companhia, fazer as deliberações constantes dos incisos I e II, ou seja: aumentar o prazo para deliberações, para até 30 dias, e interromper o prazo por 15 dias quando se tratar de companhia de capital aberto, para novas deliberações.

Pelo art. 124, § 6º,

> as companhias abertas com ações admitidas à negociação em Bolsa de Valores deverão remeter, na data da publicação do anúncio de convocação da Assembleia, à Bolsa de Valores em que suas ações forem mais

negociadas, os documentos postos à disposição dos acionistas para deliberação na Assembleia-Geral.

O *quorum* de instalação da Assembleia é matéria de suma importância, mas há exceção na parte final do disposto no art. 125 da LSA quando não se instalar em primeira Assembleia.[86] Aquele que não tiver direito de voto não está tolhido no seu direito de *voz* e *discussão* das matérias debatidas, podendo influenciar na votação, conforme previsão do parágrafo único do mesmo art. 125.

Os acionistas e participantes da Assembleia-Geral deverão ser identificados e qualificados, podendo haver representação por procuradores e advogados, desde que tais procurações datem de menos de um ano, conforme estabelecido no § 1º do art. 126 da LSA.[87] Tão logo cheguem à Assembleia e decidam dela participar, obrigatoriamente, deverão assinar a lista de presença, em livro específico para essa finalidade. Do mesmo modo, em face da possibilidade estatuída pela Lei 12.431/2011, os "pre-

---

86. Lei 6.404/1976: *"Art. 125. Ressalvadas as exceções previstas em lei, a Assembleia-Geral instalar-se-á, em primeira convocação, com a presença de acionistas que representem, no mínimo, um quarto do capital social com direito de voto; em segunda convocação instalar-se-á com qualquer número. Parágrafo único. Os acionistas sem direito de voto podem comparecer à Assembleia-Geral e discutir a matéria submetida à deliberação".

87. Lei 6.404/1976: *"Legitimação e representação.* Art. 126. As pessoas presentes à Assembleia deverão provar a sua qualidade de acionista, observadas as seguintes normas: I – os titulares de ações nominativas exibirão, se exigido, documento hábil de sua identidade; II – os titulares de ações escriturais ou em custódia nos termos do art. 41, além do documento de identidade, exibirão, ou depositarão na companhia, se o estatuto o exigir, comprovante expedido pela instituição financeira depositária; III – os titulares de ações ao portador exibirão os respectivos certificados, ou documento de depósito nos termos do n. II; IV – os titulares de ações escriturais ou em custódia nos termos do art. 41, além do documento de identidade, exibirão, ou depositarão na companhia, se o estatuto o exigir, comprovante expedido pela instituição financeira depositária. § 1º. O acionista pode ser representado na Assembleia-Geral por procurador constituído há menos de 1 (um) ano, que seja acionista, administrador da companhia ou advogado; na companhia aberta, o procurador pode, ainda, ser instituição financeira, cabendo ao administrador de fundos de investimento representar os condôminos. § 2º. O pedido de procuração, mediante correspondência, ou anúncio publicado, sem prejuízo da regulamentação que sobre o assunto vier a baixar a Comissão de Valores Mobiliários, deverá satisfazer aos seguintes requisitos: a) conter todos os elementos informativos necessários ao exercício do voto pedido; b) facultar ao acionista o exercício de voto contrário à decisão com indicação de outro procurador para o exercício desse voto; c) ser dirigido a todos os titulares de ações cujos endereços constem da companhia. § 3º. É facultado a qualquer acionista, detentor de ações, com ou sem voto, que represente 0,5% (meio por cento), no mínimo, do capital social, solicitar relação de endereços dos acionistas, para os fins previstos no § 1º, obedecidos sempre os requisitos do parágrafo anterior. § 4º. Têm a qualidade para comparecer à Assembleia os representantes legais dos acionistas".

CLASSIFICAÇÃO DAS SOCIEDADES EM GERAL 219

sentes à distância" também deverão assinar o livro, sob pena de não se considerar seu posicionamento, nos termos do art. 127 e seu parágrafo único.[88]

Os trabalhos serão dirigidos por um presidente, que escolherá livremente um secretário para registrar em ata tudo o que for deliberado na Assembleia, na forma do art. 128 da LSA.[89]

Quanto ao *quorum* de deliberações, determina o art. 129, *caput*, da LSA que sejam tomadas por maioria absoluta de votos, excluídos os votos em branco, desde que não exista lei em sentido contrário.[90]

É possível que o estatuto da companhia fechada possa desejar aumentar o *quorum* exigido para certas deliberações, desde que especifique as matérias antecipadamente, na forma prevista no art. 129, § 1º.

Embora raro acontecer, é possível que exista empate na votação, quando, então, a questão está prevista no art. 129, § 2º, ou seja, soluciona-se da seguinte forma: havendo procedimento de arbitragem, a ele se remete a solução da votação; não havendo, nova Assembleia será convocada, com intervalo mínimo de dois meses, para votar a deliberação. Se mesmo assim permanecer o empate e os acionistas não concordarem em cometer a decisão a um terceiro, caberá ao Poder Judiciário decidir, como diz a própria lei, no interesse da companhia.

Aqui se trata de diagnosticar o mal maior que causará a decisão: se a alguns acionistas ou se à companhia, que pode possuir maior interesse social. Evidentemente, embora a lei fale claramente "no interesse da companhia", não se pode dizer que tenha que ser favorável à companhia.

---

88. Lei 6.404/1976: *"Livro de Presença.* Art. 127. Antes de abrir-se a Assembleia, os acionistas assinarão o 'Livro de Presença', indicando o seu nome, nacionalidade e residência, bem como a quantidade, espécie e classe das ações de que forem titulares. Parágrafo único. Considera-se presente em Assembleia-Geral, para todos os efeitos desta Lei, o acionista que registrar à distância sua presença, na forma prevista em regulamento da Comissão de Valores Mobiliários".

89. Lei 6.404/1976: *"Mesa.* Art. 128. Os trabalhos da Assembleia serão dirigidos por Mesa composta, salvo disposição diversa do estatuto, de presidente e secretário, escolhidos pelos acionistas presentes".

90. Lei 6.404/1976: *"'Quorum' das Deliberações.* Art. 129. As deliberações da Assembleia-Geral, ressalvadas as exceções previstas em lei, serão tomadas por maioria absoluta de votos, não se computando os votos em branco. § 1º. O estatuto da companhia fechada pode aumentar o *quorum* exigido para certas deliberações, desde que especifique as matérias. § 2º. No caso de empate, se o estatuto não estabelecer procedimento de arbitragem e não contiver norma diversa, a Assembleia será convocada, com intervalo mínimo de 2 (dois) meses, para votar a deliberação; se permanecer o empate e os acionistas não concordarem em cometer a decisão a um terceiro, caberá ao Poder Judiciário decidir, no interesse da companhia".

Se assim o fosse, por óbvio, não haveria necessidade de questionar no Poder Judiciário a deliberação, eis que em caso de empate sempre prevaleceria o interesse da companhia contra os interesses dos acionistas. Portanto, se os acionistas observarem que as consequências da decisão interferirão no patrimônio da companhia e, consequentemente, nos ativos, e mais prejudicarão do que beneficiarão, é claro que o juiz poderá cancelar os efeitos dessa deliberação.

Tudo o que constar na Assembleia será lavrado no livro próprio da companhia e constituirá documento hábil para servir de base para questionar as deliberações, podendo ser retiradas certidões ou cópias da ata, conforme previsto no art. 130 da LSA.[91]

Além disso, todos os documentos necessários para a realização da Assembleia-Geral deverão ser colocados à disposição dos interessados pelo menos um mês antes da data marcada para sua realização, devendo seguir todos os trâmites do art. 133 da LSA, sob pena de nulidade.[92]

91. Lei 6.404/1976 *"Ata da Assembleia*. Art. 130. Dos trabalhos e deliberações da Assembleia será lavrada, em livro próprio, ata assinada pelos membros da Mesa e pelos acionistas presentes. Para validade da ata é suficiente a assinatura de quantos bastem para constituir a maioria necessária para as deliberações tomadas na Assembleia. Da ata tirar-se-ão certidões ou cópias autênticas para os fins legais. § 1º. A ata poderá ser lavrada na forma de sumário dos fatos ocorridos, inclusive dissidências e protestos, e conter a transcrição apenas das deliberações tomadas, desde que: a) os documentos ou propostas submetidos à Assembleia, assim como as declarações de voto ou dissidência, referidos na ata, sejam numerados seguidamente, autenticados pela Mesa e por qualquer acionista que o solicitar, e arquivados na companhia; b) a Mesa, a pedido de acionista interessado, autentique exemplar ou cópia de proposta, declaração de voto ou dissidência, ou protesto apresentado. § 2º. A Assembleia-Geral da companhia aberta pode autorizar a publicação de ata com omissão das assinaturas dos acionistas. § 3º. Se a ata não for lavrada na forma permitida pelo § 1º, poderá ser publicado apenas o seu extrato, com o sumário dos fatos ocorridos e a transcrição das deliberações tomadas".

92. Lei 6.404/1976: *"Documentos da administração*. Art. 133. Os administradores devem comunicar, até 1 (um) mês antes da data marcada para a realização da Assembleia--Geral Ordinária, por anúncios publicados na forma prevista no art. 124, que se acham à disposição dos acionistas: I – o relatório da administração sobre os negócios sociais e os principais fatos administrativos do exercício findo; II – a cópia das demonstrações financeiras; III – o parecer dos auditores independentes, se houver; IV – o parecer do Conselho Fiscal, inclusive votos dissidentes, se houver; e V – demais documentos pertinentes a assuntos incluídos na ordem do dia. § 1º. Os anúncios indicarão o local ou locais onde os acionistas poderão obter cópias desses documentos. § 2º. A companhia remeterá cópia desses documentos aos acionistas que o pedirem por escrito, nas condições previstas no § 3º do art. 124. § 3º. Os documentos referidos neste artigo, à exceção dos constantes dos incisos IV e V, serão publicados até 5 (cinco) dias, pelo menos, antes da data marcada para a realização da Assembleia-Geral. § 4º. A Assembleia-Geral que reunir a totalidade dos acionistas poderá considerar sanada a falta de publicação dos anúncios ou a inobservância dos prazos referidos neste artigo; mas é obrigatória a publicação dos documentos antes da realização da Assembleia. § 5º. A publicação dos anúncios é dispensada quando os docu-

CLASSIFICAÇÃO DAS SOCIEDADES EM GERAL 221

Quando da instalação da Assembleia é preciso que sejam lidos os documentos e o parecer do Conselho Fiscal, sendo após submetido a discussão e votação. Havendo auditor independente – como geralmente há –, este será ouvido sobre o procedimento da administração da companhia e, evidentemente, deverá responder tanto civil como criminalmente – art. 177 do CP^{93} (muito pouco utilizado na prática) – se houver qualquer uma das figuras dessa disposição legal.

Podem ser solicitados outros esclarecimentos, motivo pelo qual caberá ao presidente decidir sobre sua oportunidade e conveniência, ordenando as diligências necessárias. Tornando-se inviável sua realização imediata, poderá ser adiada a votação para outra Assembleia, tudo isso nos termos do art. 134 da LSA.^{94}

mentos a que se refere este artigo são publicados até 1 (um) mês antes da data marcada para a realização da Assembleia-Geral Ordinária".
93. Código Penal: "*Fraudes e abusos na fundação ou administração de sociedade por ações*. Art. 177. Promover a fundação de sociedade por ações, fazendo, em prospecto ou em comunicação ao público ou à Assembleia, afirmação falsa sobre a constituição da sociedade, ou ocultando fraudulentamente fato a ela relativo: Pena – reclusão, de 1 (um) a 4 (quatro) anos, e multa, se o fato não constitui crime contra a economia popular.
"§ 1º. Incorrem na mesma pena, se o fato não constitui crime contra a economia popular: I – o diretor, o gerente ou o fiscal de sociedade por ações que, em prospecto, relatório, parecer, balanço ou comunicação ao público ou à Assembleia, faz afirmação falsa sobre as condições econômicas da sociedade, ou oculta fraudulentamente, no todo ou em parte, fato a elas relativo; II – o diretor, o gerente ou o fiscal que promove, por qualquer artifício, falsa cotação das ações ou de outros títulos da sociedade; III – o diretor ou o gerente que toma empréstimo à sociedade ou usa, em proveito próprio ou de terceiro, dos bens ou haveres sociais, sem prévia autorização da Assembleia-Geral; IV – o diretor ou o gerente que compra ou vende, por conta da sociedade, ações por ela emitidas, salvo quando a lei o permite; V – o diretor ou o gerente que, como garantia de crédito social, aceita em penhor ou em caução ações da própria sociedade; VI – o diretor ou o gerente que, na falta de balanço, em desacordo com este, ou mediante balanço falso, distribui lucros ou dividendos fictícios; VII – o diretor, o gerente ou o fiscal que, por interposta pessoa, ou conluiado com acionista, consegue a aprovação de conta ou parecer; VIII – o liquidante, nos casos dos ns. I, II, III, IV, V e VII; IX – o representante da sociedade anônima estrangeira, autorizada a funcionar no País, que pratica os atos mencionados nos ns. I e II, ou dá falsa informação ao Governo.
"§ 2º. Incorre na pena de detenção, de 6 (seis) meses a 2 (dois) anos, e multa, o acionista que, a fim de obter vantagem para si ou para outrem, negocia o voto nas deliberações de Assembleia-Geral."
94. Lei 6.404/1976: "*Procedimento*. Art. 134. Instalada a Assembleia-Geral, proceder-se-á, se requerida por qualquer acionista, à leitura dos documentos referidos no art. 133 e do parecer do Conselho Fiscal, se houver, os quais serão submetidos pela Mesa a discussão e votação. § 1º. Os administradores da companhia, ou ao menos 1 (um) deles, e o auditor independente, se houver, deverão estar presentes à Assembleia para atender a pedidos de esclarecimentos de acionistas, mas os administradores não poderão votar, como acionistas ou procuradores, os documentos referidos neste artigo. § 2º. Se a Assembleia tiver necessidade de outros esclarecimentos, poderá adiar a deliberação e ordenar

De outro lado, se não houver ressalvas ou reservas sobre os assuntos deliberados, considera-se aprovada a Assembleia realizada.

Embora o dispositivo fale que não há crime se houver aprovação em Assembleia, a interpretação não pode jamais ser essa, eis que a ocorrência de delito, principalmente contra a economia popular, como é o caso das companhias, jamais pode ser suprida pela existência de Assembleia dando-lhe aprovação. Ao contrário, por se tratar de ação penal pública incondicionada, a apuração e a perseguição dos mesmos delitos podem ser realizadas a qualquer momento, desde que não estejam prescritos.

Seria absurdo considerar que não ocorreu um delito, quando ocorreu, apenas porque uma Assembleia-Geral, muitas vezes mal informada sobre os termos e trâmites de uma grande companhia, acabe por aprovar o crime praticado. Por isso, rejeitamos veementemente o disposto no § 3º do art. 134 da LSA.

3.5.8.2 Da Assembleia-Geral Extraordinária

Ao longo deste estudo comentamos várias vezes sobre a possibilidade de convocação de Assembleia-Geral Extraordinária, principalmente quando houver desídia ou má-fé dos administradores da companhia ou quando os interesses destes se tornarem totalmente incompatíveis com os interesses da companhia.

Para que não sejamos repetitivos e cansativos, devemos observar que as convocações das Assembleias Extraordinárias são específicas, tendo a lei se ocupado das mesmas amiúde.

Quando se tratar de reforma do estatuto da companhia, a lei deliberadamente procura dificultar essa possibilidade, nos termos do art. 135 da LSA,[95] exigindo *quorum qualificado* para determinadas votações, nos

---

diligências; também será adiada a deliberação, salvo dispensa dos acionistas presentes, na hipótese de não comparecimento de administrador, membro do Conselho Fiscal ou auditor independente. § 3º. A aprovação, sem reserva, das demonstrações financeiras e das contas exonera de responsabilidade os administradores e fiscais, salvo erro, dolo, fraude ou simulação (art. 286). § 4º. Se a Assembleia aprovar as demonstrações financeiras com modificação no montante do lucro do exercício ou no valor das obrigações da companhia, os administradores promoverão, dentro de 30 (trinta) dias, a republicação das demonstrações, com as retificações deliberadas pela Assembleia; se a destinação dos lucros proposta pelos órgãos de administração não lograr aprovação (art. 176, § 3º), as modificações introduzidas constarão da ata da Assembleia. § 5º. A ata da Assembleia-Geral Ordinária será arquivada no Registro do Comércio e publicada. § 6º. As disposições do § 1º, segunda parte, não se aplicam quando, nas sociedades fechadas, os diretores forem os únicos acionistas".
95. Lei 6.404/1976: "*Reforma do estatuto.* Art. 135. A Assembleia-Geral Extraordinária que tiver por objeto a reforma do estatuto somente se instalará em primeira

termos do art. 136, mesmo porque são matérias que atingem diretamente os investimentos dos acionistas e os próprios interesses da companhia.[96] Por isso, o legislador exige um quorum qualificado, a fim de que os investidores da companhia não sejam surpreendidos com modificações que afetem seus patrimônios, mesmo porque procuraram uma determinada empresa para investir exatamente porque confiaram no seu programa de trabalho, interesse, forma de agir etc.

Evidentemente, pela grande possibilidade de conflitos atinentes aos comandos das Assembleias Extraordinárias, em 2015 houve a alteração da Lei das Sociedades Anônimas pela Lei 13.219, a fim de instituir a

convocação com a presença de acionistas que representem dois terços, no mínimo, do capital com direito a voto, mas poderá instalar-se em segunda com qualquer número. § 1º. Os atos relativos a reformas do estatuto, para valerem contra terceiros, ficam sujeitos às formalidades de arquivamento e publicação, não podendo, todavia, a falta de cumprimento dessas formalidades ser oposta, pela companhia ou por seus acionistas, a terceiros de boa-fé. § 2º. Aplica-se aos atos de reforma do estatuto o disposto no art. 97 e seus §§ 1º e 2º e no art. 98 e seu § 1º. § 3º. Os documentos pertinentes à matéria a ser debatida na Assembleia-Geral Extraordinária deverão ser postos à disposição dos acionistas, na sede da companhia, por ocasião da publicação do primeiro anúncio de convocação da Assembleia-Geral".

96. Lei 6.404/1976: "'*Quorum*' *qualificado*. Art. 136. É necessária a aprovação de acionistas que representem metade, no mínimo, das ações com direito a voto, se maior *quorum* não for exigido pelo estatuto da companhia cujas ações não estejam admitidas à negociação em Bolsa ou no mercado de balcão, para deliberação sobre: I – criação de ações preferenciais ou aumento de classe de ações preferenciais existentes, sem guardar proporção com as demais classes de ações preferenciais, salvo se já previstos ou autorizados pelo estatuto; II – alteração nas preferências, vantagens e condições de resgate ou amortização de uma ou mais classes de ações preferenciais, ou criação de nova classe mais favorecida; III – redução do dividendo obrigatório; IV – fusão da companhia, ou sua incorporação em outra; V – participação em grupo de sociedades (art. 265); VI – mudança do objeto da companhia; VII – cessação do estado de liquidação da companhia; VIII – criação de partes beneficiárias; IX – cisão da companhia; X – dissolução da companhia. § 1º. Nos casos dos incisos I e II, a eficácia da deliberação depende de prévia aprovação ou da ratificação, em prazo improrrogável de 1 (um) ano, por titulares de mais da metade de cada classe de ações preferenciais prejudicadas, reunidos em Assembleia especial convocada pelos administradores e instalada com as formalidades desta Lei. § 2º. A Comissão de Valores Mobiliários pode autorizar a redução do *quorum* previsto neste artigo no caso de companhia aberta com a propriedade das ações dispersa no mercado, e cujas 3 (três) últimas Assembleias tenham sido realizadas com a presença de acionistas representando menos da metade das ações com direito a voto. Neste caso, a autorização da Comissão de Valores Mobiliários será mencionada nos avisos de convocação e a deliberação com *quorum* reduzido somente poderá ser adotada em terceira convocação. § 3º. O disposto no § 2º deste artigo aplica-se também às Assembleias especiais de acionistas preferenciais de que trata o § 1º. § 4º. Deverá constar da ata da Assembleia-Geral que deliberar sobre as matérias dos incisos I e II, se não houver prévia aprovação, que a deliberação só terá eficácia após a sua ratificação pela Assembleia especial prevista no § 1º".

possibilidade da convenção da arbitragem, com a inclusão do art. 136-A na Lei 6.404/1976.[97]

O objetivo do dispositivo era desafogar o Poder Judiciário – eternamente assoberbado de serviço e com "poucos funcionários" –, a fim de acelerar as decisões, que poderiam perdurar anos a fio até que o Judiciário se pronunciasse, como sói acontecer.

Por tal motivo, trataram as companhias de estabelecer a possibilidade de arbitragem em seus estatutos sociais, visando à rápida solução das controvérsias. Mas, ao que consta, também algumas arbitragens acabaram por esbarrar nas mesmas falhas operacionais dos tribunais, gerando grande desconforto em vários setores, não obstante a intenção de obter decisão mais célere.

Assim, eventuais decisões sobre deliberações das Assembleias Extraordinárias permitem que o acionista dissidente exerça o direito de retirada da companhia, seguindo o disposto no art. 45 da LSA, conforme previsto no art. 137 da mesma lei.[98]

---

97. Lei 6.404/1976: "Art. 136-A. A aprovação da inserção de convenção de arbitragem no estatuto social, observado o *quorum* do art. 136, obriga a todos os acionistas, assegurado ao acionista dissidente o direito de retirar-se da companhia mediante o reembolso do valor de suas ações, nos termos do art. 45. § 1º. A convenção somente terá eficácia após o decurso do prazo de 30 (trinta) dias, contado da publicação da ata da Assembleia--Geral que a aprovou. § 2º. O direito de retirada previsto no *caput* não será aplicável: I – caso a inclusão da convenção de arbitragem no estatuto social represente condição para que os valores mobiliários de emissão da companhia sejam admitidos à negociação em segmento de listagem de Bolsa de Valores ou de mercado de balcão organizado que exija dispersão acionária mínima de 25% (vinte e cinco por cento) das ações de cada espécie ou classe; II – caso a inclusão da convenção de arbitragem seja efetuada no estatuto social de companhia aberta cujas ações sejam dotadas de liquidez e dispersão no mercado, nos termos das alíneas 'a' e 'b' do inciso II do art. 137 desta Lei".
98. Lei 6.404/1976: "*Direito de retirada.* Art. 137. A aprovação das matérias previstas nos incisos I a VI e IX do art. 136 dá ao acionista dissidente o direito de retirar-se da companhia, mediante reembolso do valor das suas ações (art. 45), observadas as seguintes normas: I – nos casos dos incisos I e II do art. 136, somente terá direito de retirada o titular de ações de espécie ou classe prejudicadas; II – nos casos dos incisos IV e V do art. 136, não terá direito de retirada o titular de ação de espécie ou classe que tenha liquidez e dispersão no mercado, considerando-se haver: a) liquidez, quando a espécie ou classe de ação, ou certificado que a represente, integre índice geral representativo de carteira de valores mobiliários admitido à negociação no mercado de valores mobiliários, no Brasil ou no Exterior, definido pela Comissão de Valores Mobiliários; e b) dispersão, quando o acionista controlador, a sociedade controladora ou outras sociedades sob seu controle detiverem menos da metade da espécie ou classe de ação; III – no caso do inciso IX do art. 136, somente haverá direito de retirada se a cisão implicar: a) mudança do objeto social, salvo quando o patrimônio cindido for vertido para sociedade cuja atividade preponderante coincida com a decorrente do objeto social da sociedade cindida; b) redução do dividendo obrigatório; ou c) participação em grupo de sociedades; IV – o reembolso da

3.5.9 Dos livros das companhias

Sempre lembramos a obrigação dos administradores, conselheiros e diretores de lavrar termos, atas, Assembleias etc., fazendo referência inclusive a prazos para determinadas situações específicas (como a retirada do acionista, v.g.).

Porém, a prova do prazo para a realização de tal e qual direito começa a fluir da publicação do ato constitutivo. Daí a grande importância que têm os livros obrigatórios das companhias, que deverão seguir estrita escrituração contábil.

Por conta disso, dispõe o art. 100 da LSA a obrigatoriedade da escrituração dos livros, com as observações constantes do próprio texto legal, o que deve ser repisado, *in verbis*:

> Art. 100. A companhia deve ter, além dos livros obrigatórios para qualquer comerciante, os seguintes, revestidos das mesmas formalidades legais: I – o livro de "Registro de Ações Nominativas", para inscrição, anotação ou averbação: a) do nome do acionista e do número das suas ações; b) das entradas ou prestações de capital realizado; c) das conversões de ações, de uma em outra espécie ou classe; d) do resgate, reembolso e amortização das ações, ou de sua aquisição pela companhia; e) das mutações operadas pela alienação ou transferência de ações; f) do penhor, usufruto, fideicomisso, da alienação fiduciária em garantia ou de qualquer ônus que grave as ações ou obste sua negociação; II – o livro de "Transferência de Ações Nominativas", para lançamento dos termos de transferência, que deverão ser assinados pelo cedente e pelo cessioná-

ação deve ser reclamado à companhia no prazo de 30 (trinta) dias contado da publicação da ata da Assembleia-Geral; V – o prazo para o dissidente de deliberação de Assembleia especial (art. 136, § 1º) será contado da publicação da respectiva ata; VI – o pagamento do reembolso somente poderá ser exigido após a observância do disposto no § 3º e, se for o caso, da ratificação da deliberação pela Assembleia-Geral. § 1º. O acionista dissidente de deliberação da Assembleia, inclusive o titular de ações preferenciais sem direito de voto, poderá exercer o direito de reembolso das ações de que, comprovadamente, era titular na data da primeira publicação do edital de convocação da Assembleia, ou na data da comunicação do fato relevante objeto da deliberação, se anterior. § 2º. O direito de reembolso poderá ser exercido no prazo previsto nos incisos IV ou V do *caput* deste artigo, conforme o caso, ainda que o titular das ações tenha se abstido de votar contra a deliberação ou não tenha comparecido à Assembleia. § 3º. Nos 10 (dez) dias subsequentes ao término do prazo de que tratam os incisos IV e V do *caput* deste artigo, conforme o caso, contado da publicação da ata da Assembleia-Geral ou da Assembleia especial que ratificar a deliberação, é facultado aos órgãos da administração convocar a Assembleia-Geral para ratificar ou reconsiderar a deliberação, se entenderem que o pagamento do preço do reembolso das ações aos acionistas dissidentes que exerceram o direito de retirada porá em risco a estabilidade financeira da empresa. § 4º. Decairá do direito de retirada o acionista que não o exercer no prazo fixado".

rio ou seus legítimos representantes; III – o livro de "Registro de Partes Beneficiárias Nominativas" e o de "Transferência de Partes Beneficiárias Nominativas", se tiverem sido emitidas, observando-se, em ambos, no que couber, o disposto nos ns. I e II deste artigo; IV – o livro de "Atas das Assembleias-Gerais"; V – o livro de "Presença dos Acionistas"; VI – os livros de "Atas das Reuniões do Conselho de Administração", se houver, e de "Atas das Reuniões de Diretoria"; VII – o livro de "Atas e Pareceres do Conselho Fiscal". § 1º. A qualquer pessoa, desde que se destinem a defesa de direitos e esclarecimento de situações de interesse pessoal ou dos acionistas ou do mercado de valores mobiliários, serão dadas certidões dos assentamentos constantes dos livros mencionados nos incisos I a III, e por elas a companhia poderá cobrar o custo do serviço, cabendo, do indeferimento do pedido por parte da companhia, recurso à Comissão de Valores Mobiliários. § 2º. Nas companhias abertas, os livros referidos nos incisos I a III do *caput* deste artigo poderão ser substituídos, observadas as normas expedidas pela Comissão de Valores Mobiliários, por registros mecanizados ou eletrônicos.

Portanto, de acordo com o próprio texto legal, não é permitido que opere qualquer companhia sem que possua os livros obrigatórios, além dos demais livros obrigatórios a todos os empresários, como é o caso dos livros "Diário", "Registro de Duplicatas" etc.

São os livros das companhias os representantes do verdadeiro cipoal de negociações das mesmas. Pode-se dizer que a escrituração de uma companhia é que revela o bem físico e moral da própria sociedade, não se podendo atribuir responsabilidade exclusiva aos contadores quando se constata falha nas escriturações, mormente quando ocorrem quebras, mesmo porque estes, na enorme maioria das vezes (para não dizer sempre), somente obedecem às ordens emanadas de seus superiores – no caso, os diretores das sociedades.

Porém, isso não significa dizer que os contadores estão isentos de responsabilidades, mesmo porque têm pleno discernimento sobre o que é certo e o que é errado, devendo responder civil e penalmente pelas falhas cometidas.

Lembra Maria Helena Diniz que os livros empresariais são fontes inesgotáveis de provas. Porém, para sua pertinência em juízo é necessário que estejam revestidos dos requisitos legais – tanto de natureza extrínseca como intrínseca.

E a festejada autora escreve:

> Os livros empresariais também provam contra o seu autor, caso em que lhe será lícito demonstrar, por todos os meios permitidos em Direi-

to, que os lançamentos não correspondem à verdade dos fatos (CC, art. 378). Observa Amaral Santos que, mesmo que a escrituração do livro seja irregular, mesmo que o litígio não seja entre empresários, a perícia contábil e a exibição judicial bastarão para se considerar realizada prova contrária ao autor do livro examinado. (...). Os lançamentos efetuados nos livros farão prova plena contra o seu titular, pois "não necessitará, como ensina Rubens Requião, corroborar com outros documentos que poderiam tê-los fundamentado".[99]

A escrituração contábil de qualquer empresa, principalmente a sociedade anônima, deve ser registrada no Registro do Comércio, não existindo qualquer beneplácito com a desídia das sociedades anônimas ou com a vã tentativa de tentar se isentar sob o esquálido argumento de que "a parte financeira era de outro setor" (sic), como vimos várias vezes nos processos falenciais de companhias.

3.5.10 Da auditoria externa das companhias

Em face da dimensão dos negócios realizados e do volume de valores gerenciados pelas companhias, passaram as sociedades anônimas (assim como outras empresas também podem fazê-lo) a se valer de empresas especializadas em auditorias de suas contas.

Comum no Brasil a contratação de empresas de auditoria para fiscalizar a aplicação dos recursos das sociedades anônimas, pouco importando o tamanho da empresa e seu grau de dificuldade operacional.

Auditoria é, em resumo, uma revisão das demonstrações financeiras da companhia, já realizadas, onde se deve verificar o sistema financeiro empregado, os registros das transações efetuadas, as operações feitas, se houve cumprimento fiel dos projetos que se pretendia executar.

Por isso, a auditoria não é feita por profissionais de dentro da empresa, mas, sim, por terceiros, desimpedidos e completamente alheios ao quadro da empresa, com a finalidade precípua de confirmar a veracidade dos dados fornecidos ou apontar falhas, omissões, erros e até mesmo crimes cometidos.

Basicamente, as auditorias se fixam em: (a) *auditoria financeira* – aquela destinada a verificar as demonstrações financeiras da empresa auditada e se estas se apresentam dentro dos princípios de Contabilidade geralmente aceitos; (b) *auditoria de cumprimento* – aquela que visa à

---

99. Maria Helena Diniz, *Curso de Direito Civil Brasileiro*, vol. 8 (*Direito de Empresa*), p. 871.

revisão, comprovação e avaliação e controle dos procedimentos operacionais da companhia; (c) *auditoria operacional* – visa a fazer um exame mais acurado da administração da empresa, a aplicação dos recursos técnicos, de desempenho da organização como um todo.

Importante observar que as empresas de auditoria podem cometer os crimes previstos no art. 177 do CP, o que quase sempre é "esquecido" por aqueles que participam da fiscalização das auditorias, ou até mesmo há pessoas que nem sequer sabem da existência desses delitos.[100]

3.5.11 Dos valores mobiliários das sociedades anônimas

São chamados de *valores mobiliários* das companhias ou sociedades anônimas os produtos advindos das mesmas colocados no mercado de títulos e nas Bolsas de Valores para que sejam livremente negociados.

Os valores mobiliários que compõem o grande espectro fornecido pelas companhias são os seguintes: (a) *ações*, que representam o capital da companhia ou sociedade anônima, sendo que o adquirente de uma ação está comprando um "pedaço" da companhia, representado pelo seu valor; (b) *partes beneficiárias* – que são, literalmente, títulos de crédito das companhias, autônomos, podendo ser onerosos ou gratuitos, mas

---

100. Código Penal: "Art. 177. Promover a fundação de sociedade por ações, fazendo, em prospecto ou em comunicação ao público ou à Assembleia, afirmação falsa sobre a constituição da sociedade, ou ocultando fraudulentamente fato a ela relativo: Pena – reclusão, de 1 (um) a 4 (quatro) anos, e multa, se o fato não constitui crime contra a economia popular.

"§ 1º. Incorrem na mesma pena, se o fato não constitui crime contra a economia popular: I – o diretor, o gerente ou o fiscal de sociedade por ações que, em prospecto, relatório, parecer, balanço ou comunicação ao público ou à Assembleia, faz afirmação falsa sobre as condições econômicas da sociedade, ou oculta fraudulentamente, no todo ou em parte, fato a elas relativo; II – o diretor, o gerente ou o fiscal que promove, por qualquer artifício, falsa cotação das ações ou de outros títulos da sociedade; III – o diretor ou o gerente que toma empréstimo à sociedade ou usa, em proveito próprio ou de terceiro, dos bens ou haveres sociais, sem prévia autorização da Assembleia-Geral; IV – o diretor ou o gerente que compra ou vende, por conta da sociedade, ações por ela emitidas, salvo quando a lei o permite; V – o diretor ou o gerente que, como garantia de crédito social, aceita em penhor ou em caução ações da própria sociedade; VI – o diretor ou o gerente que, na falta de balanço, em desacordo com este, ou mediante balanço falso, distribui lucros ou dividendos fictícios; VII – o diretor, o gerente ou o fiscal que, por interposta pessoa, ou conluiado com acionista, consegue a aprovação de conta ou parecer; VIII – o liquidante, nos casos dos ns. I, II, III, IV, V e VII; IX – o representante da sociedade anônima estrangeira, autorizada a funcionar no País, que pratica os atos mencionados nos ns. I e II, ou dá falsa informação ao Governo. § 2º. Incorre na pena de detenção, de 6 (seis) meses a 2 (dois) anos, e multa, o acionista que, a fim de obter vantagem para si ou para outrem, negocia o voto nas deliberações de Assembleia-Geral".

que não representam o capital da sociedade; (c) *debêntures* – também conhecidas por *obrigações*, que são empréstimos feitos pela companhia perante o público, que concede crédito ao possuidor das mesmas; (d) *bônus de subscrição* – que, como o próprio nome está dizendo, são títulos nominativos emitidos pela companhia de capital autorizado visando ao aumento do mesmo, até o limite autorizado pela Assembleia; (e) *papéis comerciais (comercial papers)* – são notas promissórias de emissão pública consistentes em empréstimos de valores, para pagamento futuro, caracterizando verdadeiro título de crédito.

Há, ainda, os *Brazilian Depositary Receipts/BDRs*, que são certificados de depósitos bancários de empresas estrangeiras autorizadas a investir por meio de empresas nacionais, conforme a Resolução BA-CEN-2.318/1996 e a Instrução CVM-332/2000.

3.5.12 Do capital social das sociedades anônimas

Conforme já asseveramos anteriormente, o capital social das companhias (ou sociedades anônimas) divide-se em títulos societários, sendo que a divisão da sociedade anônima será sempre em ações, mesmo porque se trata de sociedade típica de capitais. No entanto, nada impede que o estatuto ou a Assembleia-Geral permitam a criação de outros valores mobiliários para a constituição do capital da companhia, desde que não vedados na Lei das Sociedades Anônimas e permitidos pela CVM. Na Lei das Sociedades Anônimas é permitido que a companhia tenha ações, partes beneficiárias, debêntures e bônus de subscrição, como veremos ao longo do presente estudo.

Porém, analisemos cada um por vez.

3.5.12.1 Das ações

São as ações a representação do capital social de uma companhia, conferindo ao seu titular o direito de participar dos resultados das atividades da mesma; e, ainda, pode ou não conferir determinados direitos políticos dentro da companhia.

A fixação das ações deve constar do estatuto da companhia, tudo conforme consta do Capítulo III da LSA, nomeadamente nos arts. 11 e 20-22.[101]

---

101. Lei 6.404/1976: "*Fixação no estatuto*. Art. 11. O estatuto fixará o número de ações em que se divide o capital social e estabelecerá se as ações terão, ou não, valor nominal. § 1º. Na companhia com ações sem valor nominal, o estatuto poderá criar uma

É importante lembrar que a ação de uma companhia não é apenas seu valor em si, mas cada uma delas atribui ao seu proprietário direitos e obrigações, sendo que elas representam diversas situações jurídicas distintas aos seus proprietários, havendo, destarte, várias formas de classificá-las.

Inicialmente podemos dizer que as ações foram catalogadas na própria Lei 6.404/1976 em ação *com valor nominal* (art. 13[102]) e *sem valor nominal* (art. 14[103]). A emissão de ações sem valor nominal veio do Direito Norte-Americano. Servem para facilitar os aumentos de capital social, por meio de subscrição pública, quando as ações estejam no mercado com o valor inferior ao valor nominal das outras ações, pois não é possível a emissão de novas ações por preço inferior ao daquelas que tenham valor nominal. No entanto, é preciso deixar claro que o chamado "valor da ação" não é correspondente ao seu "preço de face", eis que vários fatores interferem na sua composição. Podem ser elencados da seguinte maneira:

(a) *Valor contábil*: é aquele que corresponde ao seu valor nominal, dentro da divisão do capital social da ação, fixado pelo estatuto quando da sua emissão, correspondendo a uma porcentagem dentro do capital

---

ou mais classes de ações preferenciais com valor nominal. § 2º. O valor nominal será o mesmo para todas as ações da companhia. § 3º. O valor nominal das ações de companhia aberta não poderá ser inferior ao mínimo fixado pela Comissão de Valores Mobiliários".
"*Forma*. Art. 20. As ações devem ser nominativas."
"*Ações não integralizadas*. Art. 21. Além dos casos regulados em lei especial, as ações terão obrigatoriamente forma nominativa ou endossável até o integral pagamento do preço de emissão."
"*Determinação no estatuto*. Art. 22. O estatuto determinará a forma das ações e a conversibilidade de uma em outra forma. Parágrafo único. As ações ordinárias da companhia aberta e ao menos uma das classes de ações ordinárias da companhia fechada, quando tiverem a forma ao portador, serão obrigatoriamente conversíveis, à vontade do acionista, em nominativas endossáveis."

102. Lei 6.404/1976: "*Ações com valor nominal*. Art. 13. É vedada a emissão de ações por preço inferior ao seu valor nominal. § 1º. A infração do disposto neste artigo importará nulidade do ato ou operação e responsabilidade dos infratores, sem prejuízo da ação penal que no caso couber. § 2º. A contribuição do subscritor que ultrapassar o valor nominal constituirá reserva de capital (art. 182, § 1º)".

103. Lei 6.404/1976: "*Ações sem valor nominal*. Art. 14. O preço de emissão das ações sem valor nominal será fixado, na constituição da companhia, pelos fundadores, e no aumento de capital, pela Assembleia-Geral ou pelo Conselho de Administração (arts. 166 e 170, § 2º). Parágrafo único. O preço de emissão pode ser fixado com parte destinada à formação de reserva de capital; na emissão de ações preferenciais com prioridade no reembolso do capital, somente a parcela que ultrapassar o valor de reembolso poderá ter essa destinação".

social da empresa, geralmente reduzido a alguns milésimos de centavos, dependendo do capital da emissora.

(b) *Preço de emissão*: não se confunde com o valor nominal, eis que é valor cobrado pela companhia para cada ação emitida, nunca podendo ser inferior ao valor nominal. Quando há um ágio entre o valor nominal e o preço de emissão a diferença cobrada a maior pela companhia constituirá a chamada *reserva de capital* decorrente do pagamento desse ágio, à disposição da companhia. O preço da emissão é o valor pelo qual o comprador (acionista) se responsabiliza solidariamente com eventual prejuízo da companhia.

(c) *Valor de mercado*: é o valor pago pela ação, sendo que esse valor possui uma série de situações a favor ou contra a ação, fazendo oscilar o valor na hora da compra e sua valorização/desvalorização no momento da venda (ou manutenção da posse) da ação. São os chamados boatos, que elevam ou fazem cair os valores de mercado, podendo gerar riquezas instantâneas ou quebras excepcionais. Daí a importância dos contratos externo e interno das companhias visando à manutenção das suas ações dentro do mercado.

(d) *Valor de cotação*: é o valor oscilante do dia a dia da ação colocada no mercado financeiro, dentro do qual ela pode ser negociada, seja na Bolsa de Valores, seja no mercado de balcão, correndo os mesmos riscos do valor de mercado, sendo que a cotação é sempre instável, de acordo com o mercado financeiro.

(e) *Valor de patrimônio líquido*: expressa o resultado da divisão do patrimônio da companhia, devendo ser considerados aqui o capital real da companhia, as reservas e os lucros acumulados, dividindo tudo pelo número de ações que a companhia emitiu, chegando a um resultado sobre o valor aproximado do real de cada ação.

(f) *Valor econômico*: embora tal paradigma não seja contemplado por todos os estudiosos, este valor econômico vem a ser a perspectiva futura do valor de determinada ação, dentro da possibilidade de rentabilidade futura da companhia, eis que o valor de uma ação não é representado apenas pelo seu "preço de face", mas também pelo que ela significa para o futuro. Dessa maneira, devem ser levados em consideração o fluxo de caixa da companhia, seus investimentos, sua rentabilidade passada, sua solidez, entre outros fatores, para se chegar a um valor próximo ao efetivo da ação. Tais critérios são muito utilizados quando há divergências societárias, mudanças estatutárias contestadas, penhores, pendências judiciais etc.

(a) Natureza jurídica das ações

Como se pode perceber, as ações são títulos livremente negociáveis, permitindo que seus proprietários possam livremente participar dos resultados das companhias.

Dito desta maneira, atabalhoadamente se pode pensar, então, que as ações são *títulos de crédito*, como colocado por diversos autores (Waldírio Bulgarelli,[104] Rubens Requião[105] etc.), tendo seus próprios requisitos de negociabilidade.

Entretanto, uma série incontável de grandes autores atuais diverge dessas premissas, por falecerem às ações os requisitos básicos de autonomia, confiabilidade, literalidade, prazo de pagamento etc., descaracterizando o conceito de *título de crédito* – como Américo Luís Martins da Silva,[106] Fábio Ulhoa Coelho,[107] Luiz Emygdio da Rosa Jr.,[108] Wilson de Souza Campos Batalha[109] e, principalmente, Newton De Lucca,[110] que expressa a divergência de que as ações não são títulos de crédito, eis que não têm o requisito da cartularidade.

Em verdade, a ação não é um *título de crédito*, não pela falta de cartularidade ou de sua situação não física, mesmo porque se assim fosse estaríamos fadados a dizer que a todos os títulos de crédito eletrônicos também faltariam tais requisitos – e, portanto, estaríamos negando a própria existência da sociedade atual.

A ação é um *título patrimonial* por excelência, representando o valor de um bem de um adquirente, gerando eventual crédito a favor do proprietário da mesma.

(b) Divisões das ações

Podemos conceituar as ações de várias maneiras, sendo que as mais comuns são:

---

104. Waldírio Bulgarelli, *Manual das Sociedades Anônimas*, 12ª ed., p. 124.
105. Rubens Requião, *Curso de Direito Comercial*, 21ª ed., vol. 2, p. 67.
106. Américo Luís Martins Silva, *As Ações das Sociedades e os Títulos de Crédito*, p. 211.
107. Fábio Ulhoa Coelho, *Curso de Direito Comercial*, vol. 2, p. 139.
108. Luiz Emygdio da Rosa Jr., *Títulos de Crédito*, p. 73.
109. Wilson de Souza Campos Batalha, *Comentários à Lei das Sociedades Anônimas*, vol. 1, p. 174.
110. Newton De Lucca, *Aspectos da Teoria Geral dos Títulos de Crédito*, São Paulo: Pioneira, 1979, p. 115.

(1) *Quanto à espécie* ou *natureza do direito conferido* – elas podem gerar direitos aos seus titulares, de acordo com o tipo de ação que os mesmos vêm a adquirir, nesta situação presente:[111]

(1.1) As *ações ordinárias* ou *comuns*, que dão aos seus titulares direitos comuns a qualquer acionista da companhia, inclusive o direito de voto. Elas estão previstas no art. 16 da LSA.[112]

(1.2) As *ações preferenciais* concedem vantagens especiais aos seus proprietários, devendo ter prioridade na distribuição de dividendos decorrentes dos lucros da companhia, sendo que estes dividendos podem ser fixos ou mínimos, previamente estabelecidos; podem dar prioridade no reembolso do capital dispendido, com prêmio ou não, e, ainda, acumular diversas vantagens.[113] Atualmente, somente 50% do total do

---

111. Lei 6.404/1976: "Art. 15. As ações, conforme a natureza dos direitos ou vantagens que confiram a seus titulares, são ordinárias, preferenciais, ou de fruição. § 1º. As ações ordinárias da companhia fechada e as ações preferenciais da companhia aberta e fechada poderão ser de uma ou mais classes. § 2º. O número de ações preferenciais sem direito a voto, ou sujeitas a restrição no exercício desse direito, não pode ultrapassar 50% (cinquenta por cento) do total das ações emitidas".

112. Lei 6.404/1976: "*Ações ordinárias*. Art. 16. As ações ordinárias de companhia fechada poderão ser de classes diversas, em função de: I – conversibilidade em ações preferenciais; II – exigência de nacionalidade brasileira do acionista; ou III – direito de voto em separado para o preenchimento de determinados cargos de órgãos administrativos. Parágrafo único. A alteração do estatuto na parte em que regula a diversidade de classes, se não for expressamente prevista, e regulada, requererá a concordância de todos os titulares das ações atingidas".

113. Lei 6.404/1976: "*Ações preferenciais*. Art. 17. As preferências ou vantagens das ações preferenciais podem consistir: I – em prioridade na distribuição de dividendo, fixo ou mínimo; II – em prioridade no reembolso do capital, com prêmio ou sem ele; ou III – na acumulação das preferências e vantagens de que tratam os incisos I e II. § 1º. Independentemente do direito de receber ou não o valor de reembolso do capital com prêmio ou sem ele, as ações preferenciais sem direito de voto ou com restrição ao exercício deste direito somente serão admitidas à negociação no mercado de valores mobiliários se a elas for atribuída pelo menos uma das seguintes preferências ou vantagens: I – direito de participar do dividendo a ser distribuído, correspondente a, pelo menos, 25% (vinte e cinco por cento) do lucro líquido do exercício, calculado na forma do art. 202, de acordo com o seguinte critério: a) prioridade no recebimento dos dividendos mencionados neste inciso correspondente a, no mínimo, 3% (três por cento) do valor do patrimônio líquido da ação; e b) direito de participar dos lucros distribuídos em igualdade de condições com as ordinárias, depois de a estas assegurado dividendo igual ao mínimo prioritário estabelecido em conformidade com a alínea 'a'; ou II – direito ao recebimento de dividendo, por ação preferencial, pelo menos 10% (dez por cento) maior do que o atribuído a cada ação ordinária; ou III – direito de serem incluídas na oferta pública de alienação de controle, nas condições previstas no art. 254-A, assegurado o dividendo pelo menos igual ao das ações ordinárias. § 2º. Deverão constar do estatuto, com precisão e minúcia, outras preferências ou vantagens que sejam atribuídas aos acionistas sem direito a voto, ou com voto restrito, além das previstas neste artigo. § 3º. Os dividendos, ainda que

capital social da companhia pode ser dividido em ações preferenciais sem direito a voto, por conta da reforma da Lei 10.303/2001.

(1.3) As *ações de fruição* são aquelas que resultam da amortização das ações ordinárias e/ou preferenciais, que a companhia faz, por meio de antecipação de distribuição aos acionistas, sem redução do capital social. Quando a amortização da ação ordinária ou preferencial é integral, podem ser estas substituídas por ações de fruição, nos termos do art. 44, § 5º, da LSA.[114]

(2) *Quanto à classe* – é preciso lembrar, antes, que as ações pode se dividir da seguinte maneira:

As *companhias fechadas* podem emitir ações ordinárias e ações preferenciais de classes diversas, enquanto as *companhias abertas* só podem emitir ações preferenciais, de classes diversas, nos termos do art. 15, § 1º, da LSA.

Assim, as *ações ordinárias* podem prever:

(2.1) *conversibilidade ou não em ações preferenciais*;

(2.2) *exigência de nacionalidade brasileira do acionista*; ou

(2.3) *direito de voto em separado para o preenchimento de determinados cargos de órgãos administrativos*.

---

fixos ou cumulativos, não poderão ser distribuídos em prejuízo do capital social, salvo quando, em caso de liquidação da companhia, essa vantagem tiver sido expressamente assegurada. § 4º. Salvo disposição em contrário no estatuto, o dividendo prioritário não é cumulativo, a ação com dividendo fixo não participa dos lucros remanescentes e a ação com dividendo mínimo participa dos lucros distribuídos em igualdade de condições com as ordinárias, depois de a estas assegurado dividendo igual ao mínimo. § 5º. Salvo no caso de ações com dividendo fixo, o estatuto não pode excluir ou restringir o direito das ações preferenciais de participar dos aumentos de capital decorrentes da capitalização de reservas ou lucros (art. 169). § 6º. O estatuto pode conferir às ações preferenciais com prioridade na distribuição de dividendo cumulativo o direito de recebê-lo, no exercício em que o lucro for insuficiente, à conta das reservas de capital de que trata o § 1º do art. 182. § 7º. Nas companhias objeto de desestatização poderá ser criada ação preferencial de classe especial, de propriedade exclusiva do ente desestatizante, à qual o estatuto social poderá conferir os poderes que especificar, inclusive o poder de veto às deliberações da Assembleia-Geral nas matérias que especificar".
114. Lei 6.404/1976: "*Resgate e amortização*. Art. 44. O estatuto ou a Assembleia--Geral Extraordinária pode autorizar a aplicação de lucros ou reservas no resgate ou na amortização de ações, determinando as condições e o modo de proceder-se à operação. (...). § 5º. As ações integralmente amortizadas poderão ser substituídas por ações de fruição, com as restrições fixadas pelo estatuto ou pela Assembleia-Geral que deliberar a amortização; em qualquer caso, ocorrendo liquidação da companhia, as ações amortizadas só concorrerão ao acervo líquido depois de assegurado às ações não amortizadas valor igual ao da amortização, corrigido monetariamente".

Nos termos do parágrafo único do art. 16 da LSA, a alteração do estatuto na parte em que regula a diversidade de classes, se não for expressamente prevista e regulada, requererá a concordância de todos os titulares das ações atingidas. É norma cogente – de aplicação obrigatória, portanto.

As *ações preferenciais* podem prever: I – prioridade na distribuição de dividendo, fixo ou mínimo; II – prioridade no reembolso do capital, com prêmio ou sem ele; III – acumulação das preferências e vantagens nos dois casos anteriores.

Além disso, pelo § 1º do art. 17 da LSA, independentemente do direito de receber ou não o valor de reembolso do capital com prêmio ou sem ele, as ações preferenciais sem direito de voto ou com restrição ao exercício deste direito somente serão admitidas a negociação no mercado de valores mobiliários se a elas for atribuída pelo menos uma das preferências e/ou vantagens descritas no próprio parágrafo, de acordo com a Lei 10.303/2001.

Quando da desestatização do setor público e sua correspondente privatização foi introduzido no Brasil, pela Lei 9.491/1997, um grupo de ações totalmente diferente de tudo que existia até então, chamadas *golden shares* ("ações de ouro"), pelas quais o órgão desestatizante se tornaria proprietário desse tipo de ação e teria direito exclusivo de veto às deliberações das Assembleias-Gerais ou de outros órgãos das companhias desestatizadas (ou privatizadas), criando-se, a partir daí, um poder magnânimo do proprietário desse grupo de ações (sempre nas mãos do Estado). Porém, pela Lei 10.303/2001 houve a extensão desse enorme poder para as demais companhias brasileiras, permitindo, agora, que os estatutos e/ou Assembleias criem as *golden shares*, que passaram a ser ações "mais preferenciais" dentro da classe das preferenciais.

(3) *Quanto à forma* – todas as ações atualmente são *nominativas*, nos termos do art. 31 da LSA.[115] Antes disso elas podiam ser endossáveis

---

115. Lei 6.404/1976: "*Ações nominativas.* Art. 31. A propriedade das ações nominativas presume-se pela inscrição do nome do acionista no livro de 'Registro de Ações Nominativas' ou pelo extrato que seja fornecido pela instituição custodiante, na qualidade de proprietária fiduciária das ações. § 1º. A transferência das ações nominativas opera-se por termo lavrado no livro de 'Transferência de Ações Nominativas', datado e assinado pelo cedente e pelo cessionário, ou seus legítimos representantes. § 2º. A transferência das ações nominativas em virtude de transmissão por sucessão universal ou legado, de arrematação, adjudicação ou outro ato judicial, ou por qualquer outro título, somente se fará mediante averbação no livro de 'Registro de Ações Nominativas', à vista de documento hábil, que ficará em poder da companhia. § 3º. Na transferência das ações nominativas adquiridas em Bolsa de Valores, o cessionário será representado, independentemente de instrumento de procuração, pela sociedade corretora, ou pela caixa de liquidação da Bolsa de Valores".

e ao portador, mas deixaram de existir com o advento do "Plano Collor" (Lei 8.021/1990), que expressamente revogou os arts. 32 e 33 da Lei 6.404/1976. As ações nominativas podem ser chamadas de *ações escriturais* ou *ações não escriturais*. As *escriturais* são aquelas que ficam em depósito em nome do titular, sem emissão do respectivo certificado, em instituição do Sistema Financeiro, autorizada pela CVM. A circulação das ações se faz pela transcrição no livro de "Registro de Ações" da companhia, nos termos dos arts. 34 e 35 da LSA.[116]

(c) Siglas das ações

Uma pergunta frequente diz respeito a saber o que significam exatamente aquelas siglas que aparecem nas telas da Bolsa de Valores. Esclarecendo: "ES" significa "escriturais"; "ON", ordinárias nominativas; "PN": preferenciais nominativas. Depois disso, há ações que aparecem com letras no final, que representam as classes em que foram emitidas, ou seja, "A", "B", "C", "D" etc. Disto resultam as ações, *v.g.*, PNA, PNB, PNC, PND, ONA, ONB, ONC etc.

(d) Certificado de ações e agente emissor

Toda companhia é obrigada a emitir os *certificados de ações*, que são os documentos cartulares que comprovam a existência da ação e

---

116. Lei 6.404/1976: "*Ações escriturais*. Art. 34. O estatuto da companhia pode autorizar ou estabelecer que todas as ações da companhia, ou uma ou mais classes delas, sejam mantidas em contas de depósito, em nome de seus titulares, na instituição que designar, sem emissão de certificados. § 1º. No caso de alteração estatutária, a conversão em ação escritural depende da apresentação e do cancelamento do respectivo certificado em circulação. § 2º. Somente as instituições financeiras autorizadas pela Comissão de Valores Mobiliários podem manter serviços de ações escriturais. § 3º. A companhia responde pelas perdas e danos causados aos interessados por erros ou irregularidades no serviço de ações escriturais, sem prejuízo do eventual direito de regresso contra a instituição depositária".

"Art. 35. A propriedade da ação escritural presume-se pelo registro na conta de depósito das ações, aberta em nome do acionista nos livros da instituição depositária. § 1º. A transferência da ação escritural opera-se pelo lançamento efetuado pela instituição depositária em seus livros, a débito da conta de ações do alienante e a crédito da conta de ações do adquirente, à vista de ordem escrita do alienante, ou de autorização ou ordem judicial, em documento hábil que ficará em poder da instituição. § 2º. A instituição depositária fornecerá ao acionista extrato da conta de depósito das ações escriturais, sempre que solicitado, ao término de todo mês em que for movimentada e, ainda que não haja movimentação, ao menos uma vez por ano. § 3º. O estatuto pode autorizar a instituição depositária a cobrar do acionista o custo do serviço de transferência da propriedade das ações escriturais, observados os limites máximos fixados pela Comissão de Valores Mobiliários".

conferem ao seu titular o direito de demonstrar perante a companhia seus direitos políticos, atinentes a cada ação.

Nos termos do art. 23, *caput*, da LSA, somente poderá ser emitido o certificado de ação depois de cumpridas todas as formalidades legais de funcionamento da companhia, gerando a nulidade dos títulos emitidos sem o preenchimento legal e indenização a favor do acionista.[117]

De outro lado, todos os certificados de ação devem ser escritos em vernáculo, depois de preenchidos os requisitos necessários, constantes do art. 24 da LSA, sendo que constitui crime sua emissão irregular, conforme consta da Lei do "Colarinho Branco" (Lei 7.492, de 16.6.1986).[118] E o depósito e a negociação somente se dão por meio da instituição financeira habilitada para tal finalidade.[119]

117. Lei 6.404/1976: *"Certificados – Emissão.* Art. 23. A emissão de certificado de ação somente será permitida depois de cumpridas as formalidades necessárias ao funcionamento legal da companhia. § 1º. A infração do disposto neste artigo importa nulidade do certificado e responsabilidade dos infratores. § 2º. Os certificados das ações, cujas entradas não consistirem em dinheiro, só poderão ser emitidos depois de cumpridas as formalidades necessárias à transmissão de bens, ou de realizados os créditos. § 3º. A companhia poderá cobrar o custo da substituição dos certificados, quando pedida pelo acionista".

118. Lei 6.404/1976: *"Requisitos.* Art. 24. Os certificados das ações serão escritos em vernáculo e conterão as seguintes declarações: I – denominação da companhia, sua sede e prazo de duração; II – o valor do capital social, a data do ato que o tiver fixado, o número de ações em que se divide e o valor nominal das ações, ou a declaração de que não têm valor nominal; III – nas companhias com capital autorizado, o limite da autorização, em número de ações ou do valor do capital social; IV – o número de ações ordinárias e preferenciais das diversas classes, se houver, as vantagens ou preferências conferidas a cada classe e as limitações ou restrições a que as ações estiverem sujeitas; V – o número de ordem do certificado e da ação, e a espécie e classe a que pertence; VI – os direitos conferidos às partes beneficiárias, se houver; VII – a época e o lugar da reunião da Assembleia-Geral Ordinária; VIII – a data da constituição da companhia e do arquivamento e publicação de seus atos constitutivos; IX – o nome do acionista; X – o débito do acionista e a época e o lugar de seu pagamento, se a ação não estiver integralizada; XI – a data da emissão do certificado e as assinaturas de dois diretores, ou do agente emissor de certificados (art. 27). § 1º. A omissão de qualquer dessas declarações dá ao acionista direito à indenização por perdas e danos contra a companhia e os diretores na gestão dos quais os certificados tenham sido emitidos. § 2º. Os certificados de ações emitidas por companhias abertas podem ser assinados por 2 (dois) mandatários com poderes especiais, ou autenticados por chancela mecânica, observadas as normas expedidas pela Comissão de Valores Mobiliários".

119. Lei 6.404/1976: *"Certificado de depósito de ações.* Art. 43. A instituição financeira autorizada a funcionar como agente emissor de certificados (art. 27) pode emitir título representativo das ações que receber em depósito, do qual constarão: I – o local e a data da emissão; II – o nome da instituição emitente e as assinaturas de seus representantes; III – a denominação 'Certificado de Depósito de Ações'; IV – a especificação das ações depositadas; V – a declaração de que as ações depositadas, seus rendimentos e o valor recebido nos casos de resgate ou amortização somente serão entregues ao titular

Importante lembrar que jamais a companhia poderá negociar com suas próprias ações, nos termos do art. 30 da Lei 6.404/1976,[120] motivo pelo qual pode contratar pessoal habilitado para tanto, por meio de contrato próprio, chamando instituição financeira credenciada junto à CVM para tal finalidade, seguindo os ditames tanto da Lei das Sociedades Anônimas como das instruções da CVM.[121]

Dentro dessa proibição de negociar com as próprias ações não se incluem aquelas situações em que a própria companhia poderá fazer operações de resgate, reembolso ou amortização e as demais exceções do art. 30 da LSA, inclusive para a retirada definitiva das ações de circulação.

---

do certificado de depósito, contra apresentação deste; VI – o nome e a qualificação do depositante; VII – o preço do depósito cobrado pelo banco, se devido na entrega das ações depositadas; VIII – o lugar da entrega do objeto do depósito. § 1º. A instituição financeira responde pela origem e autenticidade dos certificados das ações depositadas. § 2º. Emitido o certificado de depósito, as ações depositadas, seus rendimentos, o valor de resgate ou de amortização não poderão ser objeto de penhora, arresto, sequestro, busca ou apreensão, ou qualquer outro embaraço que impeça sua entrega ao titular do certificado, mas este poderá ser objeto de penhora ou de qualquer medida cautelar por obrigação do seu titular. § 3º. Os certificados de depósito de ações serão nominativos, podendo ser mantidos sob o sistema escritural. § 4º. Os certificados de depósito de ações poderão, a pedido do seu titular, e por sua conta, ser desdobrados ou grupados. § 5º. Aplicam-se ao endosso do certificado, no que couber, as normas que regulam o endosso de títulos cambiários".

120. Lei 6.404/1976: "*Negociação com as próprias ações*. Art. 30. A companhia não poderá negociar com as próprias ações. § 1º. Nessa proibição não se compreendem: a) as operações de resgate, reembolso ou amortização previstas em lei; b) a aquisição, para permanência em Tesouraria ou cancelamento, desde que até o valor do saldo de lucros ou reservas, exceto a legal, e sem diminuição do capital social, ou por doação; c) a alienação das ações adquiridas nos termos da alínea 'b' e mantidas em Tesouraria; d) a compra quando, resolvida a redução do capital mediante restituição, em dinheiro, de parte do valor das ações, o preço destas em Bolsa for inferior ou igual à importância que deve ser restituída. § 2º. A aquisição das próprias ações pela companhia aberta obedecerá, sob pena de nulidade, às normas expedidas pela Comissão de Valores Mobiliários, que poderá subordiná-la à prévia autorização em cada caso. § 3º. A companhia não poderá receber em garantia as próprias ações, salvo para assegurar a gestão dos seus administradores. § 4º. As ações adquiridas nos termos da alínea 'b' do § 1º, enquanto mantidas em Tesouraria, não terão direito a dividendo nem a voto. § 5º. No caso da alínea 'd' do § 1º, as ações adquiridas serão retiradas definitivamente de circulação".

121. Lei 6;404/1976: "*Agente emissor de certificados*. Art. 27. A companhia pode contratar a escrituração e a guarda dos livros de registro e transferência de ações e a emissão dos certificados com instituição financeira autorizada pela Comissão de Valores Mobiliários a manter esse serviço. § 1º. Contratado o serviço, somente o agente emissor poderá praticar os atos relativos aos registros e emitir certificados. § 2º. O nome do agente emissor constará das publicações e ofertas públicas de valores mobiliários feitas pela companhia. § 3º. Os certificados de ações emitidos pelo agente emissor da companhia deverão ser numerados seguidamente, mas a numeração das ações será facultativa".

CLASSIFICAÇÃO DAS SOCIEDADES EM GERAL 239

Da mesma forma, as companhias podem emitir os chamados *títulos múltiplos* representados por títulos distintos, nos termos do art. 25 da LSA.[122]

Colocadas as premissas para a emissão das ações, ficam as instituições financeiras na posse das ações, chamadas de *custodiantes*, motivo pelo qual as instituições devem emitir *certificados de custódia das ações*, que é a garantia de que há existência real das ações, podendo as mesmas, depois de preenchido o requisito de atingir 30% do preço de emissão, colocá-las no mercado.

Tais *certificados de custódia de ações*[123] não outorgam à instituição financeira nenhum direito contra a companhia, tratando-se aquela de mera depositária de coisas fungíveis, sendo que obrigam a instituição a comunicar à companhia o nome dos depositantes das ações e a quantidade devida a cada um deles.

O certificado de custódia também não gera responsabilidade à companhia, mesmo porque há contrato firmado entre a instituição financeira e o acionista. Somente pode a instituição financeira representar os interesses do acionista para situações jurídicas próprias, como receber os dividendos e ações bonificadas e exercer o direito de preferência para subscrição de novas ações, tudo conforme disposto no art. 42 da LSA.[124]

---

122. Lei 6.404/1976: *"Títulos múltiplos e cautelas.* Art. 25. A companhia poderá, satisfeitos os requisitos do art. 24, emitir certificados de múltiplos de ações e, provisoriamente, cautelas que as representam. Parágrafo único. Os títulos múltiplos das companhias abertas obedecerão à padronização de número de ações fixada pela Comissão de Valores Mobiliários".

123. Lei 6.404/1976: *"Custódia de ações fungíveis.* Art. 41. A instituição autorizada pela Comissão de Valores Mobiliários a prestar serviços de custódia de ações fungíveis pode contratar custódia em que as ações de cada espécie e classe da companhia sejam recebidas em depósito como valores fungíveis, adquirindo a instituição depositária a propriedade fiduciária das ações. § 1º. A instituição depositária não pode dispor das ações e fica obrigada a devolver ao depositante a quantidade de ações recebidas, com as modificações resultantes de alterações no capital social ou no número de ações da companhia emissora, independentemente do número de ordem das ações ou dos certificados recebidos em depósito. § 2º. Aplica-se o disposto neste artigo, no que couber, aos demais valores mobiliários. § 3º. A instituição depositária ficará obrigada a comunicar à companhia emissora: I – imediatamente, o nome do proprietário efetivo quando houver qualquer evento societário que exija a sua identificação; e II – no prazo de até 10 (dez) dias, a contratação da custódia e a criação de ônus ou gravames sobre as ações. § 4º. A propriedade das ações em custódia fungível será provada pelo contrato firmado entre o proprietário das ações e a instituição depositária. § 5º. A instituição tem as obrigações de depositária e responde perante o acionista e terceiros pelo descumprimento de suas obrigações".

124. Lei 6.404/1976: *"Representação e responsabilidade.* Art. 42. A instituição financeira representa, perante a companhia, os titulares das ações recebidas em custódia nos termos do art. 41, para receber dividendos e ações bonificadas e exercer direito de

De outro lado, a Lei 6.404/1976 tornou legal uma prática usual no sentido de que os chamados *cupões* das ações das companhias devem ser anexados aos direitos relativos a cada ação, com a percepção dos dividendos e outros direitos. Porém, apesar de constante do art. 26 da LSA,[125] parece-nos em franco desuso, diante da rapidez da informatização dos dados, especialmente da *internet*, e da constante e rápida mudança de resoluções sobre as ações.

(e) Negociabilidade das ações

Conforme já esclarecemos, as companhias não poderão negociar com suas próprias ações, *ex vi* do art. 30 da Lei 6.404/1976. De outro lado, somente poderão iniciar as negociações de suas ações, por meio de agentes financeiros previamente contratados, quando *realizados* pelo menos 30% do preço de emissão das ações, sob pena de nulidade do ato de negociação, gerando, inclusive, indenização a favor do acionista enganado, nos termos do art. 29 da LSA.[126]

Importante asseverar que, nesse caso, a indenização é devida pela instituição financeira se agiu sem autorização expressa da companhia, ou, se houve tal autorização, a obrigação de indenizar é solidária entre a instituição financeira e a companhia, eis que aquela tem o dever de diligência ordinária sobre a emissão das ações, não podendo se escudar na simples colocação de que seguira as ordens emanadas da companhia.

As *companhias fechadas* podem impor limitações à circulação das ações nominativas, constantes dos estatutos e/ou deliberadas em Assembleias, desde que tais limitações não importem prejuízo aos direitos dos

---

preferência para subscrição de ações. § 1º. Sempre que houver distribuição de dividendos ou bonificação de ações e, em qualquer caso, ao menos uma vez por ano, a instituição financeira fornecerá à companhia a lista dos depositantes de ações recebidas nos termos deste artigo, assim como a quantidade de ações de cada um. § 2º. O depositante pode, a qualquer tempo, extinguir a custódia e pedir a devolução dos certificados de suas ações. § 3º. A companhia não responde perante o acionista nem terceiros pelos atos da instituição depositária das ações".

125. Lei 6.404/1976: *"Cupões*. Art. 26. Aos certificados das ações ao portador podem ser anexados cupões relativos a dividendos ou outros direitos. Parágrafo único. Os cupões conterão a denominação da companhia, a indicação do lugar da sede, o número de ordem do certificado, a classe de ação e o número de ordem do cupão".

126. Lei 6.404/1976: *"Negociabilidade*. Art. 29. As ações da companhia aberta somente poderão ser negociadas depois de realizados 30% (trinta por cento) do preço de emissão. Parágrafo único. A infração do disposto neste artigo importa na nulidade do ato".

acionistas e nem os sujeitem ao arbítrio dos órgãos da administração da companhia, conforme consta do art. 36 da LSA.[127]

As *companhias abertas* também podem suspender os serviços de negociação nas Bolsas de Valores, conquanto que o período de suspensão não exceda os prazos de 15 dias corridos ou o total de 90 dias durante o ano, conforme disposto no art. 37 da LSA,[128] não podendo impedir, por outro lado, o que já fora anteriormente negociado. Trata-se, em verdade, de estratégia da companhia para evitar que o poder decisório da mesma caia em mãos que desagradem os fundadores e/ou órgãos deliberativos, motivo pelo qual é possível estabelecer tal forma política de manter o controle acionário.

(f) Da indivisibilidade das ações

As ações de uma companhia são indivisíveis em relação a esta (companhia), sendo que não é vedado o direito de constituir um condomínio de ações, tudo conforme consta do art. 28 e seu parágrafo único da Lei 6.404/1976.[129]

Porém, quando isso ocorre, é preciso que se estabeleça quem é o representante legal do condomínio, mesmo porque é este quem tem direito de votar em Assembleias das companhias.

Portanto, é possível dizer que a ação é indivisível em relação à companhia e divisível em relação ao acionista (proprietário), quando estabelecido o condomínio de ações.

---

127. Lei 6.404/1976: *"Limitações à circulação.* Art. 36. O estatuto da companhia fechada pode impor limitações à circulação das ações nominativas, contanto que regule minuciosamente tais limitações e não impeça a negociação, nem sujeite o acionista ao arbítrio dos órgãos de administração da companhia ou da maioria dos acionistas. Parágrafo único. A limitação à circulação criada por alteração estatutária somente se aplicará às ações cujos titulares com ela expressamente concordarem, mediante pedido de averbação no livro de 'Registro de Ações Nominativas'".

128. Lei 6.404/1976: *"Suspensão dos Serviços de Certificados.* Art. 37. A companhia aberta pode, mediante comunicação às bolsas de valores em que suas ações forem negociadas e publicação de anúncio, suspender, por períodos que não ultrapassem, cada um, 15 (quinze) dias, nem o total de 90 (noventa) dias durante o ano, os serviços de transferência, conversão e desdobramento de certificados. Parágrafo único. O disposto neste artigo não prejudicará o registro da transferência das ações negociadas em bolsa anteriormente ao início do período de suspensão".

129. Lei 6.404/1976: *"Indivisibilidade.* Art. 28. A ação é indivisível em relação à companhia. Parágrafo único. Quando a ação pertencer a mais de uma pessoa, os direitos por ela conferidos serão exercidos pelo representante do condomínio."

(g) Da constituição de direitos reais e outros ônus

Conforme já explicitamos linhas atrás, a ação é título patrimonial, um valor a favor do acionista, representado por um montante em dinheiro que poderá ser levantado diretamente na companhia pelo interessado. Destarte, tratando-se de um direito patrimonial, é passível de penhora, arrecadação em falência, caução, penhor, usufruto, fideicomisso, alienação fiduciária em garantia etc. Assim, prevê a Lei 6.404/1976 que todas as constituições de direitos reais e outros ônus devem ser arquivadas nas respectivas companhias. E a CVM prevê a comunicação às instituições financeiras. A própria lei autoriza que o direito ao cargo de administrador seja exercido mediante o *penhor* das ações de propriedade do próprio ou de terceiros, somente podendo ser levantado quando da prestação de contas junto à companhia (art. 148).

Além disso, a promessa de venda das ações e o direito de preferência são oponíveis a terceiros quando devidamente registrados no livro "Registro de Ações Nominativas", obrigatório pela Lei 6.404/1976.

O registro da constituição dos direitos reais faz com que terceiros não sejam levados a erro e tenham prejuízo por conta da possibilidade de direito de terceiro prejudicado pela companhia, tornando-se obrigatório que a instituição financeira e a companhia façam todas as anotações pertinentes, nos termos dos arts. 39 e 40 da LSA.[130]

(h) Resgate, amortização e reembolso de ações

Não é possível confundir os termos ora propostos, tratando-se de situações totalmente díspares.

A companhia pode prever a constituição de capital para a realização de determinados atos visando à sua própria desoneração, razão pela qual é prevista a reserva de lucros ou reservas técnicas, visando ao resgate,

---

130. Lei 6.404/1976: "*Penhor.* Art. 39. O penhor ou caução de ações se constitui pela averbação do respectivo instrumento no livro de 'Registro de Ações Nominativas'. § 1º. O penhor da ação escritural se constitui pela averbação do respectivo instrumento nos livros da instituição financeira, a qual será anotada no extrato da conta de depósito fornecido ao acionista. § 2º. Em qualquer caso, a companhia, ou a instituição financeira, tem o direito de exigir, para seu arquivo, um exemplar do instrumento de penhor".
"*Outros direitos e ônus.* Art. 40. O usufruto, o fideicomisso, a alienação fiduciária em garantia e quaisquer cláusulas ou ônus que gravarem a ação deverão ser averbados: I – se nominativa, no livro de 'Registro de Ações Nominativas'; II – se escritural, nos livros da instituição financeira, que os anotará no extrato da conta de depósito fornecida ao acionista. Parágrafo único. Mediante averbação nos termos deste artigo, a promessa de venda da ação e o direito de preferência à sua aquisição são oponíveis a terceiros."

amortização ou reembolso de ações, todos eles previstos tanto na lei como nos estatutos e/ou em Assembleias-Gerais. O resgate e a amortização estão previstos no art. 44 da LSA.[131] O *resgate de ação* é o pagamento do valor da mesma a fim de retirá-la definitivamente do mercado e de circulação, cancelando-a, extinguindo sua existência. Logo, o resgate importa diminuição do capital social da companhia. Para que isso não ocorra, lança mão do aumento do valor contábil de cada ação.

A *amortização da ação* consiste na distribuição de valores aos acionistas, a título de antecipação de quantias que poderiam caber aos mesmos no caso de possível liquidação da companhia. No entanto, não há redução do capital social. A amortização é a antecipação de valores de classes de ações (uma ou mais classes), transformando-se as ações em *ações de fruição*.

O *reembolso de ação* é o pagamento que a companhia faz ao acionista dissidente (discordante) da deliberação de Assembleia-Geral, correspondente ao valor de sua ação. Na verdade, é a resolução parcial da sociedade em relação ao sócio discordante, sendo que o valor a ser pago é aquele encontrado através de balanço especial realizado por ocasião da discórdia, tudo isso previsto no art. 45 da LSA, inclusive quando da decretação da falência da companhia.[132]

131. Lei 6.404/1976: *"Resgate e amortização*. Art. 44. O estatuto ou a Assembleia--Geral Extraordinária pode autorizar a aplicação de lucros ou reservas no resgate ou na amortização de ações, determinando as condições e o modo de proceder-se à operação. § 1º. O resgate consiste no pagamento do valor das ações para retirá-las definitivamente de circulação, com redução ou não do capital social; mantido o mesmo capital, será atribuído, quando for o caso, novo valor nominal às ações remanescentes. § 2º. A amortização consiste na distribuição aos acionistas, a título de antecipação e sem redução do capital social, de quantias que lhes poderiam tocar em caso de liquidação da companhia. § 3º. A amortização pode ser integral ou parcial e abranger todas as classes de ações ou só uma delas. § 4º. O resgate e a amortização que não abrangerem a totalidade das ações de uma mesma classe serão feitos mediante sorteio; sorteadas ações custodiadas nos termos do art. 41, a instituição financeira especificará, mediante rateio, as resgatadas ou amortizadas, se outra forma não estiver prevista no contrato de custódia. § 5º. As ações integralmente amortizadas poderão ser substituídas por ações de fruição, com as restrições fixadas pelo estatuto ou pela Assembleia-Geral que deliberar a amortização; em qualquer caso, ocorrendo liquidação da companhia, as ações amortizadas só concorrerão ao acervo líquido depois de assegurado às ações não amortizadas valor igual ao da amortização, corrigido monetariamente. § 6º. Salvo disposição em contrário do estatuto social, o resgate de ações de uma ou mais classes só será efetuado se, em Assembleia especial convocada para deliberar essa matéria específica, for aprovado por acionistas que representem, no mínimo, a metade das ações da(s) classe(s) atingida(s)".

132. Lei 6.404/1976: *"Reembolso*. Art. 45. O reembolso é a operação pela qual, nos casos previstos em lei, a companhia paga aos acionistas dissidentes de deliberação da

3.5.12.2 Das partes beneficiárias

Partes beneficiárias são títulos negociáveis que representam a possibilidade de crédito em face de uma companhia, quanto ao seu lucro. Trata-se de título que não compõe o capital social da companhia.

Esses títulos de crédito são negociáveis pelas companhias de forma totalmente equidistante do seu capital social, mas dão aos adquirentes a possibilidade de participar dos lucros da mesma. Dizemos "possibilidade" posto que o adquirente de tal título de crédito pode amargar um prejuízo no exercício, quando, então, os titulares das partes beneficiárias não participarem dos lucros, que são seus objetivos, mas dos prejuízos anuais.

Assembleia-Geral o valor de suas ações. § 1º. O estatuto pode estabelecer normas para a determinação do valor de reembolso, que, entretanto, somente poderá ser inferior ao valor de patrimônio líquido constante do último balanço aprovado pela Assembleia-Geral, observado o disposto no § 2º, se estipulado com base no valor econômico da companhia, a ser apurado em avaliação (§§ 3º e 4º). § 2º. Se a deliberação da Assembleia-Geral ocorrer mais de 60 (sessenta) dias depois da data do último balanço aprovado, será facultado ao acionista dissidente pedir, juntamente com o reembolso, levantamento de balanço especial em data que atenda àquele prazo. Nesse caso, a companhia pagará imediatamente 80% (oitenta por cento) do valor de reembolso calculado com base no último balanço e, levantado o balanço especial, pagará o saldo no prazo de 120 (cento e vinte) dias, a contar da data da deliberação da Assembleia-Geral. § 3º. Se o estatuto determinar a avaliação da ação para efeito de reembolso, o valor será o determinado por 3 (três) peritos ou empresa especializada, mediante laudo que satisfaça os requisitos do § 1º do art. 8º e com a responsabilidade prevista no § 6º do mesmo artigo. § 4º. Os peritos ou empresa especializada serão indicados em lista sêxtupla ou tríplice, respectivamente, pelo Conselho de Administração ou, se não houver, pela Diretoria, e escolhidos pela Assembleia-Geral em deliberação tomada por maioria absoluta de votos, não se computando os votos em branco, cabendo a cada ação, independentemente de sua espécie ou classe, o direito a um voto. § 5º. O valor de reembolso poderá ser pago à conta de lucros ou reservas, exceto a legal, e nesse caso as ações reembolsadas ficarão em Tesouraria. § 6º. Se, no prazo de 120 (cento e vinte) dias, a contar da publicação da ata da Assembleia, não forem substituídos os acionistas cujas ações tenham sido reembolsadas à conta do capital social, este considerar-se-á reduzido no montante correspondente, cumprindo aos órgãos da administração convocar a Assembleia-Geral, dentro de 5 (cinco) dias, para tomar conhecimento daquela redução. § 7º. Se sobrevier a falência da sociedade, os acionistas dissidentes, credores pelo reembolso de suas ações, serão classificados como quirografários em quadro separado, e os rateios que lhes couberem serão imputados no pagamento dos créditos constituídos anteriormente à data da publicação da ata da Assembleia. As quantias assim atribuídas aos créditos mais antigos não se deduzirão dos créditos dos ex-acionistas, que subsistirão integralmente para serem satisfeitos pelos bens da massa, depois de pagos os primeiros. § 8º. Se, quando ocorrer a falência, já se houver efetuado, à conta do capital social, o reembolso dos ex-acionistas, estes não tiverem sido substituídos, e a massa não bastar para o pagamento dos créditos mais antigos, caberá ação revocatória para restituição do reembolso pago com redução do capital social, até à concorrência do que remanescer dessa parte do passivo. A restituição será havida, na mesma proporção, de todos os acionistas cujas ações tenham sido reembolsadas".

Relatam os historiadores que foram originariamente criados no começo do século XIX, pela *Cie. Universelle du Canal Maritime de Suez*, criada no ano de 1858 por *Ferdinand de Lesseps*, que visava à construção e posterior exploração do Canal de Suez, por meio de uma faixa de terras de 160km de comprimento, que liga os mares Mediterrâneo e o Vermelho; passaram a ser negociados inicialmente sob o nome de *partes do fundador*, e davam ao interessado na compra dos títulos a possibilidade de retribuição aos financiadores do projeto – um dos maiores do século XIX –, o que acabou gerando grande ênfase nos negócios e muito ajudou na construção do referido Canal, principalmente porque pessoas muito importantes do Egito tomaram parte do meganegócio. Lembrando que o Canal de Suez foi inaugurado em 17.11.1869, após 10 anos do início de sua construção.

Seguindo o primeiro modelo, as companhias passaram a negociar essas *partes do fundador*, agora sob o nome de *partes beneficiárias*, eis que as mesmas contribuem decisivamente para os negócios das sociedades anônimas, sem compor o capital social, e, por tal razão, são *beneficiárias* dos lucros das companhias.

A Lei das Sociedades Anônimas brasileira traz algumas restrições específicas, que veremos a seguir.

A definição legal e suas limitações encontram-se no art. 46 e seus §§, não podendo ultrapassar um décimo do lucro das companhias ou conferir direitos que são privativos dos acionistas, a não ser o de fiscalizar os atos que as mesmas praticam, como compete a qualquer credor de qualquer outro devedor, interessado no recebimento de seu capital, emprestado a terceiro.[133]

De outro lado, as partes beneficiárias são exclusivas das companhias de *capital fechado*, desde que não sejam instituições financeiras, conforme redação do parágrafo único do art. 47 da Lei 6.404/1976, nos termos da Lei 10.303/2001.[134]

---

133. Lei 6.404/1976: "*Características*. Art. 46. A companhia pode criar, a qualquer tempo, títulos negociáveis, sem valor nominal e estranhos ao capital social, denominados 'partes beneficiárias'. § 1º. As partes beneficiárias conferirão aos seus titulares direito de crédito eventual contra a companhia, consistente na participação nos lucros anuais (art. 190). § 2º. A participação atribuída às partes beneficiárias, inclusive para formação de reserva para resgate, se houver, não ultrapassará 0,1 (um décimo) dos lucros. § 3º. É vedado conferir às partes beneficiárias qualquer direito privativo de acionista, salvo o de fiscalizar, nos termos desta Lei, os atos dos administradores. § 4º. É proibida a criação de mais de uma classe ou série de partes beneficiárias".

134. Lei 6.404/1976: "*Emissão*. Art. 47. As partes beneficiárias poderão ser alienadas pela companhia, nas condições determinadas pelo estatuto ou pela Assembleia-Ge-

As *partes beneficiárias* são sempre onerosas, mesmo porque advêm de contraprestação de um serviço ou do empréstimo de dinheiro à companhia, com a promessa de recebimento futuro.

Dessa maneira, não podem ser emitidas partes beneficiárias sem que exista a necessária e obrigatória contrapartida por parte do beneficiário, ou, ainda, por mera liberalidade da companhia.

Nos termos do art. 48 da LSA, de outro lado, é possível que a parte beneficiária venha a ser conversível em ação, desde que exista um fundo especialmente criado para esse fim, seja no estatuto da companhia, seja por meio de Assembleia especialmente designada para tal finalidade.[135]

Parece-nos que, embora para as ações e para as debêntures haja obrigatoriedade expressa de constituição de um agente fiduciário, não obstante não preveja a Lei das Sociedades Anônimas tal obrigação, podem ser constituídos por regras da CVM ou do BACEN.

Quanto à *natureza jurídica* da parte beneficiária, inicialmente colocada como valor mobiliário, pelo art. 2º da Lei 6.385/1976, em razão das constantes modificações da sua regulamentação, doutrinadores de peso acabaram por classificá-la como título de crédito puro e simples (Rachel Sztajn e Vera Helena de Mello Franco,[136] Modesto Carvalhosa e Nelson Eizirik[137]), sendo que Marlon Tomazette entende que se trata de título de crédito *sui generis*, "na medida em que não se enquadra nem como valores mobiliários, nem como títulos de crédito".[138]

Pensamos que se trata de verdadeiro título de credito em face da companhia.

---

ral, ou atribuídas a fundadores, acionistas ou terceiros, como remuneração de serviços prestados à companhia. Parágrafo único. É vedado às companhias abertas emitir partes beneficiárias".

135. Lei 6.404/1976: *"Resgate e conversão*. Art. 48. O estatuto fixará o prazo de duração das partes beneficiárias e, sempre que estipular resgate, deverá criar reserva especial para esse fim. § 1º. O prazo de duração das partes beneficiárias atribuídas gratuitamente, salvo as destinadas a sociedades ou fundações beneficentes dos empregados da companhia, não poderá ultrapassar 10 (dez) anos. § 2º. O estatuto poderá prever a conversão das partes beneficiárias em ações, mediante capitalização de reserva criada para esse fim. § 3º. No caso de liquidação da companhia, solvido o passivo exigível, os titulares das partes beneficiárias terão direito de preferência sobre o que restar do ativo até a importância da reserva para resgate ou conversão".

136. Vera Helena de Mello Franco e Rachel Sztajn, *Manual de Direito Comercial*, vol. 2, p. 127.

137. Modesto Carvalhosa e Nelson Eizirik, *A Nova Lei das Sociedades Anônimas*, p. 144.

138. Marlon Tomazette, *Curso de Direito Empresarial*, p. 450.

No caso de extinção ou liquidação da companhia que criou a parte beneficiária, extinguir-se-á também o título criado, mesmo porque deixará de existir o *lucro*, atinente ao papel da sociedade.

Importante asseverar que partes beneficiárias são títulos de crédito sobre os lucros. Logo, num contrato de alto risco, o aplicador do dinheiro deve ter a noção exata – ou deveria ter a noção exata – do risco que corre em investir numa operação arriscada, eis que a quebra da companhia leva à perda do direito sobre o lucro, e na eventual falência ou liquidação seu crédito somente será pago, na forma do art. 48, sobre o que sobrar do ativo, após os pagamentos dos créditos exigíveis, isto é, depois de todos os demais credores da companhia.[139]

É obrigatória a emissão de certificados das partes beneficiárias, que conterão os requisitos do art. 49 da LSA.[140]

Poderá a companhia estabelecer prazos para resgate do capital empregado, além de prever a conversibilidade das partes beneficiárias em ações, quando, então, deverá reservar uma parte da capitalização para essa finalidade.

As partes beneficiárias deverão ser anotadas nos livros apropriados, exclusivos para esse tipo de capital, podendo ser livremente negociadas, na forma do art. 50 da LSA.[141]

Finalmente, qualquer modificação ou redução das vantagens advindas das partes beneficiárias somente produzirá efeito se aprovada em Assembleia especial designada para essa finalidade por, no mínimo, metade

---

139. Lei 6.404/1976, § 3º do art. 48: "§ 3º. No caso de liquidação da companhia, solvido o passivo exigível, os titulares das partes beneficiárias terão direito de preferência sobre o que restar do ativo até a importância da reserva para resgate ou conversão".
140. Lei 6.404/1976: "*Certificados.* Art. 49. Os certificados das partes beneficiárias conterão: I – a denominação 'parte beneficiária'; II – a denominação da companhia, sua sede e prazo de duração; III – o valor do capital social, a data do ato que o fixou e o número de ações em que se divide; IV – o número de partes beneficiárias criadas pela companhia e o respectivo número de ordem; V – os direitos que lhes serão atribuídos pelo estatuto, o prazo de duração e as condições de resgate, se houver; VI – a data da constituição da companhia e do arquivamento e publicação dos seus atos constitutivos; VII – o nome do beneficiário; VIII – a data da emissão do certificado e as assinaturas de dois diretores".
141. Lei 6.404/1976: "*Forma, propriedade, circulação e ônus.* Art. 50. As partes beneficiárias serão nominativas e a elas se aplica, no que couber, o disposto nas Seções V a VII do Capítulo III. § 1º. As partes beneficiárias serão registradas em livros próprios, mantidos pela companhia. § 2º. As partes beneficiárias podem ser objeto de depósito com emissão de certificado, nos termos do art. 43".

dos titulares das partes beneficiárias, seguindo os trâmites burocráticos do art. 51 e seus §§ da LSA.[142]

3.5.12.3 Das debêntures

As debêntures também são chamadas de *obrigações* e constituem empréstimos tomados pela companhia perante o público, que concede crédito ao possuidor das debêntures. Dito de maneira bem simples: a companhia precisa de dinheiro para um projeto, uma nova planta (fábrica), um incremento nas suas atividades, e, ao invés de procurar instituições financeiras e pagar pelo empréstimo com os juros extorsivos que costumam ser cobrados, ela, companhia, lança debêntures na praça, tomando dinheiro emprestado dos investidores, com a promessa de pagamento futuro dentro de determinado prazo, com os juros já fixados ou para fixar no futuro.

A debênture foi regulamentada pela primeira vez logo após a edição da Lei Imperial 3.150, quando o Decreto 8.821, de 30.12.1882, cuidou das sociedades anônimas.

A emissão de debêntures depende da situação financeira da companhia, que lança mão da emissão para suprir suas necessidades, sem alterar seu capital social, o que não ocorreria se lançasse ações no mercado de capitais, tudo conforme consta do art. 52 da LSA.[143]

A companhia poderá emitir diversas *séries* de debêntures, todas elas contando com características próprias, com a concessão dos direitos iguais aos *debenturistas* (nome dado aos adquirentes das debêntures), nos termos do art. 53 da lei.[144]

---

142. Lei 6.404/1976: *"Modificação dos direitos.* Art. 51. A reforma do estatuto que modificar ou reduzir as vantagens conferidas às partes beneficiárias só terá eficácia quando aprovada pela metade, no mínimo, dos seus titulares, reunidos em Assembleia-Geral especial. § 1º. A Assembleia será convocada, através da imprensa, de acordo com as exigências para convocação das Assembleias de acionistas, com 1 (um) mês de antecedência, no mínimo. Se, após duas convocações, deixar de instalar-se por falta de número, somente 6 (seis) meses depois outra poderá ser convocada. § 2º. Cada parte beneficiária dá direito a 1 (um) voto, não podendo a companhia votar com os títulos que possuir em Tesouraria. § 3º. A emissão de partes beneficiárias poderá ser feita com a nomeação de agente fiduciário dos seus titulares, observado, no que couber, o disposto nos arts. 66 a 71".

143. Lei 6.404/1976: "Art. 52. A companhia poderá emitir debêntures que conferirão aos seus titulares direito de crédito contra ela, nas condições constantes da escritura de emissão e, se houver, do certificado".

144. Lei 6.404/1976: "Art. 53. A companhia poderá efetuar mais de uma emissão de debêntures, e cada emissão pode ser dividida em séries. Parágrafo único. As debêntures da mesma série terão igual valor nominal e conferirão a seus titulares os mesmos direitos".

As debêntures dividem-se, de acordo com o tipo de emissão, em: (a) de *emissão pública*, realizadas por companhias de capital aberto; e (b) de *emissão privada*, das companhias de capital fechado.

A *emissão pública* de debêntures segue regras mais rígidas em relação à *emissão privada*, sendo que para aquela quem delibera é exclusivamente a Assembleia-Geral, à qual compete deliberar sobre a emissão, não obstante possa também delegar poderes ao Conselho de Administração da companhia sobre o assunto, estabelecendo formas e condições, nos termos do art. 59, § 1º, da LSA,[145] de acordo com a reforma introduzida pela Lei 12.431/2011.

Além disso, na emissão pública de debêntures é obrigatório registro prévio na CVM, conforme o art. 1º da Lei 6.385, de 7.12.1976, sendo que pela Lei 10.303, de 31.10.2001 e Instrução CVM-404, de 13.2.2004, foi estabelecido o *sistema simplificado de emissão de debêntures*, tudo conforme autorização da Lei 6.404/1976, no seu art. 61, § 3º. Pelo art. 61, § 1º, da LSA, é *obrigatória* a constituição de um agente fiduciário, que poderá editar as configurações próprias das debêntures.[146] Este agen-

---

145. Lei 6.404/1976: "Art. 59. A deliberação sobre emissão de debêntures é da competência privativa da Assembleia-Geral, que deverá fixar, observado o que a respeito dispuser o estatuto: I – o valor da emissão ou os critérios de determinação do seu limite, e a sua divisão em séries, se for o caso; II – o número e o valor nominal das debêntures; III – as garantias reais ou a garantia flutuante, se houver; IV – as condições da correção monetária, se houver; V – a conversibilidade ou não em ações e as condições a serem observadas na conversão; VI – a época e as condições de vencimento, amortização ou resgate; VII – a época e as condições de pagamento dos juros, da participação nos lucros e do prêmio de reembolso, se houver; VIII – o modo de subscrição ou colocação, e o tipo das debêntures. § 1º. Na companhia aberta, o Conselho de Administração pode deliberar sobre a emissão de debêntures não conversíveis em ações, salvo disposição estatutária em contrário.§ 2º. O estatuto da companhia aberta poderá autorizar o Conselho de Administração a, dentro dos limites do capital autorizado, deliberar sobre a emissão de debêntures conversíveis em ações, especificando o limite do aumento de capital decorrente da conversão das debêntures, em valor do capital social ou em número de ações, e as espécies e classes das ações que poderão ser emitidas. § 3º. A Assembleia-Geral pode deliberar que a emissão terá valor e número de série indeterminados, dentro dos limites por ela fixados. § 4º. Nos casos não previstos nos §§ 1º e 2º, a Assembleia-Geral pode delegar ao Conselho de Administração a deliberação sobre as condições de que tratam os incisos VI a VIII do *caput* e sobre a oportunidade da emissão".

146. Lei 6.404/1976: "Art. 61. A companhia fará constar da escritura de emissão os direitos conferidos pelas debêntures, suas garantias e demais cláusulas ou condições. § 1º. A escritura de emissão, por instrumento público ou particular, de debêntures distribuídas ou admitidas à negociação no mercado terá obrigatoriamente a intervenção de agente fiduciário dos debenturistas (arts. 66 a 70). § 2º. Cada nova série da mesma emissão será objeto de aditamento à respectiva escritura. § 3º. A Comissão de Valores Mobiliários poderá aprovar padrões de cláusulas e condições que devam ser adotados nas escrituras

te fiduciário das debêntures será tratado um pouco mais adiante, com ampla análise de disposições legais.

É importante frisar que o agente fiduciário representa os interesses dos debenturistas perante a companhia, e não os interesses da companhia contra os debenturistas. Mesmo porque ele tem várias obrigações perante estes, respondendo por perdas e danos pelos prejuízos que vier a causar a eles, nos termos dos arts. 68 e 69 da LSA.

Além disso, há regras específicas nessas disposições no sentido de que não podem ser agentes fiduciários pessoas ligadas às companhias emissoras, seus prepostos, coligadas etc.

Como explicitado anteriormente, as emissões privadas de debêntures são mais simples, sendo que a competência é privativa da Assembleia-Geral. Basta a simples comunicação à CVM da emissão das debêntures e é *facultativa* a constituição de agente fiduciário.

Illene Patrícia de Noronha Najjarian explica quais são as espécies de debêntures mais corriqueiras do mercado financeiro:

> Debênture com garantia real: são aquelas emitidas com garantia real, ou seja, são garantidas com bens dados em hipoteca, penhor ou anticrese.
>
> Debênture com garantia fidejussória: são aquelas emitidas com a garantia do aval ou da fiança.
>
> Debênture com garantia flutuante: são aquelas emitidas com garantia flutuante no ativo das sociedades ou das sociedades do grupo, conforme a hipótese, embora não impeçam a negociação dos bens que compõem esse ativo. A expressão – "garantia flutuante" – vem de língua inglesa: *floating security* ou *floating charge*. Trata-se de garantia que, realmente, flutua, posto que o valor do ativo da companhia oscila, podendo auferir lucros ou prejuízos, em função, basicamente, dos negócios por ela realizados.
>
> Debêntures sem preferência: são aquelas também denominadas de quirografárias, que não gozam de garantia. O crédito do debenturista não goza de privilégio ou de preferência sobre o crédito dos demais credores da companhia emissora.
>
> Debêntures subordinadas: são as que estão em posição creditícia inferior à dos credores quirografários, só gozando de privilégio ou de preferência aos acionistas no caso de quebra da sociedade emissora.[147]

de emissão de debêntures destinadas à negociação em Bolsa ou no mercado de balcão, e recusar a admissão ao mercado da emissão que não satisfaça a esses padrões".
147. Ilene Patrícia de Noronha Najjarian, "Debêntures: existência, registro e negociação no âmbito das empresas em recuperação", in Nilva M. Leonardi Antonio (org.),

A Lei das Sociedades Anônimas contém grave erro ao dizer que "compete à Assembleia-Geral" a deliberação sobre a emissão de debêntures. Na realidade, a palavra "competência" está impropriamente inserida no texto, eis que a competência, como sabemos, é a *limitação da jurisdição*, e jurisdição somente os membros do Poder Judiciário a têm. Como se trata de expressão incorreta, já deveria ter saído do texto legal há muito tempo. Entretanto, como conhecemos a limitação conceitual dos nossos legisladores, continuamos a falar em *competência* quando se deveria falar em *atribuição*. Atribuição qualquer um tem. Competência, só o Judiciário. Infelizmente, esse é o nosso Legislativo...

Pois bem, a atribuição – não competência – para a emissão de debêntures é de exclusiva decisão da Assembleia-Geral, especialmente convocada para essa importante deliberação, eis que se trata, em realidade, de verdadeiro empréstimo da companhia perante terceiros, onerando seu patrimônio e, ainda, gerando a possibilidade de o capital da mesma ser preenchido *ad futurum* por pessoas que não são escolhidas como sócios.

Daí a Assembleia-Geral ser convocada para decidir todos os termos do lançamento de debêntures no mercado, nos termos do art. 59 da LSA.[148]

Alessandra de Azevedo Domingues e Newton De Lucca (coords.), *Direito Recuperacional – Aspectos Teóricos e Práticos*, pp. 326-327.
148. Lei 6.404/1976: *"Competência*. Art. 59. A deliberação sobre emissão de debêntures é da competência privativa da Assembleia-Geral, que deverá fixar, observado o que a respeito dispuser o estatuto: I – o valor da emissão ou os critérios de determinação do seu limite, e a sua divisão em séries, se for o caso; II – o número e o valor nominal das debêntures; III – as garantias reais ou a garantia flutuante, se houver; IV – as condições da correção monetária, se houver; V – a conversibilidade ou não em ações e as condições a serem observadas na conversão; VI – a época e as condições de vencimento, amortização ou resgate; VII – a época e as condições do pagamento dos juros, da participação nos lucros e do prêmio de reembolso, se houver; VIII – o modo de subscrição ou colocação, e o tipo das debêntures. § 1º. Na companhia aberta, o Conselho de Administração pode deliberar sobre a emissão de debêntures não conversíveis em ações, salvo disposição estatutária em contrário. § 2º. O estatuto da companhia aberta poderá autorizar o Conselho de Administração a, dentro dos limites do capital autorizado, deliberar sobre a emissão de debêntures conversíveis em ações, especificando o limite do aumento de capital decorrente da conversão das debêntures, em valor do capital social ou em número de ações, e as espécies e classes das ações que poderão ser emitidas. § 3º. A Assembleia-Geral pode deliberar que emissão terá valor e número de série indeterminados, dentro dos limites por ela fixados. § 4º. Nos casos não previstos nos §§ 1º e 2º, a Assembleia-Geral pode delegar ao Conselho de Administração a deliberação sobre as condições de que tratam os incisos VI a VIII do *caput* e sobre a oportunidade da emissão".

(a) Dos requisitos da emissão de debêntures

Dispõe claramente a LSA, no seu art. 62, *caput*, com a alteração da Lei 10.303/2001, que "nenhuma emissão de debêntures será feita sem que tenham sido satisfeitos os seguintes requisitos: (...)" – tratando-se, pois, de norma cogente, imperativa, eis que é obrigatório que a companhia faça o registro da emissão antes de iniciar sua colocação no mercado.

Os requisitos exigidos para a emissão de debêntures são: o arquivamento, no Registro do Comércio, e publicação da ata da Assembleia-Geral, ou do Conselho de Administração, que deliberou sobre a emissão (inciso I); inscrição da escritura de emissão no registro do comércio (inciso II); e constituição das garantias reais, se for o caso (inciso III).

Estabelece o art. 62, § 1º, que os administradores da companhia respondem por perdas e danos causados à companhia ou a terceiros caso venham a emitir debêntures sem o preenchimento de todos os requisitos legais.

Como já falado anteriormente, as companhias e os registros do comércio deverão ter livro registrado especificamente para a inscrição das emissões de debêntures.

(b) Da conversibilidade das debêntures

Chama-se *conversibilidade de debêntures* a possibilidade de uma debênture se *transformar em ação*, isto é, passar a integrar o capital social da companhia, mudando sua ordem natural, mesmo porque a ação é a composição expressa do capital, enquanto a debênture é um empréstimo que a companhia toma de terceiros. Classificamos essa conversão do debenturista em acionista como a "entrada pela porta dos fundos", em face da forma como uma pessoa pode se tornar acionista de uma empresa sem comprar ações.

A conversão de uma debênture em ação é exceção à regra das debêntures, sendo que se não houver especificação na criação das debêntures não é possível a conversão.

A conversibilidade ou não da debênture deve ser expressa quando da sua emissão, nos termos do art. 64, IX, da LSA. Nada sendo escrito a respeito, é impossível converter uma debênture em ação, mesmo que a Assembleia possa posteriormente autorizar a companhia a fazer a conversão. Será nula de pleno direito, pois fere a própria lei que institui as debêntures. A conversão deve ser estabelecida quando da sua criação, o que atrai ou não os interesses dos futuros debenturistas, que se sentirão mais animados a emprestar dinheiro à companhia.

Se admitida a conversão, deverá estabelecer a Assembleia, no ato da instituição, em qual classe serão as mesmas convertidas, qual o prazo para que isso possa ser feito e se há, ou não, condições específicas para a nova classe de ações, convertidas das debêntures.

(c) Dos direitos dos debenturistas

É imperioso lembrar que os debenturistas, regra geral, possuem *expectativas de direitos* perante as companhias, pois podem vir a se tornar sócios das mesmas quando conversíveis suas debêntures. Mas sempre serão considerados credores quando não forem conversíveis, motivo pelo qual têm certas prerrogativas, podendo, inclusive, constituir Assembleia própria para decidir sobre assuntos de interesse geral dos debenturistas, desde que pertençam à mesma série, conforme o art. 71 da LSA.[149]

De outro lado, não poderão as companhias fazer alterações específicas, nos termos do art. 57, § 2º, da LSA – como mudar o objeto da companhia ou criar ações preferenciais ou modificar as já existentes – sem que exista prévia anuência dos debenturistas, reunidos em Assembleia específica para esse fim.[150]

---

149. Lei 6.404/1976: *"Assembleia de debenturistas.* Art. 71. Os titulares de debêntures da mesma emissão ou série podem, a qualquer tempo, reunir-se em Assembleia a fim de deliberar sobre matéria de interesse da comunhão dos debenturistas. § 1º. A Assembleia de debenturistas pode ser convocada pelo agente fiduciário, pela companhia emissora, por debenturistas que representem 10% (dez por cento), no mínimo, dos títulos em circulação e pela Comissão de Valores Mobiliários. § 2º. Aplica-se à Assembleia de debenturistas, no que couber, o disposto nesta Lei sobre a Assembleia-Geral de acionistas. § 3º. A Assembleia se instalará, em primeira convocação, com a presença de debenturistas que representem metade, no mínimo, das debêntures em circulação, e, em segunda convocação, com qualquer número. § 4º. O agente fiduciário deverá comparecer à Assembleia e prestar aos debenturistas as informações que lhe forem solicitadas. § 5º. A escritura de emissão estabelecerá a maioria necessária, que não será inferior à metade das debêntures em circulação, para aprovar modificação nas condições das debêntures. § 6º. Nas deliberações da Assembleia, a cada debênture caberá 1 (um) voto".

150. Lei 6.404/1976: *"Conversibilidade em ações.* Art. 57. A debênture poderá ser conversível em ações nas condições constantes da escritura de emissão, que especificará: I – as bases da conversão, seja em número de ações em que poderá ser convertida cada debênture, seja como relação entre o valor nominal da debênture e o preço de emissão das ações; II – a espécie e a classe das ações em que poderá ser convertida; III – o prazo ou época para o exercício do direito à conversão; IV – as demais condições a que a conversão acaso fique sujeita. § 1º. Os acionistas terão direito de preferência para subscrever a emissão de debêntures com cláusula de conversibilidade em ações, observado o disposto

E isto tem uma razão muito simples, mesmo porque os debenturistas têm situações típicas dentro das companhias, pois concordaram em emprestar-lhes dinheiro dentro de determinados parâmetros, e a alteração dos mesmos seria forma obliqua de atingir os direitos daqueles que confiaram nas companhias.

Além disso, as debêntures podem gozar de garantias excepcionais, como a constituição de hipoteca sobre o imóvel, pagamento de valores específicos ao cabo de certo tempo, proibição de a companhia realizar determinados negócios, proibição de alienação do patrimônio da companhia etc. – como dispõe o art. 58 da LSA.[151] Evidentemente, não se trata de *numerus clausus*, mas enumeração meramente exemplificativa, que poderá ser ampliada no momento da constituição da garantia, a fim de se tornar mais factível a comercialização das debêntures perante o público interessado.

(d) Assembleia dos debenturistas

Nos termos do art. 71, os titulares de debêntures que compõem a mesma emissão ou a mesma série podem, a qualquer tempo, reunir-se em Assembleia a fim de deliberar sobre matéria de interesse da comunhão dos debenturistas, sendo que, pelo § 1º do mesmo artigo, a Assembleia de debenturistas pode ser convocada pelo agente fiduciário, pela própria companhia emissora ou por debenturistas que representem 10%, no mínimo, dos títulos em circulação, e também pela CVM.

---

nos arts. 171 e 172. § 2º. Enquanto puder ser exercido o direito à conversão, dependerá de prévia aprovação dos debenturistas, em Assembleia especial, ou de seu agente fiduciário, a alteração do estatuto para: a) mudar o objeto da companhia; b) criar ações preferenciais ou modificar as vantagens das existentes, em prejuízo das ações em que são conversíveis as debêntures".

151. Lei 6.404/1976: *"Espécies*. Art. 58. A debênture poderá, conforme dispuser a escritura de emissão, ter garantia real ou garantia flutuante, não gozar de preferência ou ser subordinada aos demais credores da companhia. § 1º. A garantia flutuante assegura à debênture privilégio geral sobre o ativo da companhia, mas não impede a negociação dos bens que compõem esse ativo. § 2º. As garantias poderão ser constituídas cumulativamente. § 3º. As debêntures com garantia flutuante de nova emissão são preferidas pelas de emissão ou emissões anteriores, e a prioridade se estabelece pela data da inscrição da escritura de emissão; mas, dentro da mesma emissão, as séries concorrem em igualdade. § 4º. A debênture que não gozar de garantia poderá conter cláusula de subordinação aos credores quirografários, preferindo apenas aos acionistas no ativo remanescente, se houver, em caso de liquidação da companhia. § 5º. A obrigação de não alienar ou onerar bem imóvel ou outro bem sujeito a registro de propriedade, assumida pela companhia na escritura de emissão, é oponível a terceiros, desde que averbada no competente registro. § 6º. As debêntures emitidas por companhia integrante de grupo de sociedades (art. 265) poderão ter garantia flutuante do ativo de duas ou mais sociedades do grupo".

Se houver necessidade, o agente fiduciário deverá comparecer à Assembleia e prestar aos debenturistas as informações que lhe forem solicitadas, consoante o art. 71, § 4º, da LSA.

Em qualquer caso, vale a regra estabelecida para os acionistas, sendo que há uma exceção no § 6º do art. 71, eis que *a cada debênture caberá um voto*, ou seja: vedado o voto múltiplo, como ocorre com as ações.

(e) Vencimento, amortização e resgate das debêntures

Como anteriormente explicitado, a debênture é um empréstimo que a companhia toma do público em geral. E como em todo empréstimo deve constar a data do vencimento da dívida, com a debênture não é diferente, eis que no momento da escritura de emissão de debênture e de seu certificado constará obrigatoriamente a data em que serão amortizadas as dívidas, conforme a regra do art. 55 da LSA.

Este pagamento poderá ser feito diretamente pela companhia, por fundos de amortização de dívidas, e, ainda, de forma total ou parcial, proporcionalmente ao valor de cada lote, quantidade etc., conforme o art. 55 e seus §§ e incisos da Lei 6.404/1976, com a redação dada pela Lei 12.341/2011.[152]

(f) Da documentação das debêntures

A Lei das Sociedades Anônimas exige que as debêntures sejam documentadas de maneira especial, a fim de que terceiros ou acionistas da companhia tenham o maior conhecimento possível dos atos praticados por esta. Mesmo porque os interessados nos negócios da companhia não teriam a necessidade de se dirigir às instalações da companhia ou à Diretoria, para pedir-lhes informações.

---

152. Lei 6.404/1976: *"Vencimento, amortização e resgate.* Art. 55. A época do vencimento da debênture deverá constar da escritura de emissão e do certificado, podendo a companhia estipular amortizações parciais de cada série, criar fundos de amortização e reservar-se o direito de resgate antecipado, parcial ou total, dos títulos da mesma série. § 1º. A amortização de debêntures da mesma série deve ser feita mediante rateio. § 2º. O resgate parcial de debêntures da mesma série deve ser feito: I – mediante sorteio; ou II – se as debêntures estiverem cotadas por preço inferior ao valor nominal, por compra no mercado organizado de valores mobiliários, observadas as regras expedidas pela Comissão de Valores Mobiliários. § 3º. É facultado à companhia adquirir debêntures de sua emissão: I – por valor igual ou inferior ao nominal, devendo o fato constar do relatório da administração e das demonstrações financeiras; ou II – por valor superior ao nominal, desde que observe as regras expedidas pela Comissão de Valores Mobiliários. § 4º. A companhia poderá emitir debêntures cujo vencimento somente ocorra nos casos de inadimplência da obrigação de pagar juros e dissolução da companhia, ou de outras condições previstas no título".

De outro lado, como se trata de informações públicas, podem ser facilmente consultadas pelos interessados. Daí por que os arts. 61 e 62 da LSA exigem formas especificadas de escrituração das debêntures, a começar pela escritura pública e o registro nos órgãos públicos, e, ainda, nos termos do § 3º do art. 61, que suas cláusulas sejam previamente submetidas à aprovação da CVM.[153]

E, se só isso não fosse o bastante, ainda, o art. 62 da LSA determina que todos os atos sejam rigorosamente arquivados na Junta Comercial da sede da companhia, a fim de que se tornem de conhecimento público os atos praticados pela sociedade anônima, mormente porque, como já dissemos, está tomando dinheiro emprestado de terceiros e onerando a companhia.[154]

(g) Certificados de debêntures e sua circulação

É pacífico o entendimento de que as debêntures são títulos de crédito, tanto assim que Fran Martins as definiu como

títulos emitidos pelas sociedades anônimas, representativos de um empréstimo contraído pelas mesmas, cada título dando aos portadores da mesma série idênticos direitos contra a sociedade.[155]

---

153. Lei 6.404/1976: *"Escritura de emissão.* Art. 61. A companhia fará constar da escritura de emissão os direitos conferidos pelas debêntures, suas garantias e demais cláusulas ou condições. § 1º. A escritura de emissão, por instrumento público ou particular, de debêntures distribuídas ou admitidas à negociação no mercado terá obrigatoriamente a intervenção de agente fiduciário dos debenturistas (arts. 66 a 70). § 2º. Cada nova série da mesma emissão será objeto de aditamento à respectiva escritura. § 3º. A Comissão de Valores Mobiliários poderá aprovar padrões de cláusulas e condições que devam ser adotados nas escrituras de emissão de debêntures destinadas à negociação em Bolsa ou no mercado de balcão, e recusar a admissão ao mercado da emissão que não satisfaça a esses padrões".

154. Lei 6.404/1976: *"Registro.* Art. 62. Nenhuma emissão de debêntures será feita sem que tenham sido satisfeitos os seguintes requisitos: I – arquivamento, no Registro do Comércio, e publicação da ata da Assembleia-Geral, ou do Conselho de Administração, que deliberou sobre a emissão; II – inscrição da escritura de emissão no Registro do Comércio; III – constituição das garantias reais, se for o caso. § 1º. Os administradores da companhia respondem pelas perdas e danos causados à companhia ou a terceiros por infração deste artigo. § 2º. O agente fiduciário e qualquer debenturista poderão promover os registros requeridos neste artigo e sanar as lacunas e irregularidades porventura existentes nos registros promovidos pelos administradores da companhia; neste caso, o oficial do registro notificará a administração da companhia para que lhe forneça as indicações e documentos necessários. § 3º. Os aditamentos à escritura de emissão serão averbados nos mesmos registros. § 4º. Os registros do comércio manterão livro especial para inscrição das emissões de debêntures, no qual serão anotadas as condições essenciais de cada emissão".

155. Fran Martins, *Comentários à Lei das Sociedades Anônimas (S/A)*, p. 302.

As debêntures devem ser *registradas* por meio de certificados de debêntures, os quais deverão conter todos os dados da companhia, valor das debêntures, a existência de garantia, o tipo de garantia, o valor nominal, número de ordem, classe, série, se forem conversíveis em ações, qual a condição para isso etc. – tudo conforme se vê das exigências expressas do art. 64 da LSA, de fácil intelecção. Se não constarem tais dados, devem ser expedidas novas, arcando a companhia com os prejuízos que causar a terceiros.[156]

A lei faculta às companhia a emissão dos chamados *títulos múltiplos*, sendo que nesse caso deverão seguir as regras impostas pela CVM, conforme determina o art. 65 da LSA.[157]

Por imperativo legal, as debêntures também são nominativas e podem ser depositadas pelos debenturistas em locais que os mesmos indicarem, além da possibilidade de sua livre circulação, mesmo porque se trata de títulos de crédito que o credor tem perante a companhia, sendo que, nesse caso, é obrigatório seguir os trâmites administrativos estabelecidos pela CVM, na forma do art. 63 da LSA.[158]

---

156. Lei 6.404/1976: *"Certificados – Requisitos.* Art. 64. Os certificados das debêntures conterão: I – a denominação, sede, prazo de duração e objeto da companhia; II – a data da constituição da companhia e do arquivamento e publicação dos seus atos constitutivos; III – a data da publicação da ata da Assembleia-Geral que deliberou sobre a emissão; IV – a data e ofício do Registro de Imóveis em que foi inscrita a emissão; V – a denominação 'Debênture' e a indicação da sua espécie, pelas palavras 'com garantia real', 'com garantia flutuante', 'sem preferência' ou 'subordinada'; VI – a designação da emissão e da série; VII – o número de ordem; VIII – o valor nominal e a cláusula de correção monetária, se houver, as condições de vencimento, amortização, resgate, juros, participação no lucro ou prêmio de reembolso, e a época em que serão devidos; IX – as condições de conversibilidade em ações, se for o caso; X – o nome do debenturista; XI – o nome do agente fiduciário dos debenturistas, se houver; XII – a data da emissão do certificado e a assinatura de 2 (dois) diretores da companhia; XIII – a autenticação do agente fiduciário, se for o caso".

157. Lei 6.404/1976: *"Títulos múltiplos e cautelas.* Art. 65. A companhia poderá emitir certificados de múltiplos de debêntures e, provisoriamente, cautelas que as representem, satisfeitos os requisitos do art. 64. § 1º. Os títulos múltiplos de debêntures das companhias abertas obedecerão à padronização de quantidade fixada pela Comissão de Valores Mobiliários. § 2º. Nas condições previstas na escritura de emissão com nomeação de agente fiduciário, os certificados poderão ser substituídos, desdobrados ou grupados".

158. Lei 6.404/1976: "Art. 63. As debêntures serão nominativas, aplicando-se, no que couber, o disposto nas Seções V a VII do Capítulo III. § 1º. As debêntures podem ser objeto de depósito com emissão de certificado, nos termos do art. 43. § 2º. A escritura de emissão pode estabelecer que as debêntures sejam mantidas em contas de custódia, em nome de seus titulares, na instituição que designar, sem emissão de certificados, aplicando-se, no que couber, o disposto no art. 41".

(h) Do agente fiduciário dos debenturistas

Assim como as ações têm seu agente fiduciário, as debêntures também devem ter o seu, sendo que este agente deverá ser nomeado e aceitar o encargo da função, constando obrigatoriamente da escrituração da emissão das debêntures, e, ainda, preencher os requisitos indispensáveis e impostergáveis das normas emitidas pelo BACEN, na forma do art. 66, *caput*, e seu parágrafo único, da LSA. Além disso, a CVM pode estabelecer outras normas relativas ao agente fiduciário, como, por exemplo, estabelecer que as emissões de debêntures sejam feitas por uma instituição financeira, na forma do art. 66, § 2º, da LSA.[159]

Por se tratar de *terceiro* perante a companhia e perante os debenturistas, sofre o mesmo todos os impedimentos do art. 66, § 3º, da LSA, a fim de preservar sua imparcialidade diante dos atos que praticar, e, ainda, se vier a ter situação *posterior* à sua nomeação e posse que o impeça de continuar a exercer seu papel de *agente fiduciário* deve comunicar imediatamente tal fato, para que seja providenciada sua substituição, conforme o art. 66, § 4º, da LSA, sendo que, omisso quanto à comunicação, os atos praticados *após* o fato que o tornou inapto para continuar seu mister poderão ser anulados, desde que causem prejuízos a alguém. Isto porque um ato pode ser anulável, mas sem a prova de prejuízo não haverá motivo razoável para a declaração de sua nulidade.[160]

Por isso, não se trata de atos nulos, mas apenas anuláveis. Pensamos ser necessária também a prova do prejuízo.

---

159. Lei 6.404/1976: *"Agente fiduciário dos debenturistas – Requisitos e incompatibilidades.* Art. 66. O agente fiduciário será nomeado e deverá aceitar a função na escritura de emissão das debêntures. § 1º. Somente podem ser nomeados agentes fiduciários as pessoas naturais que satisfaçam os requisitos para o exercício de cargo em órgão de administração da companhia e as instituições financeiras que, especialmente autorizadas pelo Banco Central do Brasil, tenham por objeto a administração ou a custódia de bens de terceiros. § 2º. A Comissão de Valores Mobiliários poderá estabelecer que nas emissões de debêntures negociadas no mercado o agente fiduciário, ou 1 (um) dos agentes fiduciários, seja instituição financeira".

160. Lei 6.404/1976, §§ 3º e 4º do art. 66: "§ 3º. Não pode ser agente fiduciário: a) pessoa que já exerça a função em outra emissão da mesma companhia, a menos que autorizado, nos termos das normas expedidas pela Comissão de Valores Mobiliários; b) instituição financeira coligada à companhia emissora ou à entidade que subscreva a emissão para distribuí-la no mercado, e qualquer sociedade por elas controlada; c) credor, por qualquer título, da sociedade emissora, ou sociedade por ele controlada; d) instituição financeira cujos administradores tenham interesse na companhia emissora; e) pessoa que, de qualquer outro modo, se coloque em situação de conflito de interesses pelo exercício da função. § 4º. O agente fiduciário que, por circunstâncias posteriores à emissão, ficar impedido de continuar a exercer a função deverá comunicar imediatamente o fato aos debenturistas e pedir sua substituição".

Como se trata de *ônus* para o agente fiduciário, evidentemente tem direito a uma remuneração, em valor a ser fixado na própria escritura de emissão das debêntures, conforme dispõe o art. 67, *caput*, da LSA. Sua função será constantemente fiscalizada pela CVM, na forma do parágrafo único do mesmo art. 67 da LSA.[161]

Evidentemente, se a CVM não exerce sua única função sobre o agente fiduciário dos debenturistas, permitindo que este cause prejuízo aos mesmos ou a terceiros, está claro que a CVM não cumpriu seu papel legal, devendo responder, solidariamente, pelos danos causados aos investidores.

Ora, a regra é simples: se a CVM deveria ter agido e se omitiu ou não alertou os debenturistas a tempo, vindo a causar prejuízo, é óbvio que agiu, no mínimo, desidiosamente, e, destarte, tem o dever de indenizar, principalmente porque, em face da longa e extensa relação de obrigações do agente fiduciário, conforme os arts. 68, 69 e 70 da LSA,[162]

---

161. Lei 6.404/1976: *"Substituição, remuneração e fiscalização.* Art. 67. A escritura de emissão estabelecerá as condições de substituição e remuneração do agente fiduciário, observadas as normas expedidas pela Comissão de Valores Mobiliários. Parágrafo único. A Comissão de Valores Mobiliários fiscalizará o exercício da função de agente fiduciário das emissões distribuídas no mercado, ou de debêntures negociadas em Bolsa ou no mercado de balcão, podendo: a) nomear substituto provisório, nos casos de vacância; b) suspender o agente fiduciário de suas funções e dar-lhe substituto, se deixar de cumprir os seus deveres".

162. Lei 6.404/1976: *"Deveres e atribuições.* Art. 68. O agente fiduciário representa, nos termos desta Lei e da escritura de emissão, a comunhão dos debenturistas perante a companhia emissora. § 1º. São deveres do agente fiduciário: a) proteger os direitos e interesses dos debenturistas, empregando no exercício da função o cuidado e a diligência que todo homem ativo e probo costuma empregar na administração de seus próprios bens; b) elaborar relatório e colocá-lo anualmente à disposição dos debenturistas, dentro de 4 (quatro) meses do encerramento do exercício social da companhia, informando os fatos relevantes ocorridos durante o exercício, relativos à execução das obrigações assumidas pela companhia, aos bens garantidores das debêntures e à constituição e aplicação do fundo de amortização, se houver; do relatório constará, ainda, declaração do agente sobre sua aptidão para continuar no exercício da função; c) notificar os debenturistas, no prazo máximo de 60 (sessenta) dias, de qualquer inadimplemento, pela companhia, de obrigações assumidas na escritura da emissão. § 2º. A escritura de emissão disporá sobre o modo de cumprimento dos deveres de que tratam as alíneas 'b' e 'c' do parágrafo anterior. § 3º. O agente fiduciário pode usar de qualquer ação para proteger direitos ou defender interesses dos debenturistas, sendo-lhe especialmente facultado, no caso de inadimplemento da companhia: a) declarar, observadas as condições da escritura de emissão, antecipadamente vencidas as debêntures e cobrar o seu principal e acessórios; b) executar garantias reais, receber o produto da cobrança e aplicá-lo no pagamento, integral ou proporcional, dos debenturistas; c) requerer a falência da companhia emissora, se não existirem garantias reais; d) representar os debenturistas em processos de falência, concordata, intervenção ou liquidação extrajudicial da companhia emissora, salvo deliberação em contrário da Assembleia dos debenturistas; e) tomar qualquer providência necessária

com maior razão tem a CVM o dever legal imposto de velar pela perfeita atuação do agente. E, portanto, diante da omissão da CVM, também responderá pelos danos que causar a terceiros.

(i) Cédula de debêntures

Podem ser emitidas pelas instituições financeiras autorizadas a funcionar pelo BACEN as chamadas *cédulas de debêntures*, que são verdadeiros títulos de crédito, desde que possuam garantias próprias, dando direito de crédito aos seus titulares contra o emitente dessas cédulas, por meio do valor nominal inscrito na cédula e com os juros também previamente estipulados, e, ainda, desde que sigam todos os trâmites previstos no art. 72 da LSA.[163]

(j) Emissão de debêntures no Estrangeiro

Dando asas ao sonho brasileiro de "engrandecer" as companhias nacionais, principalmente diante da industrialização brasileira, sonhou o

---

para que os debenturistas realizem os seus créditos. § 4º. O agente fiduciário responde perante os debenturistas pelos prejuízos que lhes causar por culpa ou dolo no exercício das suas funções. § 5º. O crédito do agente fiduciário por despesas que tenha feito para proteger direitos e interesses ou realizar créditos dos debenturistas será acrescido à dívida da companhia emissora, gozará das mesmas garantias das debêntures e preferirá a estas na ordem de pagamento. § 6º. Serão reputadas não escritas as cláusulas da escritura de emissão que restringirem os deveres, atribuições e responsabilidade do agente fiduciário previstos neste artigo".
"*Outras funções*. Art. 69. A escritura de emissão poderá ainda atribuir ao agente fiduciário as funções de autenticar os certificados de debêntures, administrar o fundo de amortização, manter em custódia bens dados em garantia e efetuar os pagamentos de juros, amortização e resgate".
"*Substituição de garantias e modificação da escritura.* Art. 70. A substituição de bens dados em garantia, quando autorizada na escritura de emissão, dependerá da concordância do agente fiduciário. Parágrafo único. O agente fiduciário não tem poderes para acordar na modificação das cláusulas e condições da emissão".
163. Lei 6.404/1976: "*Cédula de debêntures.* Art. 72. As instituições financeiras autorizadas pelo Banco Central do Brasil a efetuar esse tipo de operação poderão emitir cédulas lastreadas em debêntures, com garantia própria, que conferirão a seus titulares direito de crédito contra o emitente, pelo valor nominal e os juros nela estipulados. § 1º. A cédula será nominativa, escritural ou não. § 2º. O certificado da cédula conterá as seguintes declarações: a) o nome da instituição financeira emitente e as assinaturas dos seus representantes; b) o número de ordem, o local e a data da emissão; c) a denominação 'Cédula de Debêntures'; d) o valor nominal e a data do vencimento; e) os juros, que poderão ser fixos ou variáveis, e as épocas do seu pagamento; f) o lugar do pagamento do principal e dos juros; g) a identificação das debêntures-lastro, do seu valor e da garantia constituída; h) o nome do agente fiduciário dos debenturistas; i) a cláusula de correção monetária, se houver; j) o nome do titular".

País com a possibilidade de ser um grande negociante de títulos nacionais no Exterior.

Assim, é possível que as debêntures sejam emitidas no Exterior, desde que autorizadas pelo BACEN e também pela CVM, com as garantias extras previstas na lei. O que chama a atenção e não desperta tanto alvoroço é o fato de que os debenturistas *nacionais* têm preferência sobre os *estrangeiros*, posto que a lei exige que o produto seja aplicado no território nacional, seguindo tudo na forma do art. 73 da LSA.[164]

(k) Extinção das debêntures

Como afirmado anteriormente, as debêntures representam empréstimos feitos pelas companhias junto ao público. Logo, esses empréstimos devem ser pagos dentro de determinado período de tempo. Ao cabo desse período de tempo as companhias devem pagar as debêntures ordinariamente, ou transformá-las em ações, como visto, sendo que ao tempo de suas transformações ou pagamentos estas perdem seu valor, deixando de existir.

Na forma do art. 74 da LSA, as companhias devem anotar à margem do lançamento das debêntures a ocorrência de sua extinção, mantendo o registro das mesmas por cinco anos, de tudo lavrando escrituração nos livros próprios, sob a fiscalização do agente fiduciário e, posteriormente, da CVM.[165]

---

164. Lei 6.404/1976: "*Emissão de debêntures no Estrangeiro.* Art. 73. Somente com a prévia aprovação do Banco Central do Brasil as companhias brasileiras poderão emitir debêntures no Exterior com garantia real ou flutuante de bens situados no País. § 1º. Os credores por obrigações contraídas no Brasil terão preferência sobre os créditos de debêntures emitidas no Exterior por companhias estrangeiras autorizadas a funcionar no País, salvo se a emissão tiver sido previamente autorizada pelo Banco Central do Brasil e o seu produto aplicado em estabelecimento situado no território nacional. § 2º. Em qualquer caso, somente poderão ser remetidos para o Exterior o principal e os encargos de debêntures registradas no Banco Central do Brasil. § 3º. A emissão de debêntures no Estrangeiro, além de observar os requisitos do art. 62, requer a inscrição, no Registro de Imóveis, do local da sede ou do estabelecimento, dos demais documentos exigidos pelas leis do lugar da emissão, autenticadas de acordo com a lei aplicável, legalizadas pelo Consulado Brasileiro no Exterior e acompanhados de tradução em vernáculo, feita por tradutor público juramentado; e, no caso de companhia estrangeira, o arquivamento no Registro do Comércio e publicação do ato que, de acordo com o estatuto social e a lei do local da sede, tenha autorizado a emissão. § 4º. A negociação, no mercado de capitais do Brasil, de debêntures emitidas no Estrangeiro depende de prévia autorização da Comissão de Valores Mobiliários".

165. Lei 6.404/1976: "*Extinção.* Art. 74. A companhia emissora fará, nos livros próprios, as anotações referentes à extinção das debêntures, e manterá arquivados, pelo prazo de 5 (cinco) anos, juntamente com os documentos relativos à extinção, os certifica-

3.5.12.4 Dos bônus de subscrição

Os bônus de *subscrição*, como o próprio nome está dizendo, são títulos nominativos emitidos pela companhia visando ao aumento futuro do seu capital, outorgando aos subscritores o direito de participar do capital da companhia.

Tal forma de subscrição dos bônus está prevista no art. 75 e seu parágrafo único da LSA.[166]

A atribuição para a deliberação da emissão dos bônus de subscrição é da Assembleia-Geral, se de outra forma não for previsto no estatuto, que pode outorgar tal poder ao Conselho de Administração, na forma do art. 76 da LSA.[167] Mais uma vez encontramos outro grave erro na legislação, confundindo *atribuição* com *competência*; como falamos mais de uma vez, a competência é a delimitação da função judicante do Poder Judiciário.

Juridicamente, temos que os bônus são atrativos à participação de futuros investidores nas sociedades anônimas, por meio de ações futuras que representarão. Logo, os subscritores passam a ser futuros credores da sociedade anônima, podendo, inclusive, exigir que a companhia transforme os bônus subscritos em ações, a fim de que os subscritores tenham o efetivo direito de participar dos destinos da companhia.

Como se trata de direitos contra a companhia, nos termos do parágrafo único do art. 77 da LSA, os acionistas primitivos têm direito de preferência sobre terceiros, eis que a intenção é que primeiro aqueles mantenham o poder decisório da companhia, e posteriormente seja oferecido a terceiros o direito de subscrever outros bônus.[168]

---

dos cancelados ou os recibos dos titulares das contas das debêntures escriturais. § 1º. Se a emissão tiver agente fiduciário, caberá a este fiscalizar o cancelamento dos certificados. § 2º. Os administradores da companhia responderão solidariamente pelas perdas e danos decorrentes da infração do disposto neste artigo".

166. Lei 6.404/1976: "*Características*. Art. 75. A companhia poderá emitir, dentro do limite de aumento de capital autorizado no estatuto (art. 168), títulos negociáveis denominados 'Bônus de Subscrição'. Parágrafo único. Os bônus de subscrição conferirão aos seus titulares, nas condições constantes do certificado, direito de subscrever ações do capital social, que será exercido mediante apresentação do título à companhia e pagamento do preço de emissão das ações".

167. Lei 6.404/1976: "*Competência*. Art. 76. A deliberação sobre emissão de bônus de subscrição compete à Assembleia-Geral, se o estatuto não a atribuir ao Conselho de Administração".

168. Lei 6.404/1976: "*Emissão*. Art. 77. Os bônus de subscrição serão alienados pela companhia ou por ela atribuídos, como vantagem adicional, aos subscritos de emis-

Os bônus terão a forma nominativa, aplicando-se as demais regras dos outros títulos já examinados, conforme disposto no art. 78 da LSA.[169]

Constarão necessariamente e expressamente dos certificados de bônus de subscrição todas as informações necessárias para que possam circular livremente, inclusive com a data para que seja exercido o direito daqueles que subscrevem tais títulos, tudo isso previsto no art. 79 da LSA.[170]

3.5.12.5 Dos papéis comerciais ("commercial papers")

Os chamados "papéis comerciais" ou *commercial papers* foram autorizados pela Instrução Normativa CVM-134/1990, alterada pelas Instruções Normativas 155/1991, 292/1998, 426/2006 e 566, de 21.7.2015. Trata-se de verdadeiras notas promissórias de emissão pública lançadas pelas companhias, consistentes em empréstimos de valores, para pagamento futuro, caracterizando verdadeiros títulos de crédito.

São títulos normalmente de curto prazo, para que as companhias levantem *capital de giro* sem que se altere, de qualquer modo, seu capital ou qualquer outro valor mobiliário.

Na forma da Instrução Normativa CVM-134/1990, os *commercial papers* têm o prazo máximo de vencimento de 180 dias quando se tratar de companhia de capital fechado e de 360 dias quando se tratar de companhia de capital aberto, sendo que ambos têm o prazo mínimo de 30 dias e o valor mínimo de R$ 500.000,00.

De outro lado, obrigatoriamente os títulos somente podem circular mediante *endosso em preto*, conforme o art. 15 do Anexo I do Decreto-lei 57.663/1966 e o art. 2º da Instrução Normativa CVM-134/1990.

sões de suas ações ou debêntures. Parágrafo único. Os acionistas da companhia gozarão, nos termos dos arts. 171 e 172, de preferência para subscrever a emissão de bônus".
169. Lei 6.404/1976: *"Forma, propriedade e circulação.* Art. 78. Os bônus de subscrição terão a forma nominativa. Parágrafo único. Aplica-se aos bônus de subscrição, no que couber, o disposto nas Seções V a VII do Capítulo III".
170. Lei 6.404/1976: *"Certificados.* Art. 79. O certificado de bônus de subscrição conterá as seguintes declarações: I – as previstas nos ns. I a IV do art. 24; II – a denominação 'Bônus de Subscrição'; III – o número de ordem; IV – o número, a espécie e a classe das ações que poderão ser subscritas, o preço de emissão ou os critérios para sua determinação; V – a época em que o direito de subscrição poderá ser exercido e a data do término do prazo para esse exercício; VI – o nome do titular; VII – a data da emissão do certificado e as assinaturas de dois diretores".

3.5.12.6 "Brazilian Depositary Receipts"/BDRs

Por meio da Resolução BACEN-2.318/1996[171] foi autorizada a criação dos *Certificados de Depósito de Valores Mobiliários*, chamados de *Brazilian Depositary Receipts*/BDRs, com lastro em valores mobiliários de emissão de companhias abertas ou assemelhadas com sede no Exterior.

Na forma do art. 2º da resolução, os investimentos brasileiros no Exterior somente são possíveis se registrados no BACEN, após autorização da CVM.

Dessa maneira, os certificados representativos de valores mobiliários de emissão de companhia aberta, ou assemelhada, com sede no Exterior somente seriam possíveis se emitidos por instituição depositária *no Brasil*, que presta os *serviços de custódia*, e somente emite o BDR com base nos valores mobiliários custodiados no Exterior, emitindo aqui os correspondentes Certificados de Depósito de Valores Mobiliários/BDRs.

A origem dos recursos movimentados está sujeita a registro no BACEN, para fins de acompanhamento e controle do investimento brasileiro no Exterior, bem como os respectivos rendimentos, retorno do investimento e ganhos de capital, ficando a responsabilidade de documentação a cargo da instituição depositária.

Conforme o art. 5º da resolução, as remessas de valores para o Exterior terão como limite o valor da alienação dos BDRs, sob supervisão da CVM.

Havendo alguma irregularidade na alienação, a instituição responsável pela venda responderá solidária e ilimitadamente perante o BACEN pela operação de câmbio ilegítima.

Na forma do art. 6º, o cancelamento dos certificados de depósito em virtude da alienação dos valores mobiliários, no Exterior, implica o ingresso dos respectivos recursos, no País, no prazo máximo de cinco dias úteis da data do cancelamento, vedada a transferência dos correspondentes recursos para outra modalidade de investimento no Exterior.

Pelo art. 7º, todos os recursos oriundos de direitos recebidos em espécie pelo investidor brasileiro devem obrigatoriamente ingressar no País, vedada sua reaplicação no Exterior.

---

171. A Resolução 2.318 foi revogada pela Resolução 2.376, revogada pela Resolução 3.412, que foi revogada pela Resolução 3.568, de 29.5.2008, que trata dos investimentos no estrangeiro.

Evidentemente, a negociação de valores fora do Brasil constitui ato ilícito e criminoso, motivo pelo qual somente é possível a negociação do BDR por meio de instituição financeira brasileira.

3.5.13 Da modificação do modelo societário

A modificação do modelo societário encontra-se prevista nos arts. 1.155-1.168 do CC brasileiro.

Para que o empresário possa exercer livremente sua atividade, há necessidade de se obrigar perante terceiros, escolhendo um dos modelos societários que melhor lhe aprouver, dentro de sua linha de pensamento sobre o êxito do modelo a ser adotado.

No entanto, nem sempre o que foi imaginado na teoria se concretiza na prática, por uma série interminável de razões.

Como o próprio art. 5º, *caput* e vários incisos (*v.g.*: incisos II, V, IX, X, XIII, XVI, XVII etc.), da CF/1988 garante ao empresário a manifestação de interesse sobre sua sociedade e/ou associação, nada impede que o mesmo venha a mudar o modelo societário adotado inicialmente.

Em verdade, para a modificação do modelo societário, regra geral, basta a declaração de vontade dos sócios, reunidos especificamente para essa finalidade, como determinado, por exemplo, no art. 1.071 do CC, quando diz respeito à sociedade por quotas de responsabilidade limitada, sendo que idêntico dispositivo encontra-se na Lei das Sociedades Anônimas (arts. 206 *usque* 234).

Assim, poderá ocorrer com qualquer sociedade um dos fenômenos jurídicos seguintes:

(a) *Dissolução da sociedade* – Dá-se quando os sócios não mais desejam permanecer em comunhão, ou por deliberação de uma Assembleia-Geral especialmente destinada para esse fim; a dissolução pode se dar, ainda, quando esgotada a finalidade para a qual a sociedade foi constituída ou também por decisão judicial, como no caso de uma falência, por exemplo, ou pela liquidação judicial.[172]

---

172. Lei 6.404/1976: "Art. 206. Dissolve-se a companhia: I – de pleno direito: a) pelo término do prazo de duração; b) nos casos previstos no estatuto; c) por deliberação da Assembleia-Geral (art. 136, X); d) pela existência de 1 (um) único acionista, verificada em Assembleia-Geral Ordinária, se o mínimo de 2 (dois) não for reconstituído até à do ano seguinte, ressalvado o disposto no art. 251; e) pela extinção, na forma da lei, da autorização para funcionar; II – por decisão judicial: a) quando anulada a sua constituição, em ação proposta por qualquer acionista; b) quando provado que não pode preencher o seu fim, em ação proposta por acionistas que representem 5% (cinco por cento) ou mais do

(b) *Dissolução forçada* – É aquela imposta por ordem administrativa (como no caso de a sociedade não cumprir com seus estatutos ou funcionar sem autorização legal para tanto) ou judicial. Nesse caso haverá liquidação da sociedade, que poderá ser extrajudicial ou judicial.

(c) *Transformação* – Dá-se quando a sociedade é constituída de uma forma e os sócios ou acionistas verificam que há outro modelo societário melhor, como no caso de uma companhia que se transforma em sociedade por quotas de responsabilidade limitada.[173]

(d) *Incorporação* – É o que ocorre com uma sociedade que tem seu patrimônio absorvido por outra sociedade, desaparecendo a sociedade incorporada, em benefício da sociedade incorporadora.[174]

(e) *Fusão* – Ao contrário, ocorre quando duas sociedades se unem para a formação de uma única sociedade, desaparecendo as duas anteriores, juntando-se todo o patrimônio das mesmas nesta nova sociedade.[175]

(f) *Cisão* – É o que ocorre quando uma destina parte de seu capital social para a formação de outra sociedade, até então inexistente.[176]

capital social; c) em caso de falência, na forma prevista na respectiva lei; III – por decisão de autoridade administrativa competente, nos casos e na forma previstos em lei especial".
173. Lei 6.404/1976: "Art. 220. A transformação é a operação pela qual a sociedade passa, independentemente de dissolução e liquidação, de um tipo para outro. Parágrafo único. A transformação obedecerá aos preceitos que regulam a constituição e o registro do tipo a ser adotado pela sociedade".
174. Lei 6.404/1976: "Art. 227. A incorporação é a operação pela qual uma ou mais sociedades são absorvidas por outra, que lhes sucede em todos os direitos e obrigações. § 1º. A Assembleia-Geral da companhia incorporadora, se aprovar o protocolo da operação, deverá autorizar o aumento de capital a ser subscrito e realizado pela incorporada mediante versão do seu patrimônio líquido, e nomear os peritos que o avaliarão. § 2º. A sociedade que houver de ser incorporada, se aprovar o protocolo da operação, autorizará seus administradores a praticarem os atos necessários à incorporação, inclusive a subscrição do aumento de capital da incorporadora. § 3º. Aprovados pela Assembleia-Geral da incorporadora o laudo de avaliação e a incorporação, extingue-se a incorporada, competindo à primeira promover o arquivamento e a publicação dos atos da incorporação".
175. Lei 6.404/1976: "Art. 228. A fusão é a operação pela qual se unem duas ou mais sociedades para formar sociedade nova, que lhes sucederá em todos os direitos e obrigações. § 1º. A Assembleia-Geral de cada companhia, se aprovar o protocolo de fusão, deverá nomear os peritos que avaliarão os patrimônios líquidos das demais sociedades. § 2º. Apresentados os laudos, os administradores convocarão os sócios ou acionistas das sociedades para uma Assembleia-Geral, que deles tomará conhecimento e resolverá sobre a constituição definitiva da nova sociedade, vedado aos sócios ou acionistas votar o laudo de avaliação do patrimônio líquido da sociedade de que fazem parte. § 3º. Constituída a nova companhia, incumbirá aos primeiros administradores promover o arquivamento e a publicação dos atos da fusão".
176. Lei 6.404/1976: "Art. 229. A cisão é a operação pela qual a companhia transfere parcelas do seu patrimônio para uma ou mais sociedades, constituídas para esse

3.5.13.1 Da "due diligence"

O processo de modificação do modelo societário nem sempre é tarefa simples, eis que envolve não apenas duas partes maiores e capazes, mas, no mais das vezes, exige tarefas inomináveis para que as duas partes envolvidas no negócio jurídico que se avizinhará sejam bem sucedidas.

Nossa prática jurídica de muitos anos pôde constatar que são dezenas ou até centenas de atividades prévias a fim de que se possa concretizar a mudança do modelo societário. O nome técnico dessas atividades primárias é *due diligence*, advindo da iniciativa das grandes sociedades para a consolidação dos grandes negócios. A expressão vem do Inglês, sendo que uma tradução mais frequente é *auditoria*, o que nem sempre corresponde à realidade dos fatos.

Assim, quando os interessados se vêm em condições de fazer uma fusão de sociedade, ou a cisão de uma grande sociedade, para a criação de outra menor ou a transformação do modelo societário em outro, é preciso que o empresário conte com diversas pesquisas, tanto sobre o ativo da empresa como sobre o passivo, consolidados ou não, bem como sobre as previsões de pagamentos futuros, mais comumentemente chamadas de contingenciamento, etc.

Como se pode perceber, a *due diligence* deve ser encarada como *as diligências previamente empregadas para a realização de determinados negócios jurídicos, previamente ajustados, de caráter nitidamente*

fim ou já existentes, extinguindo-se a companhia cindida, se houver versão de todo o seu patrimônio, ou dividindo-se o seu capital, se parcial a versão. § 1º. Sem prejuízo do disposto no art. 233, a sociedade que absorver parcela do patrimônio da companhia cindida sucede a esta nos direitos e obrigações relacionados no ato da cisão; no caso de cisão com extinção, as sociedades que absorverem parcelas do patrimônio da companhia cindida sucederão a esta, na proporção dos patrimônios líquidos transferidos, nos direitos e obrigações não relacionados. § 2º. Na cisão com versão de parcela do patrimônio em sociedade nova, a operação será deliberada pela Assembleia-Geral da companhia à vista de justificação que incluirá as informações de que tratam os números do art. 224; a Assembleia, se a aprovar, nomeará os peritos que avaliarão a parcela do patrimônio a ser transferida, e funcionará como Assembleia de constituição da nova companhia. § 3º. A cisão com versão de parcela de patrimônio em sociedade já existente obedecerá às disposições sobre incorporação (art. 227). § 4º. Efetivada a cisão com extinção da companhia cindida, caberá aos administradores das sociedades que tiverem absorvido parcelas do seu patrimônio promover o arquivamento e publicação dos atos da operação; na cisão com versão parcial do patrimônio, esse dever caberá aos administradores da companhia cindida e da que absorver parcela do seu patrimônio. § 5º. As ações integralizadas com parcelas de patrimônio da companhia cindida serão atribuídas a seus titulares, em substituição às extintas, na proporção das que possuíam; a atribuição em proporção diferente requer aprovação de todos os titulares, inclusive das ações sem direito a voto".

condicional, entre empresas e empresários, visando à concretização dos negócios, desde que adimplidas as condições.

Dessa forma, a *due diligence* deve ser considerada apenas como instrumento para a prática de negócios jurídicos previamente ajustados entre empresários, ou seja, por si só, não caracteriza a realização do negócio jurídico, a menos que, como sói acontecer, o empresário signatário da carta de intenção de realização do negócio já comece a se arvorar em senhor e futuro proprietário do negócio *ainda a ser adquirido* e passe a realizar verdadeiros atos empresariais em nome do seu futuro negócio. Trata-se de verdadeiro ato de precipitação.

Tivemos inúmeros casos de responsabilidade patrimonial de empresários afoitos que, durante o período da *due diligence*, ao invés de apenas fiscalizarem os negócios do seu futuro empreendimento e tomarem apontamentos sobre o que efetivamente iriam adquirir, já passaram a se comportar como verdadeiros empresários, prestando fiança pessoal ou bancária, interferindo na forma de contratar, contratando diretamente em nome do seu futuro negócio, participando dos negócios do vendedor etc. – o que demonstra a total intenção de se tornarem verdadeiros *garantes* dos negócios do seu futuro empreendimento – e, em caso de não viabilidade do negócio, responderem pelo pagamento dos débitos assumidos.

A *due diligence* é necessária para que os empresários tenham conhecimento efetivo e real das condições apresentadas pelas partes envolvidas.

Assim, se uma empresa se compromete a ser incorporada por outra, a *due diligence* se destinará a levantar o passivo da empresa a ser incorporada, o eventual ativo, qual é o parque industrial da mesma, qual é o número de funcionários existentes, os demitidos, o aprovisionamento para o caso de demissão dos funcionários, as ações trabalhistas em trâmite e em fase de execução, bem como as eventuais a serem ajuizadas, eventual passivo ambiental, passivo tributário, seu provisionamento, acordos tributários existentes, ações ajuizadas a favor e contra a empresa, os riscos advindos das demandas, levantamento de todo o patrimônio da empresa, exame detalhado dos balanços concluídos em determinado número de anos, a contar da data do início das negociações, levantamento das contas-correntes e aplicações da empresa, garantias dadas a terceiros, débitos bancários, protestos existentes etc.

Além disso, se deve observar se a consolidação dos negócios em nome de uma única empresa não afeta as normas ambientais, as normas econômicas, as diretrizes existentes nas áreas econômico-financeiras, a fim de não se tornar um único detentor do poderio econômico, prejudicando a concorrência, o que deverá ser vetado pelas agências governamentais. Logo, se duas grandes empresas concorrentes pretendem se unir para exercer o monopólio, isto deve ser impedido pelos órgãos de controle governamental, exatamente para que continue a existir a livre concorrência.

O número de diligências é infinito, de acordo com o ramo de atividade de cada empresa envolvida, devendo ser promovido amplo estudo econômico-financeiro da empresa, a fim de que não ocorram "sustos" futuros.

Em caso de fusão de empresas, as diligências devem ser realizadas pelas duas empresas – ou grupos econômicos envolvidos –, verificando detalhadamente todos os percalços em que as duas empresas ou grupos econômicos irão se envolver, a fim de verificar a viabilidade econômica do negócio a realizar.

4. Grupo econômico empresarial

Em face do constante ataque ao patrimônio das empresas por uma série infindável de motivos, que se tornaria incalculável descrever, apenas por amor ao debate, poderíamos elencar a desconsideração da personalidade jurídica, o acerto entre sócios visando a ocultar patrimônios próprios, a sonegação fiscal, os crimes em que as empresas acabam se envolvendo, por meio de seus mandatários etc. – o que levou os empresários a encontrar soluções para tais questões. Juntem-se a isso, ainda, o fato de que os negócios exigem cada vez mais especialização, descentralização, poder de comando próximo ao local onde é desempenhada a atividade econômica, as condições específicas de determinada área do negócio de uma empresa etc.

Tudo isso gerou a necessidade de fragmentação da empresa, sendo que esse fenômeno passou a ser característica específica do século XX, notadamente na sua segunda metade, com a construção de novos segmentos de uma empresa, especializados em determinado ponto do negócio como um todo, formando-se empresas unicamente para cuidar de um ponto do *business*, ganhando personalidade jurídica própria, mas intimamente ligadas ao todo.

Assim, uma empresa automobilística, agora, não mais produz o veículo desde a chapa de aço até os acabamentos de madeira de lei no painel; a empresa extrativa de minério não explode o local e vende a cal ensacada; a empresa aérea não é mais aquela que mantém a aeronave no solo e cuida do embarque de passageiros – apenas para citar alguns modelos.

A nova filosofia de empresa competitiva passa a exigir fragmentação em outras empresas, todas elas interligadas por um núcleo, evitando-se a polarização do poder num único setor, dividindo responsabilidades, metas, prejuízos e lucros, procurando evitar, com essa fragmentação, que o prejuízo seja arcado por todos quando apenas um dos negócios tenha falhado.

As chamadas empresas multinacionais desenvolveram ao longo dos tempos esse caminho de fragmentação, a fim de separar o quanto possível os riscos de diferentes atividades mercantis desempenhadas nos mais recônditos cantos deste Planeta, muitas vezes sujeitas às intempéries políticas, aos descasos com o cumprimento de contratos, ao confisco de bens e materiais, muito em moda, inclusive em pleno século XXI, onde "republiquetas" atraem investimentos estrangeiros e depois confiscam-lhes máquinas, equipamentos, tecnologia etc.

Como se pode perceber, os empresários se veem tentados a alçar voos altos para fora dos limites de seus domínios, em Países que pretensamente seguem os ditames legais, sendo que posteriormente se veem às voltas com problemas locais, gerando desconforto aos investidores.

Visando a recompor o mais rápido possível os prejuízos, compartilhar as situações de êxito e de danos, notadamente as empresas constituídas sob o regime de sociedade anônima passaram a formar grupos econômicos das mais diferentes espécies, com as formalidades exigidas por cada um dos Países em que atuam. Todas estas pessoas jurídicas distintas e isoladas daquelas de onde emanaram formam uma cápsula una e indivisível chamado de *grupo econômico*.

Esses agrupamentos econômicos podem ser constituídos de várias maneiras, sendo que a doutrina convencionou estabelecer que são eles: (a) de direito; (b) de fato; e (c) por meio de consórcio.

4.1 Dos grupos econômicos de direito

Os grupos econômicos societários de direito estão previstos no Capítulo XXI da Lei das Sociedades Anônimas e são chamadas de *holdings*, cuja caracterização está prevista no art. 265. Pelo § 1º do citado art. 265 é obrigatório que a sociedade controladora ou de comando do grupo, ou *holding*, seja brasileira, devendo exercer, de modo permanente, o controle das sociedades filiadas, como titular de direitos de sócio ou acionista, ou mediante acordo com outros sócios ou acionistas.

Como se percebe, trata-se de norma cogente, sendo que a *holding* é e será sempre aquela que determina os rumos dos negócios ou do grupo de sociedades.

Explica Modesto Carvalhosa:

As *holdings* são sociedades não operacionais que têm seu patrimônio composto de ações de outras companhias. São constituídas ou para o exercício do poder de controle ou para a participação relevante em outras companhias, visando, neste caso, a constituir coligação.[177]

A divisão interna das empresas será definida pelo grupo econômico, diante das peculiaridades do negócio.

De outro lado, somente as empresas constituídas com base nas disposições da Lei das Sociedades Anônimas é que poderão utilizar a designação "grupo de sociedades", ou apenas a palavra "grupo".

A constituição do grupo societário atentará às determinações do art. 269 da LSA, como a designação da palavra "grupo", a indicação da sociedade de comando e das filiadas, as condições de participação, prazo de duração, admissão de outras empresas no grupo societário, os órgãos de administração etc.

Aprovadas as condições da constituição do grupo econômico, este somente começará a valer após o registro nas Juntas Comerciais, nos termos do art. 271 da LSA. Importante ressaltar que o grupo econômico não tem personalidade jurídica, tratando-se, pois, de uma relação interempresarial devidamente formalizada perante a exigência da Lei das Sociedades Anônimas.

Do mesmo modo, regra geral, as empresas do grupo econômico de fato não possuem responsabilidades solidárias, sendo que cada uma responde pelas suas próprias obrigações comerciais.

No entanto, diante do crescimento dos grupos econômicos e da tentativa desenfreada de ludibriar as obrigações trabalhistas, previdenciárias e fiscais, o legislador brasileiro passou a entender que existe solidariedade entre as mesmas, conforme se vê da Consolidação das

---

177. Modesto Carvalhosa, *Comentários à Lei de Sociedades Anônimas*, cit., vol. 4, t. II, p. 14.

Leis do Trabalho/CLT, art. 2º, § 2º, na Lei da Previdência Social (Lei 8.212/1991), art. 30, IX, na Lei de Prevenção e Repressão das Infrações à Ordem Econômica (Lei 8.884/1994), art. 17, na Lei de "Lavagem" de Dinheiro e Capitais (Lei 9.613/1998), arts. 9º e 10, etc.

4.1.1 Da administração do grupo econômico de direito

A convenção que criou o grupo econômico decide, também, como será administrado o grupo, sua representatividade perante terceiros e os órgãos públicos, podendo estabelecer critérios específicos de administração e gerência, nos termos do art. 272 da LSA.

Com relação às sociedades filiadas, seus administradores devem seguir as diretrizes esboçadas pelos comandantes, sem prejuízo das atribuições ordinárias de cada empresa, devendo seguir corretamente o que for determinado, desde que, evidentemente, não importe violações da lei ou da convenção do grupo, *ex vi* do art. 273 da Lei 6.404/1976.

Significa dizer que os administradores das sociedades filiadas que compõem o grupo econômico não poderão se escusar de cumprir a lei alegando que seguiam determinações impostas pelo grupo econômico. Além disso, pouco importa que o País de origem da sociedade controladora, por exemplo, não proteja o consumidor ou permita a livre distribuição de determinados tipos de drogas, práticas vedadas no Brasil: nesse caso, a empresa aqui filiada é obrigada a cumprir as determinações do Código de Defesa do Consumidor e da Lei Antidrogas.

4.1.2 As demonstrações financeiras dos grupos econômicos de direito

A fim de se evitar confusão patrimonial, exige o art. 275 da LSA que cada uma das empresas do grupo publique seus balanços financeiros em separado, podendo seguir o modelo de "consolidação" desde que cada qual especifique sua participação tanto no ativo como no passivo, a fim de que o Fisco e os investidores tenham plena ciência da saúde financeira de cada uma das empresas filiadas.

Além disso, poderá cada um dos investidores exigir comprovação dos atos das sociedades filiadas, a fim de evitar o perecimento do seu direito, mesmo porque pode acontecer – e muitas vezes isto acontece – que determinado investidor, que não conhece os meandros do meio empresarial, invista na empresa "A" sem saber que a mesma é sujeita às políticas empresariais de uma *holding*, sendo que o eventual lucro imaginado acaba sendo repassado para esta empresa, em detrimento do investidor.

Para evitar tais situações, a LSA prevê, no art. 276 e seus §§, ação pelos sócios minoritários da sociedade filiada contra o grupo econômico e contra os administradores, nos termos do § 3º desse mesmo artigo.

4.1.3 Do Conselho Fiscal das filiadas nos grupos econômicos de direito

As sociedades filiadas poderão constituir um Conselho Fiscal permanente. Se isto não acontecer, os acionistas não controladores que representem ao menos 5% das ações ordinárias ou ações preferenciais sem direito de voto poderão pleitear sua constituição, segundo o disposto no art. 277 e seus §§ da LSA.

4.2 Dos grupos econômicos de fato

Grupos econômicos de fato são aqueles em que as sociedades são constituídas, regra geral, isoladamente, mas uma exerce poder sobre outra ou tem influência suficiente sobre os destinos da outra empresa. Os grupos de fato são empresas coligadas ou empresas controladora e controlada.

As coligadas são sociedades distintas, com comando próprio, mas umbilicalmente ligadas. O poder de comando de uma e o de outra seguem os mesmos desígnios formados por uma espécie de "comandante", mas não são "aparentemente" partes da mesma formação.

O segundo grupo econômico de fato é aquele em que se tem uma empresa controladora agindo sobre a controlada, exercendo verdadeiro poderio decisório sobre ela.

Esse poder decisório sobre os destinos da controlada pode ser direto ou indireto. No chamado controle direto a controladora tem a maioria dos votos decisivos, determinando ela mesma os destinos da controlada. O controle indireto pode ocorrer mediante a passagem de comando por meio de interpostas empresas, formando uma cadeia. Assim, se uma empresa "A" mantém uma quantidade de ações da empresa "B", de modo a determinar a forma e a maneira de agir, e esta "B" também detém uma quantidade de ações da empresa "C", e também lhe determine a forma de administrá-la, a conclusão lógica é que a empresa "A" é a controladora real da empresa "C", formando-se um grupo econômico de fato.

É preciso esclarecer que o Brasil, através da norma cogente do art. 244 da LSA, proíbe a participação recíproca entre companhias e suas coligadas ou controladoras e controladas ou entre empresas coligadas, salvo nas hipóteses específicas, a saber: (a) quando uma companhia vier a adquirir suas próprias ações, na forma do art. 30, § 1º, "b", c/c o art. 244, § 1º, da LSA; (b) no caso da constituição de uma sociedade subsidiária integral, na forma do art. 251 da LSA, gerando a chamada *sociedade unipessoal originária*, perfeitamente admitida pelo Direito Brasileiro, quando se constitui por meio de escritura pública, cujo único acionista é a sociedade constituinte.

Vale lembrar também que, em qualquer modelo em que se encaixe o grupo econômico empresarial, ficam os administradores obrigados a velar pelos interesses das companhias, sendo que os arts. 245 e 246 da LSA determinam que tanto os administradores como as companhias são obrigados a reparar os danos causados a outra companhia lesada como aos acionistas.

Dispõe o art. 246, § 1º, da LSA que partes legítimas para propor a ação são os acionistas que representem 5% ou mais do capital social ou qualquer outro acionista que preste caução em caso de derrota judicial, sendo que neste caso, *a contrario sensu*, independe do valor do capital.

Na forma do § 2º do art. 246 da LSA, a condenação da sociedade controladora obriga-a reparar o dano, arcar com as custas e pagar honorários fixados em lei, de 20%; e ainda fica obrigada a pagar um prêmio de 5% ao autor da ação, calculados sobre o valor da indenização.

4.3 Do consórcio de empresas

Diante das dificuldades da execução de determinados empreendimentos, é possível que sociedades distintas se unam para a realização de um fim comum, mediante o contrato de consórcio, onde duas ou mais empresas, pouco importando sua forma ou seu modelo societário, se comprometem a realizar determinado empreendimento. As empresas consorciadas continuam mantendo suas limitações societárias e suas qualificações, sendo que se unem, por meio do contrato de consórcio, para realizar uma atividade específica.

O consórcio pode ser de exploração de linha de ônibus, de Metrô, de trem, construção de pontes, estradas, viadutos – enfim, os mais variados tipos.

A adoção desse modelo econômico está no fato de que cada empresa mantém, em regra, sua personalidade jurídica distinta, sem a presunção de solidariedade, nos estritos termos dos contratos. Tanto assim que no caso de falência de uma das empresas consorciadas não haverá, regra geral, extensão sobre os bens da outra sociedade, a não ser que exista prova suficiente em sentido contrário. A regra é de não presunção de solidariedade. Se algum credor ou o administrador judicial, ou até mesmo o Ministério Público, desejar a extensão dos efeitos da falência para a outra empresa, é preciso demonstrar seguramente o *consilium fraudis* e o efetivo prejuízo para a comunidade de credores, nos termos do art. 130 da Lei 11.101/2005 (Lei de Recuperações de Empresa e Falências/LREF). A experiência demonstra ser muito rara tal ocorrência, já mesmo na época do Decreto-lei 7.661/1945.

As únicas hipóteses em que existe a presunção de solidariedade dizem respeito às relações consumeristas, nos termos dos arts. 28, § 3º, da Lei 8.078/1990 (Código de Defesa do Consumidor) e art. 33, V, da Lei 8.666/1993 (Lei de Licitações), eis que nestas duas situações as leis especiais expressamente deixaram patente a solidariedade.

Porém, para valer tal presunção de não solidariedade é preciso que o consórcio entre empresas se constitua legalmente, ou seja, que tenha sido aprovado pelos órgãos deliberativos das sociedades consorciadas, que exista definição do tipo de consórcio a que se refere, duração do prazo do consórcio, definição das obrigações e deveres de cada empresa consorciada, normas de recebimento de receitas e pagamento das despesas etc.

Tudo isso, evidentemente, deverá ser registrado na Junta Comercial do lugar da sede do consórcio e anotado nos registros das empresas participantes, também na Junta Comercial, a fim de que terceiros tenham conhecimento, quando vierem a contratar com uma das empresas consorciadas, de que a mesma mantém negociações consorciais com terceiros.

5. Da *"offshore"*

Primeiro é mister que se diga: não é crime manter uma *offshore*. Sua utilização indevida é que pode caracterizar tanto crime quanto qualquer outro ilícito de natureza civil, trabalhista, tributária, empresarial etc.

Em processo em que fomos chamados da dar nosso parecer, como membro do Ministério Público, foi exatamente isto que escrevi e que causou certo mal-estar numa pessoa pouca afeita à matéria e, ainda, imbuída de grande má-fé, apoiada por um juiz mal-intencionado, que representou junto ao Ministério Público paulista para esclarecer a situação.[178]

---

178. O Ministério Público paulista não só arquivou a infame representação, como elogiou nossa atuação.

Talvez se tivessem tido o trabalho de consultar Manuel Poirier Braz (se é que conhecem tal pessoa...) recolheriam a seguinte colocação:

> A maioria das pessoas que lê jornais e assiste aos noticiários da televisão sobre grandes escândalos políticos e empresariais é levada a fazer uma ideia errónea acerca das sociedades *offshore* e dos "paraísos fiscais". Na verdade, as *offshore* são empresas legalmente constituídas, apenas fora do limite territorial das suas sedes ou do domicílio dos respectivos interessados, registadas de forma juridicamente correcta, em zonas ou Países que conferem privilégios, situados em vários locais do Globo.[179]

A *offshore* é uma empresa que é *estabelecida* num País mas possui toda sua *atividade* e sua *organização* em outro País – ou seja: a *offshore* está domiciliada em País distinto daquele em que efetivamente atua.

No País onde mantém sua sede goza de uma série de vantagens fiscais e jurídicas, que são mais atrativas para a *offshore*, diferentemente daquele País onde efetivamente produz e gera riquezas. Dito de outro modo: a *offshore* é uma empresa que opera sempre fora de sua base territorial. São empresas não residentes.

Assim, a *offshore* tem movimentação financeira em um País, geralmente conhecido como "paraíso fiscal" ou, como costumam dizer, "zona franca", porém efetivamente trabalha e produz em outro País, onde, invariavelmente, há grande incidência de impostos e taxas (tributos, em geral) que inviabilizam a manutenção da movimentação financeira.

Outra característica das *offshore* é que geralmente estão isentas do pagamento de quaisquer tributos, ou o mesmo é quase irrisório. Apenas para se ter uma noção do que se passa, no Uruguai havia companhias *offshore* todas instituídas por meio de sociedades anônimas, intituladas *Sociedades Anônimas Financeiras Internacionais/SAFIs*, que tinham a obrigação de pagar apenas um imposto único no valor de 0,3% sobre o patrimônio declarado pela empresa, nos termos da Lei 11.073, de 24.6.1948, estando isentas de quaisquer outros tributos, inclusive o imposto sobre lucros ou benefícios – o que não deixava de ser um belo atrativo para os empresários, que não suportavam uma carga elevadíssima de impostos, como no Brasil.

Outra característica das então *offshore* uruguaias era que as SAFIs se constituíam com capital equivalente a 40.000 Dólares americanos em qualquer moeda (Dólar, Real, Peso etc.), com um mínimo de 5% de in-

---

179. Manuel Poirier Braz, *Sociedades "Offshore" e Paraísos Fiscais*, p. 7.

tegralização. No entanto, no caso do Uruguai não era sempre necessária tal integralização imediata para abrir uma *offshore*.

Porém, o Governo Uruguaio decretou a impossibilidade de sua instituição, restando apenas ad já existentes, que não mudaram suas características até hoje, fadadas ao ostracismo.

5.1 Características principais da "offshore"

O que leva os brasileiros a procurar refúgio nos "paraísos fiscais" é que a *offshore* goza de uma série interminável de benefícios concedidos nesses locais, podendo se caracterizar das mais variadas formas, sem que se possa dizer que se trate de algo ilícito ou pecaminoso. Não, não é isso, mas pela facilidade encontrada nos "paraísos fiscais" é que muita gente prefere movimentar dinheiro, deixar bens em nome de empresas *offshore*, a fim de fugir das grandes imposições tributárias do Brasil.

Podemos listar as principais características das *offshore* como sendo:

(a) *Abertura rápida e fácil*, nos "paraísos fiscais". Sim, no mais das vezes as *offshore* são abertas rapidamente pelos interessados, independentemente de grandes formalidades, o que leva os interessados a procurar esses locais para a movimentação de seus bens e valores, ainda mais contando com o benefício da baixíssima tributação, aliado à rapidez e à pequena incidência tributária, o que não deixa de ser muito bom para quem não pretende bancar os gastos de governos gastadores inveterados.

(b) *Transferência da propriedade* também rápida e fácil, pois o interessado em adquirir uma empresa *offshore* tem apenas a necessidade de comparecer ao País onde ela está "instalada" para fazer a transferência da propriedade da empresa, o que no mais das vezes é feito por meio de procuradores constituídos nos Países originários, tudo traduzido para a língua de origem do "paraíso fiscal", quando não é a mesma língua utilizada em ambos os países (*v.g.* espanhol para Panamá e Argentina).

(c) *Isenção de impostos*, que é o atrativo primordial das *offshore*, vez que a isenção dos impostos ou sua baixíssima incidência são fatores sempre levados em consideração por empresários, artistas, atletas, construtoras etc., para que a empresa despenda o mínimo valor necessário com tributos. A grande justificativa para a criação de uma *offshore* é exatamente essa. A alta incidência de tributos faz com que aqueles que querem pagar se sintam de alguma forma compensados pelo pagamento do tributo em outro País com valores menos agressivos. Isso gera uma tentativa do País de origem do tributo de coibir esse tipo de atividade, aumentando os encargos sobre os produtos produzidos e sua circulação, gerando mais fuga através das *off shores*, o que acaba se tornando um círculo vicioso.

(d) *A contabilização nem sempre é necessária* nos "paraísos fiscais". Outro ponto de interesse na circulação dos valores pelos "paraísos fiscais" é exatamente esse: a confiança nas declarações feitas pelos empresários, artistas, atletas etc. Como os valores são mínimos, não há motivo razoável para a sonegação, o que gera a certeza de que o tributo, mínimo que seja, será efetivamente destinado pelo governo ao seu povo (não que não existam desvios, mas estes são severamente punidos). O grande mote dos "paraísos fiscais" está no fato de que a confiança na contabilização é total. Como a *offshore* deixa apenas os valores em moeda estrangeira ou nacional depositados, a confiança nos números expressos é total, e não há conferência ou dúvida sobre o que foi ali deixado, mesmo porque o pequeno tributo incidente é sobre o total ali deixado.

Geralmente – para não se dizer sempre – os impostos devidos ao Fisco são fixos, infinitamente menores que em outros Países.

5.2 Constituição em "paraísos fiscais"

Lembra Manuel Poirier Braz que os "paraísos fiscais" são locais em que se isentam certos fatos que normalmente seriam tributados nos Países de origem, ou a cobrança de tributos é extremamente baixa. E esclarece:

> Todos esses territórios ainda têm em comum: legislação para constituição de sociedades e financeira flexível, sigilo bancário e profissional quase sempre muito rígido, sistemas financeiros e de comunicação eficientes e estabilidade política e social.[180]

Para se instalar em um "paraíso fiscal" é sempre necessário verificar o prazo de instalação. Por vezes pode demorar até três meses, de acordo com as leis do "paraíso fiscal", o que acaba se tornando inviável do ponto de vista empresarial-financeiro. Assim, quem pretende remeter valores de forma adequada a um "paraíso fiscal" tem que conhecer, primeiro, qual é o prazo de instalação de uma *offshore* nesse local.

No momento da instalação da *offshore* é nomeada uma diretoria, e já passa a ter condições operacionais imediatamente, podendo fazer o

---

180. Manuel Poirier Braz, *Sociedades "Offshore" e Paraísos Fiscais*, cit., p. 8.

primeiro depósito no "paraíso fiscal" e, ainda, fazer deliberações imediatas.

Há sempre que se ter um *cuidado especial* quando se tratar de *aquisição* de *offshore* já instalada, ou seja: ao invés de instalar uma, prefere o interessado simplesmente fazer uma transferência de quotas sociais – que no caso do Uruguai se dá por meio de transferência de ações, pois são todas sociedades anônimas. É sempre preciso verificar com antecedência se existem pendências ou ações contra a *offshore* e seus diretores. Devem ser consultados os órgãos públicos adequados, inclusive aqueles em nome dos quais está instalada a *offshore*.

Pode acontecer de um empresário *apressado* adquirir ações de uma *offshore* instalada num "paraíso fiscal", cujos proprietários têm contra si dezenas de processos, das mais variadas espécies, nos Países originários desses "atuais" proprietários da empresa *offshore*; é claro que haverá a transferência da responsabilidade também para o adquirente. Disso resulta clara a responsabilidade do empresário apressado. Se o processo é no Brasil, por exemplo, responde por inteiro por dívidas tributárias e trabalhistas, bem como poderá ter declarada contra si a desconsideração da personalidade jurídica e atingidos bens pessoais.

É comum o empresário ter "pressa" para a abertura de *offshore* para fazer "operações". Nesse caso, devido à sua "pressa", simplesmente opta pela "compra" de *offshore* já instalada. A "compra" da *offshore* se dá pela transferência das ações – que podem ser nominativas ou ao portador, geralmente denominadas de *cautelas*. As *cautelas* provam a propriedade da *offshore*, sendo que nos "paraísos fiscais" aquele que detém as cautelas é considerado o proprietário da *offshore*, e não há discussão alguma sobre as mesmas.

5.3 A "offshore" e a escolha do "paraíso fiscal"

É preciso relembrar que o fato de que manter bens em uma *offshore* não é ilícito ou imoral. Trata-se de opção do interessado, que vê, no mais das vezes, a possibilidade de pagamento a menor de tributos. O fato de preferir esconder bens pode caracterizar eventual ilícito civil ou penal, como no caso do Brasil, que pune o fato de não declarar ao Fisco a existência e a movimentação de valores em outros Países.

Nos Estados Unidos, por exemplo, sempre é dada anistia para que os americanos declarem e repatriem valores deixados nos "paraísos fiscais", visando a evitar que tais valores fujam do controle estatal americano.

Porém, se é opção do interessado deixar valores em "paraísos fiscais", deve tomar as seguintes cautelas, antes de agir, inteirando-se do seguinte:

(a) *Verificação da tributação*, a fim de saber se efetivamente se trata de um bom negócio manter valores neste ou naquele "paraíso fiscal".

(b) *Estabilidade Política*, pois é necessário que o "paraíso fiscal" seja seguro, avesso a confrontações, guerras, distúrbios e comoções intestinas, o que gera enorme dificuldade para o livre trânsito tanto dos valores como das pessoas encarregadas da sua manipulação.

(c) *Liberdade cambial*, caracterizada pela livre disposição das moedas no "paraíso fiscal" e seu trânsito sem restrições, o que facilita a transferência dos Países de origem para o local.

(d) *Sigilo bancário*, a falta de identificação dos depositantes e seus valores faz com que aquele que não deseja ser conhecido no País de origem tenha sua identidade preservada, limitando-se o Erário local a cobrar o *valor declarado* pelo depositante, caminhando para a completa confiança nas palavras.

(e) *Sigilo fiscal*, que é uma particularidade das empresas *offshore*, evitando, com isso, que o Fisco local invada a privacidade daquele que deposita valores nos cofres dos "paraísos fiscais". A isenção de tributos ou seu reduzido valor já são um estímulo, e, somados à confidencialidade, fazem com que se torne viável o "paraíso fiscal", em detrimento do País de origem.

(f) *Quais os tipos de ações das companhias "offshore"*, pois o interessado deve conhecer como trabalha o "paraíso fiscal", a fim de saber se há segurança maior ou menor e como deverá agir para provar sua propriedade. As ações são divididas em *ações ao portador* ou *ações nominativas*. Como se sabe, ações ao portador são aquelas que não trazem o nome do proprietário expresso, sendo transmissíveis pela via do *tradens*; as nominativas são transmissíveis por meio de endosso.

Lembra Manuel Poirier Braz como deve ser a escolha da *offshore*, de acordo com o interesse comercial:

> Assim, recorre-se ao Panamá ou à Libéria, para o desenvolvimento da Marinha Mercante; ao Luxemburgo ou à Holanda, por via do regime especialmente favorável das sociedades *holding* e da colocação de empréstimos externos; ao Liechtenstein, pelas vantagens que oferecem as suas sociedades, fundações e *Anstalten* à organização das fortunas privadas; à Suíça, pelos níveis baixos de tributação e pelo sigilo bancário; e

ao Uruguai, pela liberdade cambial sem restrições, abrangendo moedas inconvertíveis, e pelo sigilo bancário.[181]

Porém, o que acontece é que geralmente os "paraísos fiscais" acabam por sofrer represálias econômicas ou políticas de outros Países, com pressão para modificarem sua legislação. Exemplo próximo ao Brasil ocorreu no Uruguai, que sempre foi considerado um dos preferidos da América do Sul, sendo que na época da vigência da Lei 11.073, de 24.6.1948, havia as denominadas SAFIs, que acabaram por sucumbir, com a revogação da citada lei.

No entanto, mesmo deixando de ser permitida a criação de novas SAFIs, é interessante anotar que as mesmas ainda existem, merecendo, pelo menos, algumas considerações, eis que há diversas empresas brasileiras constituídas com sócios uruguaios, principalmente as SAFIs, que constam de milhares de contratos sociais brasileiros.

Quanto maior a carga fiscal existente em certos Países, maior é o interesse de empresas e pessoas físicas de fazer investimentos no Exterior, atraídos por inúmeros fatores, tais como: moedas fortes, estabilidade econômica e política, isenções fiscais ou impostos reduzidos sobre os rendimentos, segurança, sigilo e privacidade nos negócios, liberdade de câmbio, economia de custos administrativos e eventual acesso a determinados tipos de financiamento internacional a juros baixos.

Essas zonas privilegiadas existem em várias partes do globo, e alguns entusiastas chegam a falar delas como *tax havens* ou "paraísos fiscais". E para as sociedades comerciais constituídas nessas "zonas livres" convencionou-se dar o nome inglês de *offshore companies*. *Offshore* aplica-se à sociedade que está fora das fronteiras de um País.

Assim, a *offshore company* é entidade situada no Exterior, sujeita a regime legal diferente, "extraterritorial" em relação ao País de domicílio de seus associados. Mas a expressão é aplicada mais especificamente a sociedades constituídas em "paraísos fiscais", onde gozam de privilégios tributários (impostos reduzidos ou até mesmo isenção de impostos). E isso só se tornou possível quando alguns Países adotaram a política da isenção fiscal para atrair investimentos e capitais estrangeiros. Na América Latina, o Uruguai é um exemplo típico dessa política.

No Uruguai são conhecidas as SAFIs, prontas para serem compradas. Nos Estados Unidos temos as *Limited Liability Companies*/LLCs e as *Limited Partnerships*/LPs, constituídas nos Estados de Delaware e

---

181. Manuel Poirier Braz, *Sociedades "Offshore" e Paraísos Fiscais*, cit., p. 7.

Nevada, que podem operar como *offshore companies*, com benefícios fiscais, desde que só façam negócios no Exterior.

São "zonas privilegiadas", conhecidas como *tax havens* ou "paraísos fiscais", que se convencionou chamar de *offshore companies*.

Pessoas físicas de alta renda formam frequentemente empresas *holding* pessoais ou familiares visando a administrar investimentos feitos.

Essas *holdings* pessoais proporcionam sigilo, privacidade e segurança de que não desfrutariam no País de origem, e muitas vezes ainda permitem economizar Imposto de Renda, dependendo do lugar onde são pagos os rendimentos. Nos pagamentos de dividendos a redução do nível de impostos retidos na fonte pode ser obtida pela utilização de uma companhia constituída em jurisdição de imposto nulo.

As *holdings offshore* ainda são muito usadas para adquirir e vender patrimônio pessoal, fazer aplicações financeiras e outros negócios particulares, além de permitir a transmissão de heranças sem os custos, discussões e demoras inerentes a um inventário.

6. "Trust"

Originado na Inglaterra, por volta do século XI, e ainda em plena vigência nos Países anglo-saxões, no entanto, é muito pouco difundido nos Países latinos e em outros Continentes, somente se tendo conhecimento de sua existência quando o mesmo passa a ser alvo de diversas investigações, visando a conhecer o verdadeiro autor de eventual delito, geralmente envolvendo grandes somas de dinheiro de origem criminosa.

Por tal razão, entendemos necessário descrevê-lo e conhecer sua engenharia, a fim de que o estudioso de direito empresarial não seja tomado de surpresa quando indagado sobre o que é e como funciona o *trust*.

O *trust* possui uma organização gerencial (*management organization*) com roupagem jurídica díspar das pessoas que a compõem, e passa a ser tratado como um ente diverso daqueles que o criaram e o constituíram.

A História registra que na segunda metade do século XIX e início dos anos 1900, notadamente nos Estados Unidos da América do Norte, os grandes impérios monopolísticos de Vanderbilt, Rockfeller, Carnegie, J. P. Morgan, Ford, geraram a necessidade do Governo Estadunidense de intervir nos mesmos, criando os crimes de *trust*, principalmente a partir de Theodore Roosevelt, ferrenho combatente dos monopólios americanos, em face da enorme concentração de riqueza nas mãos de uns e da pobreza de milhões.

Definindo, haverá o *trust* quando uma pessoa (*settlor*[182] ou *grantor*) transfere seu patrimônio (*trust fund*), total ou parcialmente, para um terceiro – que poderá ser pessoa física ou jurídica (*trustee*) –, com a incumbência de o gerir e administrar e distribuir os lucros e dividendos de acordo com as determinações impostas pelo *settlor*.

Difere do *fideicomisso*, pois aqui é legado nos termos dos arts. 1.951 *usque* 1.960 do CC brasileiro, ao passo que o *trust* não é contemplado na legislação brasileira.

De todos os modelos empresariais existentes ao derredor do mundo, cremos que o *trust* é aquele em que a possibilidade de real punição dos culpados, quando se objetiva atingir a pessoa jurídica, é o que menos inspira certeza na sua efetiva realização.

Isto ocorre porque, baseando-se o *trust* numa confiança entre as partes, o instituidor do *trust* (*settlor*) não aparecerá nas transações encetadas pelo *trustee*, eis que, pela sua própria natureza, nada mais é que o cumpridor de ordens emanadas do contratante (*settlor*), podendo o emissor das ordens do instituidor realizá-las em seu nome, sem que jamais apareça o verdadeiro autor de um crime e seu mentor intelectual.

Se o *trustee* resolver montar uma empresa em qualquer parte do mundo – independentemente do modelo societário que escolher –, a eventual punição da pessoa jurídica alcançará exclusivamente o cumpridor das ordens do *settlor*, sendo que a punição, destarte, será meramente formal, equidistante dos altos interesses sociais e dogmáticos tidos em mente para a punição dos efetivos autores dos delitos.

Por negociar em seu próprio nome, o *trustee* aparece diretamente nos negócios da empresa – que poderá ser criada exclusivamente para o fim de praticar crimes, *v.g.* –, e eventual condenação criminal, inclusive pelo concurso de pessoas, atingirá somente sua pessoa, isentando-se por completo o instituidor do *trust*, mesmo porque, em regra, ele não teria cometido qualquer delito, podendo até alegar que o *trustee* agiu com excesso de mandato, e, portanto, sendo responsabilizado exclusivamente, civil e criminalmente.

Destarte, para a perfeita equalização da busca dos verdadeiros autores dos delitos em caso de um *trust* só resta perseguir detalhadamente os meandros da possível ocorrência do mesmo, eis que não existirá prova abundante de sua ocorrência, como sói acontecer com os tipos societários ordinários, mesmo porque a característica principal do *trust* é exatamente a de esconder ao máximo sua existência.

182. *Settlor* – pessoa que entrega ou transfere seus bens para terceiro gerir.

Dentre as empresas criminosas, no mais das vezes constituídas exclusivamente para a prática de crimes, a escolha pela movimentação de dinheiro é baseada no modelo do *trust*, sendo que os "proprietários" dessas empresas são apenas "homens de palha" ou "laranjas" encarregados de cumprir as ordens emanadas dos seus superiores. E a eventual punição dos membros de um *trust* também se afigura meramente formal, eis que sempre será preciso encontrar os verdadeiros autores dos delitos, mesmo porque a punição representará somente a perda de uma unidade de um esquema criminoso – que, como uma bactéria, imediatamente se reunirá para a constituição de novo modelo empresarial criminoso.

Em decorrência dessa característica principal, fácil concluir que o descortinamento da pessoa jurídica se revela imprescindível para a busca dos verdadeiros e reais autores dos delitos quando imputados à pessoa moral. A produção das provas da ocorrência do *trust* é deveras problemática, posto que tanto o *settlor* quanto o *trustee* mantêm, no mais das vezes, contrato firmado (*trust agreement* ou *trust deed & memorandum of wishes*) para a não delação da sua existência, constituindo pacto secreto entre ambos, mediante remuneração, agindo o comissionário em seu próprio nome e sob sua rubrica exclusiva, sem que ninguém tenha conhecimento da existência do pacto anterior.

Dito isto, somente é possível descobrir exatamente as pessoas envolvidas no *trust* quando existirem *deslizes* praticados por uma ou outra parte, como documentos trocados entre elas, *e-mails*, mensagens, telefonemas etc.

Não se pode examinar o *trust* com a mesma cautela com que examinam outros delitos empresariais, eis que neste tipo de contrato, especificamente, haverá de prevalecer a prova indiciária da existência do contrato. Lembrando que a prova de qualquer contrato pode ser feita por meio de indícios suficientes, como se vê do art. 239 do CPP.

É com base nos *deslizes* de uma ou outra parte do *trust* que se consegue descobrir a ocorrência de eventuais crimes precedentes. Mesmo porque os participantes do *trust* adotam o segredo como forma de acobertar sua ocorrência, e sua própria constituição é cercada de sigilo.

Até o momento estamos nos referindo ao *trust* legalmente aceito pela legislação inglesa e amplamente difundido nas suas Colônias, sendo que outras pessoas jurídicas podem utilizar o "modelo" do *trust* para práticas delinquentes, como veremos a seguir.

Por isso, nos Estados Unidos da América o conceito de "organização" ou "associação" acabou por ser estabelecido por uma norma federal, a *U. S. Federal Sentencing Guidelines Manual* (18 U.S.C.S. Appx, § 8A1.1 (205)), cujos termos incluem as corporações, parceiros, associações, *joint-stock companies*, uniões, *trusts*, fundos de pensão, organizações não governamentais/ONGs – entre outros. Tudo isso para evitar a ocorrência de crimes de *money laundry*.

Ao longo do tempo pudemos observar que as *organizações criminosas* seguem exatamente o modelo do *trust* do Direito Inglês, criando empresas de fachada para a "lavagem" de capitais ou de ativos financeiros. Nos mais diversos países encontramos pessoas jurídicas nitidamente criminosas, envolvidas com os mais diversos setores da vida social, como se fossem empresas constituídas para e por meios lícitos, quando não o são.

No entanto, curioso é convir que os Países não estão imunes e não criaram mecanismos seguros de combate às pessoas jurídicas encarregadas da prática de crimes, embora as legislações de diversos Países prevejam sanções somente quando estiverem as mesmas envolvidas em delitos, produzindo uma série de práticas criminosas, inclusive o terrorismo, que assola a todos.

Apenas para ter uma ideia, nas Ilhas Virgens Britânicas, para uma população de 16.000 habitantes, aproximadamente, há mais de 87.000 empresas *offshore* ali instaladas.

Do mesmo modo, no caso do *trust* inglês, se não se conhecer os termos dos contratos ou se não se conseguir identificar os verdadeiros parceiros comerciais ou pessoas designadas, também não se terá condições de punir severamente os reais autores dos crimes praticados quer pelas pessoas físicas, quer pelas pessoas jurídicas criminosas, posto que estas são utilizadas pelos verdadeiros mandantes para tais fins ilícitos, sem que apareçam nas cenas criminosas.

6.1 A operacionalização do "trust"

Como já asseveramos, primeiramente há planejamento, distribuição e administração eficiente de ativos dos Países que se baseiam no sistema legal *anglo-saxão*, ou seja, o *trust fund*, que é aquele que tem a propriedade legal dos ativos. No mesmo momento nomeia-se o *trustee*, que é a pessoa física ou jurídica responsável pela administração, etc.

O contrato de *trust agreement* ou *trust deed and memorandum of wishes* passa a ser o contrato celebrado entre o *settlor* ou *grantor* e o *trustee*. Trata-se de contrato confidencial, não é registrado, e pode ser *revogável* ou *irrevogável*, de acordo com a vontade do *settlor*.

É preciso que o *settlor* nomeie o beneficiário do *trust*, podendo ser ele próprio, se assim o desejar, ou terceiro, que nem sequer precisa saber da existência desse contrato. O *trustee* tem poder de decisão sobre a destinação final do *trust agreement*. No mais das vezes o valor mínimo de ativos estipulados é de 1,0 milhão de Dólares.

Assinado o *trust agreement*, o *settlor* deixa de ser o proprietário legal dos ativos (bens). Por isso, deve ser previsto se é revogável e devem ser bem estabelecidos os poderes do *trustee*, podendo ser prevista a distribuição após a morte do *settlor* ou *grantor*.

No *trust agreement* não é preciso autorização judicial para distribuição dos ativos aos beneficiários.

A aproximação das partes se dá por um contrato prévio, mediante carta de intenções (*memorandum of wishes*).

Além disso, em face de sua natureza altamente secreta, deve prever demissão, indenização, compensação etc. dos *trustes* em face da possibilidade de acionamento judicial, bem como a necessidade de prestação de contas e apresentação de balanços financeiros das atividades, assim como a necessidade de pronta aplicação de recursos em caso de necessidades prementes do *settlor* ou de seus dependentes.

Embora de natureza inglesa, é preciso que se escolha entre a aplicação da legislação inglesa ou, ainda, a de uma legislação internacional.

Pela lei inglesa, o *trust* corresponde a uma doação feita pela pessoa física. Sem tributo.

7. A desconsideração da personalidade jurídica da empresa

Ao longo da exposição sobre a empresa e seus sócios e sobre os sócios individuais e outras situações próprias da sociedade, acabamos por nos referir a mais de uma situação em que a pessoa jurídica poderá ser desconsiderada, visando a atingir o patrimônio pessoal de outra pessoa jurídica ou até mesmo os bens particulares dos sócios, individualmente considerados.

Trata-se do instituto da *desconsideração da personalidade jurídica*, inicialmente prevista nos arts. 16 e 20 do CC de 1916, sendo que atualmente o tema se encontra no art. 50 do CC/2002, quando cuida da constituição e da representação das pessoas jurídicas de direito privado, demonstrando a distinção entre o patrimônio particular e o patrimônio da sociedade civil ou comercial.

Há que se lembrar, inicialmente, que a pessoa física e a pessoa jurídica têm personalidade jurídica e patrimônio distintos, sendo que o Direito anterior já consagrava no § 2º do art. 20 do CC/1916, nestes termos:

> Art. 20. As pessoas jurídicas têm existência distinta da dos seus membros. (...). § 2º. As sociedades enumeradas no art. 16, que, por falta de autorização ou de registro, se não reputarem pessoas jurídicas, não poderão acionar a seus membros, nem a terceiros; mas estes poderão responsabilizá-las por todos os seus atos.

O Código Civil/2002 foi mais taxativo e imperioso, fixando outras situações e outras regras para a desconsideração da personalidade jurídica, nestes termos:

> Art. 50. Em caso de abuso da personalidade jurídica, caracterizado pelo desvio de finalidade, ou pela confusão patrimonial, pode o juiz decidir, a requerimento da parte, ou do Ministério Público quando lhe couber intervir no processo, que os efeitos de certas e determinadas relações de obrigações sejam estendidos aos bens particulares dos administradores ou sócios da pessoa jurídica.

Darcy Arruda Miranda Jr., ao tratar da desconsideração da pessoa jurídica, assim nos ensinava:

> O Código Civil brasileiro dispõe que são pessoas jurídicas de direito privado, entre outras, as sociedades mercantis, e que a sua existência legal começa com o arquivamento dos respectivos atos constitutivos na Junta Comercial, com prévia autorização do Governo Federal quando necessária. E segundo ainda o mesmo diploma legal as pessoas jurídicas têm existência distinta da de seus membros, preceito, esse, que tem permitido, nas sociedades de responsabilidade limitada – e não tão incomumente como seria desejável –, o desvirtuamento da pessoa jurídica, pela sua utilização para dar aparente legalidade a objetivos não autorizados pelo Direito, burlando sócios minoritários, credores e, mais frequentemente, a Fazenda Pública.[183]

Tem-se desconsiderado a personalidade jurídica sempre que se depara com procedimento fraudador ou pelo desvio de finalidade da pessoa jurídica, especialmente quando há o ferimento de direitos dos credores, tanto em relação ao sócio da pessoa jurídica como com relação à pessoa jurídica em face do seu sócio.

183. Darcy Arruda Miranda Jr., *Curso de Direito Comercial*, vol. II (*Sociedades Comerciais*), p. 15.

É a aplicação da chamada *disregard of legal entity*, advinda do Direito Anglo-Saxão – ou seja, a desconsideração da personalidade jurídica –, pois a separação entre as personalidades jurídicas dos sócios e da sociedade, bem como dessas entre si, somente pode ser considerada quanto essas personalidades não são utilizadas para fins ilícitos.

A desconsideração da personalidade jurídica sempre foi alvo de apaixonantes debates, principalmente quando se viu a conferência proferida pelo professor Rubens Requião na Faculdade de Direito da Universidade Federal do Paraná sobre o tema "Abuso de direito e fraude através da personalidade jurídica", inserta na *RT* 410/12-24.

Sérgio Campinho afirma que a desconsideração da personalidade jurídica

> representa uma salvaguarda dos interesses de terceiros contra fraudes e ilícitos praticados por via da utilização indevida da autonomia de personalidade da sociedade em relação à de seus sócios.[184]

Caio Mário da Silva Pereira ensinava:

> A denominada *disregard doctrine* significa, na essência, que em determinada situação fática a Justiça despreza ou "desconsidera" a pessoa jurídica, visando a restaurar uma situação em que chama à responsabilidade e impõe punição a uma pessoa física, que seria o autêntico obrigado ou o verdadeiro responsável, em face da lei ou do contrato.[185]

Dentro dessa linha de raciocínio, surgiram novas posições doutrinárias e jurisprudenciais,[186] que vieram marcando época, posteriormente, sendo que o tema ganhou notoriedade e é hoje amplamente debatido.

Apenas para se ter uma noção da extensão do tema, um antigo acórdão do TJSP, dos anos 1950, retrata bem a situação da pessoa jurídica e a necessidade de sua desconsideração, *in verbis*:

> Hoje em dia, a atividade comercial gira quase sempre em firmas coletivas. Há pessoas físicas que têm todo seu patrimônio envolvido em diversas firmas. Individualmente nada possuem. Em obrigações assumidas em nome individual, estariam os credores em inferioridade patente se se isolassem da garantia das obrigações assumidas quer os bens, quer

---

184. Sérgio Campinho, *Falência e Recuperação de Empresa*, 6ª ed., p. 211.
185. Caio Mário da Silva Pereira, *Instituições de Direito Civil*, 22ª ed., vol. 1, p. 297.
186. Cf. *RT* 387/138.

as atividades do devedor associado a firmas. Como ficção útil da lei, a personalidade coletiva não pode isolar-se da personalidade dos que a compõem, sob pena de fugir-se à realidade, mormente na época que atravessamos, em que raras são as empresas comerciais ou industriais em nome individual. A assertiva de que a pessoa da sociedade coletiva não se confunde com a pessoa dos sócios é um princípio jurídico, mas não pode ser um tabu, a entravar a própria ação do Estado, na realização de perfeita e boa justiça, que outra não é a atitude do juiz procurando esclarecer os fatos para ajustá-los ao Direto. Estas considerações encontram apoio em Cunha Gonçalves (*Tratados*, p. 747, vol. I).[187]

Lembremos que nessa época ainda não havia a consolidação da teorização da despersonalização da pessoa jurídica, sendo que os tribunais e a doutrina foram aos poucos desvendando os imbróglios jurídicos formados pelas sociedades, retirando os verdadeiros "biombos" que se formavam, para atingir o patrimônio pessoal dos verdadeiros autores dos fatos considerados lesivos ao patrimônio público e ao patrimônio de terceiros, sendo que o instituto passou a evoluir para os vários ramos do Direito.

João Cassillo lembrava a importação do instituto, nestes termos:

A jurisprudência americana em inúmeros casos tem entendido também que a personalidade jurídica de uma empresa pode ser desconsiderada para que se exija o cumprimento de obrigações por outra pessoa jurídica formalmente distinta, mas de tal modo ligadas uma à outra, que chegam a se identificar no mundo fático. Normalmente são situações onde uma pessoa jurídica controla o capital da outra, ou o de ambas é exageradamente controlado por uma só pessoa. As diretorias e administrações se confundem e os negócios são de tal forma entrelaçados, que se torna difícil a distinção do que interessa a quem.[188]

Em verdade, há uma discussão doutrinária sobre a origem do instituto, tanto assim que se cita o caso ocorrido no Direito Inglês envolvendo "Salomon *versus* Salomon & Cia.", julgado pela *House of Lords* em 1897, como o pioneiro exemplo de desconsideração da personalidade jurídica.

No entanto, parece-nos que a razão se encontra com aqueles que abraçam o caso "State *versus* Standard Oil Co.", julgado pela Suprema

---

187. TJSP, ACi 9.247, de São Paulo, rel. Des. Edgard de Moura Bitencourt (pres.), j. 11.4.1955, *RT* 238/393.
188. João Cassilo, "Desconsideração da pessoa jurídica", *RT* 528/25-37.

Corte do Estado de Ohio, nos Estados Unidos da América, em 1892, como o primeiro caso de desconsideração da personalidade jurídica.

Lembra, de outro lado, Ruy Junqueira de Freitas Camargo que

> a ficção de personalidade jurídica das sociedades comerciais não pode constituir obstáculo à realidade que tem que ser apurada, para a Justiça poder completar a sua alta missão de apurar devidamente os fatos.[189]

Podemos afirmar que atualmente no Direito Brasileiro há duas teorias acerca da desconsideração da personalidade jurídica. A primeira estabelece que o afastamento da autonomia patrimonial da pessoa jurídica está condicionado à caracterização da manipulação fraudulenta ou abusiva do instituto, enquanto a segunda teoria afirma o afastamento do princípio da autonomia da empresa à simples insatisfação de crédito perante a sociedade, desde que a sociedade não possui patrimônio, enquanto o sócio é solvente. Assim, esta constatação é suficiente para responsabilizá-lo por obrigações da sua empresa, inadimplente e/ou insolvente.

A jurisprudência brasileira acabou por se fixar à primeira teoria, limitando-a ao fato de que é ela excepcional e necessária à repressão às fraudes e à coibição do mau uso da forma da pessoa jurídica, mediante prova robusta em ação judicial constituída para esse fim, não se podendo banalizar o instituto.

Assim entende também Elpídio Donizetti, *in verbis*:

> A desconsideração da personalidade jurídica constitui instituto excepcional, uma vez que o ordinário é a preservação da personalidade jurídica e da responsabilidade civil da sociedade que firmou o negócio jurídico. E, conforme lição de Malatesta, "o ordinário se presume e o extraordinário se prova". Assim, no que respeita à eventual fraude atribuível ao sócio por meio da desconsideração da personalidade jurídica, indispensável é a propositura de ação judicial própria. Essa opinião é corroborada por Fábio Ulhoa Coelho, para quem "o juiz não pode desconsiderar a separação entre a pessoa jurídica e seus integrantes senão por meio de ação judicial própria, de caráter cognitivo, movida pelo credor da sociedade contra os sócios ou seus controladores. Nessa ação, o credor deverá demonstrar a presença do pressuposto fraudulento".
> Assim, a responsabilidade patrimonial do sócio, decorrente da violação do contrato ou de gestão abusiva, dependerá de ação judicial própria para que seja comprovada a fraude, ou, no mínimo, a oportunidade de contraditório no próprio processo de execução, antes da efetivação da

---

189. Ruy Junqueira de Freitas Camargo, in *Justitia* 84/398.

penhora. O que não se admite é a constrição judicial de bens do sócio sem qualquer possibilidade de defesa, ao singelo fundamento de que esse poderá opor embargos de terceiro.[190]

Assim, colocadas as situações iniciais da teorização da *disregard doctrine*, o fato é que nosso Direito acabou por passar por um processo de *aproximação da realidade* – como costumamos chamar –, para evitar que pessoas se utilizem de institutos sérios e honestos, como é o caso das sociedades empresariais, para fins ilícitos, tentando esconder bens ilícitos dentro da sociedade empresarial ou, de outra forma, furtar-se ao pagamento de suas obrigações, a fim de evitar o adimplemento de obrigações.

Quando se fala em desconsiderar a personalidade jurídica se está falando em *levantamento do véu empresarial*, para se saber o que realmente se passa no interior da pessoa jurídica, visualizando internamente sua personalidade.

É por isso que se diz que se procura "descortinar" a realidade empresarial. Ao se descortinar se retira o manto da personalidade jurídica distinta da pessoa jurídica, para se encontrar a realidade fática.

Desse modo, podemos dizer que a *disregard doctrine* ou desconsideração da personalidade jurídica não é um fim em si mesma, mas é, na verdade, um *meio*, um *instrumento*, colocado à disposição das partes, do Ministério Público e dos interessados para se coibir uma disfunção societária.

Daí por que o Código Civil/2002 trouxe uma série infindável de novas situações jurídicas que é necessário decompor, como se vê:

> Art. 50. Em caso de abuso da personalidade jurídica, caracterizado pelo desvio de finalidade, ou pela confusão patrimonial, pode o juiz decidir, a requerimento da parte, ou do Ministério Público quando lhe couber intervir no processo, que os efeitos de certas e determinadas relações de obrigações sejam estendidos aos bens particulares dos administradores ou sócios da pessoa jurídica.

Podemos classificar que o atual Código Civil prevê três situações para a desconsideração da personalidade jurídica: (a) *abuso*; (b) *desvio de finalidade*; (c) *confusão patrimonial*.

Inicialmente o instituto fala em *abuso da personalidade jurídica*, ou seja, a forma como foi utilizada a constituição da pessoa jurídica revela

---

190. Elpídio Donizetti, *Curso Didático de Direito Processual Civil*, 10ª ed., p. 1.003.

que existiu constituição abusiva, sem observar os parâmetros próprios de uma empresa. Abuso significa mais que uso. O primeiro ponto a se observar é que o *abuso* na constituição da personalidade jurídica é o móvel a ser alcançado.

Em excelente colocação, Suzy Elizabeth Cavalcante Koury ensina que não se poderia apenas argumentar com a presença das leis do direito privado, mas

> o juiz deve chegar à "vontade concreta da lei" pela investigação do significado dos preceitos abstratos, segundo os valores que, na atualidade, legitimam a disposição, com o fim último de decidir de acordo com o valor da justiça.[191]

Na mesma forma de antever a situação do abuso da personificação da sociedade, funciona o juiz, na excelente colocação de Cândido Rangel Dinamarco,

> como autêntico canal de comunicação entre a sociedade e o mundo jurídico, cabendo-lhe a positivação do poder mediante decisões endereçadas a casos concretos.[192]

Logo, o primeiro critério de aferição da constituição correta, ou não, da pessoa jurídica é efetivamente observar se houve, ou não, *abuso* na constituição de personalidade jurídica.

Vários são os exemplos de constituição de personalidade jurídica abusiva, sendo que poderíamos tomar como primeiro exemplo a constituição de sociedade empresarial para a pessoa física se furtar ao pagamento de tributos ou de pensão alimentícia, ou até mesmo de dívidas anteriormente contraídas, etc. (desconsideração inversa).

De outra maneira, haverá a necessidade da desconsideração quando ocorrer o afastamento da destinação da pessoa jurídica, quer através de atos denunciadores de promiscuidade patrimonial com outras sociedades e com seus sócios, quer pela oposição ao interesse social a ela imanente, com evidente possibilidade de caracterização de fraude.

Na segunda situação, prevista no art. 50 do CC, está a hipótese de *desvio de finalidade* da pessoa jurídica constituída.

---

191. Suzy Elizabeth Cavalcante Koury, *A Desconsideração da Personalidade Jurídica ("Disregard Doctrine") e os Grupos de Empresas*, 2ª ed., p. 152.
192. Cândido Rangel Dinamarco, *A Instrumentalidade do Processo*, 15ª ed., pp. 232-233.

É extremamente importante que o juiz se abstenha de considerar apenas o aspecto formal da constituição da sociedade, mesmo porque os arquitetos do ilícito não têm limites para a possibilidade de bem constituir empresas *aparentemente* saudáveis e ciosas de suas obrigações mas, que, em realidade, muito escondem, para que não sejam descobertos seus desvios.

"Desvio" é palavra equívoca, e, portanto, com múltiplas interpretações. Mas se pode dizer, literalmente, que ocorre mudança de rota, de comportamento empresarial, de sentido daquilo que representa a própria estrutura da pessoa jurídica, sendo que nessa situação deve o julgador muito bem apreciar as questões colocadas em seu derredor, a fim de tomar a decisão correta. Mesmo porque aqui a situação não é aparente, caracterizando, no mais das vezes, a fraude para obtenção de um resultado.

No caso de fraude, como é sabido, há falsa aparência de realidade, como a constituição de uma sociedade "X", constituída para fornecer tubos para a PETROBRAS, *v.g.*, mas que, em realidade, nem sequer possui parque industrial para a construção dos mesmos. É mais que possível descortinar a pessoa jurídica, para saber o móvel que levou a constituir tal empresa.

Quando se fala em desvio de finalidade se está dizendo que algo não espelha a realidade para a qual a pessoa jurídica foi constituída. E desconstituir uma pessoa jurídica, porque se desviou ao longo do seu caminho, é efetivamente demonstrar que a pessoa jurídica não está cumprindo sua *função social*, eis que constituída para uma finalidade e, em realidade, utilizada para outra finalidade.

A terceira situação descrita no art. 50 do CC é permitir a *disregard doctrine* para evitar a ocorrência da chamada *confusão patrimonial* envolvendo a pessoa jurídica de tal forma que não se consegue saber quem é de quem e quem pagou o quê dentro da pessoa jurídica, ou de diversas pessoas jurídicas.

Pode acontecer – e geralmente acontece – que um empresário seja sócio de mais de uma pessoa jurídica, envolvido que está em diversos ramos de atividades, constituindo várias personalidades jurídicas distintas. Ou, ainda, que o sócio da empresa "X" adquire bens em nome desta para uso privado, visando ao não pagamento dos tributos devidos, ou procura esconder seu real patrimônio particular, para o fim de não despertar interesses de terceiros. Nesse caso está havendo uma das espécies de *confusão patrimonial*.

O que é mais comum de acontecer é a compra de bens por uma pessoa jurídica "X" cujos sócios "A" e "B" também são sócios da pessoa jurídica "Y", e em nome desta se faz pagamento para a empresa "X".

Ou, ainda, como sói acontecer, há troca de duplicatas entre ambas, cujos títulos de crédito não representam a efetiva e real compra e venda mercantil... Enfim, são centenas de situações, que não caberiam neste mero manual, dada a "arquitetura delinquente" que pulula no mundo empresarial. Gize-se: não apenas no Brasil, mas no mundo inteiro.

Com efeito, todo instituto jurídico – não apenas os empresariais – corre o risco de ter sua função desviada, por ter sido utilizado contrariamente às suas finalidades. A confusão patrimonial é apenas uma das facetas das situações estudadas.

Importante asseverar, neste momento, que pessoas jurídicas distintas não podem possuir "caixa único", tanto assim que se isto ocorrer haverá evidente confusão patrimonial, mesmo que se trate de pessoas jurídicas coligadas.

Tullio Ascarelli já havia lançado o problema, dizendo que a existência de uma sociedade não pode servir para alcançar um escopo ilícito, nem para burlar as normas e as obrigações que dizem respeito aos seus sócios ou outras sociedades coligadas.[193]

Desse modo, em qualquer processo em que seja necessário apurar a responsabilidade de pessoa jurídica por fraudes ou simulações se admite, em tese, e como um dos *instrumentos* na busca do bom Direito, a utilização da desconsideração da personalidade jurídica.

Diante desse quadro, também os tribunais desconsideram a personalidade jurídica de empresa que se constitui com bens de outra sociedade falida.[194]

---

193. Tullio Ascarelli, *Problemas das Sociedades Anônimas e Direito Comparado*, 2ª ed., p. 89.

194. "Falência – Fraude contra credores – Constituição de pessoa jurídica com bens provenientes da empresa falida – Desvio de função – Intuito de causar dano aos credores – Desconsideração de sua personalidade com extensão a seu patrimônio dos efeitos da quebra – Recurso não provido" (TJSP, ACi 215.927-1, de São Paulo, rel. Des. Flávio Pinheiro, j. 18.10.1994, *JTJ-Lex* 166/76-77).

"Falência – Teoria da desconsideração da personalidade jurídica – Aplicação.

"Falência – Embargos de terceiro – Sociedades que, na prática, não eram pessoas jurídicas distintas e com autonomia e personalidade próprias, posto estabelecidas no mesmo local e com os mesmos controladores – Débitos somente atribuídos àquela que veio a falir – Arrolamento dos bens a ambas pertencentes – Correta aplicação da teoria da desconsideração da autonomia da personalidade jurídica" (TJRJ, 2ª Câmara Cível, Ac. 3.911/1991, rel. Des. Murillo Fábregas, v.u.; TJSP, AI 190.367-1, de São Paulo, j. 29.4.1993).

"Falência – Extensão dos efeitos da sentença declaratória à empresa coligada – Utilização pelo Magistrado do princípio da desconsideração da personalidade jurídica, por

Por outro lado, porém, o TJRS negou a desconsideração da personalidade jurídica na ausência de prova robusta no sentido de que a empresa tenha sido mal utilizada, *in verbis*:

Apelação – Embargos de terceiro – Desconsideração da pessoa jurídica – Não comprovação do abuso da personalidade jurídica. A desconsideração da pessoa jurídica é medida de exceção. Em regra, remanesce a distinção entre o patrimônio da pessoa jurídica e o de seus sócios. Não comprovado, no caso concreto, abuso da personalidade jurídica, caracterizado pelo desvio de finalidade ou pela confusão patrimonial, é de ser mantida a sentença que julgou procedentes os embargos de terceiro, desconstituindo a penhora sobre imóvel do sócio, não executado – Apelo desprovido (ACi 70013911904, Camaquã/Porto Alegre, rel. Des. Orlando Heemann Jr., j. 4.5.2006).

Enfim, é tema sujeito a grande discussão, com posições jurisprudenciais e doutrinárias em vários sentidos.

7.1 A desconsideração direta e a desconsideração inversa

Diz-se que a desconsideração da personalidade jurídica é *direta* quando houver a necessidade de "descortinar" (despersonalizar) a pessoa jurídica, a fim de atingir os *bens particulares dos sócios*.

Exemplo típico: a empresa "A" não tem bens suficientes para saldar seus débitos, ao passo que o sócio da empresa, "X", tem diversos bens de alto valor agregado, que são mais que suficientes para saldar a dívida. Nesse caso, poderá o juiz permitir que se atinja o patrimônio da pessoa física do sócio para saldar o débito.

Haverá a *desconsideração inversa* quando o sócio se utiliza da pessoa jurídica para evitar sua responsabilização patrimonial. O sócio adquire um imóvel e não quita as parcelas, locupletando-se do seu inadimplemento, não possuindo outros bens para pagar o débito pendente, escudando-se no fato de que a pessoa jurídica não é obrigada a pagar o débito pessoal. Outra situação – muito comum, por sinal –, é o sócio

---

isso que esta última se vinha prestando à prática de fraude contra credores – Agravo de instrumento interposto por terceiro prejudicado – Recurso não provido" (TJSP, 5ª Câmara de Direito Privado, AI 271.753-1, de São Paulo, rel. Des. Jorge Tannus, j. 22.2.1996, v.u.).

"Desconsideração da pessoa jurídica – Pressupostos – Embargos do devedor. É possível desconsiderar a pessoa jurídica usada para fraudar credores" (STJ, 4ª Turma, REsp 86.502-SP, rel. Min, Ruy Rosado de Aguiar, j. 21.6.1996, não conheceram, v.u., *DJU* 26.8.96, *RSTJ* 90/280).

não possuir bens suficientes para o pagamento de pensão alimentícia, forte em que não terá como saldar o débito, preferindo deixar todo o seu patrimônio na pessoa jurídica.

Na hipótese de não existirem outros bens suficientes para o pagamento, poderá o juiz, mediante ação própria e conferido o direito à ampla defesa, determinar que a pessoa jurídica arque com as despesas de seu sócio, em seu nome pessoal.

Muito discutida no início, hoje é consagrada a desconsideração inversa, notadamente no direito de família, visando à ampla satisfação dos interesses dos hipossuficientes.

7.2 Extensão da desconsideração

Ao longo do tempo, na nossa vida prática, temos visto que há certa dificuldade de compreensão do presente instituto jurídico, o qual, diante da gravidade de sua consequência, não pode ser decretado aleatoriamente.

Inicialmente, cumpre salientar que a teoria da desconsideração da pessoa jurídica só pode ser aplicada em *caráter restrito, extraordinário e especialíssimo*. Além do mais, alguns pressupostos são necessários para a aplicação da desconsideração em sede de falência – que é nossa área precípua de atuação.

Portanto, sua aplicação será possível desde que, nas sábias palavras de Adalberto Simão Filho:

• *se tenha dado ao sócio a oportunidade de se manifestar amplamente a respeito do pleito desconsideratório*;

• *os motivos geradores da eventual desconsideração estejam ainda presentes após a manifestação ou omissão do sócio*;

• *gradue o juiz o âmbito da desconsideração e suas consequências jurídicas*;

• *e fundamente a decisão na forma da Constituição Federal*.[195]

Parecem-nos de fácil intelecção tais colocações, mas não é bem assim que tem sido amiúde.

Dessa forma, é imprescindível que seja dada oportunidade para o sócio se manifestar a respeito da aplicabilidade da teoria da desconsideração, bem como sobre a possibilidade de seus bens particulares serem

---

195. Adalberto Simão Filho, "A superação da personalidade jurídica no processo falimentar", in *Direito Empresarial Contemporâneo*, 2ª ed., p. 14.

atingidos, sob pena de se ferir os princípios constitucionais da ampla defesa e do contraditório, esculpidos no art. 5º, LIV e LV.

Nesse sentido, são oportunas as palavras de Marçal Justen Filho:

> Não tem cabimento atribuir ao aplicador do Direito a liberdade para desconsiderar, ao seu alvedrio, a personalidade jurídica societária. Especialmente em um sistema como o nosso, de tradição legalista. O resultado seria desastroso. Os resultados de uma proposta tão desassisada seriam mais maléficos do que a repulsa pura e simples à teoria.[196]

Dentro dessas colocações, é preciso que exista um pedido feito por uma das partes, ou pelo Ministério Público, quando lhe couber intervir no feito, facultando-se ao atingido a ampla defesa e o contraditório, conforme já decidido alhures.[197]

No entanto, nada impede que o juiz utilize seu poder geral de cautela e determine o arrolamento e/ou o sequestro ou arresto de bens, a fim de não se esvaziar a medida constritiva futura dos bens. E o que observamos em várias situações é que o julgador tem que informar qual

---

196. Marçal Justen Filho, *Desconsideração da Personalidade Societária no Direito Brasileiro*, p. 170.

197. "Agravo de Instrumento – Falência com base no art. 94, III, 'b', da Lei n. 11.101/2005 (atos fraudulentos/alienação do ativo) – Quebra requerida com base em sentença judicial, transitada em julgado, não cumprida – Desnecessidade de observância do princípio da cartularidade e do protesto cambial – Citação da pessoa jurídica feita em pessoa sem poderes de representação – Citação recebida sem ressalva – Nulidade inexistente, aplicada a teoria da aparência – Inaplicável à falência fundamentada no art. 94, III, 'b', da LREF o piso de 40 salários-mínimos. A eventual circunstância de a empresa falida não ser insolvente não impede o decreto de quebra, sendo suficientes a crise econômico--financeira e o inadimplemento de obrigação líquida e certa. A desconsideração da personalidade jurídica da sociedade falida, para atingir o patrimônio particular dos sócios, pode ser declarada incidentalmente no processo de falência, desde que observados a ampla defesa, o contraditório e o devido processo legal – Agravo provido, em parte, apenas para afastar a desconsideração da personalidade jurídica dos sócios e estender a eles os efeitos patrimoniais da quebra" (TJSP, AI 547.799-4/9-00, rel. Des. Pereira Caldas, j. 28.1.2009).

"Agravo de instrumento – Falência de sociedade limitada – Desconsideração da personalidade jurídica da sociedade para estender os efeitos patrimoniais da quebra aos sócios e permitir arrecadação de seus bens pessoais – Possibilidade de declaração incidental da desconsideração da pessoa jurídica no processo de falência da sociedade – Necessidade, porém, de observância dos princípios constitucionais da ampla defesa, do contraditório e do devido processo legal – Agravo provido, em parte, para revogar a decisão que indeferiu a desconsideração da personalidade jurídica da sociedade falida, determinando-se seja concedido aos sócios o direito de defesa, para nova apreciação do requerimento de desconsideração da personalidade jurídica formulado pela agravante" (TJSP, Câmara Especial de Falências e Recuperações Judiciais de Direito Privado, AI 584.750-4/7-00, rel. Des. Pereira Calças, j. 29.10.2008).

é a extensão da desconsideração da personalidade jurídica e, consequentemente, seus efeitos na falência.

Importante observar que o pleito desconsideratório é *incidenter tantum* em determinado processo, e, por via de consequência, supletivo. Assim, se a empresa está a dever 10, o *quantum* a ser atingido é até os 10. Nunca acima disto.

Outra situação que sempre devemos observar é o fato de que a aplicação da teoria da desconsideração não pode ser feita para causar mais "confusão patrimonial", mas, sim, exatamente para desvencilhar os patrimônios.

Logo, se uma empresa "X" deve para "A", "B" e "C", não pode ser desconsiderada a personalidade jurídica da empresa para criar uma confusão de tal ordem, fazendo com que se crie verdadeiro "concurso de credores" com outras pessoas ("D", "E", "F", "G", "H" etc.), que são credores da empresa "Y", que foi atingida pela desconsideração. Os credores de "X" concorrem nos débitos desta, ao passo que os credores de "Y" somente se sujeitam a estes créditos.

Além disso, é preciso alertar que só haverá a desconsideração da personalidade jurídica *excepcionalmente*, eis que primeiro devem ser excutidos os bens daquele que contraiu o débito, para, se não forem suficientes, alcançar outros bens. Logo, se a empresa "X" tem débito de 10 e não tem os 10, mas apenas 3, poderá ser desconsiderada a personalidade jurídica para atingir os outros 7 restantes.

Ensina Amílcar de Castro que

> a sociedade, pessoa jurídica, tem patrimônio distinto do dos sócios que a compõem, e disso se segue que os credores da sociedade podem penhorar o fundo social; e apenas quando este seja insuficiente para satisfazer o passivo é que poderão penhorar bens particulares dos sócios. A responsabilidade subsidiária dos sócios só aparece depois de verificada insuficiência dos haveres sociais. Os sócios são solidários para a obrigação da sociedade, e em primeiro lugar deve ser executada quem contratou: a sociedade. Por isso, os credores, sem acionar e executar a devedora, não podem executar os sócios por obrigações sociais, como se os mesmos tivessem contratado diretamente por conta própria.[198]

Como a doutrina já anteviu posicionamentos desse naipe, vale a pena lembrar Fábio Konder Comparato, nestes termos:

---

198. Amílcar de Castro, *Comentários ao Código de Processo Civil*, vol. VIII, p. 210.

O verdadeiro critério do assunto é o referente aos próprios pressupostos de separação patrimonial, enquanto causa da constituição das sociedades: de tipo formal, como, por exemplo, o respeito à espécie societária; ou o pressuposto substancial da permanência do objeto e do objetivo sociais, como escopo inconfundível com o interesse ou a atividade individual dos sócios. A falta de qualquer desses pressupostos torna ineficaz a separação de patrimônios, estabelecida em regra. (...) ela deixa de lado os casos em que a ineficácia da separação patrimonial ocorre em benefício do controlador, sem qualquer abuso ou fraude.[199]

O próprio Professor lembra a lição do Juiz Sanborn, da Suprema Corte norte-americana, sobre os motivos que levam à desconsideração da personalidade jurídica:

> Quando a noção de pessoa jurídica é usada para frustrar o interesse público, justificar o errado, proteger a fraude ou defender o crime, a lei considerará a pessoa jurídica como uma associação de pessoas.[200]

O ex-Presidente do STJ, Min. Wellington Moreira Pimentel, em excelente trabalho, concluiu:

> Em última análise, a aplicação da doutrina do superamento não nega a existência da personalidade jurídica da sociedade de capital nem a distinção e separação entre o patrimônio desta e o dos sócios, mas despreza e supera tais conceitos e distinções se a pessoa jurídica é usada como escudo para a responsabilidade civil por ato ilícito, para a prática de fraudes ou em detrimento do interesse público.[201]

Neste diapasão, merece ser lembrada a lição de João Casillo, linhas atrás, quando diz da confusão entre capitais de empresas e as administrações enfeixadas nas mãos de um único mentor, "de tal forma entrelaçados, que se torna difícil a distinção do que interessa a quem".

Lembramos procedimento instaurado na Comarca da Capital onde se discutiu, à saciedade, o tema da desconsideração da personalidade jurídica, sendo que a egrégia 9ª Câmara Cível do TJSP entendeu por manter a desconsideração da primeira instância. Em recurso especial,

---

199. Fábio Konder Comparato, *O Poder de Controle na Sociedade Anônima*, 2ª ed., pp. 296-297.
200. "When the notion of legal entity is used to defeat public convenience, justify wrong, protect fraud, or defend crime, the law will regard the corporation as an association of persons."
201. Wellington Moreira Pimentel, in *Revista de Direito* 2/16.

sob o n. 86.502-SP, tendo como Relator o Min. Ruy Rosado de Aguiar, por votação unânime, a egrégia 4ª Turma do STJ disse, sumariamente: "É possível desconsiderar a pessoa jurídica usada para fraudar credores" (j. 21.5.1996).

No mesmo sentido, ainda, confira-se antiga decisão do 2º TACivSP no AI 575.135-1 (12ª Câmara, de São Paulo, rel. Juiz Campos Petroni, j. 17.6.1999, v.u.).

De outro lado, Jorge Lobo sustenta:

A nossa Lei 6.404/1976 não se ocupou da matéria. Na hipótese de conflito de interesses envolvendo terceiros de boa-fé prejudicados por atos praticados com fundamento na existência do grupo, os tribunais serão obrigados a recorrer ao disposto nos arts. 117 – responsabilidade do acionista controlador por atos praticados com abuso de poder –, 153 – dever de diligência dos administradores das companhias – e 154 – finalidade das atribuições dos administradores e desvio de poder – entre outros.[202]

Fábio Konder Comparato ensina:

A confusão patrimonial entre controlador e sociedade controlada é, portanto, o critério fundamental para a desconsideração da personalidade jurídica *externa corporis*. E compreende-se, facilmente, que assim seja, pois, em matéria empresarial, a pessoa jurídica nada mais é do que uma técnica de separação patrimonial. Se o controlador, que é o maior interessado na manutenção desse princípio, descumpre-o na prática, não se vê bem por que os juízes haveriam de respeitá-lo, transformando-o, destarte, numa regra permanente unilateral.[203]

Wilson de Souza Campos Batalha salientou que

os administradores são responsáveis por quaisquer atos de favorecimento de sociedades coligadas, controladoras ou controladas, devendo adotar práticas equitativas de maneira a não frustrar os direitos dos acionistas de uma sociedade para beneficiar os de outra ou outras.[204]

Seguidamente nos deparamos com situações que exigem examinar a desconsideração da personalidade jurídica nas falências, sendo que no

---

202. Jorge Lobo, in *RT* 636/25-43.
203. Fábio Konder Comparato, *O Poder de Controle na Sociedade Anônima*, 3ª ed., p. 67.
204. Wilson de Souza Campos Batalha, *Comentários à Lei das Sociedades Anônimas*, 1ª ed., vol. III, pp. 1.104-1.105.

AI 7.629-4/6, de São Paulo, da 6ª Câmara de Direito Privado, o TJSP negou provimento a recurso contra a desconsideração da personalidade jurídica e extensão dos efeitos da falência, sob a seguinte ementa:

Falência – Desconsideração da personalidade jurídica – Possibilidade – Extensão dos efeitos da falência para afastar o esvaziamento de caixa único da sociedade controladora – Inteligência dos princípios da *pars conditio creditorum* e da *vis attractiva* – Liminar indeferida – Recurso não provido (rel. Des. Munhoz Soares, j. 31.10.1996).

7.3 A desconsideração da personalidade jurídica no Código de Defesa do Consumidor

Além da desconsideração da personalidade jurídica no direito civil e no empresarial, também é possível a desconsideração em face do Código de Defesa do Consumidor.

Assim, para proteger o consumidor e o comerciante de casos fraudulentos, o legislador, ao editar o Código de Defesa do Consumidor, previu também mecanismos de defesa, de modo a impedir o enriquecimento ilícito e a simples retirada do produto de mercado, em detrimento de terceiros, como geralmente acontece.

Assim como a responsabilidade civil, de maneira ampla, sofreu grande modificação com a introdução do Código de Defesa do Consumidor no Brasil, rompendo a fronteira do que existia anteriormente no sentido de que a vítima deveria provar, necessariamente, a culpa ou o dolo com o que o fornecedor atuou para obter a indenização, hoje os critérios de responsabilidade civil do fornecedor são mais amplos.

As modificações dos mecanismos de produção, a automação da indústria, o desenvolvimento social e econômico, a ampla fomentação de produtos, tudo isso serviu de base para que o Código de Defesa do Consumidor implantasse novas dinâmicas de responsabilidade civil, evitando o mal antigo de produzir uma centena de teorias e dogmas, para, ao final, verificar-se a possibilidade de responsabilização civil.

Com o Código de Defesa do Consumidor surgiu a *teoria do risco criado* ou *da responsabilidade objetiva*, que tem o sentido de atribuir ao fornecer o dever de reparar danos causados aos consumidores pelo fato de desenvolver determinada atividade potencialmente danosa, posto que se faz do fornecedor o responsável por todos os riscos derivados de sua atividade.

Assim, há o chamado *dever geral* do Código Civil e o *dever especial* do Código de Defesa do Consumidor no sentido de não se colocar no mercado produtos que tenham a possibilidade de vir a causar riscos à saúde e à segurança dos consumidores (art. 8º do Código de Defesa do Consumidor), advindo desse dever especial a responsabilização do fornecedor (art. 12).

Com base nessa modificação introduzida no Código de Defesa do Consumidor abandonou-se a clássica *culpa aquiliana* do Código Civil brasileiro, de caráter subjetivo, rompendo a fronteira e abraçando nitidamente a *teoria da responsabilidade objetiva*, nos termos dos arts. 12 e 14 do Código de Defesa do Consumidor.

Há três pressupostos da responsabilidade do fornecedor, a saber: (a) *colocação do produto no mercado*, de clareza meridiana – se for ele o responsável pela produção do produto, há o dever de indenizar (art. 8º); (b) *relação de causalidade* – deverá existir um liame entre a causa e o efeito, a fim de ser possível a indenização, isto é, o defeito deve ser atribuído ao fornecedor; (c) *dano ressarcível*, ou seja: havendo os dois primeiros pressupostos, o terceiro é decorrência natural, englobando toda espécie de sofrimento causado pelo fornecedor, inclusive lucros cessantes (CC, arts. 1.059 e 1.060).

Podemos ainda afirmar que há um quarto pressuposto, que é o *dever de diligência do fabricante*, que nada mais é que a obrigatoriedade de o fabricante não colocar no mercado produtos que possam produzir riscos e danos. Para nós, porém, tal pressuposto está ínsito no primeiro, eis que todos os fabricantes e fornecedores são obrigados a produzir produtos sadios.

E o fornecedor, para se defender, nesse novo emaranhado jurídico, somente poderá alegar uma das causas previstas no art. 12, § 3º, do Código de Defesa do Consumidor, consideradas *numerus clausus* – isto significando que não se poderá ampliar o elenco taxativo ali existente.

Há, finalmente, a vedação expressa das chamadas *cláusulas de irresponsabilidade* ou *de exoneração ou isenção*, ou *redução de obrigação de indenização*, expressas nos arts. 23, 24 e 25 do Código de Defesa do Consumidor.

Grande avanço existiu no Código de Defesa do Consumidor quanto à desconsideração da personalidade jurídica, prevista no seu art. 28, §§ 2º-5º, avançando sobre a tímida posição jurisprudencial a respeito da *disregard of legal entity* originária dos Estados Unidos da América.

A finalidade principal da desconsideração da personalidade jurídica – diz Tupinambá Miguel Castro do Nascimento:

tem por objetivo o desvendamento da pessoa jurídica, permitindo ingressar nela para alcançar a responsabilidade do sócio por suas obrigações particulares, nos casos de desvio de finalidade, fraude à lei ou abuso de direito, que tornam injustificável a manutenção da ficção legal de autonomia de que gozam as pessoas jurídicas em relação a seus componentes. O efeito prático da adoção dessa teoria é que, ocorrendo os pressupostos do art. 28 – abuso de direito, excesso de poder, infração da lei, fato ou ato ilícito ou violação dos estatutos ou contrato social, em detrimento do consumidor –, o juiz pode desconsiderar a pessoa jurídica e responsabilizar civilmente o sócio-gerente, o administrador, o sócio majoritário, o acionista controlador etc., alcançando-lhe os respectivos patrimônios, adotando o mesmo procedimento em caso de falência, estado de insolvência, encerramento ou inatividade de pessoa jurídica provocados por má administração, e até genericamente, quando a personalidade jurídica for, de alguma forma, obstáculo ao ressarcimento de prejuízos causados aos consumidores (art. 28, *caput* e § 5º). A ampliação, assim verificada, também ocorre em função da sofisticação e da complexidade da estrutura empresarial moderna, em que se verifica a multiplicidade de tipos de empresas, com características próprias, mas com interesses interligados.[205]

Nesse mesmo sentido, também, são as palavras de outro doutrinador: João Batista de Almeida.[206]

Nesse ponto o legislador do consumidor foi cônscio em ampliar o leque de opções ao consumidor, permitindo que sejam acionadas as sociedades consorciadas e as coligadas, trazendo para o Código do Consumidor as noções de empresas e grupos societários da Lei das Sociedades Anônimas (Lei federal 6.404/1976, arts. 243, § 1º, 265, 269, II, e 278, § 1º).

Assim como a responsabilidade civil, de maneira ampla, sofreu grande modificação com a introdução do Código de Defesa do Consumidor no Brasil, rompendo a fronteira do que existia anteriormente, no sentido de que a vítima deveria provar, necessariamente, a culpa ou o dolo com que o fornecedor atuou para obter a indenização, hoje os critérios de responsabilidade civil do fornecedor são mais amplos.

Porém, é mister esclarecer que os profissionais liberais não se encontram na categoria de fornecedores, nos termos do art. 14, § 4º, do Código de Defesa do Consumidor, eis que não podem ser culpados

---

205. Tupinambá Miguel Castro do Nascimento, *Comentários ao Código do Consumidor*, pp. 82-88.
206. João Batista de Almeida, *Responsabilidade Civil do Fornecedor*, pp. 60-116.

pelo *resultado*, desde que os *meios empregados* sejam todos suficientes e adequados, persistindo, ainda, a culpa aquiliana do Código Civil brasileiro.

Quanto ao comerciante, devemos destacar que não deverá responder pela indenização civil desde que não ocorram as hipóteses dos incisos I, II e III do art. 13 do Código de Defesa do Consumidor, isto é, quando não for possível identificar o fabricante, construtor, produtor ou importador do produto, quando o produto for fornecido sem indicação clara de tais pessoas ou, ainda, quando o comerciante não fizer o armazenamento adequado de produtos perecíveis.

Para que o fornecedor possa excluir sua responsabilidade objetiva o Código de Defesa do Consumidor fornece quatro hipóteses possíveis, a saber: (a) *não colocou o produto no mercado* – que seria, em verdade, a negativa da autoria que geraria a indenização; (b) *inexistência de defeito* – ou seja, não há defeito algum a ser indenizado, isto significando que não existe o fato invocado pelo consumidor; (c) *culpa exclusiva do consumidor ou de terceiro* – isto significando que o fornecedor admite ter colocado o produto no mercado, que há um defeito, porém tal defeito foi produzido pelo próprio consumidor, ou por alguém a seu mando, ou por terceiro que não utilizou o produto corretamente. Poderíamos exemplificar com o caso da empregada doméstica que usa de maneira incorreta o eletrodoméstico, ou o produto instalado de maneira inadequada, etc.; (d) *caso fortuito ou força maior* – tal hipótese prende-se às forças da Natureza, exatamente como postas no Código Civil brasileiro (art. 1.058), como na situação em que um raio danifica o aparelho, ou uma tempestade invade a residência, etc.

Há, finalmente, a vedação expressa das chamadas *cláusulas de irresponsabilidade ou de exoneração ou isenção*, ou *redução de obrigação de indenização*, expressas nos arts. 23, 24 e 25 do Código de Defesa do Consumidor.

Quanto aos *defeitos*, o Código de Defesa do Consumidor também foi detalhista, insculpindo, no art. 12, quais sejam eles, dizendo-se que o defeito é sanável, enquanto o vício é insanável.

Quanto aos *vícios*, o Código de Defesa do Consumidor foi categórico, impondo as obrigações constantes do art. 18, *caput* e § 1º, I e II, também de clareza ímpar. Podem ser eles: (a) *quanto à qualidade dos produtos* – que podem estar vencidos, corrompidos, deteriorados, adulterados, falsificados etc., revelando sua imprestabilidade; (b) *quanto à quantidade dos produtos* – demonstrando que não se ajustam à rotulação neles expressa quanto a pesagem, medidas etc.; (c) *quanto à quantidade dos serviços* – há disparidade entre o que foi anunciado, prometido ou ofertado e o serviço efetivamente prestado ao consumidor.

Outra modificação importante foi a alteração dos prazos de prescrição e decadência criados pelo Código de Defesa do Consumidor, rompendo as normas gerais então existentes, criando novas figuras, como a interrupção do prazo para ajuizamento de ação quando da instauração de inquérito civil (art. 26, § 3º), a ampliação do prazo do art. 27, além de modificar o Código Comercial quanto ao prazo de reclamação. Pelo Código de Defesa do Consumidor os prazos são de 30 dias para produtos não duráveis (perecíveis, *v.g.*) e 90 dias para produtos duráveis.

O Código de Defesa do Consumidor rompeu com outra barreira, facultando, ainda, ao consumidor o privilégio de escolher quem deverá ser acionado, isto é, o comerciante, que está mais próximo, ou o fornecedor do produto e seu fabricante.

Já, nos arts. 18, § 5º, e 19, § 2º, do Código de Defesa do Consumidor não há necessidade de escolha, posto que a legislação é bastante clara quando se trata de venda *in natura*.

De outro lado, fica a critério do consumidor pleitear a complementação do serviço, o abatimento do preço, a reexecução do serviço, a restituição e perdas e danos.

Também está inclusa nos direitos do consumidor a possibilidade de exigir do fornecedor público a efetiva, adequada e eficaz prestação de serviço, nos termos do art. 22 do Código de Defesa do Consumidor.

7.4 O procedimento de desconsideração da personalidade jurídica no Código de Processo Civil

Uma das novidades do Código de Processo Civil/2015 foi a disciplina específica sobre o *incidente de desconsideração da personalidade jurídica*, previsto no Capítulo IV do Título III do Livro III da Parte Geral, que disciplina os sujeitos no processo civil, acabando com a prática nefasta da *surpresa* com que muitas pessoas eram recebidas em processos dos quais nem sequer tinham tido ciência da ocorrência de pseudofraudes ou participado de pseudoconluios.

A partir da entrada em vigor do CPC/2015 é necessária a instauração de incidente específico, nos termos do seu art. 133, sendo que tal *incidente de desconsideração da personalidade jurídica* poderá ser pleiteado tanto pela parte como pelo órgão do Ministério Público, quando lhe couber intervir no processo.

Nos termos do art. 133, § 1º, do CPC, tal pedido de desconsideração da personalidade jurídica deverá *observar os* "pressupostos previstos em lei" – o que não passa de verdadeira norma genérica e totalmente despicienda à primeira vista, mas em realidade prende-se ao fato de que no passado os procedimentos eram totalmente secretos, sem quaisquer possibilidades de os atingidos oferecerem defesa prévia e apresentarem suas razões *antes* de qualquer decisão judicial. E, pelo § 2º do mesmo art. 133 do CPC, o disposto nesse tipo de incidente se aplica tanto na hipótese de desconsideração normal como no pedido de desconsideração inversa da personalidade jurídica.

Evidentemente, esta disposição faz com que se tornem obrigatórias as exigências prévias processuais, *antes* da adoção de qualquer medida extrema, evitando-se o mau vezo de determinados juízes de tomar as medidas inibitórias por primeiro e depois dar ciência aos atacados – como tivemos oportunidade de vivenciar na prática falencial ao longo de vários anos.

Bem explícito foi o disposto no art. 134 do CPC, dizendo que o incidente de desconsideração poderá ser pleiteado em qualquer das fases processuais, seja no processo de conhecimento, seja no cumprimento de sentença ou até mesmo quando se basear em execução de título executivo extrajudicial.

A grande colocação do CPC vigente está no fato de que, nos termos do art. 134, § 1º, a instauração do incidente deverá ser *imediatamente* comunicada ao distribuidor, para as "anotações devidas" – ou seja: dar conhecimento a terceiros sobre a existência do procedimento que poderá levar o alvo da desconsideração, a pessoa jurídica, a possível insolvência, colocando em xeque a boa saúde financeira do envolvido.

Ademais, pensamos que a anotação do procedimento no cartório distribuidor da Comarca onde situada a pessoa jurídica é medida salutar e faz com que terceiros tenham conhecimento da possibilidade de um processo incidental de desconsideração da sua personalidade jurídica e que seja possível o alerta para que esses terceiros não venham a negociar bens da propriedade da pessoa jurídica ou redobrem as cautelas sobre os negócios da pessoa jurídica, verificando se há outros bens passíveis de fazer frente a possíveis prejuízos vindouros.

Evidentemente, quando proposto o pedido na própria petição inicial, ficará dispensada a instauração do incidente em apartado, mesmo porque se trata do próprio *libelo* da inicial. Assim, nos termos do art. 134, § 2º, do CPC, há necessidade de citação tanto do sócio como da pessoa jurídica a ser atingida, eis que se trata de patrimônios díspares e personalidades distintas.

Dispõe o CPC que a instauração do incidente de desconsideração da personalidade jurídica determina a suspensão do processo, nos termos do art. 134, § 3º, ressalvada somente a hipótese do § 2º.

No entanto, urge levantar questão interessante. Se houver patrimônio do executado já arrestado ou penhorado, sendo que este não é suficiente para cobrir o débito em execução, qual seria a utilidade da suspensão do processo? Em resposta, posicionamo-nos totalmente em contrário à hipótese de suspensão do processo executivo, aguardando o desfecho do procedimento de desconsideração da personalidade jurídica, eis que seria contrassenso inominável, contrário aos interesses do exequente.

De outro lado, poderiam o executado ou a sociedade a ser atingida pela desconsideração da personalidade jurídica simplesmente deixar esvair seus bens e seu patrimônio, mesmo porque não haveria interesse em continuar a trabalhar para saldar débito anterior, como forma de frustrar o pagamento do exequente.

Destarte, cremos que a disposição do § 3º do art. 134 do CPC deverá ser devidamente analisada pelos tribunais, amainando essa rígida colocação.

Quanto ao § 4º do art. 134 do CPC, parece-nos de uma desnecessidade ímpar, mesmo porque não só o presente incidente mas *todos* os requerimentos postulados em juízo devem demonstrar o preenchimento dos pressupostos legais específicos, não apenas para obter êxito na desconsideração da personalidade jurídica, mas em qualquer procedimento judicial. Letra morta!

Se o requerimento não for formulado no próprio pedido inicial da desconsideração da personalidade jurídica, mas em procedimento autônomo, determina o art. 135 do CPC que o sócio ou a pessoa jurídica deverão ser citados para se manifestar e requerer as provas cabíveis no prazo de 15 dias, contados na forma do Código de Processo Civil, ou seja, em dias úteis (art. 219, *caput*).

Após a produção das provas necessárias, deverá o juiz decidir a questão, acolhendo ou não o pedido de desconsideração da personalidade jurídica, sendo que, nos termos do art. 136 do CPC, trata-se de *decisão interlocutória*. Dessa forma, tratando-se de decisão interlocutória, o recurso cabível é o agravo de instrumento, previsto no art. 1.105, IV, do CPC, que deverá ser dirigido diretamente ao tribunal, nos termos do art. 1.016, sendo que deverá conter os elementos previstos no art. 1.017.

Nos termos do parágrafo único do art. 136 do CPC, quando a decisão sobre a desconsideração for proferida pelo relator, caberá o chamado *agravo interno*, previsto no art. 1.021.

Finalmente, acolhido o pedido de desconsideração da personalidade jurídica, os bens porventura existentes entrarão para a massa. Eventuais alienações ou onerações de bens feitas pelo devedor serão havidas como praticadas em *fraude de execução* e declaradas *ineficazes* em relação ao requerente do pedido de desconsideração.

Em que pese à letra do Código de Processo Civil, houve impropriedade na acepção dos termos "fraude" e "ineficácia", eis que o primeiro pressupõe o *consilium fraudis*, isto é, o desejo de praticar a conduta ilícita, manifestado pela intenção egoísta de não arcar com as dívidas, procurando deliberadamente alguém para auxiliar nessa tarefa; ao passo que o segundo decorre de verdadeira negligência por parte do comprador de bens de pessoa que escondeu sua condição econômica deficitária.

Andou muito melhor a Lei 11.101/2005 em estabelecer duas situações absolutamente distintas nos arts. 129 (ineficácia) e 130 (fraude) quando se trata de bens excluídos inicialmente das arrecadações em falências.

8. Da penhora em relação à sociedade empresária

O Código de Processo Civil/2015 tentou solucionar problema acadêmico e prático de longa duração, com várias decisões jurisprudenciais em posições contrárias e antagônicas, dada a enorme diferença de tratamento sobre a matéria.

Assim, na parte relativa à execução de bens, houve por bem o Código estabelecer regras bem claras – se não completas – sobre a forma de se proceder à penhora das quotas ou das ações das sociedades personificadas – Subseção VII –, penhora da empresa, de outros estabelecimentos e de semoventes – Subseção VIII – e penhora de percentual de faturamento da empresa – Subseção IX –, todas da Seção III do Capítulo IV do Título II do Livro II da Parte Especial do Código processual.

Vejamos as situações.

Inicialmente, urge destacar que as quotas ou as ações das sociedades são sempre penhoráveis, mesmo porque se trata de bens suscetíveis de se transformar em dinheiro.

Diante dos inúmeros problemas relacionados ao valor das quotas ou das ações, estabeleceu o CPC, no art. 861, que, quando estas foram objeto de penhora, o juiz assinará prazo razoável, não superior a três meses, para que a sociedade adote as seguintes providências.

Primeiro, que apresente balanço especial, na forma da lei que rege a matéria atinente à sociedade (limitada, por ações, *v.g.*) e ofereça as quotas ou as ações aos demais sócios, observado o direito de preferência legal ou contratual, conforme previsto no art. 861, II.

Não havendo interesse dos demais sócios na aquisição das ações ou quotas – embora o Código de Processo Civil não o diga, mas assim deve ser interpretado, eis que se tratou de mero cochilo legislativo –, deverá a própria sociedade proceder à liquidação das quotas ou das ações, depositando em juízo o valor apurado, em dinheiro, em conta judicial.

Na teoria, seria o melhor dos mundos caso o Código de Processo Civil/2015 fosse aplicado em algum País realmente sério e confiável, eis que, se é a própria sociedade que avalia e vende, pode perfeitamente ser manipulado o valor das ações ou das quotas, das mais variadas maneiras, como sói acontecer no Brasil.

A intenção foi a melhor possível, visando a aprimorar o instituto da penhora das quotas e das ações, mas deixar nas mãos dos próprios interessados a alienação do patrimônio maior da sociedade, que poderá artificialmente subir ou descer os valores, a seu bel-prazer...

Para evitar tal situação, pensamos que o exequente tem sempre o direito de exercer plena fiscalização sobre a alienação, participando diretamente do processo liquidatório, apontando ao juízo da execução as eventuais falhas ou omissões que ocorrerem.

Quando a sociedade não se interessar em se desfazer de suas quotas ou ações, poderá, na forma do art. 861, § 1º, do CPC, adquiri-las sem redução do capital social e com utilização de reservas, para manutenção em Tesouraria, ou até mesmo pagar o preço para o exequente, adjudicando-se no crédito.

Por tais razões, conforme estatuído no art. 861, § 3º, do CPC, o juiz poderá nomear um *administrador judicial*, a requerimento do exequente ou da sociedade, que deverá submeter à aprovação judicial a forma de liquidação.

Embora não exista forma explícita, cremos que a função do administrador judicial deverá seguir a mesma sistemática, os mesmos encargos e os mesmos direitos previstos para o administrador judicial das recuperações de empresas e falências na Lei 11.101/2005.

Quanto à penhora das ações da sociedade anônima de capital aberto, expressamente o CPC/2015 excluiu a liquidação por parte da sociedade ou de seus acionistas, devendo, na forma do art. 861, § 2º, as ações ou ser adjudicadas diretamente ao exequente ou, se não o desejar, alienadas em Bolsa de Valores. Porém, deve ser feita primeiramente a oferta ao exequente; e, no caso de recusa do mesmo, devem ser submetidas a venda na Bolsa de Valores, pela cotação do dia da venda.

O prazo inicial de até três meses, na forma do art. 861, § 4º, do CPC, poderá ser ampliado pelo juiz em duas situações apenas.

A primeira situação é quando o pagamento das quotas ou das ações superar o valor do saldo de lucros ou reservas, exceto a legal, e sem diminuição do capital social, ou por doação (inciso I), tudo conforme previsto no estatuto social da sociedade ou no contrato social, devendo ser observado aqui o que ambos dispuserem, além das normas legais aplicáveis.

A segunda, quando tais pagamentos colocarem em risco a estabilidade financeira da sociedade simples ou empresária, podendo levá-la à total insolvência, então, outros direitos deverão ser prudentemente analisados pelo juiz, impedindo que a empresa venha a deixar de existir apenas por conta do pagamento de um único exequente.

A ideia central da regulamentação da alienação das quotas ou das ações pela sociedade se deu no sentido de preservar a mesma, outorgando primeiramente aos demais sócios da sociedade o direito do exercício da preferência.

Somente quando não ocorra a aquisição pelos mesmos, ou a liquidação dentro do prazo estipulado pelo inciso III do art. 861 do CPC ou, ainda, quando seja considerada excessivamente onerosa para a sociedade, é que poderá o juiz determinar o leilão judicial das quotas ou das ações para terceiros, observados os demais requisitos legais da hasta pública.

A outra situação estabelecida pelo Código de Processo Civil/2015 diz respeito à penhora de empresa, de outros estabelecimentos e de semoventes, devendo seguir o disposto na referida Subseção VIII, evitando o perecimento dos bens, dentro do possível.

Em face da gravidade da investida judicial sobre a própria empresa e bens específicos, dispõe o art. 865 do CPC que "a penhora de que trata esta Subseção somente será determinada se não houver outro meio eficaz para a efetivação do crédito" – demonstrando, com isso, que é preciso esgotar todos os outros meios suasórios necessários, antes de se atacar tais bens.

Assim, na forma do art. 862 do CPC, sendo a penhora realizada sobre estabelecimento comercial, industrial ou agrícola ou sobre os semoventes, as plantações ou edifícios em construção, o juiz deverá nomear um administrador-depositário, para que cuide dos mesmos, enquanto não solvida a dívida.

Sobre o administrador, deve seguir também os mesmos termos do administrador judicial da falência e recuperação (Lei 11.101/2005), sendo que o Código de Processo Civil já incumbiu ao mesmo a obrigação de ser depositário dos bens, sem que assuma esse risco. Nada obsta a que o administrador desde logo nomeie prepostos para auxiliá-lo na árdua tarefa à frente dessa função.

A primeira obrigação do administrador é a apresentação de um plano de administração no prazo máximo de 10 dias, onde estabelecerá a estratégia de continuação dos negócios da sociedade ou do próprio estabelecimento ou, ainda, das coisas da empresa penhorada.

Sobre a proposta do administrador as partes deverão se manifestar e o juiz deve decidir imediatamente.

Como muitas vezes acontecei na prática, o administrador ajustou com as partes – exequente e executado – uma forma de melhor administração dos bens, bem como da escolha do depositário, sendo que agora é prevista especificamente no § 2º do art. 862 do CPC essa possiblidade, quando, então, deverá o juiz apenas homologar a indicação do depositário e a forma de administrar os bens da sociedade.

Outro grave problema que o Código de Processo Civil/2015 tentou solucionar diz respeito às incorporações imobiliárias, com imóveis vendidos na planta, como acontece no presente, principalmente tendo em vista os graves erros cometidos no passado. Exemplo típico foi a Encol, que gravíssimos problemas causou à população.

Assim, quando se tratar de edifícios ainda em construção sob regime de incorporação imobiliária, a penhora somente poderá recair sobre as unidades imobiliárias ainda não comercializadas pelo incorporador, conforme disposto no art. 862, § 3º, do CPC.

Já, no § 4º do art. 862 do CPC se tentou solucionar um grave problema, que diz respeito ao *afastamento do incorporador da administração da incorporação*, seja por má gestão, seja por quaisquer motivos que o impeçam de continuar à frente da incorporação. Estabeleceu o dispositivo legal que será a incorporação inicialmente exercida pela *comissão de representantes dos adquirentes*, desde que constituída – pouco importando se foi constituída apenas para esse ato, ou se já havia sua constituição há muito tempo. Nesse caso, percebe-se que o legislador desejou prestigiar aqueles que são os principais interessados na conclusão da obra incorporada.

Porém, quando se se tratar de construção financiada, evidentemente, em razão da colocação de dinheiro na obra, terá o financiador o direito de indicar empresa ou profissional de sua confiança para sua conclusão. É claro que a instituição fornecedora dos recursos para a obra tem grande interesse no término da mesma, sob pena de nada receber – motivo pelo qual seu papel consiste em concluir a obra e receber o que lhe é devido. Nesse caso, a comissão de representantes dos adquirentes deverá ser ouvida sobre a indicação e poderá apresentar impugnação, que deverá ser imediatamente decidida pelo juiz.

O mais importante de tudo é que a obra não pare, mesmo porque se isso ocorrer nem o exequente recebe o devido, nem o investidor recebe o que já investiu, e muito menos os adquirentes conseguirão receber seus bens, ainda em construção.

Nos termos do art. 863 do CPC, quando a penhora recair sobre empresa que funcione mediante *concessão* ou *autorização* a penhora será feita de acordo com o valor do crédito, sendo que poderá ser feita diretamente sobre a renda da empresa, ou sobre determinados bens por ela indicados ou sobre todo o patrimônio da empresa, de acordo com o valor executado.

Nesse caso, deverá o juiz nomear depositário, diz a lei, *de preferência* um de seus diretores, como se este tivesse pleno desejo de não dar sumiço aos bens da empresa, o que nem sempre é verdade.

Ademais, com o fim da prisão do *depositário infiel* a nomeação de depositário passou a servir apenas para que seja futuro responsável civil pelos danos que vier a causar. No entanto, se o diretor é o próprio responsável pela dívida da empresa e é nomeado depositário, o desaparecimento dos bens penhorados importará frustração da execução, razão pela qual contestamos veementemente essa possibilidade. Ao contrário, sendo penhorados bens da empresa, somente poderão permanecer em poder do diretor se o exequente anuir. A regra deve ser tratada como exceção!

No caso do art. 863, § 1º, do CPC há duas situações tratadas de maneira englobada, mas é necessário dividir.

A primeira forma de penhora é sobre a *renda* da empresa. A segunda é sobre *determinados bens*. Embora não diga a lei quais são esses bens, tudo dá a entender sejam aqueles que possam gerar renda de alguma maneira, como é o caso dos pagamentos automáticos, por exemplo.

Em ambos os casos o administrador-depositário deverá apresentar imediatamente após a penhora a *forma de administração* e o *esquema de pagamento*, sendo que o próprio dispositivo exige sua observância em relação ao regime de penhora de frutos e rendimentos de coisa móvel e coisa imóvel – o que é óbvio, mesmo porque não poderia a penhora especial se sobrepor a tais dispositivos.

Quando a penhora recair sobre todo o patrimônio da empresa, embora a lei determine o imediato prosseguimento da execução "em seus ulteriores termos", devendo o ente público que houver outorgado a concessão ser ouvido apenas na fase anterior à arrematação ou à adjudicação, parece-nos que deverá ser invertida a ordem, devendo o mesmo ser notificado desde o início da constrição, a fim de que adote as providências cabíveis no campo administrativo, observado o contrato de concessão.

Pelo art. 864 do CPC, a penhora de *navio* ou de *aeronave* não obsta a que continuem navegando ou operando até a alienação. Há capítulo específico sobre o direito marítimo e o direito aeronáutico, mas também deve ser abordado um complemento neste momento.

Sobre os bens imóveis específicos, *navio* e *aeronave*, tanto a navegação como os voos não estão impedidos, mesmo porque se trata de bens construídos especificamente para essas finalidades. Necessitarão apenas que o executado faça o seguro usual contra riscos, podendo, após a contratação do seguro, ser concedida a autorização judicial para tanto.

Finalmente, na Subseção IX há a penhora de percentual de faturamento de empresa, estabelecendo claramente o art. 866 do CPC que quando "o executado não tiver outros bens penhoráveis ou se, tendo-os, esses forem de difícil alienação ou insuficientes para saldar o crédito executado", o juiz poderá ordenar a penhora de percentual de faturamento de empresa.

A razão próxima dessa determinação está no fato de que o faturamento da empresa não é *renda* no sentido puro da palavra, mas valor que adere ao caixa da empresa, previamente destinado ao pagamento de despesas várias, como fornecedores, impostos, salários dos funcionários etc.

A penhora do faturamento, diretamente na boca do caixa, como costumeiramente acontece, principalmente na Justiça do Trabalho, produz dano irreparável ao funcionamento da empresa, impedindo a mesma de continuar a funcionar, gerando desequilíbrio financeiro de todo o sistema empresarial, pois o fornecedor deixa de fornecer, o empresário deixa de produzir, pois não tem os insumos necessários, e, como consequência, gera desemprego, onerando a Previdência e aumentando a estatística negativa no País, fazendo com que o *spread* bancário aumente, gerando inflação, *grosso modo*.

Porém, a insensibilidade de credores e principalmente dos juízes, mormente os trabalhistas, não consegue enxergar que é necessário manter a empresa funcionando, pagando um pouco do seu débito – *não valores írritos, irrisórios, claro, mas algo palpável* –, para não acabar com a empresa.

Dessa forma, merece aplauso o art. 866, § 1º, do CPC, determinando que o juiz fixe percentual que propicie a satisfação do crédito exequendo em *tempo razoável*, mas que não torne inviável o exercício da atividade empresarial – tudo isso considerando o equilíbrio entre a saúde financeira da empresa e o saldo exequendo, estabelecendo uma proporção entre o ganho e o débito com o exequente.

Nesse caso, na forma do art. 866, § 2º, do CPC, o juiz nomeará administrador-depositário, o qual apresentará um plano à aprovação judicial, estabelecendo a forma de atuação, inclusive prestando contas mensalmente, entregando em juízo as quantias recebidas, com os respectivos balancetes mensais, a fim de serem computadas no pagamento da dívida.

Estabelece o art. 866, § 3º, do CPC que a penhora sobre percentual de faturamento de empresa deverá seguir também o regime de penhora de frutos e rendimentos de coisa móvel e imóvel, como veículos, caminhões, imóveis de aluguel, móveis de locação etc.

BIBLIOGRAFIA

ALMEIDA, João Batista de. *Responsabilidade Civil do Fornecedor*. São Paulo, Saraiva, 1993.

ANDRADE FILHO, Edmar Oliveira. *Sociedade de Responsabilidade Limitada*. São Paulo, Quartier Latin, 2004.

ANTONIO, Nilva M. Leonardi (org.), DE LUCCA, Newton, e DOMINGUES, Alessandra de Azevedo (coords.). *Direito Recuperacional – Aspectos Teóricos e Práticos*. São Paulo, Quartier Latin, 2009.

ASCARELLI, Tullio. *Problemas das Sociedades Anônimas e Direito Comparado*. 2ª ed. São Paulo, Saraiva, 1969.

BARBOSA DE MAGALHÃES, José Maria. *Do Estabelecimento Comercial. Estudo de Direito Privado*. Lisboa, Edições Ática, 1951.

BRAZ, Manuel Poirier. *Sociedades "Offshore" e Paraísos Fiscais*. Lisboa, Livraria Petrony, 2012.

BULGARELLI, Waldírio. *Direito Comercial*. 6ª ed. São Paulo, Atlas, 1988; 12ª ed. São Paulo, Atlas, 2001.

CALÇAS, Manoel de Queiroz Pereira. *Sociedade Limitada no Novo Código Civil*. São Paulo, Atlas, 2003.

CAMPINHO, Sérgio. *Falência e Recuperação de Empresa*. 6ª ed. Rio de Janeiro, Renovar, 2012.

_____. *O Direito de Empresa à Luz do Novo Código Civil*. Rio de Janeiro, Renovar, 2008.

CAMPOS BATALHA, Wilson de Souza. *Comentários à Lei das Sociedades Anônimas*. vol. 1. Rio de Janeiro, Forense, 1977; 1ª ed., vol. III. Rio de Janeiro, Forense, 1977.

CAPARROZ, Roberto. In: LENZA, Pedro (coord.). *Comércio Internacional Esquematizado*. São Paulo, Saraiva, 2012.

CARVALHOSA, Modesto. *Comentários à Lei de Sociedades Anônimas*. vol. 4, t. II. São Paulo, Saraiva, 2009.

CARVALHOSA, Modesto, e EIZIRIK, Nelson. *A Nova Lei das Sociedades Anônimas*. São Paulo, Saraiva, 2002.

CASSILO, João. "Desconsideração da pessoa jurídica". *RT* 528/25-37. São Paulo, Ed. RT.

CASTRO, Amílcar de. *Comentários ao Código de Processo Civil*. vol. VIII. São Paulo, Ed. RT, 1984.

CHINELLATTO, Silmara Juny (coord.), e MACHADO, Antônio Cláudio da Costa (org.). *Código Civil Interpretado: Artigo por Artigo, Parágrafo por Parágrafo*. 3ª ed. Barueri/SP, Manole, 2010.

COELHO, Fábio Ulhoa. *A Sociedade Limitada no Novo Código Civil*. São Paulo, Saraiva, 2003.

_____. *Curso de Direito Comercial*. 7ª ed. São Paulo, Saraiva, 2003; vol. 2. São Paulo, Saraiva, 1999; 16ª ed., vol. 1. São Paulo, Saraiva, 2012.

COLOMBO ARNOLDI, Eva Haig. In: CHINELLATTO, Silmara Juny (coord.), e MACHADO, Antônio Cláudio da Costa (org.). *Código Civil Interpretado: Artigo por Artigo, Parágrafo por Parágrafo*. 3ª ed. Barueri/SP, Manole, 2010.

COMPARATO, Fábio Konder. *O Poder de Controle na Sociedade Anônima*. 2ª ed. Rio de Janeiro, Forense, 1977; 3ª ed. Rio de Janeiro, Forense, 1983.

DE LUCCA, Newton. *Aspectos da Teoria Geral dos Títulos de Crédito*. São Paulo, Pioneira, 1979.

DE LUCCA, Newton, DOMINGUES, Alessandra de Azevedo (coords.), e ANTONIO, Nilva M. Leonardi (org.). *Direito Recuperacional – Aspectos Teóricos e Práticos*. São Paulo, Quartier Latin, 2009.

DINAMARCO, Cândido Rangel. *A Instrumentalidade do Processo*. 15ª ed. São Paulo, Malheiros Editores, 2013.

DINIZ, Maria Helena. *Curso de Direito Civil Brasileiro*. vol. 8 (*Direito de Empresa*). São Paulo, Saraiva, 2008.

DOMINGUES, Alessandra de Azevedo, DE LUCCA, Newton (coords.), e ANTONIO, Nilva M. Leonardi (org.), *Direito Recuperacional – Aspectos Teóricos e Práticos*. São Paulo, Quartier Latin, 2009.

DONIZETTI, Elpídio. *Curso Didático de Direito Processual Civil*. 10ª ed. Rio de Janeiro, Lumen Juris, 2008.

EIZIRIK, Nelson, e CARVALHOSA, Modesto. *A Nova Lei das Sociedades Anônimas*. São Paulo, Saraiva, 2002.

FERRARA JR., Francesco. *La Teoria Giuridica dell'Azienda*. Florença, Casa Editrice "Il Castellacio", 1945.

FERREIRA, Waldemar. *Instituições de Direito Comercial*. vol. 1. São Paulo, Max Limonad, 1954.

_____. *Tratado de Direito Comercial*. 7º vol. (*Estatuto do Estabelecimento e a Empresa Mercantil*). São Paulo, Saraiva, 1962

FINKELSTEIN, Maria Eugênia. *Direito Empresarial*. 2ª ed. São Paulo, Atlas, 2006.

BIBLIOGRAFIA

FRANCO, Vera Helena de Mello, e SZTAJN, Rachel. *Manual de Direito Comercial.* vol. 2. São Paulo, Ed. RT, 2005.

FREITAS CAMARGO, Ruy Junqueira de. In: *Justitia* 84/398.

JUSTEN FILHO, Marçal. *Desconsideração da Personalidade Societária no Direito Brasileiro.* São Paulo, Ed. RT, 1987.

KOURY, Suzy Elizabeth Cavalcante. *A Desconsideração da Personalidade Jurídica ("Disregard Doctrine") e os Grupos de Empresas.* 2ª ed. Rio de Janeiro, Forense, 1995.

LENZA, Pedro (coord.). *Comércio Internacional Esquematizado.* São Paulo, Saraiva, 2012.

LOBO, Jorge. In: *RT* 636/25-43. São Paulo, Ed. RT.

_____. *Sociedades Limitadas.* vol. I. Rio de Janeiro, Forense, 2004.

MACHADO, Antônio Cláudio da Costa (org.), e CHINELLATTO, Silmara Juny (coord.). *Código Civil Interpretado: Artigo por Artigo, Parágrafo por Parágrafo.* 3ª ed. Barueri/SP, Manole, 2010.

MARR, Andrew. *Uma História do Mundo.* 1ª ed., trad. de Berilo Vargas. Rio de Janeiro, Editora Intrínseca, 2015.

MARTINS, Fran. *Comentários à Lei das Sociedades Anônimas (S/A).* Rio de Janeiro, Forense, 1984.

_____. *Contratos e Obrigações Comerciais.* Rio de Janeiro, Forense, 1997.

_____. *Curso de Direito Comercial – Sociedades de Pessoas ou Contratuais.* 9ª ed. Rio de Janeiro, Forense, 1984; *Curso de Direito Comercial.* 27ª ed., atualizada por Jorge Lobo. Rio de Janeiro, Forense, 2011.

MIRANDA JR., Darcy Arruda. *Curso de Direito Comercial.* 5ª ed., vol. I (*Parte Geral*). São Paulo, Ed. RT, 1982; vol. II (*Sociedades Comerciais*). São Paulo, Ed. RT, 1985.

NAJJARIAN, Ilene Patrícia de Noronha. "Debêntures: existência, registro e negociação no âmbito das empresas em recuperação". In: ANTONIO, Nilva M. Leonardi (org.), DOMINGUES, Alessandra de Azevedo, e DE LUCCA, Newton (coords.). *Direito Recuperacional – Aspectos Teóricos e Práticos.* São Paulo, Quartier Latin, 2009.

NASCIMENTO, Tupinambá Miguel Castro do. *Comentários ao Código do Consumidor.* Rio de Janeiro, AIDE, 1991.

NAVARRINI, Umberto. *Trattato Teorico-Pratico di Diritto Commerciale.* vol. IV. Turim, Fratelli Bocca Editori, 1920.

OCTAVIANO MARTINS, Eliana Maria. *Curso de Direito Marítimo.* 2ª ed., vol. II (*Vendas Marítimas*). Barueri/SP, Manole, 2013.

PEDRO, Paulo Roberto Bastos. *Curso de Direito Empresarial.* 2ª ed. São Paulo, Ed. RT, 2014.

PEREIRA, Caio Mário da Silva. *Instituições de Direito Civil.* 22ª ed., vol. 1. Rio de Janeiro, Forense, 2007.

PIMENTEL, Wellington Moreira. In: *Revista de Direito 2.*

REALE, Miguel. "Sociedades comerciais – Exclusão de sócios". *RF* 98. Rio de Janeiro, Forense, junho/1944.

REQUIÃO, Rubens. "Abuso de direito e fraude através da personalidade jurídica". *RT* 410/12-24. São Paulo, Ed. RT.

_____. *Curso de Direito Comercial.* 6ª ed., vol. I. São Paulo, Saraiva, 1988; 21ª ed., vol. 2. São Paulo, Saraiva, 1998.

RIVAROLA, Mario. *Tratado de Derecho Comercial Argentino.* vol. I. Buenos Aires, Cía. Argentina de Editores, 1938.

ROCCO, Alfredo. *Principii di Diritto Commerciale.* Turim, UTET, 1928.

ROSA JR., Luiz Emygdio da. *Títulos de Crédito.* Rio de Janeiro, Renovar, 2000.

SALOMÃO FILHO, Calixto. *O Novo Direito Societário.* 4ª ed., 2ª tir. São Paulo, Malheiros Editores, 2015.

SILVA, Américo Luís Martins da. *As Ações das Sociedades e os Títulos de Crédito.* Rio de Janeiro, Forense, 1995.

SIMÃO FILHO, Adalberto. "A superação da personalidade jurídica no processo falimentar". In: *Direito Empresarial Contemporâneo.* 2ª ed. São Paulo, Juarez de Oliveira Editor, 2004.

SZTAJN, Rachel, e FRANCO, Vera Helena de Mello. *Falência e Recuperação da Empresa em Crise.* Rio de Janeiro, Elsevier, 2008.

TOMAZETTE, Marlon. *Curso de Direito Empresarial.* São Paulo, Atlas, 2008.

VAMPRÉ, Spencer. *Tratado Elementar de Direito Comercial.* 1921.

VIVANTE, Cesare. *Instituições de Direito Comercial.* 3ª ed. São Paulo, Livraria C. Teixeira & Cia., 1928.

_____. *Trattato di Diritto Commerciale.* vol. I. Milão, Vallardi, 1922.

* * *